# 행복경제학

The Economics of Happiness
In Search of Authentic Happiness

# 행복경제학

일상의 쾌락이 아닌
**진정한 행복**을 찾아서

| 박정원 지음 |

# 차 례

# 머리말

 

 

한일 월드컵이 열렸던 2002년, 필자는 영국 랭커스터대학에 객원교수로 있었다. 필자를 초청한 사람은 저명한 노동경제학자로서 ≪교육경제학평론(Economics of Education Review)≫의 편집인이었던 게레인트 존스(Geraint Johns) 교수였다. 그가 대학원장으로 있으면서 교육경제학연구소를 운영하고 있었는데, 교육경제학은 필자가 공부해 보고 싶은 분야였다. 아쉽게도 존스 교수는 너무 바빠 자주 만나기 어려웠지만, 영국 생활은 편안하고 즐거웠다. 튜더 왕조의 본거지 랭커스터에서 필자는 영국의 대학정책을 연구했는데, 당시 토니 블레어 정부는 대학교육을 무상에서 유상으로 전환하고 있었다. 그러나 이웃한 스코틀랜드에서는 반대로 유상에서 무상으로 바꾸고 있었다. 영국의 정책은 중상류층 출신 대학생들이 대학 교육비의 4분의 1을 후불로 부담하라는 것이었다. 이에 항의하는 대학생들이 주말마다 런던에 모여 집회를 열고 투쟁을 전개했지만, 노동당 정부는 원래의 계획을 관철했다. 호주에서 먼저 실시된 이 제도는 이른바 '등록금후불제'인데, 일단 국가가 교육비를 전액 부담하고 학생이 졸업 후 직장을 갖게 되면 매달 조금씩 상환하는 방식이다.

등록금후불제도 관심을 끌었지만, 여기서 필자가 새로 접한 것이 바로

'행복경제학(Economics of Happiness)'이었다. 처음 듣는 분야였는데, 알고 보니 영국뿐만 아니라 미국, 네덜란드, 스위스, 호주 등 여러 국가에서 행복 경제학을 연구하고 있었다. 귀국하여 수년간 자료를 찾고 준비한 후 2010년 부터 행복경제학 강의를 시작했다. 수식과 그래프로 공부하던 경제학과 학생들이 아주 좋아하는 과목이 되었다. 이론경제학 분야들과 달리 살아 가면서 실제 도움이 되는 과목이기도 했다.

행복 연구는 주로 철학(윤리학)과 경제학의 영역이다. 윤리학은 행복이 무엇인지 그리고 왜 행복한 삶을 살아야 하는지를 연구하고, 경제학은 행 복에 도달하는 구체적인 방법을 연구한다. 이 외에도 심리학, 사회학, 신 학, 법학, 생물학, 의학 등의 분야에서도 적지 않은 학자들이 행복 연구에 참여하고 있다. 정치인, 종교인, 문학인, 의사, 무속인까지 행복에 관해 연 구하고 말한다. 눈에 보이지 않아서 증명할 필요가 없는 일에는 누구나 참 여하기 쉬운 법이다. 이런 대열에 합류하는 것은 유쾌하지 않은 일이지만, 필자는 나름대로 행복론을 구축해 보고 싶었다.

기독교 문명이 서구 사회를 지배하기 전에는 사회의 유지와 발전을 위 해 도덕과 윤리의 확립이 중요했다. 그래서 많은 철학자들이 어떻게 살아 야 할 것인가를 연구했고, 여기서 행복한 삶, 즉 인간 행복이 중심 주제가 되었다. 그러나 신이 지배한 중세 사회에서는 인간의 이성은 뒷전으로 밀 려났고, 인간 행복은 연구 대상이 되지 않았다. 르네상스 이후 인간은 다 시 자신의 존재 의의를 생각하기 시작했다. "나는 생각한다. 고로 나는 존 재한다"라는 데카르트의 말은 인간 이성에 대한 위대한 인식이었다. 이로 써 인간의 존재 목적은 '신을 기쁘게 하는 것'이 아니라, '스스로 행복한 삶 을 사는 것'이라고 생각하기 시작했다. 신의 명령에 따라 사는 삶이 아니라 자신의 이성에 따라 사는 삶이 전개된 것이다. 그래서 행복에 관한 연구도 다시 시작되었다.

고대 철학자들이 제시한 행복은 피와 살로 이루어진 인간이 달성하기 어렵다. 아리스토텔레스의 덕을 실천하는 삶이나 스토아학파의 도덕적 삶은 모두 실천 가능성이 낮으며, 심지어 에피쿠로스의 고통과 번민이 없는 생활도 마찬가지다. 철학자들이 제시한 행복도 크게 다르지 않다. 칸트, 쇼펜하우어, 니체의 주장들도 대체로 신의 경지에 이르러야 행복해질 수 있는 내용이다. 인간을 위한 행복론으로서는 치명적 약점이 아닐 수 없다. 상륙할 수 없는 섬을 이상향이라고 부르고 마는 것처럼.

　18~19세기의 고전경제학자들은 보다 현실적인 행복론을 제시하기 시작했다. 윤리학자 출신의 애덤 스미스가 경제학의 하드웨어를 완성했다면, 법학자 출신의 제러미 벤담은 공리주의에 기초한 소프트웨어를 경제학에 장착시켰다. 최대다수의 최대행복과 효용원리를 제시한 벤담의 주장은 돌풍을 일으켰다. 이에 따라 19~20세기 초의 경제학은 온통 공리주의자들로 채워졌다. 이들은 애덤 스미스와 카를 마르크스로 계승된 객관적 가치론을 무너뜨리고 주관적 가치론을 이식했다. 그러나 이들은 도무지 측정할 방법이 없는 행복을 포기하고, 대신 효용이라는 막연한 개념을 등장시켰다. 경제학자들은 더 이상 행복의 본질을 연구하지 않고, 단지 효용 극대화 방법만을 연구하는 것으로 경제학의 영역을 스스로 제한했다. 경제학자들은 행복을 증가시킬 확실한 방법으로 소득 증가를 제시했고, 지구상의 모든 국가는 1인당 소득 증가를 지상 목표로 삼게 되었다. 이 점에서는 자본주의국가나 사회주의국가나 동일했다.

　소득이 증가하면 재화 소비가 증가하고 효용이 늘어나서 행복이 증가할 것이란 생각은 전혀 의심을 받지 않았다. 제2차 세계대전이 끝나고 수십 년이 흘러 선진 각국의 국민소득은 엄청나게 증가했고, 풍요한 사회니 후기산업사회니 하는 찬양이 쏟아지기도 했다. 하지만, 현실은 학자들의 기대와 달랐다. 실질소득의 증가로 소비가 크게 확대되었어도 행복은 상승하지 않았다. 매일의 삶이 행복과 관련이 없었고, 오히려 불평등과 차별의 심화가 선진국 국민들의 행복을 낮추고 있었다. 경제학이 꿈꿔온 세상은 공중누각에 지나지 않았다.

행복한 삶은 개인의 노력만으로 이룰 수 있는 것이 아니다. 마음먹기에 달린 것도 아니다. 사회구조 자체가 행복을 추구하기 어렵게 되어 있다면, 구성원들의 행복은 낮을 수밖에 없다. '만인에 대한 만인의 투쟁'에서 오는 생존에 대한 불안과 공포로부터 해방되기 위해 사회계약을 통해 국가를 만들었다고 하더라도 국가권력이 잘 작동하지 않으면 행복은 낮아진다. 일부 특권층은 당면한 행복을 늘리기 위해 국가의 역할을 끊임없이 공격하기도 한다. 이기심을 찬양하고, 경쟁을 고무하는 이념을 만들고 퍼뜨린다.

인간에게는 현실의 삶이 매우 중요하며, 경제활동은 최대의 만족을 얻으려는 현실의 선택 행위이다. 그래서 경제학자는 일상을 중요하게 여기지만, 분석이 미흡하거나 전망이 현실에 부합하지 않는 경우가 많다. "신이 경제학자를 만든 이유는 불쌍한 일기예보관을 돋보이게 하기 위해서다"라는 조크가 있다. 경제학자와 일기예보관은 모두 예측(forecasting)을 하는 전문가인데, 경제학자의 예측이 일기예보관의 예측보다 더 부정확하다는 조롱의 의미이다. 외출을 계획하고 있는 사람에게는 그날의 일기예보가 중요하고, 이론의 효과성은 현실 문제에 대한 해결 능력에 의해 평가된다. 경제학자는 장기적이고 추상적인 예상보다 현실에 대한 구체적 처방을 많이 해야 한다. 케인스는 1923년 한 금융개혁 토론회에서 다음과 같은 말을 했다.

장기적으로 인간은 다 죽는다. 경제학자들은 너무 쉽게, 별 도움이 안 되는 말들을 하고 있다. '폭풍우가 지나가면 대양은 다시 잔잔해질 것이다' 같은…….

케인스의 지적처럼 장기적으로 균형을 이루게 된다는 식의 예상은 현실 문제의 해결에 도움이 안 된다. 대표적으로, 저임금으로 고통받는 노동자들이 많은 상황에서 시장에 맡겨두면 그 분야의 노동 공급이 차츰 줄어들어 문제가 저절로 해소될 것이라는 주장이 그렇다. 지역에 소재한 대학이 문을 닫으면 당장 실업자가 발생하고 지역 경제가 침체를 면치 못하게 되는데, '결국 시장이 다 흡수할 것이다'라고 전망하는 것도 마찬가지다.

경제학자들이 아무리 단기를 중요시한다 해도, 인간의 삶은 단기에 끝나는 것이 아니다. 목전의 현실만을 볼 것이 아니라, 인생을 길게 조망하면서 행복을 추구해야 한다. 눈앞의 쾌락을 중시하지 않고 장기적인 안락과 즐거움을 기대하는 삶이 중요하다. 자신의 인생 목표 달성에 영향을 미칠 여러 가지 변화를 예측하고 전망할 수 있어야 한다. 그래서 "장기적으로 인간은 다 죽는다"라고 했던 케인스도 「우리 자손들을 위한 경제적 가능성(Economic Possibilities for our Grandchildren)」(1930)이라는 짧은 에세이에서 이례적으로 인류의 미래에 관한 전망을 내놓았다. 케인스가 기대했던 새로운 사회는 탐욕을 범죄로 여기며, 미덕을 실천하는 세상이다. 그가 전망한 미래에는 도덕감이 변하여, 돈을 사랑하고 소유하고자 하는 사람을 정신병자처럼 여기게 된다. 이기심에 기초했던 기구와 제도들이 사라지고 협력에 기반한 기구와 제도로 대체되는 세계이다. 하지만 아무래도 자본주의의 모습은 아니다. 자본주의에서는 인간 행복을 찾을 수 없다는 예상이기도 하다.


부의 축적이 사회적으로 중요한 문제가 아니게 되면 우리의 도덕 기준도 크게 변할 것이다. 돈을 사랑하고 소유하는 사람이 이제는 병자로 여겨지게 되며, 정신과 의사에게 치료받아야 할 준(準)범죄 내지는 유사 질병처럼 생각될 것이다. …… 이제 종교적이고 전통적인 미덕 원칙들이 부활할 것이다. 탐욕은 악덕이고, 고리대 징수는 악행이며, 돈을 사랑하는 것은 가증스런 일이고, 덕과 지혜의 길을 진실되게 걷는 사람은 세상에 거리낄 것이 없다. …… 우리는 다시 한번 수단보다 목표에 가치를 부여하며 선(good)을 실용성(useful)보다 선호하게 될 것이다(Keynes, 1930).

행복 연구를 학문이라고 생각하지 않는 사람도 많다. 행복을 하나의 실체로 여기지 않기 때문이다. 그런 가운데서도 적지 않은 수의 경제학자와 심리학자들이 행복 연구에 매달리고 있다. 행복경제학자들의 연구는 대체로 미시경제학의 방법론을 답습하고 있다. 행복을 종속변수로 놓고, 어떤 요소들이 행복을 결정하는 핵심요소인지, 그리고 각 요소는 얼마만큼의 역할을 하는지를 탐구한다. 해마다 많은 연구물이 나오고 있지만, 잘 정리된 교과서는 없다. 게다가 대개의 행복이론들이 행복에 이르는 방법을 제대로 제시하지 못하고 있다. 철학자들이 제시한 행복은 보통의 인간이 실천할 수 없고, 일부 경제학자나 심리학자들이 말하는 행복은 그 개념이 명확하지 않다. 피와 살로 이루어진 인간을 위한 진정한 행복이론이 필요하다.

모든 사람은 행복하기를 원하지만, 행복의 정체에 대해서는 잘 모른다. 이 점은 UN이나 OECD 등 국제기구들도 마찬가지다. 핀란드는 행복도 조사 때마다 세계 1~2위를 차지하는 국가이며 교육제도도 가장 앞서 있다고 하는데, 왜 유럽에서 정신질환자 비율이 가장 높고 자살률은 세계 최상위권에 있을까? 행복한 사람은 자살로 인생을 마감하지 않는다. 따라서 이를 설명하지 못하는 이론은 제대로 된 행복론이라 할 수 없다. 그 단서는 이미 오래전에 제시되었다. 지금으로부터 2300여 년 전에 에피쿠로스가 행복은 날마다 술을 마시며 즐기는 것이나 욕망을 채우는 것 또는 풍성한 식탁을 즐기는 것이 아니라 탁월함으로부터 오는 것이라고 강조했음에도 불구하고, 소확행을 행복이라고 주장하는 사람들이 너무 많다. 소확행은 일상의 만족 또는 즐거움일 뿐이다. 재산을 크게 늘리고, 금은보화를 쌓고, 술을 마시고, 눈이 원하는 것을 하고, 마음이 즐거워하는 것을 무엇이든 다 했다고 한 솔로몬도 결국 모든 것이 헛되다고 고백했다. 즉, 쾌락이 진정한 행복은 아님을 깨달은 것이다. 필자는 이 책에서 진정한 행복이 무엇인지 설명하고자 한다. 독자들이 이른바 소확행 중심의 행복관에서 벗어나 진정한 행복에 이르기를 바란다.

인문 사회과학 서적 출판의 명가 한울엠플러스(주)에서 책을 내게 된 것을 매우 기쁘게 생각하며, 김종수 대표님과 편집진 특히 정은선 선생님께 감사드린다. 아울러 책을 쓰는 과정부터 출판에 이르기까지 많은 조언과 도움을 준 아내 강이연 박사에게도 고마움을 전한다.

2021년 12월
행복학자 박정원

제1장

# 왜 다시 행복인가?

## 1. 행복 연구의 필요성

독일의 철학자 쇼펜하우어는 행복론을 정리하는 것이 어렵다고 했다. 우선, 논제가 완벽하게 설명할 수 없는 성질을 갖고 있으며, 이미 다른 사람들이 오래전에 했던 말들을 반복해서 할 수밖에 없기 때문이라는 것이다.[1]

쇼펜하우어의 지적이 타당하다면 이 책을 쓰지 않는 것이 맞다. 행복에 관한 새로운 주장을 내놓기 어렵다는 주장은 일면 타당하다. 철학, 경제학, 심리학 등 여러 분야의 학자들이 행복에 대해 언급했던 것이 사실이어서, 마치 새로 내린 눈을 밟는 즐거움을 누리기 위해 공터로 나간 사람이 이미 어지러이 찍힌 발자국들을 보고 실망하는 것과 같다. 게다가 눈에 보이지 않는 가치나 현상을 설명하는 것 또한 쉬운 일이 아니다. 하지만 어지러운 상황 속에서 진실을 발견하려는 목표를 가지고 있다면, 오히려 도전할 만한 가치가 있는 것이 행복론이다. 어려우면서도 쉽고, 쉬우면서도 본질적 가치를 지닌 일이기 때문이다. 먼저 행복 연구사에 찍힌 어지러운 발자국부터 살펴보자.

인간은 모두 행복하게 살기를 원한다. 동물이나 식물도 마찬가지다. 우리가 소중하게 생각하는 가치들이 많이 있지만, 그중에서 행복보다 소중한 것은 없을 것이다. 그래서 아리스토텔레스와 칸트를 비롯한 윤리학자들은 행복을 인간 제일의 목적 또는 최고선(最高善)이라 불렀다. 인간은 행복해지기 위해 각자의 방법으로 최선의 노력을 한다. 그동안 많은 철학자와 경제학자들이 나름대로 행복을 규정하고 그에 이르는 방법을 제시했지만, 아직도 혼

---

1  염세주의자로 알려진 쇼펜하우어가 남긴 생애 마지막 작품이 바로 행복에 관한 책이다.

란스러운 상황일 뿐이다. 사실 행복은 눈에 보이지 않는 것이라서 누구도 그 존재를 확실히 증명하기 어려우며, 크기를 정확하게 재는 것도 불가능하다. 바로 이런 점을 악용하여 행복을 '여기에 있다' 하고 함부로 말하는 사람이 있는가 하면, 도저히 가능하지도 않은 방법을 행복에 이르는 길이라고 주장하기도 한다. 이탈리아의 작곡가 도니제티(Gaetano Donizetti, 1797~1848)의 오페라 〈사랑의 묘약〉에서는 '사랑을 얻게 되는 약'을 판매하는 약장수가 등장하는데, 현실에서 이런 방식으로 행복을 파는 사람들이 아주 많다. 우리가 행복을 제대로 알아야 가짜 약을 사지 않고, 사이비 종교와 일부 정직하지 않은 정치인에게 속지 않을 것이다. 그렇다고 사이비 행복론을 가려내는 것이 우리의 목표는 아니다. 오페라에서 보듯이 엉터리 약도 때론 긍정적 역할을 하기도 한다. 그러나 약효가 불확실한 약이 계속 유통되는 것이 바람직하지는 않다.

문명의 전환과 더불어 인간의 욕망과 능력이 바뀌어도, 행복해지려는 인간 삶의 목표는 변하지 않는다. 옛 철학자들은 그래서 행복은 인생에서 가장 좋은 것으로서 최고선(最高善)이며, 모든 가치 판단의 기준이라고 말한다. 사실, 행복 외에도 우리가 추구하는 가치나 좋음(good)이 많이 있다. 건강, 정의, 쾌락, 자유, 평등, 안전, 신뢰, 우정, 부(富), 명예, 식도락 등이 대표적으로 좋음에 속하는 것들인데, 이들과 행복과의 관계를 따져보면 행복이 근본적인지 아닌지 드러난다.

먼저, 건강과 행복의 관계를 보자. 인간은 모두 건강하기를 원하기에 건강은 좋은 것이다. 그러나 왜 건강하길 원하는가? 행복해지기 위해서다. 행복한 사람이 건강한 경우가 많긴 하지만, 행복이 건강을 위해 필요한 것이 아니며 건강이 행복을 위해 필요한 것이 틀림없다.

다음으로 정의(正義)에 대해서 보자. 정의는 옳고 그름을 판단하는 기준이며, 인간 사회 최고의 덕목 가운데 하나이다. 그래서 정의 역시 좋음이다.

그렇긴 하지만 정의롭기 위해 행복이 필요한 것은 아니고, 정의가 실현되면 행복해진다. 그러니까 정의는 행복의 주요한 구성 요소라고 할 수 있다.

세 번째, 자유는 어떠한가? 자유만큼 소중한 것은 없다. 자유와 구속 가운데 구속을 선택할 사람은 없을 것이다. 자유가 없는 인간이나 사회는 행복할 수 없다. 하지만 행복하기 위해 자유가 필요한 것이지, 자유롭기 위해 행복이 필요한 것이 아니다. 이 관계에서도 행복이 자유보다 우위에 있다.

평등, 안전, 신뢰, 우정, 명예, 식도락 등과 행복의 관계도 이와 같다. 즉 행복은 인간 사회의 모든 좋음과 가치 중에서도 최고의 선(the highest good)이며, 유일하고 완벽한 최고선인 것이다.

경제학은 윤리학에서 나왔으며, 역대 많은 경제학자가 윤리학자를 겸했다. 애덤 스미스, 존 스튜어트 밀, 헨리 시지윅 등이 대표적이다. 아리스토텔레스, 이마누엘 칸트, 존 스튜어트 밀 등 대표적인 윤리학자들은 행복을 인간 최고의 선(善)이며 목적이라고 규정했다. 다음의 대표적인 언급들이 이를 잘 보여주고 있다.

> 만일 신들이 인간에게 준 선물이라 할 만한 것이 있다면 행복이야말로 신이 준 것이요, 또 그것이 최선의 것이므로 인간에게 속하는 모든 것 가운데 가장 확실히 신이 준 것이라고 할 수 있을 것이다[아리스토텔레스, 2008: 제1권 인간을 위한 선(善)].

> 우리가 모든 이성적 존재에게 현실적인 것으로 가정할 수 있는 하나의 목적이 있다. 따라서 이들이 아마도 가질 수 있을 뿐만 아니라 자연필연성에 따라 전부 가지고 있다고 확실하게 가정할 수 있는 하나의 의도가 존재한다. 이는 행복하려는 의도다(칸트, 2019b: 64).

즉, 고통으로부터의 자유와 쾌락이야말로 목적으로서 바람직한 유일한 것이며, 바람직한 모든 것(다른 모든 이론과 마찬가지로, 공리주의에서도 바람직한 것은 무수히 많다)은 그 자체에 들어 있는 쾌락 때문에 또는 고통을 막아주고 쾌락을 늘려주는 수단이기 때문에 바람직하다는 것이 공리주의의 핵심 명제가 된다(밀, 2007: 25).

윤리학자들의 이런 주장이 없더라도, 인간의 삶에서 행복보다 좋은 것이 없음을 누구나 알고 있다. 염세주의자인 쇼펜하우어마저 행복론을 쓰는 것으로 삶을 마감했다. 행복은 최고선이라서 그것을 다른 좋음과 교환하려는 사람은 없다. 그런 사람이 있다면, 그를 광인(狂人)이라 불러도 좋다. 간혹 돈이나 권력을 얻기 위해 행복을 포기하는 사람도 있지만, 이는 그곳에 더 큰 행복이 있을 것이라는 착각에 따른 것으로서 이성적인 결정이 아니다. 앞서 언급한 윤리학자들의 말대로 행복은 최고선이며 인간의 유일한 목적이기 때문에 행복보다 더 좋은 것은 다른 행복밖에 없다.


## 2. 진정한 행복의 조건

필자는 행복이 다음 네 가지 조건을 모두 충족하는 좋음(good) 또는 가치(value)여야 한다고 생각한다. 그리고 이 조건들을 모두 만족하는 것이야말로 최고선으로서 **진정한 행복**(authentic happiness)이라 부르려 한다.

첫째, 진정한 행복은 모든 사람이 추구하는 것이어야 한다. 행복은 인간의 삶에서 가장 좋은 것으로서 인류의 일부가 아닌 모든 사람이 추구하는 것이다. 아리스토텔레스나 칸트 등 여러 학자들이 제시한 행복의 성격이다(**일반성**).

둘째, 진정한 행복은 누구나 달성 가능한 것이어야 한다. 특별한 재능을 가졌거나 깊은 수련을 거친 일부의 사람만 도달할 수 있는 것은 행복이 아니다. 에피쿠로스나 밀이 규정하고 있는 행복의 특성이라고 할 수 있다(**개방성**).

셋째, 진정한 행복은 삶을 완성해 나가는 것이어야 한다. 일시적 만족으로 끝나거나, 삶을 추하게 만들거나, 인생의 가치를 낮춘다면 행복이 아니다. 아리스토텔레스와 스토아학파 및 밀의 주장과 합치되는 행복의 특성이다(**가치성**).

넷째, 행복은 인간의 최고선이지만, 전 인류 및 감정을 소유한 다른 생명체의 행복과도 합치되는 것이어야 한다. 한 사람의 행복이 다른 성원에게 고통이어서는 안 되며, 다른 생물들과 생태계 보전과도 일치해야 한다. 벤담이 제시한 행복의 특성이다(**확장성**).

이 네 가지 기준들은 여러 학자들의 연구에서 추출한 것이지만, 매우 상식적인 것으로서 서로 모순되지 않고 어떤 비합리적 요구도 없다. 진정한 행복이라면, 이 조건들을 모두 충족해야 한다. 이를 통해 찾은 진정한 행복은 개인과 공동체의 발전을 위한 설계 기준이 될 수 있을 것이다.


## 3. 진정한 행복

### 1) 진정한 행복의 정의

진정한 행복은 자기답게 사는 것이다. 자기답게 산다는 것은 자신의 가치를 실현하는 삶을 산다는 의미이다. 한 인간으로서 타고난 능력을 잘 개발하고, 사회 속에서 그 능력을 발휘하면서 사는 것이다. 필자는 **자기답게**

사는 것, 즉, 자신의 가치를 실현하는 일을 '자기실현(self-realization)'이라고 규정하며, 이를 인간의 진정한 행복이라고 부르고자 한다.

자기실현은 모든 인간이 바라는 최고의 가치이기에 궁극적으로 추구하는 것이며, 즉시 얻게 되는 쾌락이 작거나 혹은 없더라도 소중히 여겨 추구하는 것이며, 한 번 획득하면 사라지지 않고 남아 삶의 완성도를 높여주는 것이고, 충족할 때마다 충만감이 넘치는 것이다. 그래서 인생에서 이보다 더 소중한 일은 없다.

과연 자기실현이 앞에서 제시했던 네 가지 행복 기준에 부합하는지 살펴보겠다. 첫째, 자기실현은 모든 사람의 최종 목표이기에 일반성 조건을 가볍게 통과한다. 둘째, 자기실현을 인간의 완성으로 국한하지 않고, 각자의 조건에 따라 성취한 만큼 실현한 것으로 간주하면 개방성 조건도 통과한다. 셋째, 자기실현은 인간의 가치를 완성하고 높이는 것이기에 가치성 조건에도 부합한다. 마지막으로, 한 사람의 자기실현은 전체 생명체들의 자기실현에도 도움이 되므로 확장성 조건 역시 통과한다. 인간이 추구하는 다른 가치나 좋음(건강, 정의, 쾌락, 자유, 평등, 안전, 신뢰, 우정, 부, 명예, 식도락 등)은 이 모든 기준을 통과할 수 없다.

**자기실현은 삶의 계획을 달성해 나가는 것이다.** 자기답게 살기 위해서는 자신을 올바로 인식해야 하며, 삶을 잘 계획해야 하고, 그 실현을 위해 최선을 다해야 한다. 이때 자신을 확실하게 아는 것이 가장 중요한데, 자신의 가치는 '미운 오리 새끼'처럼 드러나게 되어 있다. 자신을 정확하게 안다면, 자신의 부족함도 알게 된다. 다음으로 자신의 장점을 개발하고 부족함은 보완하면서 인생의 완성을 추구하게 되며, 완성을 통해 행복에 이를 수 있다. 분명한 것은 행복은 자기실현이기 때문에 파도 위에 잠시 생겼다 사라지는 포말과 같은 일시적 기분이 아니라는 점이다.

**자기실현은 삶의 목표를 향해 가는 과정이자 성취이다.** 자기실현은 협소하고 단순한 인생의 폭과 깊이를 극한으로 확대하는 것이다. 넓고 깊은 그릇이 더 많은 물을 담을 수 있는 이치와 같아서, 자기 능력을 확장한 사람은 욕망이 커져도 넉넉히 수용할 수 있고 인생의 행복도 그에 비례해서 커진다. 반대로 좁고 얕은 그릇은 조금만 담아도 넘치거나 쓰러지므로 작은 욕망조차 감당하기 어렵다. 자기실현은 누구나 도달할 수 있는 행복이며, 모든 인간, 심지어 동물과 식물도 성취할 수 있는 행복이다. 경쟁에서 승리한 사람만 갖는 것이 아니라, 함께 어울려 얻는 것이며 어쩔 수 없는 경쟁에서 밀린다 해도 얻을 수 있는 것이다. 한편 타고난 능력은 사람에 따라 달라서 자기실현의 방법 역시 각자 다르다. 인간은 자신의 방식대로 자기실현의 기쁨(행복)을 느낀다. 행복에 이르는 길은 한 가지 방법만 있는 것이 아니다.

**자기실현은 돈이나 권력 또는 지위로부터 확보되는 것이 아니다.** 부모의 재력으로 특별한 교육을 받고 유명 대학을 나와 높은 지위에 올랐어도 남에게 고통을 주거나 공동체에 피해를 주고 있다면 그 사람은 지탄의 대상일 뿐이다. 반대로, 어떤 노동자가 원하는 직장에 들어가 숙련을 쌓고 노동조합원으로서 자신의 목소리를 내며, 가족을 잘 부양하고 있다면 자기실현을 멋지게 잘하고 있다고 봐야 한다. 마찬가지로 예술가가 큰돈을 벌지는 못해도 자신의 작품 활동에 만족해하고, 그 만족도가 점차 높아지고 있다면 자기실현의 과정에 있는 것이다. 타인의 행복을 위해 비영리기구에서 일하는 사람도 자신의 기여가 점차 커진다는 사실을 인식한다면 그곳에도 진정한 행복은 있다.

**자기실현에서 지식은 중요하지 않다.** 본인이 설정한 목표에 도달하면 자기실현이고 진정한 행복이다. 지식이 높은 만큼 자기실현이 수월할 수는 있겠지만, 그렇다고 지식이나 학력이 행복의 필수 조건은 아니다. 생산 현장의 젊은 노동자가 자신의 정체성을 지키고 꿈을 이루기 위해 노력하고 있으면 이미 자기실현의 길을 걸어가고 있는 것이다. 사회적 지위가 높은 사람은 해야 할 일이 많고, 더 많은 사회적 의무도 감당해야 하므로 오히려 행복한 삶을 영위하기가 더 어려울 수도 있다. 학력이나 학벌이 높은 사람은 출세가 쉬운 만큼 파멸에 빠질 위험도 높다. 자기실현은 지식에 있지 않고 성실한 삶에 있다.

**자기실현은 도덕적 삶 속에서 실현된다.** 도덕적 삶은 아리스토텔레스가 강조한 행복의 핵심이다. 그는 행복을 "덕과 탁월성을 추구하는 것이며, 우리 속에 있는 최고의 것"이라고 했는데, 여기서 탁월성의 추구가 바로 그가 생각하는 완전성의 추구이다. 칸트는 도덕성에 정확히 비례하여 행복해진다고까지 주장했다.

> 따라서 행복은 합리적 존재의 도덕성과 정확히 비례하여 독자적으로 세상의 최고선을 구성하며, 우리는 그 세상에서 순수하지만 실천적인 이성의 명령에 따라 우리 자신을 절대적으로 황홀하게(transported) 해야 하는 것이다(칸트, 2019b: 166).

필자는 아리스토텔레스나 칸트처럼 행복과 도덕성의 일체성을 요구하지는 않는다. 다만, 자기실현의 과정에서 거치거나 도달한 상태가 비도덕적인 지점이어서는 안 된다. 또 도덕적이지 않은 방법으로 이룬 자기실현은 진정한 행복이라 하기 곤란하다. 타인의 불행을 디딤돌 삼아 자신의 행복을 추구하거나, 자신의 행복을 위해 공동체의 행복을 무시하거나 파괴하는 것은 진정한 행복이 아니다.

**자기실현은 잠재력을 확장하는 것이며, 이 과정에서 느끼는 충만감이 행복감이다.** 지력, 체력, 감성, 덕성 등 인간이 가진 여러 가지 특성이 모두 성장과 개발의 대상이다. 인간은 개발을 통해 완전을 향해 가는데, 이를 수

월성 또는 탁월성이라고 부르기도 한다. 아리스토텔레스는 덕을 '아레테(arete)'로 표현했는데, 이는 인간으로서의 탁월성과 우수성을 의미하므로 필자의 자기실현과도 일맥상통한다. 인간은 완전한 존재가 아니므로 자기실현을 위해 계속 노력해야 한다. 존 롤스(John Rawls)는 행복에 관해 설명하면서, 행복이 '실현하고자 하는 계획의 성공적 수행과 그에 관한 심리적 확신'이라는 두 가지 성격을 갖는다고 주장한 바 있다.

행복은 두 가지 측면을 갖는다. 그 하나는 사람이 실현하고자 하는 합리적 계획(활동 및 목적의 체계)의 성공적 수행이고, 다른 하나는 그의 심리 상태, 즉 그의 성공이 지속되리라는 합당한 근거를 바탕으로 한 확신이다. 행복하다는 것은 행동을 통한 어떤 성취와 그 결과에 대한 합리적 확신 모두를 포함한다(롤스, 1999: 701).

개발은 자신의 그릇(container)을 더 크게 만드는 것이다. 그릇이 작다면 욕망을 주체할 수 없으며, 작은 욕망도 수용할 수 없으므로 스트레스의 원인이 된다. 큰 그릇은 어떤 욕망이라도 내부에서 순화시킬 수 있으며, 새로운 욕망의 유입에도 쉽게 무너지지 않는다.

## 2) 유사한 주장들과의 차이점

행복에 관한 여러 가지 주장들 가운데, 필자의 생각과 가장 근접한 이론은 19세기 영국의 철학자 토머스 힐 그린(Thomas Hill Green, 1836~1882)의 행복관이다. 그도 행복을 '자기실현(self-realisation)'이라고 주장했다. 인간이 지향해야 할 최상의 상태는 자신의 능력을 최대한 실현하는 것이며, 자기실현을 통해서만 자기만족을 얻을 수 있다고 했다. 그래서 인간 정신의 성취와 개선 및 그 능력의 실현이 진정한 행복이라고 주장했다.

최상의 상태란 인간이 지닌 능력을 최대한 실현(full realisation of his cap-abilities)하는 것을 의미한다. …… 인간은 오직 그것을 통해서만 자기만족을 얻을 수 있는 것이다(그린, 2004: 258).

진정한 행복은 …… 그 대상이 쾌락의 연속이 아니라 인간 정신의 성취(ful-fillment)와 개선(bettering)과 그 능력의 실현(realisation of its capabilities)이라는 사실을 깨달을 것이다(그린, 2004: 347).

자기실현이 진정한 행복이라는 그린의 규정은 언뜻 보기에 필자의 주장과 비슷하다. 인간은 모두 무언가가 되기를 원하고 있는데, 가장 이상적인 상태는 타고난 소질을 완벽하게 개발하여 결실을 맺는 것이다. 자신의 천부적 소질을 최대한 발전시켜 사회에 필요한 인물이 되는 것보다 더 만족스러운 삶이 있을까? 여기까지는 탁월한 주장이다.

그러나 그의 주장에 동의할 수 없는 부분들이 있다. 그린의 자기실현 개념은 "인간 정신의 성취와 개선과 그 능력의 실현"에 머물러 있고, 육체적 성취를 배제하고 있다. 자기실현은 정신적 능력의 성취나 개선에만 있는 것이 아니다. 손발의 능력이 뛰어난 사람은 이를 잘 발휘하여 명품을 만드는 장인이 되거나 뛰어난 운동선수가 되는 것이 인생의 목표가 될 것이며, 이를 달성했을 때 훌륭한 인생을 살았다고 말할 수 있다. 가슴의 능력이 뛰어난 사람은 상대편을 설득하는 능력이 강하므로 사업가나 정치가 또는 예술가가 되어 성공한다면, 최상의 삶을 사는 것이며 만족한 삶이 된다. 두뇌의 능력을 타고난 사람은 지적 탐구에 몰두하여 학자나 발명가가 된다면 만족한 삶이 된다. 이처럼 정신적 성취에서만 자기실현이 가능한 것이 아니라, 다양한 자기실현의 방법이 존재한다. 사실 진정한 행복을 위해 서는 인간이 가진 이 세 가지 능력이 골고루 개발되어야 하고, 또 어느 정 도 조화를 이루어야 한다.

그린의 주장에서 또 하나의 문제점은 '신'이 인간의 도덕과 관련된 정신 을 제시하면서 그 재생산까지 실행한다고 주장[2]한 것에 있다. 필자는 이 를 수용하지 않는다. 그린의 생각은 중세 기독교적 관점에서 벗어나지 못 한 것이며, 솔직히 조물주가 인간 정신의 재생산에 관여하는 것처럼 보이 지도 않는다. 또한, 그린은 인간의 정신이 발전한다고 주장하고 있는데, 이 주장도 근거가 없다. 그는 아리스토텔레스 시대 그리스의 시민의식보 다 기독교가 보급된 서양 사회의 의식이 발전했다고 생각한다. 특히, 19세 기의 영국을 시민의식이 가장 고양된 상태라고 보고 있는데,[3] 정신사의 발 전에 관한 그의 관점 또한 받아들이기 어렵다. 필자는 기본적으로 인간 정 신이 발전한다고 보지 않기 때문이다.[4]

그린의 주장에서 이런 점들을 보완하면 진정한 행복 개념을 도출할 수

---

2  우리의 지식과 마찬가지로 우리의 도덕적 행위도, 인간이 그러하듯이, 한 **영원한 정신** (eternal mind)이 특정한 형태로 자신을 재생산하고 있다는 전제 위에서만 설명이 가능해 진다. "동물적인 삶을 유기적으로 만들며, 그 과정 속에서 규정되고 제한받는 재생산을 의 미하는 것이다. 그러나 이 재생산은 기본적으로 세계 속에서 그 존재가 암시하고 있는 **최고 의 주체(supreme subject)가 행하는 것이다.** 그래서 이렇게 생성된 결과가, 모든 규정과 제한 속에서도, 자기 자신에 대해 대상이 되는 성질을 띠게 된다"(그린, 2004: 258~259, 강조는 필자).

3  그린은 『윤리학 서설』 제3권의 제3장에서 제5장에 이르기까지 줄기차게 이를 입증하려 하 고 있다.

4  나치 정권의 성립, 트럼프 대통령의 당선, 유럽, 아시아, 아프리카 등 세계 각국에서 전개되 는 반인간적·반인권적 행동들의 조직화를 보면 인간 정신이 발전하지 않는다는 점은 확실 하다. 공동선 정신은 단선적으로 발전하지 않고, 때로 주류를 형성하다가 형해화하는 등 부침을 반복하고 있다.

있다. 행복과 인간 본성의 완전성을 구분하는 학자도 있지만, 그리 의미 있는 일로 보이지는 않는다.[5]

그런 외에도 '자기실현'이나 '자아실현' 등을 주장한 사람들이 있는데, 그들과 필자의 주장이 다르다는 점을 설명하려 한다. 필자가 제시하는 자기실현은 심리학자 매슬로(Abraham Maslow)의 자아실현(self-actualization)과는 전혀 다르다. 그의 이론은 인간의 욕구를 '생리적 욕구(1단계)-안전에 대한 욕구(2단계)-애정과 소속에 대한 욕구(3단계)-자기 존중의 욕구(4단계)-자아실현의 욕구(5단계)'로 계층화한 것이다. 자아실현 욕구는 인간 욕구에서 가장 높은 단계에 해당하는데, 여기에 이르기 위해서는 반드시 하위의 욕구들이 먼저 충족되어야 한다. 즉 생리적 욕구의 충족 없이 안전에 대한 욕구가 발생하지 않으며, 자기 존중의 욕구는 애정과 소속 욕구가 충족된 이후 제기되는 욕구이다. 이 모든 욕구가 실현되면, 자아실현이라는 최고의 욕구 단계에 이르게 된다. 전체 인류 중에서도 소수의 사람만이 이 욕구 단계에 이를 수 있으며, 보통 사람들은 대체로 그 아래 단계에 머물러 있다. 어떤 사람이 승승장구 성공을 거두어 높은 단계에 이르렀다가도 큰 실패를 하게 되면 처음부터 다시 올라가야 한다.

이와 달리 필자의 행복론에서는 자기실현이 욕구(또는 욕망)의 맨 꼭대기에 있지 않다. 오히려 삶의 단계마다, 거기에 맞는 자기실현 방법이 있

---

5  그린의 친구이자 라이벌인 공리주의 경제학자 헨리 시지윅(Henry Sidgwick)은 행복과 인간 본성의 완전성을 구분했지만, 시지윅은 그렇게 구분한 이유나 구분의 실익을 설명하고 있지는 않다. "우리는 얼핏 보기에도 합리적인 궁극적 목적으로서 널리 강력한 지지를 받는 목적은 방금 언급한 두 가지, 즉 행복과 인간 본성의 완전성 혹은 탁월성뿐이라고 말할 수 있다. 여기서 탁월성은 다른 사람들보다 근본적으로 우월하다는 것이 아니라 이상적 유형의 인간 완전성을 부분적으로 실현하거나 그것에 근접한다는 것을 뜻한다"(시지윅, 2018: 79).

다. 공부하는 학생을 예로 들면, 매슬로 모형에서 학생은 최상위의 욕구를 충족하기 어렵지만, 필자의 모델에서는 다르다. 학생이 교사가 제시한 학습 목표를 잘 따라가고, 친구들과 우정을 나누면서 학교생활을 즐겁게 하면 자기실현에 성공한 것이다.

인간은 자신이 이룬 만큼 행복해지는 존재이다. 청소년이나 청년도 자기실현을 할 수 있으며, 중년이나 노년도 마찬가지이다. 모든 사람은 어느 정도 자기를 실현하고 있다. 그래서 크든 작든 저마다의 행복이 있는 것이다. 따라서 완벽하게 자기실현을 해야만 행복한 것은 아니다. 완벽한 자기실현은 인간의 영역을 벗어난 것이다.

칼 융(Carl Gustav Jung)이 말하는 자기실현(self-actualization) 역시 필자의 행복 정의와는 관계가 없다. 융의 자기실현은 의식과 무의식을 통합하는 과정을 통해 이루어지는 개성화(individuation)이다. 다람쥐가 쳇바퀴를 돌 듯 반복되는 사회생활 속에서 집단을 위해 뒤집어쓴 가면을 벗어던지고, 자신의 원래 모습을 되찾는 것은 중요한 일이다. 이 과정에서 자신의 정신적 주체성을 확립하는 것이 행복의 한 구성 요소가 되지 않는다고 말할 수는 없다. 그러나 행복을 오로지 자신의 내면에서 구하고자 하는 것은 필자의 의도가 아니다.

행복은 육체적·지적·감성적·도덕적 잠재력을 가능한 최대로 그리고 종합적으로 개발하는 데서 오는 것이지, 한 가지만 극강으로 개발한다고 해서 얻을 수 있는 것은 아니다. 자신의 타고난 잠재력을 잘 개발하면 세계 최고 수준의 운동선수나 예술가가 될 수 있고, 저명한 학자도 될 수 있다. 그러나 이렇게 한 가지 잠재력을 개발했다고 해도 감성 능력이 부족하면 인생을 즐길 수 없다. 더구나 도덕성이 크게 부족하면 주위로부터 매몰찬 평가를 받을 것이며, 그런 삶은 행복하다고 할 수 없다. 인생의 행복에 정말 중요한 일은 도덕성과 감성을 갖추는 것이며, 지성과 육체적 능력만으로 행복해지지는 않는다.

니체(Friedrich Nietzsche)는 "너 자신이 되어라(Become what you are)!"라는 구호를 즐겨 사용했다. 융의 개성화와 일맥상통하는 것인데, 필자가 말하고자 하는 자기실현과는 다르다. 이들이 주장하는 자아의 변혁이 자기실현에 충분조건도 아니다. 필자가 말하는 자기실현은 융과 니체가 제시한 목표에 이르지 못하더라도, 직업에서의 숙련 및 공감과 나눔 등을 통한 지혜의 실천을 통해 달성할 수 있는 것이다. 필자는 모든 사람의 가치가 동질(同質)이라고 간주하기 때문에, 니체와는 생각이 근본적으로 다르다. 니체는 인류가 위대한 영웅을 배출하도록 계속 노력해야 한다면서, 보통 사람은 고귀한 인물들을 위해 일함으로써 인생이 의미를 갖게 된다고까지 주장했다. 위대한 사람의 생을 위해 다른 사람들의 생이 희생될 수도 있다는 매우 섬뜩한 주장이다. 니체의 사고에 대해서는 롤스도 다른 사람의 글을 인용해 비판하고 있다.

> 인류는 위대한 개인의 산출을 위해 부단히 노력해야 한다 - 다른 어떤 것도 아닌 바로 이것이 그 임무이다. …… 결국 문제는 당신들의 생, 개체적인 생이 어떻게 높은 가치와 깊은 의미를 간직하게 되는가이다. …… 그것은 오직 당신이 가장 희유하고 가장 고귀한 기인의 선을 위해서 삶으로서이다(롤스, 1999: 제5장, 각주 50에서 재인용).

## 4. 전통적 행복론의 검토

행복에 관한 전통적인 사상과 주장은 대체로 쾌락주의적 입장과 도덕주의적 입장으로 구분할 수 있는데, 차례로 살펴보기로 한다.

## 1) 쾌락주의

그리스 철학자들 가운데 삶의 최종 목적을 규명하기 위해 노력한 사람이 있었다. 키레네학파의 창시자 아리스티포스(Aristippus, B.C. 435~355)는 삶의 목적이 역경과 번영을 통제하면서 쾌락을 추구하는 것이라 했다. 그는 행복이 주관적 감정이며, 현재의 욕망 충족으로부터 온다고 주장했다. 바로 쾌락주의(Hedonism)이다. 쾌락주의의 대표자 에피쿠로스(Epicurus, B.C. 341~271)는 인생의 목적이 행복하고 조용한 삶(고통에서 벗어나 쾌락이 있는 삶)을 성취하는 것이라고 했다. 그는 진정한 쾌락을 육체의 고통과 정신의 혼란스러움에서 벗어나는 것[6]이라고 정리했다. 이러한 에피쿠로스학파의 행복관이 18세기의 공리주의자 벤담을 통해 되살아나 19세기에서 20세기 초반까지 경제학의 주류를 형성하게 된다. 이를 **쾌락주의 행복론**으로 부르겠다.

미국이 독립을 쟁취했던 1776년, 애덤 스미스는 『국부론(The Wealth of Nations)』을 출간했고 벤담은 '최대다수의 최대행복' 원리를 처음 제시했다. 벤담은 행복을 추구하고 고통을 배척하는 행동이야말로 인간의 본성이라고 믿고, 그것이 옳고 그름을 판단하는 기준이 된다고 주장했다. 그는 어떤 행동의 결과로 얻어질 쾌락이 크면 선택하고, 고통이 크면 선택하지 않는다고 주장했다.

자연은 인류를 고통과 쾌락이라는 두 주인의 지배하에 두었다. 우리가 무엇

---

6 "freedom from pain in the body and from trouble in the mind"(Epicurus, "Letter to Menoeceus"). 그는 가장 큰 선(善)은 사려 깊음(prudence)이라고 주장했는데, 이러한 관점은 애덤 스미스에 의해 부활한다.

을 할까 결정하는 일은 물론이요, 무엇을 행해야 할까 짚어내는 일은 오로지 이 두 주인을 위한 것이다. 한편으로는 옳음(right)과 그름(wrong)의 기준이, 또 한편으로는 원인과 결과의 사슬이 두 주인의 왕좌에 고정되어 있다. 이들은 우리가 행하는 모든 행위에서, 우리가 말하는 모든 말에서, 그리고 우리가 생각하는 모든 사고에서 우리를 지배한다(Bentham, 1781).

벤담은 쾌락을 늘리거나 고통을 줄이는 것을 행복이라 정의하고, 쾌락과 고통을 아주 구체적으로 분류했다. 그는 여러 가지 감정뿐만 아니라 푸른 초원, 흔들리는 나뭇잎, 반짝이는 시냇물, 새소리, 바람 소리, 물소리, 꽃향기, 풀 내음, 시골의 맑은 공기, 개나 양들의 천진한 행동 등도 모두 쾌락에 포함시켰다. 벤담이 말하는 쾌락과 고통은 육체적인 것, 정신적인 것, 자연적인 것 모두를 포함하고 있음을 알 수 있다. 벤담은 행복의 단위를 '효용(utility)'이라고 불렀다. 벤담은 행복을 까다롭게 정의하지 않는다. 그는 이익, 편익, 쾌락, 선(善)을 모두 행복과 같은 의미로 봤다. 또 불행, 해악, 위해(危害) 등을 모두 고통과 같은 것으로 간주했다.

공리성(utility: 효용)이란 어떤 사물의 성질인데, 이에 의하여 그 사물이 관련 당사자에게 이익(benefit), 편익(advantage), 쾌락(pleasure), 선(good), 또는 행복(happiness)-여기에서 이들은 모두 동일한 것으로 간주한다-을 주거나, 또는 위해(mischief), 고통(pain), 해악(evil), 또는 불행(unhappiness)이 발생하는 것을 방지하는 경향을 의미한다. 여기에서 관련 당사자가 사회 전체인 경우에는 사회의 행복인 것이며, 특정한 개인이라면 그 개인의 행복을 말한다(Bentham, 1781).

벤담이 주장한 최대행복 원리는 "사회는 개인의 총합으로 이루어지는 것이기에 혼자만의 행복은 최고의 선이 될 수 없으며, 최대다수에 해당하는 개인들이 행복해야 사회가 행복해지므로 이것이야말로 추구해야 할 최고의 선"이라는 말에 압축되어 있다. 즉 공리주의는 혼자가 아닌 모두의 행복이 중요하다는 생각을 기초로 하고 있다.

옳고 그름을 측정하는 기준은 최대다수의 최대행복이다(It is the greatest happiness of the greatest number that is the measure of right and wrong) (Bentham, 1776).

벤담의 제자인 존 스튜어트 밀(John Stuart Mill)은 공리주의의 전파와 구체적 실현을 위해 노력했다. 19세기에서 20세기 초에 활동했던 윌리엄 제번스(William Jevons), 레옹 발라(Léon Walras), 프랜시스 에지워스(Francis Edgeworth), 헨리 시지윅(Henry Sidgwick) 등의 경제학자들은 공리주의를 자신들의 신념으로 받아들였다. 벤담과 밀이 제시한 공리주의[7]는 그들의 학문과 삶의 목표가 되었고, 이후 한 세기 이상 경제학을 지배하는 주류를 형성하게 되었다. 현대의 행복경제학자들은 대부분 벤담의 행복 정의를 따르고 있다. 세계행복운동(Action for Happiness)을 이끌고 있는 리처드 레이어드(Richard Layard) 교수는 그 이유를 다음과 같이 설명한다.

각각의 순간에 우리는 더 행복하거나 덜 행복한데, 이는 마치 주변의 소음이 더 시끄럽거나 덜 시끄럽거나 항상 존재하는 것과 같다. 트롬본과 수동 드릴처

---

7  존 롤스는 공리주의의 역사를 샤프츠베리(Shaftesbury)의 『미덕에 관한 연구』(1711)와 허치슨(Hutcheson)의 『도덕적 선과 악덕에 관한 연구』(1725)로 소급하고 있다(롤스, 1999: 제1장 제5절 각주 9번).

럼 소음의 원인은 다양하지만, 이들 모두가 소음인 것처럼 마음의 모든 상태도 많든 적든 행복으로 여길 수 있다(Layard, 2005: 13).

모든 사람의 행복이 똑같은 비중으로 계산되어야 한다는 공리주의의 주장은 당시의 유럽학계와 사회운동가들의 마음을 흔들기에 충분했다. 진보적 성향의 학자와 정치인들은 공리주의의 이념에 환호했으며, 그 정책적 실천을 위해 매진했다. "모든 선택과 기피의 동기를 발견하자"라고 했던 에피쿠로스의 주장을 받아 벤담이 그러한 작업을 하게 된다. 그리고 벤담의 공언처럼 마침내 행복은 사회과학 연구의 중심에 서게 되었다.[8]

행복 연구사에는 '최대다수의 최대행복'이라는 공리주의 철학이 깊이 관련되어 있다는 점을 확인할 필요가 있다. 20세기 행복 연구에 일대 전환을 가져온 미국 남가주대학(University of Southern California: USC)의 경제학자 리처드 이스털린(Richard Easterlin)은 공리주의자들의 접근을 따르고 있다.

---

8  쾌락주의자들이 마치 '먹고 마시고 즐기는 것이 최선의 삶'이라고 주장한 것처럼 알려져 있는데, 전혀 그렇지 않다. 에피쿠로스는 "쾌락은 몸의 고통이나 마음의 혼란으로부터의 자유"라고 분명히 정의했다.
"우리가 '쾌락이 목적이다'라고 할 때, 이 말은, 우리를 잘 모르거나 우리의 입장에 동의하지 않는 사람들이 생각했던 것처럼, 방탕한 자들의 쾌락이나 육체적인 쾌락을 의미하는 것이 아니다. **내가 말하는 쾌락은 몸의 고통이나 마음의 혼란으로부터의 자유이다.** 왜냐하면 삶을 즐겁게 만드는 것은 계속 술을 마시고 흥청거리는 일도 아니고, 정욕을 충족시키는 일도 아니며, 물고기를 마음껏 먹거나 풍성한 식탁을 가지는 것도 아니고, 오히려 모든 선택과 기피의 동기를 발견하고 공허한 추측들—이것 때문에 마음의 가장 큰 고통이 생겨난다—을 몰아내면서, 멀쩡한 정신으로 추론하는 것이기 때문이다"(Epicurus, "Letter to Menoeceus", 강조는 필자).

## 2) 도덕주의(Eudaimonism)

지금으로부터 2300여 년 전에 활동했던 아리스토텔레스(Aristoteles, B.C. 384~322)는 행복을 체계적으로 연구한 최초의 학자라 할 수 있다. 아리스토텔레스는 행복을 객관적인 좋은 삶이라 인식했으며, 이를 그리스어로 '에우다이모니아(Eudaimonia)'라고 표현했다. 에우다이모니아는 '좋다'는 뜻을 가진 'eu'와 '영혼'이라는 의미의 'daimōn'이 합쳐진 단어인데, 영어로는 보통 '행복(happiness)' 또는는 '번영(flourishing, prosperity)' 등으로 번역된다. 이 영어 번역이 수많은 혼란을 야기했다.

아리스토텔레스는 사람의 행복은 죽을 때 가봐야 알 수 있다고 한 솔론의 행복관을 지지하고 있다. 헤로도토스(Herodotos, B.C. 484~425년경)의 『역사(historiai)』 첫 장에는 그리스의 철학자 솔론(Solon, B.C. 630~560년경)이 리디아의 왕 크로이소스(Croesus, B.C. 595~546년경)와 만나는 이야기가 나온다. 여기에 저 유명한 '솔론의 행복관'이 실려 있다.

B.C. 700~600년경 소아시아 지역(오늘날의 터키 지역-필자)에 홀연히 한 강대한 국가가 출현했다. 바로 리디아(Lydia) 왕국이다. 이 나라를 번영으로 이끈 왕은 크로이소스였다. 그는 주변 국가들을 정복하여 소아시아의 지배자가 되었고, 부와 권력을 거머쥐었다.[9] 왕궁이 있는 사르데스(Sardis)[10]는 부유한 상업도시로서, 세계 최초로 금화를 만들어 사용했다. 이 도시를 구경하기 위해 당대의 정치가이자 법률가인 솔론이 찾아왔다. 크로이소스는 솔론에게

---

9   영어 숙어 중에 'as rich as Croesus'라는 말이 있을 정도로 엄청난 부를 축적했다.
10  『요한계시록(Revelation)』에 등장하는 '사데'성으로, '미다스 왕의 손' 전설의 배경이 된 도시이다.

왕국의 황금과 값진 보물들을 자랑스럽게 보여주며 물었다.

"아테네 친구여, 그대에 대한 소문은 이 나라에서도 우레처럼 듣고 있소. 내가 그대에게서 꼭 듣고 싶은 것이 있는데, 이제까지 본 사람 가운데 누가 가장 행복한 사람인 것 같소?"

솔론은 크로이소스가 잘 모르는 사람들의 이름을 댔다. 그래서 왕이 다시 물었다.

"아테네 친구여, 내가 이룬 이 행복을 아무 가치가 없다고 생각하는가?"

"왕이시여, 왕께서 막대한 부를 소유하고 계시고 많은 백성을 다스리신다는 걸 잘 알고 있습니다. 그렇지만 아무리 부유한 자일지라도 끝까지 훌륭하게 일생을 마칠 수 있는 행운을 갖지 않는 한, 결코 하루하루 벌어먹고 지내는 자보다 행복하다고 말할 수 없습니다. 남아돌 정도로 돈이 많아도 불행한 자가 많이 있는가 하면, 가난하더라도 행운을 누리는 자 또한 많이 있습니다. 사람이 죽을 때 가서야, 그가 행복한 사람이었는지 또는 아니었는지 말할 수 있을 것입니다."

크로이소스는 솔론에게 냉소를 퍼부었다. 솔론이 떠나간 후, 크로이소스에게 무서운 운명이 닥쳐왔다. 크로이소스는 대군을 몰아 키루스 2세(Cyrus)[11]가 통치하던 페르시아를 침공했지만 실패했다. 분노한 키루스가 반격해 사르데스를 포위했다. 사르데스는 천혜의 요새로서 한동안 버텼지만 결국 B.C. 546년 정복되고 말았으며, 크로이소스는 생포되었다. 크로이소스의 목전에서 아들이 처형되었고, 전범 크로이소스는 쇠사슬에 묶여 산 채로 화형에 처할 운명을 맞았다. 장작더미 위에서 크로이소스는 솔론의 말이 떠올라 그 이름을 크게 불렀다. 호기심이 생긴 키루스가 솔론이 누구냐고 물었다. 크로이소스는 그가 왕의 부와 번영을 가볍게 보았으며, 인간의 진정한 행복에 대해 말해준 사

---

11　『성경』「에스라(Ezra)」에 나오는 고레스 왕으로 유대인들이 가장 고맙게 여기는 은인이다.

람이었다고 대답했다. 키루스는 크로이소스의 결박을 풀어준 후 그의 두 눈을 뽑고 자신의 멘토로 삼았다고 한다(헤로도토스, 2009: 29~89).

이 이야기에서 누구도 크로이소스를 행복하다고 할 수 없을 것이다. 사람이 죽을 때 가봐야 행복했는지 알 수 있다는 솔론의 주장을 아리스토텔레스도 지지했다. 살아가는 과정에서 얻게 되는 일시적인 만족은 진정한 행복이 아니라는 것인데, 아리스토텔레스는 유명한 제비 이야기를 예로 든다. 제비 한 마리가 보인다고 해서 산하에 봄이 온 것은 아닌 것처럼, 어쩌다 얻은 한순간의 행복은 언제 사라질지 모른다는 것이다. 아리스토텔레스는 현실의 부와 권력 등을 행복으로 보는 시각을 배척하고, 행복을 장기적이고 객관적인 삶 속에서 이룩되는 것이라 주장했다. 일생에 걸쳐 좋은 삶을 살아야 행복한 삶이라는 것이다.

어느 때 잠깐 동안이 아니라 생애 전체를 통하여 온전한 덕을 따라 활동하며 동시에 여러 가지 외부적인 선(善)도 충분히 지닌 사람이 행복한 사람인 것이다 (아리스토텔레스, 2008: 제1권 제10장).

에우다이모니아(번영, 좋은 삶)를 행복한 삶이라고 생각했던 것은 제논(Zenon, B.C. 495~430년경)과 세네카(Seneca, B.C. 4년경~A.D. 65), 에픽테토스(Epictetus, 50~135년경) 등으로 대표되는 스토아학파도 마찬가지였다. 다만, 스토아학파는 덕을 실천하는 것이 에우다이모니아의 필요충분조건이라고 생각했고, 아리스토텔레스는 이에 더해 건강이나 재산 또는 외모 등 외적 좋음(external good)도 더해져야 한다고 보았다. 밀도 행복과 만족을 구분해야 한다고 주장했다. 행복이 도덕적 삶과 함께한다는 사상을 필자는 **도덕주의 행복론**[12]이라고 부르겠다. 칸트는 이를 이어받아, 한 인간의 행복은 그가 실천한 덕과 비례한다고 말했다.

이제 덕과 행복은 함께 한 인격에서 최고선(summum bonum)의 소유를 구성하되 행복이라 하더라도 도덕성에 아주 정확히 비례해서 할당되었을 때, 가능한 세계의 최고선을 구성한다. 이런 한에서 최고선은 전체, 즉 완전한 선을 의미한다. 그러나 이 완전선에서 덕은 항상 조건으로서 최상선이다. …… 오히려 이 완전선에서 행복은 언제나 도덕적·합법칙적 행동을 조건으로 전제한다(칸트, 2019b: 284).

### 3) 전통적 행복론들의 한계

쾌락주의 행복론은 행복과 만족(content, satisfaction)을 혼동하게 만드는 점이 상당한 문제로 지적되어 왔다. 쾌락주의 행복론에서 말하는 일상의 쾌락은 실제로는 행복한 삶과 일치하지 않는 경우가 많다. 지위가 쾌락을 준다고 하지만, 정부 고위직에 지명된 인사가 청문회에서 사생활과 비리가 낱낱이 밝혀지게 되면 수치와 모멸감이 엄청날 것이며, 이를 회복하기 어려울 것이다. 친구를 때리고도 칭찬을 받은 아이는 그러한 쾌락을 즐기다 후일 폭력을 숭상하는 어른이 된다. 밤마다 잠을 자지 않고 게임이 주는 쾌락을 추구한 사람은 시력과 체력과 자제력을 동시에 잃게 될지도 모른다. 그래서 단순한 쾌락은 행복이 아니며, 진정한 행복을 해치지 않은 쾌락만이 일상의 행복이라고 할 수 있다.

핀란드는 여러 차례의 행복도 조사에서 세계 1~2위를 차지하고 있고,

---

12  사실 에피쿠로스도 덕성을 강조했다. "덕성은 본성적으로 즐거운 삶과 연결되어 있으며, 즐거운 삶은 덕성으로부터 뗄 수 없다"(Epicurus, "Letter to Menoeceus").

교육제도 역시 최고라는 평을 듣고 있다. 그런데 왜 자살률 또한 세계에서 가장 높은 수준이며 정신질환자 비율이 유럽에서 가장 높을까? 핀란드인들은 진정으로 행복한 것일까? 이는 우리가 행복을 정확하게 인식해야 하는 이유이기도 하다. 행복을 즐거운 감정으로 규정하는 것은 우리 일상의 삶과 인생 궤적 사이의 불일치와 괴리를 초래하기도 한다. 매일의 즐거운 생활로 인해 몸과 마음이 황폐해진 인간의 이야기는 역사에 너무도 많다. 중국 진시황(始皇帝)의 아들 호해(胡亥)는 정치를 조고(趙高)에게 맡기고 쾌락과 향락만을 즐겼고, 결국 그러한 생활이 그를 파멸로 이끌었다.

일부 공리주의 경제학자들이 가진 쾌락주의 행복관(觀)은 행복과 만족이 뒤섞인 것이다. 밀은 '일시적인 변덕이나 즐거움(frivolity and the mere pleasures of the moment)'과 행복을 구분하고 있다. 그는 단순한 쾌락이 아니라 존경받는 좋은 삶이 분출하는 행복을 참된 행복이라 주장했다. 이를 설명하기 위해 밀은 유명한 '배부른 돼지' 비유를 들었다.

만족한 돼지가 되는 것보다 불만족한 인간이 되는 것이 나으며, 만족한 바보가 되는 것보다 불만족한 소크라테스가 되는 것이 낫다(밀, 2007: 31).

행복을 쾌락으로 규정할 경우, 질적으로 수준이 높은 쾌락과 낮은 쾌락으로 구분할 수 있는지의 문제가 있다. 쾌락주의를 대표하는 벤담은 푸시핀(어린이들의 놀이)이 주는 쾌락과 푸시킨의 시가 주는 쾌락이 모두 양적으로만 비교될 뿐이지 질적 차이는 없다고 했는데, 칸트(Immanuel Kant) 역시 벤담의 사고를 지지했다.

다른 경우에는 명석한 사람들이, 상위 욕망과 하위 욕망은 쾌감과 결부된 표상이 감각 능력에서 비롯되었는지 아니면 지성에서 비롯되었는지에 따라 구별

된다고 믿는 것은 놀라운 일이다. 욕망의 규정 근거를 추적하여 이 규정 근거를 어떤 것에서 기대되는 쾌적함에 둘 경우, 중요한 것은 즐거움을 주는 대상의 표상이 어디서 비롯되는가 하는 것이 아니라 이 표상이 얼마나 많은 즐거움을 주는가 하는 것일 뿐이기 때문이다(칸트, 2019b: 162).

어떤 사람이 선택할 때 중요한 것은 오직 쾌적함을 얼마나 강하고 길면서도 쉽게 얻고 그 쾌적함이 얼마나 자주 반복되는가 하는 것뿐이다. …… 단지 표상이 얼마나 많고 큰 즐거움을 최장기간 줄 것인지만 묻는다(칸트, 2019b: 163).

그러나 이러한 인식은 설탕과 꿀의 가치를 구분하지 못하는 것보다 더욱 심각한 오류이다. 감각적인 쾌락과 정신적 쾌락은 질적으로 엄연히 구분된다는 것이 필자의 생각이다. 어려운 책을 읽고 그 뜻을 이해했을 때 느끼는 쾌락은 진하고 오래가지만, 불건전한 성적 접촉에서 얻는 쾌락은 얄팍한 것이다.

만족은 한순간의 기분이나 감정에 그치는 경우가 많고, 때로는 진정한 행복에 방해가 되기도 한다. 예를 들어 친구가 보내준 생일 케이크를 맛있게 먹었다면 큰 만족을 느낄 것이다. 그러나 그가 살이 많이 쪄서 고민이라면 이 생일 선물이 준 만족감은 오히려 인생의 행복을 낮추는 요소가 된다. 살면서 현실 안주를 선택하게 만드는 갖가지 달콤한 쾌락들도 마찬가지다. 『창세기』에 등장하는 에서(Esau)는 어리석게도 팥죽 한 그릇이 줄 눈앞의 쾌락에 인생의 행복이 될 상속권을 포기한다. 권력에 기생하는 달콤한 쾌락을 좇아다니다, 촉망받던 정치인의 인생이 허무하게 무너져 버리기도 한다. 이런 사례들은 만족 또는 일시적 쾌락과 행복이 동질적이지 않음을 보여준다.

솔론과 아리스토텔레스를 원조로 하는 도덕주의 행복론은 완벽한 것일까? 도덕주의 행복론에 따를 경우, 보통의 인간은 행복이라는 봉우리에 오르는 것이 거의 불가능하다. 무자비한 경쟁이 펼쳐지는 자본주의사회에서 정치, 경제, 문화, 교육, 종교 등 각 분야의 권력자들은 도덕률에 따라 행동하지 않는다. 이런 상황에서 도덕적 삶을 강조하는 것은 사회적 약자들을 더욱 불리한 입장에 서게 하는 것이다. 도덕이 약자들을 시장에서 더욱 뒤처지게 만들고 인생의 행복을 낮추게 한다면 최고선(最高善)이라 하기 어렵다.

아리스토텔레스는 관조하는 생활을 행복의 최고 경지로 주장했지만, 이러한 여유 있는 생활 역시 일반인들은 생각할 수 없는 일이다. 도덕적 삶을 통해서만 행복을 얻게 된다면, 자본주의사회에서 행복할 수 있는 사람은 부와 권력을 위해 경쟁하지 않는 소수의 '시장 밖 인간'에 불과하게 된다. 이렇듯 실제의 삶과 괴리가 있는 행복론은 한계가 분명하다. 참된 행복은 보통 수준의 사람이 정상적인 삶을 살면서 달성할 수 있는 좋음(good)이어야 한다. 이런 의미에서 도덕주의 행복론에는 심각한 문제가 있다.

도덕주의 행복론이 당면한 또 하나의 심각한 문제는 도덕 기준이 도대체 어떻게 형성되는 것인지를 밝히는 문제가 될 것이다. 신이 기준을 정하고 그가 명령하는 바를 인간이 지키는 것인지, 인간 이성이 자신의 사고에 따라 찾아내고 개발하는 것인지, 아니면 사회적 경험에 의해 가려지고 축적되는 것인지 하는 문제가 남아 있다. 동일한 사건에 참여한 사람인데도 이를 후회하는 사람이 있는가 하면, 자랑거리로 삼는 사람도 있다. 도덕 기준은 영원한 것인가, 아닌가의 문제도 남아 있다. 과거에는 때리지 않고 자녀를 양육하는 사람은 자녀 교육을 등한히 하는 사람이며, 아이들의 인생을 망친다고 비판을 받기도 했다. 현재는 기준이 달라져 교육적 목적이라고 해도 폭력은 인격을 무시하는 행위로 간주되고, 자녀를 때리면 오히려 처벌을 받는다.

쾌락주의냐 도덕주의냐에 대해 현대의 행복경제학자들 사이에서도 견해가 엇갈리고 있다. 케인스 연구자로 유명한 로버트 스키델스키(Robert Skidelsky)는 밀의 사상을 계승하고 있고, 세계행복운동을 이끄는 리처드 레이어드(Richard Layard)와 브루노 프라이(Bruno Frey)는 벤담의 입장을 따르고 있다.

행복이 도덕적 삶(또는 중용을 실천하는 삶)에 있다는 도덕주의 행복론과 현실적 욕망의 충족에서 오는 쾌락이 행복이라는 쾌락주의 행복론은 필자의 네 가지 행복 기준들을 통과할 수 있는지 살펴보자. 일단 두 가지 행복론 모두 첫째 조건을 충족한다. 이성을 가진 모든 사람이 행복을 추구하고 있기 때문이다. 그러나 다른 기준들에 대해서는 상황이 다르다.

먼저, 도덕주의 행복론은 둘째와 셋째 조건을 만족시키지 못한다. 도덕가가 아닌 일반인들은 법을 지키며 사는 것으로 충분하다고 여기며, 도덕의 준수를 도덕자의 기준에서만큼 엄격하게 여기지는 않는다. 더구나 아리스토텔레스가 제시한 중용(中庸)의 실천과 관조적 삶의 실천은 대단한 수련을 필요로 하는 것이라 생활인으로서는 실행이 어렵다. 즉 도덕주의 행복론은 평범한 인간이 지킬 수 있는 것이 아니다. 게다가 도덕주의 행복론은 동식물이나 환경에 대해서는 관심을 기울이지 않아 넷째 조건에도 부합하지 않는다.

쾌락주의 행복론은 둘째 조건을 쉽게 통과하지만, 셋째와 넷째 조건을 만족시키지 못한다. 셋째 조건을 충족시키려면, 쾌락의 선택이 좋은 삶으로 연결되어야 하는데 그렇지 않은 경우가 많다는 사실은 앞에서도 확인한 바 있다. 쾌락을 추구하는 범죄와 비도덕적 행위가 빈번하게 발생하고, 삶의 중장기적 목표 달성과 선(善)한 관계들을 악화시키는 선택들을 일상에서 볼 수 있다. 또한, 쾌락주의 행복론은 넷째 조건에도 위배된다. 소수 그룹이나 최소수혜자들의 행복이 다수의 최대행복을 위해 배제되어도 이를 제대로 반박하지 못한다. 벤담의 바람과는 달리 생태계 보전도 뒷전이다.

이처럼 도덕주의 행복론과 쾌락주의 행복론은 모두 한계를 갖고 있다. 사실, 에피쿠로스는 비도덕적 쾌락을 삶에서 배제한 인물이지만, 그의 호소는 먹혀들지 않았고 온갖 사이비 행복론들이 쾌락주의의 그늘 아래 등장했다. 인생을 적절히 즐기라는 유혹, 힘들게 번 돈을 아낌없이 바치라는 설교, 꿈을 포기하고 살라는 황당한 권유, 불의와 타협하라는 현혹, 권력에 저항하지 말라는 그럴듯한 조언 등 인생을 망치는 훈계와 선동들이 행복이라는 이름으로 대중에게 접근하고 있다.

그렇지만, 전통적 행복론들이 제시하는 관점은 매우 강력하여 현대인의 삶에 막대한 영향을 미치고 있다.[13] 그래서 진정한 행복론을 구축하는 것이 더욱 소중하다고 할 수 있다.


## 5. 행복의 쟁취

### 1) 행복은 쟁취하는 것

아리스토텔레스는 행복을 신이 주는 선물이라고 했다. 즉 행복이라는 좋은 선물이 인간에게 주어진다는 것이다. 그런데 현실에서 어떤 사람은

---

13  앞에서 소개한 주장들 외에도 칸트, 쇼펜하우어 등 철학자들과 리처드 레이어드(Richard Layard), 로버트 스키델스키(Robert Skidelsky) 등 경제학자들, 그리고 마르틴 셀리그먼(Martin Seligman)과 대니얼 캐너먼(Daniel Kahneman) 등 심리학자들의 다양한 행복론이 있다. 이러한 주장들 간에는 약간씩의 차이가 있지만, 니체를 제외하고는 대체로 쾌락주의와 도덕주의의 두 범주로 분류할 수 있다.

행복하게 사는 반면, 또 어떤 사람은 덜 행복하거나 불행하게 산다. 왜 이런 차이가 생기는 걸까? 아무리 행복이 신의 선물이라고 하더라도, 움켜잡아야 자신의 것이 되기 때문이다. 기다리던 비가 올 때, 빗속에서 일한 농민이 가을에 풍요를 누릴 수 있는 것과 마찬가지다. 앞으로는 로봇이 인간의 노동을 상당 부분 대신할 것이지만.

행복은 생애 동안 열심히 싸워서 얻게 되는 쟁취물(achievement)이다. 감나무 아래에서 홍시가 저절로 떨어지길 기다리는 자세로 인생을 산다면 행복이 삶 속으로 들어오지 않을 것이다. 설혹 부모로부터 많은 재산을 상속받았다 해도 이를 지혜롭게 쓰지 못한다면 행복은 없다. 역경을 이기고 높은 지위에 올랐어도 그 권력을 잘못 사용하면 처벌을 받을 뿐이다. 엄청난 재능을 타고난 예술가라도 노력하지 않으면 명성을 떨치지 못하며, 명성을 가졌어도 이웃과 소통하지 못한다면 행복은 멀리 있을 것이다. 우리 주위의 부당한 구조들과 열심히 싸우지 않으면 행복을 얻지 못한다. 자기실현은 최선을 다해 자기답게 사는 것이다. 삶에서 최선을 다하지 않으면, 자기실현 수준은 그만큼 낮아진다.

물질문명이 고도로 발전한 21세기에 자신의 의지와 관계없이 고통을 겪는 사람들이 많다. 일자리와 소득이 없는 가난한 사람들, 전쟁을 피해 목숨을 걸고 탈출하는 난민들, 빈곤에 시달리는 세계 여러 지역의 주민들, 정치적 자유를 누리지 못하는 일부 국가의 국민, 인종차별 및 성차별에 한숨짓는 사람들, 중노동에 시달리는 가난한 나라의 아동들, 대기오염과 수질오염으로 고통받는 국민, 자연재해로 가족과 재산을 잃은 사람들 등 고통(즉 불행)을 겪고 있는 사람들을 보라. 이들은 삶에 행복이 깃들기를 원하고 있지만, 그 꿈이 실현되기에는 당장 너무 많은 장애물이 있다. 그래서 평화주의자 버트런드 러셀(Bertrand Russell)은 행복은 쟁취하는 것이라고 주장했다.

…… 대부분의 사람들에게 행복은 신이 베푸는 선물이 아니라 어렵게 쟁취해야만 하는 대상이고, 행복을 쟁취하기 위해서는 엄청난 노력을 해야 한다(러셀, 2005a: 248~250).

러셀의 주장에 적극적으로 동의한다. 임금노동자는 노동조합을 결성할 권리가 있다. 이런 권리를 활용하여 노동조합을 결성하고 투쟁한 사업장의 노동자들은 미조직 노동자들보다 임금이나 노동조건이 훨씬 좋다(행복). 민주주의의 회복을 위해 촛불을 들었던 한국 국민은 불행의 조건을 스스로 없앴고, 세계 시민들의 찬사를 받았다. 독재정권과 싸우지 않는 국가의 국민은 민주주의가 주는 즐거움을 맛볼 수 없다. 일부 선진국의 국민은 한 번의 세금 납부만으로 대학까지 무상교육을 받는다. 이는 교육권을 국민적 권리로 확보한 결과로서, 교육비 추가 부담 없이 학교에 다닐 수 있어 행복하다. 의료복지 등에 대해서도 마찬가지다. 분투하면 누구나 쟁취할 수 있는 것이 행복이다.

**외적인 측면들은 행복한 삶에 매우 중요하다.** 삶의 조건들이 행복에 커다란 영향을 미치기 때문이다. 자본주의가 발전할수록 경쟁은 격화되고 불평등이 심화된다. 이는 행복을 가로막는 주요한 원인이 되고 있다. 따라서 국가가 이러한 불평등을 해소하는 역할을 제대로 수행해야 살기 좋고 행복한 나라가 될 수 있다. 모두에게 일정한 삶의 질이 보장되는 사회, 질서 있고 안전한 사회, 법과 정의가 살아 있는 사회, 사회적 약자의 삶을 지원하는 사회, 누구나 자신의 꿈을 설계하고 실현할 수 있는 사회는 개인이 만들 수 없다. 이것들은 모두 국가와 사회의 몫이다. 국민은 정치참여를 통해 이러한 사회의 기초를 만들어낼 수 있다.

인류는 르네상스를 통해 인간성을 회복했으며, 시민혁명을 통해 절대권력의 지배에서 벗어났고, 산업혁명을 통해 빈곤으로부터 해방되는 계기를 만들었다. 하지만 자유로운 경제활동을 보장하는 자본주의가 발전을 거듭할수록 기회의 불평등과 빈부격차 확대 등 사회적 문제들이 커졌고, 이에 따라 국가의 역할이 더욱 중요해졌다. 국가의 역할을 잘 수행하는 국가도 있고 그렇지 못한 국가도 있다. 그 차이는 국민의 자치 능력, 특히 분명한 의사 표시 능력에 달려 있다 할 것이다. 고통과 스트레스를 주는 제도를 고치거나 없애기 위해 투쟁하여 행복을 쟁취할 때, 진정으로 행복한 국민이 될 수 있을 것이다.

### 2) '행복은 마음먹기'라는 주장에 대해

행복은 마음속에 있는 것이라서, 어떤 상황에서도 마음만 잘 먹으면 행복할 수 있다는 주장도 있다. 영화 〈대부〉에서, 마피아 두목 돈 비토 꼴레오네(말론 브란도 역)가 죽으면서 "인생은 아름다워(Life is so beautiful)"라는 말을 한다. 하지만 지하에서 마약을 밀매하고, 각종 이권에 개입하고, 조직끼리 피의 복수를 행하는 등 포악하고 거친 삶을 살아온 그의 삶이 아름다웠다는 데 동의할 사람이 얼마나 될까? 그의 삶은 평온하지 않았으며 도덕적이지도 않았다. 생애 전체가 극심한 불안과 스트레스의 연속이었다. 객관적으로 볼 때, 그의 삶은 도저히 행복할 수 없는 것이었다. 그래서 그의 고백은 착각이거나 허세일 가능성이 크다. 행복은 제3자가 보더라도 수긍할 수 있는 것이어야 한다. 그래서 행복을 주관적 감정으로 파악하는 관점은 행복의 실체를 정확하게 보지 못한다.

행복(즐거움)과 고통은 함께 존재할 수 있을까? 성경에는 고난 중에도 기뻐하라는 바울의 이야기가 나온다(『로마서』 5:34 참조). 하지만 쾌락과 고통, 두 가지 기본 감정은 공존할 수 없다. 쾌락이 있으면 고통이 사라지고, 고통이 시작되면 쾌락이 물러간다. 뜨거우면서도 찬물이란 없는 것이다.

바울의 발언은 고통스러운 상황에서도 절망하지 말고 버텨내자는 주장이지, 고통을 받으면서 즐거워하자는 것은 아니다. 아리스토텔레스는 다음과 같이 기술하고 있다.

고문대에 올라서 고문을 당하거나 혹은 큰 불운에 빠진 경우에도 행복하다고 말하는 사람들은 의식하든 하지 못하든, 무의미한 말을 하고 있는 것이다 (아리스토텔레스, 2008: 제7권 「자제와 자제하지 못함, 쾌락」, 285).

또한 고통이 좋은 것(good)일 수 있을까? 최근 각종 매체에서 이유 없이 괴롭힘을 당하거나 학대받는 사람의 이야기가 종종 보도된다. 학교에서 흔히 발생하는 동급생들 사이의 따돌림이라든가 집단 괴롭힘이 대표적 사례이다. 이 고통은 피해를 받은 학생에게 어떤 유익을 줄 것인가? 피해를 받은 당사자는 고통과 함께 자존감이 상해 심한 경우 목숨을 끊기도 하는데, 이를 유익하다고 말할 수는 없다. 고통이 좋은 것이 아닌 까닭이다. 단지 당사자가 이러한 상황을 잘 극복하고 자신감을 회복하는 것이 최선인데, 이에 성공하면 앞으로 다른 고통을 이길 면역력이 생긴다는 의미로 해석해야 할 것이다. 직장 내에서의 따돌림이나 갑질로 인한 피해도 마찬가지다. 고통은 좋은 것이 아니며, 유익한 것도 아니고, 당연히 행복도 아니다. 사후적으로 이를 좋게 활용하면 훌륭한 경험으로 삼을 수 있을 뿐이다.

'자기실현 과정에서 불유쾌한 감정이 생길 수 있을까'라는 질문이 제기될 수 있다. 우리가 하는 어떤 행위가 쾌락을 주든가 아니면 고통을 줄 수 있는데, 그 고통이 자기실현으로 연결된다면 이는 매우 유익한 것이 될 수 있다. 부처가 수행을 통해 깨달음을 얻게 되는 과정이나, 예수가 광야에서 시험을 통과하는 것은 모두 자기실현을 위해 통과해야 하는 과정이었다. 파산의 고통을 겪은 사람이 깨달음을 얻어 더 멋진 삶을 살게 되는 경우도 이와 같다. 스페인의 산티아고 순례길 걷기, 깊은 동굴 속에서의 수련, 얼음물로 냉수마찰 하기, 분량이 아주 많은 장편소설 읽기 등이 모두 고통을 통해 얻는 자기실현에 해당한다. 이 행위들을 통해 지식이나 사고가 깊어졌다면, 확실히 자기실현이라고 말할 수 있다.

행복은 완전한 것으로서 행복한 사람은 더 바랄 것이 없는 상황에 있다. 걱정과 고민이 없는 상태가 행복한 상태이다. 걱정거리가 없는 사람은 평정심이 생긴다. 마음이 편안하고 안정적이며 고요한 상태에 있게 된다. 행복은 묵상을 통해 잠시 동안 정신이 맑아지는 것을 의미하는 것이 아니라, 명상을 통해 지혜가 깊어지고 마음이 더 넓어지는 것을 의미한다. 일상의 행복일지라도 모든 것이 진정한 행복이 아니다. 자기실현의 길 위에 놓인 행복이어야 진정한 행복이다.


## 6. 행복과 스트레스가 교차하는 삶

인간의 삶은 만화영화 한 편의 구성과 같다. 만화영화에선 1초에 약 24장의 그림이 지나가는데, 2시간짜리 영화라면 약 17만 2000여 장의 장면이 연결되어 하나의 스토리가 펼쳐진다. 인생 역시 마찬가지다. 경제학자들이나 심리학자들은 인간의 일상 활동을 약 20가지 종류로 분류한다.[14] 이런 방식으로 계산하면, 인간의 1년은 7300개의 에피소드로 구성된다고 볼 수 있다. 60세까지 사회생활을 한다면 43만 8000개의 에피소드가 있을 것

---

14  일상재구성조사법(Day Reconstruction Method)을 사용하여 일상생활의 행복을 분석하는 학자들은 현대인의 일상을 15~22개 정도의 에피소드로 분류한다. 이 책의 제3장 1절에서 다시 설명할 것이다.

| 그림 1-1 | 인간 삶의 궤적과 행복 |
| --- | --- |

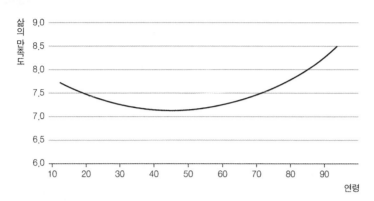

주: 세로축 왼쪽 상단 단위는 10점 만점이다.
자료: Graham and Pozuelo(2017).

이며, 은퇴 후 활동은 줄어들겠지만 어쨌든 이렇게 수십만 장의 활동 사진이 연결되어 있는 장편영화가 곧 우리 인생의 모습일 것이다.

장편영화가 한 장면 한 장면으로 구성되듯, 인생 역시 수많은 장면이 만들어지고 전후로 연결되면서 연출된다. 따라서 과거에 존재했던 것들이 영원히 반복된다는 영원회귀 사상 같은 것은 현실에서 의미가 없다. 가끔 비슷해 보이는 장면이 발생하더라도 똑같은 장면은 없기 때문이다. 어제도 일했고, 오늘도 하고, 내일도 일을 하겠지만, 일의 내용과 결과가 늘 같지는 않다. 어제 사랑을 했고 내일도 사랑하겠지만, 같다고 느끼더라도 그저 데자뷔일 뿐이다. 그렇지만 잔영은 사라지지 않고 남아서, 다음 장면에 빛과 그림자를 던진다. 이렇게 다양한 장면들이 연결된 대파노라마가 인생이며, 행복 또는 스트레스가 삶 전체를 관통하여 흐르고 있다.

현대의 지구인들 전체로 보면, 행복(정확하게는 삶에 대한 만족)은 대체로 **그림 1-1**에서 보는 것과 같은 U 자 형태로 인간의 삶과 동행한다. 미래를 꿈꾸는 청소년 시절에는 행복도가 높다가 사회생활을 시작하면서 차츰 낮아져 40대 중반 정도에 이르러 최저점에 다다른다. 이후 노년기에 이르면 다시 상승하여 가장 큰 행복을 누리다가 생을 마감하게 된다. 세계 각국의 사람들이 성과 인종과 지위에 관계없이 대체로 이러한 추세를 따라 살면서 행복을 누리고 있다. 태어나서부터 삶을 마감할 때까지 항상 최고의 행복을 누리는 것은 사실상 불가능하다. 삶에서 모든 욕망을 충족하는 것은 현실적으로 어렵고, 진정한 행복 즉, 자기실현 역시 여러 가지 장애물을 만나게 되기 때문이다. 매 순간이 행복할 수는 없지만 삶을 전체적으로 보았을 때, 대체로 청년기-중·장년기-노년기를 거치며 행복이 이런 U 자형의 궤적을 그리면 자연스러운(또는 만족스러운) 일생이라 할 수 있다. 모든 일은 끝이 좋아야 하기 때문이다.

## 7. 한국인의 행복과 불행의 현주소

행복도 조사에서 발견하게 되는 한 가지 놀라운 사실은 한국인의 연령-행복곡선이 세계인들의 그것과 형태가 전혀 다르다는 사실이다. 앞에서 설명했듯이, 전 세계 대부분의 국가에서 연령-행복곡선은 U 자형으로 나타나고 있다. 인생의 초반기에 행복도가 높다가 점차 하락하여 중년 어느 점에서 최저에 이른 후 다시 상승하여 인생의 후반기에 행복도가 높아지는 형태이다. 반면 **그림** 1-2에 나타난 한국인들의 연령-행복곡선을 보면, U 자형이 아니라 수요곡선처럼 우하향(右下向)하고 있다. 이러한 형태는 여러 차례에 걸친 조사 결과에서 공통적으로 나타난다. 연령이 높아지면서 행복이 오히려 낮아지는 것은 매우 심각한 현상이다. 한국인들은 인생의 후반부로 갈수록 행복도가 떨어져 스트레스 속에서 생을 마감한다고 해석될 수 있고, 바로 여기에 현세대 한국인들의 불행이 있다고 말할 수 있

그림 1-2　한국인의 연령-행복곡선

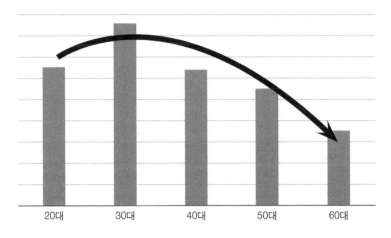

자료: 필자 작성.

기 때문이다. 이에 대해서는 뒤에서 자세하게 설명할 예정이다.

지구촌의 다른 사람들처럼 한국인들 역시 행복하게 사는 것이 삶의 목표라면, 진지하게 우리의 삶과 행복에 대해 돌아봐야 할 시점이다. 과거에 상상도 할 수 없었던 풍요를 누리는 지금, 한국인들의 행복은 왜 다른 나라 국민에 비해 낮을까? 소득수준이 낮은 국가들에 비해서도 낮은 이유가 무엇일까? 더구나 연령-행복곡선이 우하향하는 이유는 또 무엇일까? 오늘날 우리가 설정한 삶의 목표들은 진정 우리를 행복으로 인도하는 것일까? 우리가 살면서 중요하다고 생각하는 것들이 실제 삶에서 과연 얼마나 중요한 것일까? 허망한 목표에 도달하기 위해 인생에서 진정으로 중요한 것들을 버리고 있지는 않은가? 이러한 현상의 원인과 대책을 찾는 일이야말로 한국 경제학이 당면한 과제라고 하지 않을 수 없다.

## 8. 행복 측정을 위한 시도들

### 1) 20세기 경제학, 옆길로 빠지다

19~20세기 초반의 경제학자들은 행복을 극대화하는 방법을 찾느라 고심했다. 최대다수의 최대행복 원리를 연구하는 것이 그들의 인생 목표였다. 경제학자의 임무는 가능하면 많은 사람을 행복하게 만드는 것이며, 그러한 방법을 찾는 것이 경제학자의 목표라고 인식했기 때문이다. 공리주의 경제학자라 불리는 이들은 행복을 객관적으로 측정하는 방법을 찾기 위해 심리학, 물리학, 수학, 생물학 등의 지식까지 총동원했다. 그러나 행복의 실체를 확인할 길이 없어서 그들 자신의 행복은 작아지고 말았다. 19세기의 경제학자들은 행복을 '주관적 감정'이라고 규정하고 이를 측정하기 위해 노력했지만, 행복이라는 주관적 감정을 실체적으로 측량하려는 시도자체가 무모하거나 불가능한 일이었다. 결국 행복 측정에 실패한 경제학자들은 행복이라는 분명한 개념 대신 효용이라는 추상적인 용어를 도입하여 행복 연구 전선에서 한 발 후퇴하게 된다.

현대경제학을 포맷하는 데 핵심적인 역할을 했던 라이어널 로빈스(Lionnel Robbins)는 경제학을 "주어진 목적과 희소한 수단에 관련된 인간 행동을 연구하는 학문"[15]이라고 정의했다. 경제학은 목적과 수단의 관계를 연구하는 것이지 목적과 수단 그 자체를 연구하는 것이 아니라는 말이다. 여기서 경

---

15  로빈스는 대표적인 자유주의자로서 케인스주의를 앞장서 비판했지만, 인생의 깊이가 더 해지면서 케인스의 완전고용 정책을 지지하고 대학생에 대한 공적 지원을 주장하여 영국의 고등교육이 크게 확대되도록 하는 등 입장을 수정했다. 이에 관해서는 "The Robbins Report"(1963) 참조.

제학의 목적은 효용 극대화이며, 수단은 그것을 달성하는 현실적 방법이다. 그러니까 로빈스는 효용(행복)이 무엇인지 규명하는 문제는 제쳐놓은 채, 그것을 극대화하는 방법만 연구하면 된다고 주장했다. 그러나 효용이 무엇인지 모르면서, 효용 극대화의 수단과 방법만을 연구하는 것은 바람직한 연구방법론이라 하기 곤란하다.

효용은 주관적 만족을 말하는데, 행복의 다른 이름이다. 로빈스 이후 경제학자들은 효용이 소득수준에 의해 결정된다고 생각해 왔다. 실질소득이 증가하면 소비량이 늘어나고, 그것은 소비자의 총효용(total utility)을 증가시키기 때문이다. 제2차 세계대전 이후, 이러한 생각이 퍼지면서 선후진국을 막론하고 모두 경제성장에 목을 맸으며 개인들 또한 소득을 높이기 위해 열심히 일하고 저축했다. 그 결과 선진 각국의 경제성장은 눈부셨고, 소득수준도 엄청나게 높아졌다. 그러나 경제성장과 함께 있을 것이라 여겼던 행복은 그 자리에 없었다. 소득과 행복은 아무 관계가 없는 것일까? 가난한 나라의 국민이 부자 나라 국민보다 더 행복하다고 대답하는 일도 잦다. 자수성가하여 부자가 된 사람이 가난할 때가 더 행복했다고 고백하기도 한다. 이러한 상황에서 행복을 여러 가지 방식으로 찾고 측정하고자 하는 시도가 꾸준히 있어 왔다.

## 2) 국제기구들의 행복 측정 방법들

리처드 이스털린(Richard Easterlin)의 연구(1974) 이후 경제학자들과 심리학자들은 다시 행복의 수치화를 시도하게 된다. 일단 시도한 것은 설문조사를 통해 개인이 생각하는 행복 수준을 직접 물어보는 방법이었다. 이 방법이 인정을 받으려면, 조사 대상자의 응답을 전적으로 신뢰할 수 있어야 한다. 하지만 조사자가 응답자에게 어떤 질문을 던지더라도 행복에 관한 완벽한 답을 유도하기는 쉽지 않다.[16] 그렇지만, 행복 연구자들은 이렇게 조사된 행복이 실제 감정을 잘 반영한 수치라고 간주했다. 이렇게 하여 직접 진술에 의한 행복을 '주관적 만족도(subjective wellbeing 또는 life satisfaction)'라고 규정하고 몇 가지 삶의 조건들을 조사해 이를 보완하고 있다.

그래서 최근의 행복도 조사에서는 '삶에 대한 만족도'와 '삶이 가치 있다는 느낌'을 따로 조사한다. 경제협력개발기구(OECD)의 보고서 "How's Life? 2015: Measuring Well-Being"에 나타난 '삶에 대한 만족도'와 '삶이 가치 있다는 느낌'에 대한 조사를 보자.

그림 1-3에서 막대그래프는 삶에 대한 만족도를 나타내고, 마름모는 '삶이 가치 있다는 느낌'을 표시하고 있다. 두 수치가 일치하지는 않는다. 어쨌든 두 수치 모두 10점 만점에 평균 7점을 넘으니 대체로 준수한 편이다. 만일 5점 미만이라면 삶이 불행하다고 말할 수 있을 것이다. 그림 1-3에서 OECD 회원국의 응답자들은 현실의 삶에 대해서 대체로 만족하고 있고, 자신의 인생은 더 가치 있다고 여기는 것으로 해석된다. 핀란드와 같은 일부 고행복도 국가의 국민은 삶의 가치에 대한 평가가 삶의 만족도에 근접해 있음을 알 수 있다. 한국은 이 조사에서 빠졌다.

이러한 행복도 측정 방식은 1인당 GDP를 통해 행복을 측정하는 방법보다는 진일보한 것이지만, '삶이 가치 있다는 느낌'에 대한 대답이 삶의 가치에 대한 정확한 반영이라고 보기는 어렵다.[17]

---

16  OECD에서는 행복 조사에 관한 가이드라인(2013)을 제시한 바 있다. 가이드라인에 따르면, '삶에 대한 평가', '삶의 의미에 대한 평가', '긍정적 또는 부정적 감정'의 세 가지로 나눠 조사하고 있다.

17  실제 에우다이모니아를 낙관성, 자율성, 가치감, 성취감, 긍정성, 회복탄력성 등의 결합으로 보는 경우도 많이 있다. 하지만 이는 '객관적으로 좋은 삶(a life objectively desirable)'

그림 1-3 삶에 대한 만족도와 삶의 가치 있다는 느낌(2013)

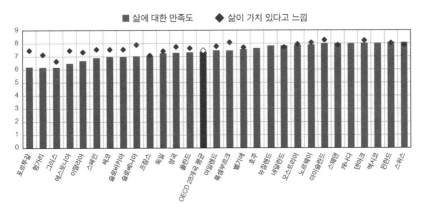

주: 세로축 왼쪽 상단 단위는 10점 만점 기준이며, 각 국가들의 수치는 0~10점을 기준으로 한 평균값이다.
자료: OECD(2015).

그림 1-4는 OECD에서 2017년에 실시한 회원국들의 행복도(삶의 만족도) 조사이다. 삶의 만족도 수준에서 캐나다, 오스트리아, 스웨덴, 멕시코, 핀란드 등이 상위권을 형성하고 있으며, 스위스, 노르웨이, 아이슬란드, 뉴질랜드, 영국이 그 뒤를 잇고 있다. 반면, 1인당 소득이 세계에서 가장 높은 룩셈부르크는 OECD 평균보다 약간 높을 뿐이다. 동유럽과 남유럽 국가들이 하위권을 형성하고 있는 가운데, 회원국 가운데 소득수준이 중간 정도인 한국인의 행복도는 최하위로 조사되었다. 한국인의 소득수준에 비해 행복도 순위는 아주 낮다. 한편, 멕시코는 OECD 회원국 중 1인당 소득이 최저 수준임에도 불구하고, 주관적 행복은 아주 높아 관심을 끌고 있다. 소득수준과 행복도의 불일치가 의미하는 바는 이 책의 제2장 3절에서 자세하게 설명할 것이다.

---

을 강조한 아리스토텔레스의 개념에서는 벗어난 것이다.

| 그림 1-4 | OECD 회원국 삶의 만족도 평균 점수(2013) |
|---|---|

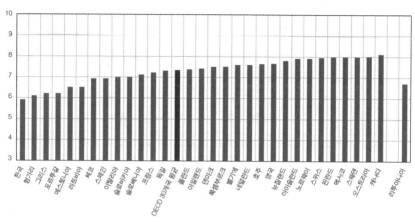

주: 세로축 왼쪽 상단 단위는 10점 만점 기준이며, 리투아니아는 조사 당시에는 비회원국이었지만, 2018년 회원국이 되었다.

자료: OECD(2017a).

그림 1-5는 그림 1-4보다 1년 후에 조사한 자료인데, 행복도 평균에서 두 자료 간 약간의 차이를 보인다. 한국은 2013년의 조사에서 조사 대상국 가운데 행복도가 가장 낮았지만, 2014년 조사에서는 그리스, 포르투갈 등보다 높았다. 이러한 변화는 당시 남유럽 국가들이 경제침체에 빠지면서 실업률이 증가하고 소득이 감소했기 때문이라고 생각된다. 그만큼 삶의 만족도는 경제나 정치 상황 등 삶에 영향을 미치는 여건들의 변화에 따라 변동한다는 사실을 알 수 있다. 행복을 양적으로 측정하고자 했던 공리주의 경제학자들에게 큰 골칫거리였던 문제가 아직 해소되었다고 보기는 어렵다.

그림 1-5와 그림 1-6은 동일한 해(2014)에 측정된 두 자료이다. 그림 1-5는 주관적 만족으로서, 자신의 삶이 최악이라면 0점, 최상이라면 10점을 주게 한 캔트릴 사다리(Cantril ladder) 방식으로 표시되어 있다. 이 조사에서 주관적 행복은 덴마크 국민이 가장 높았으며 아이슬란드, 스위스, 노르웨이 등이 뒤를 이었다. 북유럽 국가들이 대체로 높았다. 그리스가 가장

그림 1-5 자신의 삶에 대한 전반적 평가(2014)

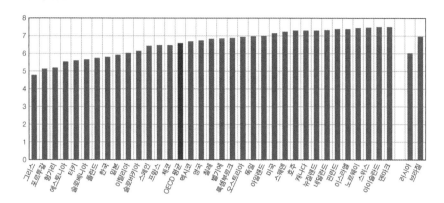

주: 세로축 왼쪽 상단 단위는 10점 만점 기준이며, '최악의 삶'에서 '최상의 삶'을 0~10점 기준으로 측정한 평균값이다. 러시아와 브라질은 비회원국이다.
자료: OECD(2015).

그림 1-6 긍정적 감정 밸런스(2014)

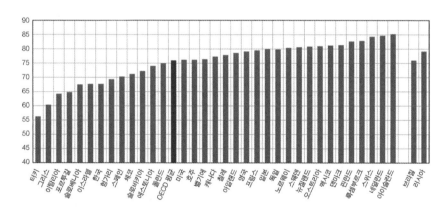

주: 세로축 왼쪽 상단 단위는 100점 만점 기준이며, 조사 하루 전 전반적으로 부정적 감정보다 긍정적 감정을 더 많이 느꼈음을 보고한 사람의 비율을 나타낸다.
자료: OECD(2015).

낮았고 포르투갈, 헝가리, 에스토니아 등이 다음으로 낮았다. 주로 당시 경제위기를 맞았던 국가들이다. 최고 행복국가인 덴마크와 최저 행복국가인 그리스 사이의 차이가 컸다.

**그림 1-6**은 국민들의 감정 상태를 조사한 것으로서 조사 하루 전, 부정적 감정보다 긍정적 감정을 더 많이 느낀 사람의 비율을 나타낸다. 이를 감정 밸런스라고 부르며 100점 만점을 기준으로 조사했다. 어떤 국가의 국민은 세상을 긍정적으로 보는 사람이 많고 다른 국가의 국민은 그런 사람이 적을 수도 있으므로, 이를 조사에 반영하고자 한 것이다. 또, 하루 전날의 감정이 다음 날의 행복 감정에 영향을 미치므로 이를 조사해서 주관적 행복도의 약점을 보완하려는 목적이기도 하다. 이 조사에서는 아이슬란드인들이 가장 긍정적인 하루를 보냈다고 대답했으며, 터키인들이 가장 낮았다. 삶을 보는 방식에 차이가 있다는 점을 확인할 수 있지만, 이 자료만으로 각국 국민의 정서를 직접 비교할 수 있는 것은 아니다. 감정은 수시로 변하기 때문에, 조사 시점에서 그랬다는 정도로 봐야 할 것이다. 삶에 대한 평가 1위국이었던 덴마크는 이 조사에서는 6위가 되었고, 전 세계 소득 1위국이지만 삶에 대한 평가에서 중위권이었던 룩셈부르크가 상위권으로 올라왔다.

두 조사에서 한국인들의 주관적 행복은 10점 만점에 평균 5.9점이었고 (그림 1-5), 65%의 응답자들이 조사 하루 전 긍정적 감정이 더 많았다고 대답했다(그림 1-6). OECD 내에서의 순위도 비슷하다. 특히 한국은 긍정적 감정 밸런스 조사에서 헝가리, 체코, 슬로바키아, 에스토니아, 폴란드, 칠레 등 OECD 회원국 중에서 소득수준이 낮은 국가들보다 더 낮아서 우울한 감정에 젖어 있는 사람이 상대적으로 많음을 알 수 있다. 특이한 나라는 일본이다. 일본인들의 80% 정도가 긍정적 감정이 더 많았다고 답했는데도 불구하고, 주관적 행복은 6.0점에 미치지 못하는 낮은 수준에 머물렀다.

# 제2장

# 자본주의와 행복

인류는 산업혁명을 계기로 오랫동안의 가난에서 벗어나 지구상에 엄청난 재부를 쌓아올렸다. 산업혁명에 먼저 성공한 영국 등 서구 국가들을 중심으로 소비 패턴의 일대 변화가 일어났다. 일상생활에서 소비하는 재화의 종류와 양이 엄청나게 증가했고, 사치재 소비까지 늘어나면서 일부 사람들은 크로이소스 왕도 상상할 수 없었던 풍요를 누리며 산다. 교육 기회가 확대되고 의료 체계가 현대화되어 평균 수명도 많이 늘어났다. 이렇듯 자본주의가 이룩한 물질적 성공으로 과연 인간은 행복하게 되었는가? 유감스럽게도 그렇다는 대답을 할 수 없다. 도대체 무엇이 문제인가?

## 1. 자본주의가 초래한 번영과 그늘

자본주의는 최근 250여 년에 걸쳐 번창하고 있는 사회경제 체제이다. 자본주의의 등장은 오랜 인류의 역사에서 보면 아주 최근의 일이지만, 신분해방과 대량생산체제의 구축으로 이전까지 보지 못했던 문명 발전을 이룩했다. 많은 인간이 과거의 노예나 농노 신분에서 벗어나 자유로운 삶의 주체가 되었고, 자기책임하에 자신과 가정의 행복을 꾸려나가고 있다. 또한 생활에 필요한 각종 물자와, 삶을 즐기는 데 필요한 물자들이 쏟아져 나와 생활수준이 획기적으로 향상되었다. 평균 30~40년에 불과하던 인간의 수명은 대폭 늘어났으며, 수많은 사람들이 관광과 레저를 즐길 수 있게 되었다. 지구촌 몇몇 지역에는 아직 굶주리고 있는 사람들이 많이 남아 있긴 하지만, 일부 선진국의 국민들은 그리스·로마의 신들조차도 상상할 수 없었던 호사를 누리고 있다. 가끔 아주 하찮은 바이러스의 공격에 위대한 문명이 흔들리는 경우도 있지만…….

생존 조건이 어려우면 살벌한 경쟁이 펼쳐지고, 물자가 풍족하면 인심이 넉넉해진다고 말하는 사람들이 있다. 한국 속담에 "쌀독에서 인심 난다"라는 말이 있고, 명심보감에도 "사람의 의리는 모두 가난한 데서 끊어지고, 세상의 인정은 곧 돈 있는 집안으로 쏠린다"[1]라고 했다. 한마디로 가난한 가계나 빈곤한 사회에서는 다툼만 있을 것이라는 얘기다. 부가 축적되어야 나눌 수 있게 된다는 주장으로서, 낙수효과(trickle-down effect)의 배경이 되어왔다. 지금도 이를 주장하는 사람들이 있고, 실제 소득 상위계층 가운데 나눔을 실천하는 사람이 없지는 않다. 하지만 이런 미담은 드물게 보는 예에 불과하고, 낙수효과를 기대하는 것은 대체로 부질없는 일이다.

자본주의적 풍요는 인류의 도덕성을 함께 상승시키지는 못했다. 획득한 것을 얼마든지 축적할 수 있고, 상속까지 할 수 있는 체제에서 축적가들은 자신의 소유를 이웃과 나눌 생각을 하지 않는다. 개인주의의 팽배와 도덕감의 파괴로 불평등은 심화되었으며, 극심한 소득격차가 발생했다.[2] 선진 자본주의국들의 불평등구조에서 이를 확인할 수 있다. **그림 2-1**은 OECD 회원국들의 계층별 소득격차를 보여주고 있다.

세로축에 표시된 수치는 상위 10%의 소득을 하위 10%의 소득으로 나눈 값이다. 수치가 클수록 불평등이 크다는 의미이다. 그 값이 멕시코는 25, 미국은 18, 이스라엘과 터키 등은 15에 달하는 등 이들 4개국의 소득격차가 특히 심하며, 터키를 제외한 나머지 3개국의 격차는 점점 커지고 있다.

---

1 　人義는 盡從貧處斷이요 世情은 便向有錢家니라(인의 진종빈처단 세정 변향유전가)[『명심보감(明心寶鑑)』「성심편(省心篇)」상(上), 제41장].
2 　네덜란드 에라스무스대학 루트 벤호벤 교수는 이와 다른 주장을 하고 있다. 그는 현대화 과정에서 서구 사회는 개인주의가 크게 강화되었지만, '사회의 신뢰성이 크게 저하하고, 삶의 질이 낮아졌다'는 주장에 반대한다. 최소한 현재 선진국에서 사회의 개인주의화가 시민들의 삶의 질을 높이고 있으며, 개인화된 사회에서의 삶이 문제가 없는 것은 아니지만 개인주의의 비용은 그 수익에 의해 다 상쇄되고도 남는다고 한다. 개인주의화도 물론 최적점이 분명히 있긴 하겠지만, 아직은 더 진행될 여지가 있다고 주장한다(Veenhoven, 1999).

**그림 2-1** OECD 회원국 계층별 소득격차(2013)

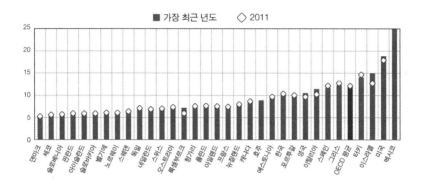

주: 마름모는 2011년도 수치를 나타낸다.
자료: OECD(2015).

다음 그룹인 그리스, 스페인, 이탈리아 등의 소득격차도 10배 이상으로
나타나 소득불평등이 심한 국가에 속한다. 한국은 이 비율이 10배 정도에
이르고 있다.[3] 이에 비해 덴마크, 체코, 슬로베니아, 핀란드, 아이슬란드
등은 그 비율이 5배 수준에 머물러 상대적으로 소득격차가 작음을 알 수
있다.

중요한 것은 삶에 대한 만족감이 소득의 객관적 크기에 비례하지 않고
타인과의 비교에 따라 결정된다는 점이다. 소득수준이 모두 비슷한 수준으
로 낮으면 누구도 가난을 의식하지 않지만, 부자 동네에서 가난하다는 것
은 삶의 만족도를 크게 낮추는 요인이 된다. 소득격차가 큰 사회일수록 삶

---

3  통계청 발표(2019)에 따르면, 2018년 4분기 최하위계층인 1분위 가계의 명목소득(2인 이
   상 가구)은 월평균 123만 8000원으로 1년 전 같은 기간에 비해 17.7% 포인트 감소했다.
   반면에, 소득 최상위계층인 5분위 가계의 명목소득은 월평균 932만 4000원으로 지난해 같
   은 기간 대비 10.4% 포인트 증가했다(통계청, 2019.2.21).

의 만족도는 낮게 마련이다. 후생경제학의 창시자 아서 세실 피구(Arthur Cecil Pigou)는 국민 분배 몫(국민소득을 말함)의 생산과 분배 및 평등과 안정에 관한 세 가지 명제를 제시했다.

> **제1명제** 다른 조건이 불변이라면, 국민 분배 몫의 증가는 경제적 후생을 증가시키는 경향을 나타낸다.
>
> **제2명제** 국민 분배 몫 가운데 가난한 사람들에게 돌아가는 몫의 증가는 경제적 후생을 증가시키는 경향을 보인다.
>
> **제3명제** 국민 분배 몫의 변동 감소는 경제적 후생을 증가시키는 경향을 보인다(Pigou, 1912: 66).

제1명제는 자명한 것으로서, 빵이 커야 나눌 수 있는 몫도 크다는 것이다. 국민소득이 증가하면 경제적 후생 역시 증가한다는 의미이다.

제2명제는 국민소득의 크기에 변화가 없어도 가난한 사람에게 돌아가는 부분이 커지면 사회 전체의 경제적 후생은 증가한다는 의미이다. 이 주장의 근거는 한계효용 체감의 법칙에 있으며, 부유한 사람들의 소득의 한계효용은 가난한 사람들보다 작기 때문에 부자에게서 가난한 사람에게로 소득이 이전된다면 사회 전체의 경제적 후생이 높아진다는 의미이다.

제3명제는 국민 분배 몫의 변동이 적어야 국민들이 안정된 생활을 할 수 있고, 생활이 안정되어야 경제적 후생이 커진다는 의미이다.

특히, 제2명제는 피구의 진보성을 보여주는 주장으로서 모든 경제학자가 이를 알면서도 인정하지 않고 있는 내용이다. 앞으로 소득세와 상속세 개편 과정에서 깊은 논의가 필요한 부분이다.

불평등은 소득이나 재산에서만 발생하는 것이 아니기 때문에, 불평등을 말할 때는 여러 가지 측면을 종합적으로 보아야 한다. 삶과 관련된 불평등 문제는 두 가지 방식으로 파악할 수 있다. 먼저, 집단 간의 불평등, 즉 성별, 지역별, 연령별, 기타 집단 간 불평등을 **수평적 불평등**이라고 하는데, 보통 여기에 관심이 많다. 그러나 삶의 질(웰빙)의 불평등도 아주 중요한데, 이를 **수직적 불평등**이라고 부른다.

OECD에서는 수직적 불평등을 측정하기 위해 '소득과 부', '일자리와 수입', '건강 상태', '일과 삶의 균형'(워라밸), '교육과 기능'(기술), '사회적 관계', '시민 활동과 정부', '주관적 행복' 등 불평등 차원을 나타내는 지표들을 선정했다.[4] 이 지표들의 상대적 중요도에 따라 가중치를 준 후, 각 지표의 값을 회원국 전체와 비교할 때 상·중·하 어떤 그룹에 속하는지 분류하여 표시하고 있다. 이것이 수직적 불평등 지표이다.

**그림 2-2**는 바로 이러한 지표들을 사용하여 삶의 질의 불평등 상태를 조사한 그래프이다. 이 그래프는 한 국가 내에서 삶의 질에 관련된 불평등 지표들이 어떻게 분포되어 있는지를 보여주고 있다. 그래프에서 가장 오른쪽에 있는 핀란드를 예로 들어 설명하면, 핀란드의 관련 지표들 중 64.3%가 불평등도 하위 그룹에 속해 있으며(즉 평등한 지표가 많다는 의미), 21.4%는 중간 그룹에, 그리고 14.3%는 높은 그룹(즉 평등 지표가 적음)에 속해 있다.

이 조사에서 핀란드와 스웨덴이 삶의 질 지표와 관련해 가장 평등한 국

---

4 '소득과 부'는 상위 20%와 하위 20%의 가계가처분 소득의 비율 및 상위 10%의 순자산이 전체에서 차지하는 비중, '일자리와 수입'은 상위 10%와 하위 10%의 수입 비율, '건강 상태'는 사망 연령의 표준편차, '일과 삶의 균형(워라밸)'은 상위 20%와 하위 20%의 노동시간 비율 및 상위 20%와 하위 20%의 여가 시간 비율, '교육과 기능'은 상위 10%와 하위 10%의 PISA 테스트 성적 비율 및 상위 10%와 하위 10%의 국제성인역량평가(PIAAC) 점수 비율, '사회적 관계'는 사회 활동에 지출한 상위 20%와 하위 20%의 시간 비율, '시민 활동과 정부'는 정치적 효능감 비율, '주관적 행복'은 상위 20%와 하위 20%의 주관적 만족도 비율을 지표로 사용한다.

그림 2-2    OECD 회원국 삶의 질 불평등 현황(2017)

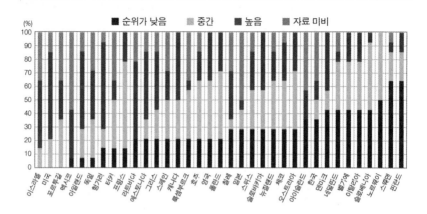

자료: OECD(2017a).

가로 나타났고 이스라엘, 미국, 포르투갈 등이 가장 불평등한 국가로 조사
되었다. 자본주의 종주국인 미국은 불평등도 하위 그룹에 속하는 지표가
하나도 없고, 중간 그룹에 21.4%, 상위 그룹에 64.3%이며 아예 찾을 수
없는 지표도 14.3%에 달하여 대표적인 불평등 국가이다. 한국은 이 지표
들의 비중이 각각 35.7%, 14.3%, 14.3%, 35.7%에 달하여 종합적 불평등
이 평균 이하임을 볼 수 있다. 최근 커지고 있는 소득양극화 현상에도 불
구하고 '교육과 기술' 등 다른 지표들이 양호해서 나타난 결과로 보인다.

경제적 풍요를 누리는 자본주의사회에서 왜 이런 극심한 불평등이 발생
하는 것일까? 자본주의 경제학자들은 무한한 욕망의 추구를 인간 본성의
발현이라 간주한다. 이에 따라 법과 제도 등 모든 사회적 기구들이 개인의
욕망 충족을 보장하고 있다. 인류가 문명을 유지해 온 데는 자기애가 바탕
이 되었지만, 이는 자신만의 이익을 추구하는 이기심과는 다르다. 이기심
은 자기를 보전하고자 하는 마음을 넘어선 것이다. 루소는 지나친 욕망이
인간을 악하게 만드는 요소라고 지적한다.

자기애(愛)는 필요가 충족되면 만족하지만, 이기심은 비교 대상을 가지므로 절대로 만족하는 일이 없다. 이 감정은, 다른 누구보다도 자신을 사랑할 뿐 아니라, 다른 사람에게도 그 자신보다 자기를 더 사랑할 것을 요구하기 때문이다. 이 때문에 온정과 애정이 담긴 감정은 자기애로부터 생겨나고, 미워하고 화를 잘 내는 감정은 이기심으로부터 생겨난다. 그러므로 인간을 본질적으로 선하게 하려면 욕망을 적게 하고, 남들과 비교하지 말도록 해야 한다. 반대로 인간을 본질적으로 악하게 만드는 것은 지나친 욕망과 타인에 대한 과도한 집착이다(루소, 2012: 제4부 「청년기」, 267~268).

대체로 많은 사람들이 돈과 권력과 명예를 쾌락을 얻는 수단으로 여기고 이를 추구한다. 계속 커지는 욕망을 충족하기 위해 더욱 열심히 노력하지만, 그 과정에서 사회적 관계들이 약화된다. 이때 욕망을 다 충족하지 못하거나, 주위의 경쟁자들에게 뒤처지면 스트레스를 받는다. 그나마 이타심이 발휘되는 공간인 가족공동체도 해체되거나 느슨해져 지친 마음을 위로받을 곳이 없어진다. 일과 노동의 균형이 무너지며, 장수하되 건강하지 않은 삶이 지속되면서 삶에 어두운 그림자를 던지고 있다.

교육을 통해 인간의 다양한 능력이 개발되도록 계획되었지만, 경쟁교육은 인간의 지력(intelligence)만을 개발할 뿐, 공감 능력(sympathy)이나 도덕성(morality)을 균형 있게 개발하지 않아 모두가 불편한 사회를 만들었다. 아리스토텔레스는 『니코마코스 윤리학』에서 유덕함이 지식보다 더 중요하다고 했다.

자본주의 시장경제 체제에서 경쟁은 곳곳에서 벌어진다. 일부 사업장에서는 성과급제가 도입되어 노동자의 힘과 창의력을 소진시키고 있다. 교육, 학문 분야와 문화예술 분야까지 경쟁 체제 속으로 편입되었다. 제작된 작품의 수로 예술가의 생산성을 평가한다면 혼이 담긴 예술품이 나오지 않을 것이며, 이는 학문 연구 분야에서도 마찬가지다. 이러한 요소들이 현대인의 행복을 가로막고 있다. 극소수의 승자가 전리품을 독식하는 시장경제 체제에서 참여 기회가 봉쇄된 사람들이 많고, 그들에게 자기실현은 애초부터 남의 얘기일 수밖에 없다.

한마디로, 자본주의 시장경제 체제는 일부 지구인들의 삶을 풍요롭게 만드는 데는 성공했지만, 구성원들 모두가 '진정한 행복'을 누리기는 힘든 구조를 만들었다.


## 2. 행복을 가로막는 자본주의적 요소

진정한 행복은 각자가 자신의 삶을 사는 데서 나온다. 그러나 현대사회에서는 일상생활에서 얻는 여러 가지 기쁨이 줄어들고 삶의 가치들이 훼손되고 있다. 물질적 풍요가 가져온 반작용이라 할 수 있다. 지나친 합리성의 추구가 오히려 비합리성으로 가득 찬 세상을 만들었고, 자유의 추구가 이기주의가 만연한 사회를 만들고 삶의 기쁨을 함께 나누어야 할 인간을 파편화·고립화시켰다. 삶의 방식이 모두 규격화되어 개성 있는 삶이 어려워졌다. 여기서는 개개인이 개성 있는 삶을 살기 어렵게 만드는 요소들을 찾아본다.

### 1) 모두가 피곤한 지위재 경쟁

집은 클 수도 있고 작을 수도 있다. 주위의 집들이 모두 작다면, 그 집은 주택에 대한 모든 사회적 욕망을 충족시키게 된다. 그러나 작은 집 옆에 궁전이 하나 솟아오른다면, 그 집은 오두막같이 여겨질 것이다. …… 그리고 문명의 행로 속에서 그 작은 집이 아무리 커진다 하더라도, 옆에 있는 그 궁전이 동일한 정도로 혹은 더 큰 정도로 높이 치솟는다면, 상대적으로 작은 집의 거주자는 자신의 사면 울타리 안에서 더 불쾌하고, 더 불만스럽고, 더 짓눌린 기분을 느끼게 될 것이다. …… 우리의 욕망과 쾌락은 사회로부터 나오는 것이다. 그러므로 우리는 사회를 기준으로 그것들을 재는 것이지 욕망 충족 그 자체로 재는 것이 아니다. 욕망과 쾌락은 사회적 본성에 속하며, 상대적 본성에 속하기 때문이다(Marx, 1992).

이 글은 마르크스(Karl Marx)가 지위재(positional goods)를 설명하고 있는 문장이다. 인간의 욕망과 쾌락이 사회적 본성에 속하고 그 크기는 비교에 따른 상대적인 것이라는 사실을 마르크스는 꿰뚫어 보았다.

경제이론에서는 어떤 재화를 소비했을 때 얻는 주관적 만족(효용)의 크기가 타인의 소비와 관계없이 오직 본인의 소비에 의해 결정된다고 가정한다. 그러나 현실에서는 한 사람의 소비는 다른 사람의 효용에 커다란 영향을 미친다. 특히 지위재의 경우가 그렇다. 마르크스가 예를 든 주택을 포함하여 고급 승용차 등이 대표적인 지위재이다. 예를 들어, 오랫동안 작은 차를 타던 사람이 어느 날 큰 차를 구입해서 기분이 아주 좋았다고 하자. 자신이 성공적인 삶을 살고 있다는 느낌까지 들었다. 그런데, 며칠 후 이웃이 그보다 훨씬 더 고급 승용차로 바꾼 것이 아닌가! 그의 좋던 기분은 완전히 사라져버렸다. 전통적 경제이론으로는 설명할 수 없는 현상이다. 한국에서는 자녀의 대학 진학도 강력한 지위재에 속한다. 바로 이런 지위재들이 늘어나면서 사람들의 행복이 감소하고 있다.

1995년 2월, 새라 솔닉(Sara Solnick)과 데이비드 헤먼웨이(David Hemenway)는 하버드대학 공공보건대학원의 교수·학생·조교 등 257명을 대상으로 12개의 질문을 제시하고 대답을 분석했다(Solnick and Hemenway, 1998).

그 가운데 몇 가지를 살펴보자.

**질문** 외모에서 풍기는 매력을 1(최저)~10(최고)으로 나타낼 때, 당신은 다음
중 어떤 상태를 원하는가?

A   당신 자녀의 외모는 6, 다른 사람들의 자녀는 4

B   당신 자녀의 외모는 8, 다른 사람들의 자녀는 10

자녀는 A보다 B일 때 훨씬 매력적이다. 문제는 서열이다. B에서 자녀는
크게 매력적이지만 다른 사람들에 비해 처지는데, A에서는 자녀의 외모가
매력적이지 않아도 서열에서는 1등이다. 하버드 대학원생과 교수들은 어
떤 선택을 했을까? 이 질문에 대답한 응답자 146명 가운데 80%가 A를 B
보다 선호한다고 답했다.[5] 내용보다 서열이 중요하다는 얘기다. 또 다른
질문을 보자.

**질문** 당신은 다음 중 어떤 상태를 원하는가?

A   당신의 자녀는 IQ 110, 다른 사람들의 자녀는 평균 90

B   당신의 자녀는 IQ 130, 다른 사람들의 자녀는 평균 150

이 질문에 대해서도 68%의 응답자가 A를 선택했다. 이 항목들 외에도
응답자들은 몇 가지 항목에서 절대적 기준이 아닌 상대적 우위를 점하게
되는 선택을 했다. 주류경제학자들의 이론적 전제와 전혀 다른 결과였다.
**표 2-1**에 조사 결과가 나와 있다. 여기서 확인할 수 있는 외모, 명예, 지능,

---

5   이러한 결과에 대해 마르크스는 놀라지 않겠지만, 타인과의 비교를 인정하지 않는 주류경
    제학자들이 받은 충격은 컸다.

| 표 2-1 | 재화의 종류에 따른 지위재적 관심(응답자 총 146명 대상) |
|--------|---|

(단위: 비율)

| 항목 | 응답 비율 |
|---|---|
| 자녀의 외모 | 80 |
| 상급자의 칭찬 | 77 |
| 자신의 외모 | 75 |
| 자녀의 지능 | 71 |
| 자신의 지능 | 68 |
| 자녀의 학력 | 56 |
| 수입 | 56 |
| 자신의 학력 | 50 |
| 상급자의 질책 | 33 |
| 보고서 제출 | 31 |
| 휴가 | 18 |

자료: Solnick and Hemenway(1998).

학력, 소득 외에도 승진, 명품 소비 등이 대표적인 지위재에 속한다. 반면, 상급자의 질책, 보고서 제출, 휴가 기간 등은 모두 서열보다 절대량이 더 중요하다고 답한 응답자가 많아서 이들 재화는 정상재라고 할 수 있다. 지위재가 많은 사회는 소수의 지위재 소비자에게 큰 우월감을 주는 반면, 다수의 구성원에게 열패감을 안겨줘 스트레스를 준다. 즉, 구성원의 행복을 낮춘다. 평등주의적 관점에서 보면, 지위재가 적을수록 좋은 사회라고 할 수 있다.

예를 들어 독일, 스웨덴 등 대학이 서열화되어 있지 않은 유럽 여러 국가에서 학력은 지위재가 아니며, 이로 인한 행복 감소(또는 스트레스 발생)도 없다. 네덜란드처럼 의과대학을 포함하여 지원자가 모집 정원보다 많은 대학의 입학을 추첨으로 결정하는 국가의 국민은 더욱 그러할 것이다. 사실, 추첨보다 더 민주적이고 공평한 제도는 없다. 한국에서 가장 유력한 지위재인 사교육도 대학이 균등하게 발전한 국가에서는 아예 존재하지 않는다. 멀리 있는 특정 대학에 진학하기 위해 젊음을 낭비할 필요가 없다. 부모의 집 가까운 곳에 있는 대학에 진학하면 된다. 이것만으로도 얼마나 큰 행복인가!

내적 욕망을 통제할 수 있을 만큼 수련이 되지 않은 보통 사람들에게 지위재란 떨쳐버릴 수 없는 마약과 같은 대상이다. 경쟁에서 승리를 거두는 그 자체가 목적인 것처럼 행동하는 모습은 전형적인 지위재인 부(富)의 추구에서 적나라하게 나타난다. 우리 주위에는 "할 수 있는 대로 모두 소유하고 죽는 사람이 승리자(the person who dies with the most toys wins)"라고 믿는 탐욕스러운 축적가들이 있다. 그들의 삶은 오로지 승리를 위해 존재하며, 아주 작은 것조차 포기하지 않는다. 그들이 포기하는 경우가 있다면 그것은 장차 더 많은 것을 얻기 위함이다. 이런 자들의 인생행로에서 행복은 일찌감치 모습을 감췄다.

문제는 이들의 무분별한 행동으로 인해 다른 사람들의 행복이 감소한다는 데 있다. 마치 축구 경기장에서 승부차기를 더 잘 보기 위해 자리에서 일어서는 행위와 같다. 이 사람으로 인해 다른 사람들도 모두 일어서게 되는데, 결국 다리만 아플 뿐 모두 앉아서 보는 것과 마찬가지이다.

지위재 중 가장 파급 효과가 큰 것은 소득이다. 소득격차는 재산의 격차로 이어질 가능성이 크다. 그림 2-3은 OECD 주요 회원국의 가구당 재산 현황을 보여주고 있다. 비교를 위해 구매력지수(PPP) 기준 미국 달러(USD)로 표시했다. 막대그래프는 평균값으로서 모든 가계의 소득을 합해 가구 수로 나눈 값이며, 마름모는 중위수(=중앙값)인데 정확하게 소득 순위 중간에 해당하는 가계의 소득이다. 두 수치 간 차이가 클수록 소득분배가 불평등함을 의미한다.

한국인의 평균 가계 자산 규모가 프랑스, 독일, 심지어 노르웨이보다도 큰 것은 높은 주택 가격을 반영한 것으로 보인다. 본인 부담이 작은 모기

그림 2-3

OECD 주요 회원국 가구당 재산 현황(비금융자산포함, 2010)

(단위: 구매력지수 기준 미국 달러)

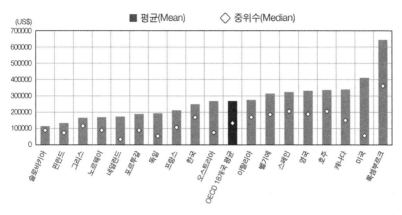

자료: OECD(2015).

지론(mortgage loan) 방식이 아니라, 저축으로 집을 구매한 것이 원인이라 생각된다.

여기서 관심을 끄는 것은 미국의 격차 수준이다. 미국인 가계의 평균 실질 자산은 40만 달러를 넘어 룩셈부르크 다음으로 높지만, 중위수 가계의 실질 자산은 5만 달러밖에 되지 않아 네덜란드와 함께 가장 낮다. 통계로 볼 때, 미국의 보통 가계의 자산 규모는 한국인 가계보다 낮다. 2017년 현재 미국인들의 39%는 한 푼의 예금도 없이 생활하고 있다.[6] 최강의 자본주의국가에서 소득불평등이 가장 심하다는 점이 의미심장하다. 18세기의

---

6  미국인 57%가 통장 잔고 1000달러 이하이며, 39%는 잔고가 아예 한 푼도 없다고 CNBC 방송이 2017 GOBankingRates survey 통계를 인용해 보도했다(CNBC, 2017.9.13). 이 보도에 의하면, 1만 달러 이상의 예금 잔고를 가진 사람도 전체의 25%밖에 되지 않았다. 2017년 현재, 미국인 가계의 통장 잔고는 평균 3만 600달러였으나, 중앙값은 7000달러였다. 극심한 부의 불평등을 보여주고 있다(https://www.cnbc.com/2017/09/13/how-much-americans-at-have-in-their-savings-accounts.html).

영국도 그랬지만, 가장 밝은 곳의 뒷면이 가장 어둡다는 말이 실감 난다.

## 2) 돈과 권력에 대한 집착

자본주의사회에서 돈은 곧 권력이다. 돈은 모든 곳에서 위력을 발휘한다. "유전무죄(有錢無罪), 무전유죄(無錢有罪)"라는 말도 있지 않은가! 사람들은 돈을 벌기 위해 모든 수단을 동원하고, 때로는 처벌의 위험까지도 감수한다. 돈 때문에 혈육 간 골육상쟁이 벌어지는 것도 심심치 않게 목격하는 일이다. 그러나 돈에 대한 사랑은 자기실현을 방해하는 가장 큰 장애물이다.

엄밀히 말해서 돈의 가치는 그것으로 살 수 있는 것들의 가치에 불과하다. 돈은 그 자체로 인간의 어떤 욕망을 만족시키지는 못한다. 그러나 돈은 욕망을 충족시켜 주는 상품을 가질 수 있게 해준다. 돈은 욕망의 귀천이나 선악은 가리지 않는다. 이제 돈이 다른 상품으로 바뀜으로써 욕망을 충족시키는 것이 아니라, 돈 그 자체가 욕망의 대상이 된다. 그래서 돈을 소유하려는 강한 욕망이 인간의 삶을 지배하게 되었다. 돈은 사용해야 욕망이 충족되는 것인데도, 사용할 목적이 아니라 오로지 소유할 목적으로 돈을 추구하게 된 것이다. 나이가 들어 육체적·정신적 욕망이 쇠퇴한 사람조차 돈에 대한 욕망은 거두지 않고 유지한다.

돈과 행복 및 인간 행동에 관한 연구들이 많이 있다. 미국 미네소타대학 심리학자 캐슬린 보스(Kathleen D. Vohs)는 돈을 연상시키는 이미지를 본 것만으로도 점화 효과(priming effect)[7]가 발생한다는 사실을 발견했다. 돈

---

7  점화 효과란 먼저 발생한 일이 후에 발생한 일에 영향을 주는 현상을 말한다.

에 점화된 사람들은 다른 사람에게 도움을 청하거나 받는 것 모두 주저하면서 타인과의 관계를 축소해 나갔다. 보스의 실험에서 돈에 점화된 사람들은 타인과의 의자 사이를 더 멀리 떨어뜨려 놓아 혼자 있기를 선호했다. 돈에 점화된 사람들은 다른 사람과의 거리를 평균 118cm로 유지했는데, 이는 그렇지 않은 사람들의 80cm보다 훨씬 먼 거리이다.

U.C. 버클리대학의 사회심리학자 폴 핍(Paul Piff) 연구팀은 실험을 통해 부유한 사람일수록 탐욕과 이기심을 선호하는 도덕감을 가지게 되고, 반사회적이 되며, 필요하다면 거짓말과 위법행위들도 서슴지 않는다는 것을 발견했다. 이들은 U.C. 버클리대학에서 소위 '독점(monopoly)' 조사라 부르는 실험을 진행했다. 연구진은 서로 모르는 100쌍 이상의 사람들에게 동전 던지기를 시켰고, 이를 통해 둘 중 한 명이 무작위로 돈을 2배로 받아 더 부유한 참여자로 게임을 하도록 했다. 이후 약 15분에 걸쳐 몰래카메라로 어떤 일이 일어났는지 관찰했다. 부유한 실험자들은 게임이 진행될수록 상대방에게 더욱 무례해졌으며, 가난해지는 사람들의 어려움에 무심해졌다. 자신들의 물질적인 성공을 숨기지 않았을 뿐 아니라 자신이 얼마나 잘나가고 있는지 계속 과시하려 들었다.

부자일수록 속임수를 쓰는 데도 거리낌이 없었다. 이어진 실험에서 사람들에게 상금을 내건 후, 이 상금을 타기 위해 속임수를 쓰는지 관찰했다. 주사위 던지기 게임이었는데, 부자일수록 50달러를 받는 데 필요한 점수를 확보하기 위해 속임수를 더 많이 썼다. 보통 사람보다 평균 3~4배나 많은 속임수를 썼다.

이 실험을 통해 소유한 부의 단계가 높아질수록 그들이 가진 동정과 연민의 감정은 줄어들고, 자신들에게 뭔가 대가가 있어야 마땅하다는 생각과 사적 욕망이 증가함을 알 수 있었다. 부유한 사람들은 탐욕을 좋은 것이라 포장하면서, 자기만족을 추구하는 것이 도덕적이며 즐거운 일이라고 합리화하는 경향까지 나타냈다.

돈이 많은 사람은 법을 무시하는 경향도 보였다. 2010년 UCSF(캘리포니아대학 샌프란시스코캠퍼스)에서 한 실험을 실시했다. 캘리포니아에는 보행자 보호를 위해 행인이 교차로를 지날 때 자동차가 일단 정지해야 하는 법률이 있다. 며칠에 걸쳐 수백 대의 차량을 녹화해 조사한 결과, 가장 저가의 차로 분류된 차들 가운데 법을 어긴 차량은 하나도 없었다. 그러나 가장 비싼 차 그룹은 50%가량이 법을 지키지 않았다.

≪크로니클 오브 필랜스로피(The Chronicle of Philanthropy)≫에 의하면, 미국에서 연 수입 5만~7만 달러를 번 가계는 평균적으로 소득의 7.6%를 자선단체에 기부했는데, 10만 달러 이상의 가계는 4.2%만을 기부했다. 또한 연소득 20만 달러 이상을 버는 사람이 40%를 넘는 지역에서는 기부율이 2.8%에 불과했다(*The Chronicle of Philanthropy*, 2012.8.19 기사 참조). 1997년 한국의 외환위기를 극복하기 위해 금 모으기 운동이 전개되었을 때, 가난한 사람이 많은 동네에서 금을 더 많이 내놓았던 경험과도 일맥상통하는 것이다. 자본주의사회에서 돈이 전반적인 안정감을 주기는 하지만, 일반적으로 생각하는 것보다 그 영향력이 크지는 않다. 또한 소득수준이 낮은 사람들이라고 해서 반드시 불행한 것은 아니다. 그럼에도 돈이 행복을 가져올 것이라 착각하고 이를 추구하다가 오히려 자기실현의 기회를 놓치는 경우가 많다.

권력과 명성도 돈과 유사하다. 단지 차이가 있다면, 돈과 달리 권력과 명성에는 일정한 양의 직접적인 쾌락이 동반된다는 사실이다. 사람들이 권력과 명성을 추구하는 가장 강한 유인은 그것들이 또 다른 욕망을 충족하는 데에 크게 도움이 된다는 점이다. 권력과 명성 및 욕망의 대상들 사이에 발생하는 강한 연상작용으로 인해 권력과 명성을 향한 욕망은 더욱 강렬해진다. 그런 욕망이 강한 일부 사람들에게는 수단이 목적으로 변하고, 그것이 모든 다른 목적보다도 더 중요한 것이 된다. 밀도 이를 지적하고 있다.

한때 행복의 충족을 위한 수단으로 욕구되던 것이 이제는 그것 자체를 위해서 욕구되는 것이다. 그리고 그 자체를 위해서 욕구하게 되면서, 그것을 행복의 부분으로서 욕구하게 된다. 그 사람은 그것을 소유함으로써 행복해지거나 행복해질 것이라고 생각하고, 그것을 소유하지 못하면 불행해진다(밀, 2007: 80~81).

돈과 재부(財富)는 잘못 사용하면, 오히려 품위와 존경을 상실하게 된다. 미구엘 데 세르반테스(Miguel de Cervantes)는 소설 『돈키호테』에서 행복을 얻는 부의 사용법을 가르쳐준다. 주인공 돈키호테는 기사도 소설에 빠져 정신이 나간 미치광이로 묘사되지만, 그가 가끔 제정신으로 돌아올 때면 엄청난 학식과 공감 능력을 보유한 당대 지성인의 모습을 보인다(박정원, 2016).

부를 소유한 자는 그것을 가졌다는 사실만으로 행복해지는 게 아니라 그 부를 쓸 때 행복해지는 것이야. 아무렇게나 마음대로 돈을 쓰는 것이 아니라 잘 쓸 줄 아는 게 중요하지. 가난한 기사에게는 기사라는 걸 보여주는 데 별다른 길이 없고 그저 모두에게 만족을 주고 정중하며 예의 바르고 교양 있고 상냥한 미덕을 보여주어야 할 뿐이며 거만하거나 으스대지 않으며 남의 험담을 좋아하지 않고, 특히 자비로워야 하지(세르반테스, 2005: 제2권 제6장).

### 3) 불평등의 심화와 공감 능력의 퇴조

배고픈 당나귀는 모진 채찍을 맞으면서도 풀밭을 떠나지 않으려 한다. 오늘날 많은 사람들이 굶주린 당나귀처럼 부와 권력과 명성을 추구하고 있다. 그로 인해 망신을 당해도 개의치 않는다. 돈이 생기는 일이라면 체면을 가리지 않고, 사회적 비난도 기꺼이 감수한다. 타인의 축적 행위를 비난하면서도 자신에게 돈이 쌓이기를 간절히 염원한다. 아리스토텔레스의 다음과 같은 지적은 뼈아프다.

덕은 극히 중용적인 양으로서 충분하다고 생각하는 사람들이, 자기들의 부·재산·권력·명망 등의 욕망에는 하등의 한계도 설정하지 않는다(아리스토텔레스, 1975: 266).

돈과 권력과 명예를 향한 인간의 욕망은 예전에도 그러했고, 지금도 그대로이다. 『플루타르코스 영웅전』에는 다음과 같은 유명한 이야기가 나온다.

B.C. 280년경 에피루스의 왕 피로스(Pyrrhus)는 로마를 공격할 계획을 세우고 있었다. 왕이 총애하던 신하 키네아스(Cineas)는 왕의 계획이 무모하다고 생각했다.

"폐하, 로마인들은 훌륭한 전사이며 수많은 강국을 정복한 민족으로 알려져 있습니다. 만약 우리가 그들을 이긴다면, 그것으로 무엇을 할 수 있겠나이까?"

왕이 대답했다.

"일단 로마를 정복하고 나면, 이탈리아 반도를 통째로 정복할 수 있을 것이다".

키네아스는 그럼 그다음은 어떻게 하겠냐고 물었고, 왕이 대답했다.

"그 다음엔 시칠리를 정복할 것이다".

키네아스는 다시 그다음은 어떻게 하겠냐고 물었고, 왕도 다시 대답했다.

"리비아와 카르타고가 우리에게 무너질 것이다".

키네아스는 다시 "그럼 그다음은 어떻게 하시겠나이까?"라고 물었고, 왕은 "그리스 전역을 정복할 것이다"라고 대답했다.

마지막으로 키네아스가 그다음에는 어떻게 되겠느냐고 묻자, 왕은 미소를 지으며 대답했다.

"내 소중한 친구여, 우리는 편안하게 살 것이다. 술을 마시고 즐거운 대화를 나눌 것이다".

그러자 키네아스가 왕에게 일격을 가했다.

"그럼, 지금 폐하는 무엇 때문에 그렇게 하지 못하시나이까?"

키네아스의 충직한 보좌에도 불구하고 6년에 걸친 이탈리아와 시칠리 원정은 피로스에게 아무런 소득도 가져오지 못했다. 그뿐만 아니라, 긴 전쟁을 지속하면서 통 크고 관대했던 왕의 성정은 의심 많고 시기심 가득한 소인배 근성으로 변하고 말았다(플루타르코스, 2010).

이 이야기는 애덤 스미스가 『도덕감정론』에서 소개하고 있고, 루소도 『에밀』에서 언급하고 있다. 스미스는 '탐욕(avarice)과 야심(ambition)과 허영(vain-glory)'을 터무니없는 열정으로 규정했다. 그리고 이 감정들이 인생의 불행과 혼란을 자초할 뿐만 아니라, 이런 열정에 지배되는 사람들은 사회의 평화를 교란하려는 성향까지 갖게 된다고 말했다.[8]

---

8  "탐욕은 빈곤과 부유의 차이를 과대평가하고, 야심은 사적 지위와 공적 지위의 차이를 과대평가하며, 허영은 무명과 광범위한 명성의 차이를 과대평가한다. 이러한 정도를 지나친 열정에 지배되는 사람은 자신이 처한 실제 상황에서 비참함을 느낄 뿐만 아니라, 아주 어리석게도 자신이 감탄하는 상황에 도달하기 위해 사회의 평화를 교란하는 성향을 종종 갖게 된다"(Smith, 1759: Part 3, Ch.3 "Conscience").

스미스는 『국부론』에서도 탐욕과 야심이 게으름과 마찬가지로 사회에 나쁜 영향을 미치는 감정이라고 규정하고 있다.[9] 그가 이기심의 무제한적 추구를 옹호한 것처럼 말하는 것은 그의 사상을 왜곡하는 것이다. 스미스는 '보이지 않는 손' 이야기를 『국부론』과 『도덕감정론』에서 각각 한 번씩만 언급하고 있을 뿐이다. 게다가 스미스의 보이지 않는 손을 작동시키는 이기심은 탐욕과 야망과 허영에 도달하지 않은 건전한 이기심이다.[10]

이기심은 어떻게 탐욕으로 변하는가? 인간에게는 자기 자신을 다른 모든 것보다 우선시하는 감정이 있다. 이는 지극히 정상적인 것으로서, 이를 '자기애(amour de soi-même: 자아에 대한 사랑)'라고 한다. 갓 태어난 아기 사슴이 사자를 보고 피하는 것은 자기애의 발로이다. 루소는 자기애를 '모든 생명체가 갖고 있는 것으로서 자신을 보전하는 데 온 힘을 쏟게 만드는 본능과 같은 것'이라고 설명한다.

자기애는 타인에게 손해를 끼치면서 자신의 이익을 추구하는 것이 아니므로 본질적으로 좋은 것이다. 자기애는 자신을 타인과 비교하지 않으며, 오직 자신을 절대적이며 가치 있는 존재로 여기고 관심을 가진다. 자신의 미래를 인식하고 현재의 충동을 억제할 수 있는 것도 이 감정 때문이다. 문제는 자존심이다(루소, 2003).

---

9  "그러나 부자의 탐욕과 야심, 그리고 빈민이 노동을 싫어하고 눈앞의 안일과 향락을 좋아하는 것은 다른 사람의 재산을 침해하게 하는 감정이며, 또한 끊임없이 작용하고 더욱 큰 영향을 미치는 감정이다. 큰 재산이 있는 곳에는 반드시 큰 불평등이 존재한다. …… 소수의 풍요로움은 다수의 빈곤을 전제로 한다"(스미스, 2007: 제5편 제1장, 876).

10  종교개혁가 마르틴 루터는 세속적 직업 노동이 이웃에 대한 사랑이며, 이것이 외적으로 나타난 것이 분업이라고 하여, 애덤 스미스와 극명하게 대조된다(베버, 1972: 제12권, 302).

루소는 자존심이 각 개인으로 하여금 다른 모든 사람보다 자기 자신을 중시하게 하고, 남들과의 비교를 통해 사회적 악을 부추기기도 한다고 비판했다.

이스털린(2001)은 생애주기에 걸친 물질적 욕망의 변화 패턴으로서 주관적 행복과 소득의 역설적 관계를 설명하고 있다. 그에 따르면, 막 성인이 되었을 때 각 개인의 물질적 욕망은 대체로 비슷하지만, 삶이 지속되면서 소득에 비례해 열망이 증가한다. 효용함수는 물질적 욕망과 역(逆)관계에 있다. 대체로 주관적 행복은 소득의 증가에 비례하고, 물질적 욕망에 반비례한다(Easterlin, 2001: 465~484).

생애주기의 시작점에서는 소득이 높은 사람이 행복하다. 물질적 욕망이 대부분 비슷하므로 소득이 높은 자가 욕망을 더욱 잘 충족할 수 있기 때문이다. 그러나 소득 증가가 곧바로 행복을 증가시키지는 않는데, 이는 소득 증가가 물질적 욕망을 키우기 때문이고, 소득 증가에 의한 행복 상승분을 욕망의 증가가 삭감하기 때문이다. 소득이 증가하면 더 많은 재화를 구매할 수 있으나, 욕망 역시 커지므로 소득 증가가 후생에 미치는 긍정적 효과는 삭감된다. 에머슨은 "욕구는 끝을 모르고 자라는 거인과 같아서, 소유비용이 더 큰 적은 없었다"라고 말했다(Emerson, 1860).

이기주의와 욕심이 결합하면 탐욕(avarice, greed)의 단계에 이르게 된다. 탐욕은 이기주의가 도를 넘어 비뚤어지게 발달한 것이다. 탐욕은 이성의 판단이나 윤리적 자유를 상실하게 만들어 인간의 품위를 하락시키고 타락하게 하며, 무질서와 남용을 초래한다. 초기 기독교에서는 탐욕을 7죄종, 즉 일곱 가지 죄의 원인 중 하나로 간주했다.[11] 단테의 『신곡(La Divina

---

11  6세기 초에 교황 그레고리우스 1세가 인간의 죄악을 7가지 중죄(cardinal sin)로 분류한 데 따른 것인데, 그것은 색욕(lust), 탐식(gluttony), 탐욕(greed), 게으름(sloth), 분노

Commedia)』「지옥편」에 보면, 고리대금업자들의 영혼이 지옥에 떨어져 뜨거운 모래밭에서 알몸으로 불비를 맞고 있다. 찰스 디킨스의 소설『크리스마스 캐럴』역시 탐욕을 지탄받아야 할 행위로 지목하고 있다.

그러나 영국 의사이자 사상가인 버나드 맨더빌(Bernard Mandeville)에 의해 탐욕은 오히려 사회발전의 원동력으로 추앙된다. 약삭빠르고 부정한 방법으로 부를 축적한 사회 지도층들(변호사, 의사, 성직자, 군인, 관리, 재판관 등)이 흥청망청 소비 행위를 함으로써 고용이 창출되고 부가 분배된다는 것이다.

막스 베버(Max Weber)는 프로테스탄티즘의 신앙윤리가 자본주의 발전에 지대한 기여를 했다고 말했지만, 맨더빌의 사상은 프로테스탄티즘의 윤리와 완전히 반대다. 장 칼뱅(Jean Calvin)의 직업윤리를 바탕으로 하는 프로테스탄티즘은 파렴치한 이윤 추구나 무분별한 금전욕을 옹호하지 않는다. 칼빈의 직업윤리는 소명의식을 가지고 합법적인 방법으로 열심히 일해 이윤을 얻는 것이 신의 축복을 확인하는 길이라는 것이다. 직업 활동에서 얻은 화폐를 낭비하지 않고, 신을 기쁘게 하기 위해 금욕과 절제를 실행하는 것이 또한 핵심이다.

어쨌거나 맨더빌의 사고는 애덤 스미스에 의해 일부 계승되어 자유경쟁을 통한 사익(탐욕)의 추구를 보장하는 자본주의 질서가 자리 잡게 되었다. 자본주의사회에서 탐욕은 비난받지 않을 사회적·윤리적 지위를 갖게 되었고, 끝없는 탐욕 추구 행진이 시작되었다. 초유의 대불평등 시대가 열린 것이다. 불평등은 행복에 치명적인 장해 요인이다. 행복한 삶을 사는 데 필요한 수단들이 소수의 손에 집중되어 있다면 그 사회의 다수 구성원들

---

(wrath), 질투(envy), 교만(pride) 등이다. 이 일곱 가지는 그 자체가 도덕적으로 중대한 죄이기도 하지만, 다른 죄악을 야기하는 결정적인 원인(또는 동기)가 된다.

이 행복할 방법은 없다. 밀의 말처럼 행복에 필요한 모든 수단이 모든 사람에게 평등하게 주어져야 한다. 이어서 그는 사회적 불평등을 불의(不義)라고 규정했다.

…… 모든 사람이 평등하게 행복권을 누려야 한다는 말은 행복하게 사는 데 필요한 모든 수단에 대해 평등한 권리를 지녀야 한다는 뜻을 내포한다(밀, 2007: 123).

일부 공인된 사회적 편의 때문에 제한이 불가피한 경우가 아니라면, 모든 사람은 평등한 대우를 받을 권리가 있다. 그러므로 더 이상 사회적으로 도움을 준다고 생각지 않는 모든 종류의 사회적 불평등은 단순히 도움이 되지 않는다는 차원을 넘어 불의라고 규정되어야 한다(밀, 2007: 124).

정의가 사라진 사회, 불의한 사회에 행복은 머물지 않는다. 정의로운 사회가 되기 위해서는 주거, 교육, 의료 등 대표적인 행복 수단이 평등하게 분배되어야 한다.

경쟁이 낳은 또 하나의 심각한 후유증은 공감 능력의 퇴조이다. 삶을 따뜻하게 하고 행복하게 만드는 요소 가운데 공감(sympathy) 능력만큼 중요한 것이 또 있을까? 애덤 스미스는 공감의 원리에 대해 다음과 같이 말했다.

사람이 아무리 이기적인 존재로 상정된다고 해도 인간의 본성 가운데는 몇 가지 원리가 분명히 존재하는데, 그것들은 타인들의 행복을 지켜보는 즐거움을 제외하고는 아무것도 얻는 것이 없는 상황에서도 타인의 운명에 관심을 갖고 그들의 행복을 자신에게 꼭 필요한 것으로 만드는 것들이다. 연민(pity)이나 동정심(compassion)이 바로 이러한 유형의 원리에 속하는데, 다른 사람의 불행을 직접 목격하거나 아주 생생한 방식으로 상상할 때 느끼게 되는 정서이다(스미스, 2016: 제1부 제1편).

주위 사람들에 대한 연민이나 동정심을 공감이라고 말하는 것이다. 여기서 공감, 동감, 연민, 동정심, 동료 감정 같은 용어들의 차이를 확대해석할 필요가 없다. 이 감정들은 모두 자기애로부터 나오는 것이 아니고, 동료가 겪는 어떤 사건에 접촉하게 되는 순간에 나타나는 것이다. 이 감정들은 모두 우리에게 동일한 효과를 준다. 스미스는 동감의 역할에 대해 더 설명한다.

동감은 기쁨을 북돋우고 슬픔을 완화시킨다. 동감은 만족의 또 다른 원천을 제공함으로써 기쁨을 북돋우고, 다른 한편으로 마음이 그 슬픔의 순간에 거의 유일하게 수용할 수 있는 합의 기분을 심어줌으로써 슬픔을 경감시킨다(스미스, 2016: 제1부 제1편).

우리의 삶에서 이렇게 중요한 감정이 공감 또는 동료 감정이지만, 경쟁이 강해질수록 공감 능력은 퇴조한다.[12] 그것은 곧 공감 능력이 가져다주는 쾌락(= 행복)이 그만큼 적어진다는 것을 의미한다. 그리하여 사회생활을 통해 얻는 행복이 크게 감소했다고 말할 수 있다. 승진 경쟁이 치열한 직장이나, 성과급제를 시행하는 직장에서 흔히 목격하는 현상이다.

---

12  보편적 공감 능력 대신 소규모 집단 내 공감이 형성되어 이것과 이기주의가 만나면 집단이기주의, 지역이기주의, 종파이기주의, 인종주의 등으로 변질되고 새로운 갈등과 고통의 원인이 된다.

## 4) 흔들리는 가족공동체

시대를 막론하고 재화와 용역의 생산 및 분배를 결정하는 핵심 단위는 가족이다. 가족은 물자의 생산, 자녀 양육, 교육, 질병 예방과 생활 유지, 가족구성원의 인격 도야 등에 중요한 역할을 해왔다. 부모는 배우자와 자녀를 위해 기꺼이 자신을 희생해 왔던바, 이것이 인간의 위대한 본성이다. 봉준호 감독의 영화 〈기생충〉에서도 가난한 주인공들이 자본주의하의 험난한 삶을 가족 간의 단결로 헤쳐나간다.

모든 인간은 자기 자신이 제1차적인 관심과 애정의 대상이고, 가족, 친지, 지역사회, 국가 등의 순서로 그러한 감정이 이어진다. 애덤 스미스는 가족의 중요성을 다음과 같이 설명하고 있다.

자기 자신에 이어, 같은 집에 거주하는 가족구성원들, 부모, 자녀 및 형제자매가 자연스럽게 가장 따뜻한 애정의 대상이 된다. 자신의 행위는 당연히 그리고 언제나 가족의 행복과 불행에 가장 큰 영향을 미친다(스미스, 2016: 제6부 「덕의 성격」).

가족과 가정은 가장 기초적인 사회 단위로서 개인의 생활 근거이며, 삶의 출발점이다. 어떤 집단이나 조직에서 얻게 되는 행복도 가족과 함께 누리는 행복에 비길 수는 없다. 그러나 최근의 초혼 연령의 상승 추세, 결혼율 하락, 이혼율 상승, 출산율 저하 및 1인 가구의 확대 등은 물질문명의 발전에 따른 행복도의 상승을 상쇄하는 주요한 요인이 되고 있다. 우리는 이 문제를 경제적 측면에서 살펴보기로 한다.

토머스 맬서스(Thomas Malthus)가 『인구론(An Essay on the Principle of Population)』에서 출산과 인구 문제에 대해 언급한 부분[13]이 있긴 하지만,

가족경제학을 창립한 것은 시카고대학 경제학과의 게리 베커(Gary Becker) 교수이다. 그가 심리학자, 사회학자, 법률가, 생물학자, 인류학자 등 여러 분야의 전문가들이 주도하던 가족연구 분야에 경제학 논리를 도입하면서 '경제학 제국주의'라는 비난을 받기도 했지만, 결국 그의 주장이 이 분야를 지배하는 논리가 되었다.[14]

베커는 결혼·출산에 관한 분석에서 '극대화 행동'과 '시장균형'을 전제하고 있다. 여기에서 결혼은 당사자들의 효용 극대화 행동을 통해 시장에서 이루어진다. 그는 "개인은 상당 기간 안정적으로 유지되는 기본적 선호로부터 효용을 극대화하며, 개인의 여러 가지 행동은 시장에 의해 조절된다"(Becker, 1981)라고 설명한다. 결혼, 출산, 이혼 등은 모두 효용 극대화를 위한 경제주체의 적극적 선택이지, 사회적·문화적 힘에 밀린 수동적 수용이 아니라고 주장했다.

그는 가정생활에 가치재[15] 개념과 인간 행동의 이타성을 결합시켰다. 가족구성원들은 가정 내에서 이기적이지 않고 이타적 행동을 하는 존재이다. 이타성이란, 예를 들면, 가장은 배우자 및 자녀의 소비를 고려하여 자신의 소비를 결정하며, 자녀의 대학 학비를 위하여 자신의 해외여행이나 고급 승용차 구입을 포기한다.[16] 이것이 '이타적 선호(altruistic preferences)'

---

13 '소득이 증가하면 출산율도 상승한다'는 맬서스의 결론은 19세기 후반 산업화에 성공한 국가들의 출산율이 크게 낮아지면서 맞지 않게 되었고, 이후 경제학자들은 출산율 분석을 기피했다.

14 "(베커의 분석은) 대부분 실증적이고 케이스바이케이스 연구에 의존하고 있는 사회학의 경향을 극복할 수 있도록, 총론적이며 추상적인 이론을 경제학이 제공했다. 이로써 사회학은 진정한 과학이 되었다"는 관점도 있다(Sorensen, 1986).

15 베커가 말하는 가치재는 부모가 자녀를 보살피는 특정한 요소나 행동을 의미한다. 자녀들이 게으른지, 학교에서 열심히 공부하는지, 부모를 자주 방문하는지, 음주가 심한지, 결혼을 잘 하는지, 친척들을 잘 보살피는지 등을 살피는데 이를 가치재라 불렀다.

이다. 부모가 이타적이란 것은 자녀가 잘되면 부모의 효용이 증가한다는 의미이다.

남편, 아내, 부모 및 자녀 사이에서는 좁은 의미의 이기심보다 사랑, 책임감, 자책 및 의무감 등에 의해 더 많은 상호작용이 일어난다(Becker, 1981).

그는 결혼을 통해 개인이 얻는 경제적 이득도 설명하고 있다. 우선 배우자 가운데 한 사람은 취업을 하고, 나머지는 가정생산을 하는 특화가 가능하며, 가정 공공재를 결합생산 하는 등의 이득을 얻을 수 있다. 부부 간의 다양한 결합을 통해 한쪽 배우자나 양 당사자 모두 추가적인 이득을 얻을 수도 있다.[17]

가계는 시간과 시장 재화를 결합하여 효용이 더 큰 기본 상품을 생산하는 생산 주체이다. 요리, 청소, 집 안 가꾸기 등 가정에서의 생산에 비용이 발생하는데 이를 '잠재가격(shadow price)'이라 한다. 잠재가격이 높으면 그 상품의 소비를 줄이게 된다. 1인 가계는 요리 등 가정생산재의 잠재가격이 높아 회피의 대상이 된다. 그래서 1인 가계에서 가정생산을 포기하면 포기한 만큼 그 재화가 가져올 행복이 감소한다. 베커는 또한 '아이가 노는

---

16  자신을 흉기로 내리친 자식이 붙잡힐까 봐 범인의 어머니는 죽어가는 순간까지도 아들을 걱정하여 "옷을 갈아입고 현장에서 도망가라"고 말했다 한다(≪국민일보≫, 2018.12.17).
17  반면, 공리주의 경제학자 헨리 시지윅은 결혼이 주로 성욕 해소에 기여하는 것이라는 생각을 갖고 있으며, 성이 해방되면 결혼이 크게 감소할 것이라 전망했다.
    "가족애는 분명 대다수 인간의 인생 계획에서 현저한 위치를 차지하는 것으로 보인다. 그럼에도 사람들이 성욕의 만족과 별개로 일반적으로 가정생활에 매우 높은 가치를 부여하는지는 충분히 의심해 볼 만하다. 문명사회의 모든 부분이 사람들이 자유롭게 성욕을 충족할 수 있으면서도 사회적 비난을 크게 두려워하지 않고 가족에 대한 부담을 회피할 수 있는 상태에 있을 경우, 확실히 독신이 흔해질 것이다"(시지윅, 2018: 320).

것을 보는 것', '아이가 잠자는 것', '아이가 노래하는 것' 등이 모두 부모에게 특권, 존경, 건강, 이타심 및 쾌락 감정 등을 갖게 하는 가정경제 상품이라 했다.

베커는 여성들의 노동시장 참여 증가와 임금 상승이 자녀 교육에 드는 비용을 증가시킴으로써, 농업시대에 있었던 다자녀 출산 대신 소수의 자녀에게 집중하는 경향을 보이게 된다고 지적했다.

> 모친의 시간의 가치가 상승하면 자녀 양육의 상대적 비용이 상승함으로써 자녀에 대한 수요가 감소할 것이다. …… 20세기 기술적인 선진 경제에서 인적자본의 중요성이 커지면서 부모들은 자녀의 수를 줄이는 대신 자녀 개개인에 대한 지출을 늘렸다(Becker, 1986).

그래서 출산율 감소 현상[18]이 초래되었고, 이로 인해 가계에서 얻을 수 있는 행복이 감소했다는 것이다. **그림 2-4**는 OECD 회원국들의 가임여성(15~49세) 1인당 자녀 수의 변화를 보여주고 있다. 일단, 자녀 수를 줄이는 것이 세계적 추세로 보인다. **그림 2-4**에 좌우로 그어진 검은색 선은 인구 복원율로서 남녀 한 쌍이 만나 자녀 2.1명을 낳으면 인구 규모가 유지된다. 2016년 현재, 대부분 국가들이 이 비율보다 낮지만, 한국은 가장 낮아 1.21명에 불과하다(2019년 9월 통계청 자료로는 0.88명까지 낮아졌다). 이러한 현상은 노동력 부족과 고령화 추세를 초래하면서 동시에 한국인의 행복을 낮추고 있다.

---

18 먹이경쟁이 심한 맹금류들이 새끼를 한 마리만 키우는 것과 같은 이치이다. 반면, 먹이가 풍부한 곳에 사는 맹금류는 한 번에 두세 마리의 새끼를 기르기도 한다. 이러한 현상은 유아 사망률 감소와도 관련이 있을 것이다.

그림 2-4   OECD 회원국 출산율(15~49세 여성 1인당 자녀 수; 1995, 1970, 2016)

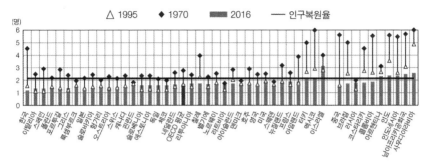

주: 중국~사우디아라비아는 이 자료 기준으로 OECD 비회원국이었으나, 이 중 코스타리카는 2021년 5월 OECD 회원국이 되었다.
자료: OECD(2019b).

그림 2-5   OECD 회원국 결혼율과 이혼율(1990, 2016)

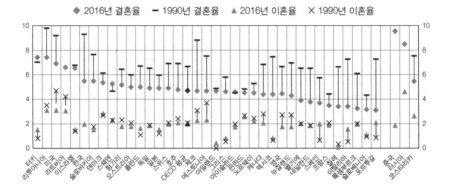

주: 세로축 왼쪽 상단 단위는 인구 1000명당 비율을 나타낸다. 중국~코스타리카는 이 자료 기준으로 OECD 비회원국이었으나, 이 중 코스타리카는 2021년 5월 OECD 회원국이 되었다.
자료: OECD(2019b).

가족공동체의 해체는 최근 들어 OECD 회원국들에서 전반적으로 나타나고 있는 현상이다. 이를 확인할 수 있는 결혼율/이혼율 통계를 보자. 그림 2-5는 1990~2016년 사이 OECD 회원국들의 결혼율과 이혼율의 변동을 나타내고 있다. 그래프를 보면, OECD 회원국의 인구 1000명당 평균 결혼율이 1990년 6.3명 정도에서 2016년 4.4명 정도로 감소한 것을 알 수 있다. 반면, 이혼율은 1990년에서 2016년 사이 큰 변동이 없다. 한국의 결혼율은 1990년 기준으로 리투아니아 다음으로 높았는데, 2016년 현재 체코 및 포르투갈과 함께 가장 크게 하락한 국가에 속한다. 반면, 한국의 이혼율은 계속 상승하고 있다. 다른 회원국들의 이혼율이 1990년 이후 보합 상태에 머물러 있는 사실과 대조된다. 미국, 라트비아, 에스토니아, 영국, 뉴질랜드 등의 이혼율은 오히려 감소하고 있고, 가톨릭 국가인 아일랜드와 칠레의 이혼율은 거의 0에 가깝다.

이혼이 행복을 감소시키는 요인이 된다는 것은, 베커의 논리에 비춰보더라도 분명하다. 결혼 기피나 이혼으로 인해 증가한 1인 가계는 가정생산재의 잠재가격이 높아져 요리를 하지 않는 등 재화 생산을 기피하게 되고, 이것이 행복을 낮추게 된다. 실제 3~4인 가구에 비해 1~2인 가구의 행복도가 낮다는 조사가 많이 있다.

베커는 결혼 생활을 유지할 것인가 아니면 이혼할 것인가에 관한 경제이론을 제시했다. 그의 설명에 의하면, 현재 결혼 상태에 있는 부부는 각자의 효용함수를 가지고 있다. 만일 결혼 상태에 관해 서로 합의하지 못하면 남편과 아내는 디폴트(default) 상태가 되는데, 이는 현실에서 '이혼'을 의미한다. 결혼 상태 협상은 부부의 총수입과 각자의 수입 등에 의해 결정되며, 이혼 후 재혼 시장의 조건도 영향을 미친다. 그래서 배우자의 소득으로부터 높은 효용을 얻고 있는 고소득 부부의 이혼율은 낮다는 것이다. 40세에 부인과 사별한 후 50세가 되어 재혼한 베커가 가정생활에서도 실제로 자신의 주장을 실천했는지는 알 수 없다. 다만, 신자유주의의 주창자인 베커가 주류경제학자로서는 처음으로 이타주의 행동을 경제이론 모델에 도입한 것은 매우 흥미로운 일이다. 이타성 선호는 가족경제학을 넘어

경제학의 다른 분야에도 적용이 가능할 것으로 생각한다.

## 5) 환경파괴와 삶의 질 악화

건강은 행복한 삶의 기초이며, 맑고 깨끗한 자연조건이 그 필수 요건이다. 하지만 지구촌 인구의 90% 정도가 오염된 공기를 마시고 있어 환경오염으로 인해 인류의 건강이 위협받고 있다. WHO는 대기오염이 각종 질병을 야기한다고 지적하면서, 매년 700만 명의 조기 사망을 초래하는 것으로 추정된다고 밝혔다.[19] 그럼에도 오염물질의 방출은 계속 늘어나고 있다. 뇌졸중, 폐암, 심장발작으로 사망하는 사람의 3분의 1이 대기오염으로 인한 사망으로 분류된다. 이는 흡연이 초래하는 효과와 비슷하며 소금 과다섭취로 인한 효과보다 훨씬 크다.

대기 중의 미세 오염인자들은 몸을 타고 호흡기와 순환계 체계에 깊숙이 침투하여 폐와 심장과 두뇌에 손상을 입힌다. 아무리 부유하다고 해도, 대기오염에서 탈출할 수 없다. 기후변화의 주된 이유는 화석연료의 사용이다. 기후변화에 관한 정부 간 패널(IPCC)은 2050년까지 화력 발전이 종료되지 않으면 앞으로 20년 내에 대재앙을 맞게 될 것이라고 경고했다. 온실가스를 가장 많이 배출하는 15개국에서, 대기오염이 건강에 미치는 영향은 이들 각국 GDP의 4%에 달하는 것으로 추정된다.

이에 따라 기후변화에 대한 국제적 대응이 강화되고 있다. '파리기후변화협약(Paris Climate Change Accord)'은 2015년 21차 유엔 기후변화협약 당사국총회(COP21) 회의에서 195개국이 채택해 이듬해 발효된 국제협약

---

19  "WHO, "대기오염으로 해마다 700만 명 조기 사망", ≪한겨레≫, 2021.9.23.

인데, 지구의 평균온도가 산업혁명 이전보다 2도 이상 상승하지 않도록 온실가스 배출량을 줄이는 것을 목표로 한다. 이 협약의 목표가 달성되면 2050년경에는 대기오염 감축을 통해서만 연간 약 100만 명의 생명을 구할 수 있을 것으로 추정된다. 2017년 6월, 세계에서 온실가스를 두 번째로 많이 배출하는 국가인 미국의 트럼프 대통령이 탈퇴 선언을 하여 혼란이 야기되었으나, 2020년 11월 선거에서 조 바이든이 새 대통령에 당선됨으로써 협약에 복귀했다.

대기오염뿐만 아니라 수질오염, 토양오염, 해양오염 등도 심각하다. 수질에 대한 불신으로 생수 시장이 연 10%이상씩 성장했고, 2020년 현재 매출액 규모가 총 1조 원을 넘어섰다. 그러나 생수의 과다한 생산은 결국 지하수의 오염과 고갈로 이어질 것이다. 해양오염 역시 마찬가지다. 한국 연안에서 매년 15만 톤 정도의 해양 쓰레기가 발생하고 있으며, 그중 일부를 처리하는 데 소요되는 비용만 해도 연간 600억 원에 달한다는 통계가 있다.

스위스 취리히대학의 브루노 프라이 교수팀은 개인들이 환경에 대해 어떤 가치를 부여하고 있는지 평가하기 위해 새로운 평가 기법인 삶의 만족도 접근(Life Satisfaction Approach: LSA) 방식을 도입했다. LSA 방식은 경제학에서 주관적 행복을 조사하기 위해 개발된 것인데, 자기보고(self reported) 자료에 의한 삶의 만족도를 개인의 후생에 대한 실증적 근사치라고 간주한다(Frey·Luechinger·Stutzer, 2009). 연구팀은 삶의 만족도에 미치는 공공재의 효과를 금전적으로 계산하는 방식을 인정하면서도, 환경의 가치를 꼭 현금화해야 하는지는 의문이라는 결론을 내렸다.[20]

---

20  환경의 가치를 현금화할 때 LSA 방식은 빗나가는가? 외부경제효과와 공공재를 현금화할 때 제기되는 일반적인 주장은, 돈이 하나의 편리한 측정 수단이어서 정책결정자들이 여

유럽 대기의 질과 주관적 행복 간의 관계에 관해 연구한 결과들이 있다. 미국 조지아대학 수사나 페레이라(Susana Ferreira) 등의 연구자들은 세 차례에 걸친 유럽사회조사연구(European Social Survey)에 나타난 통계들에 더해서 지역별 이산화황(SO₂) 농도를 포함하는 환경의 질 데이터를 사용하여 삶의 만족도와의 관계를 분석했다. 여기서 SO₂ 농도가 삶의 만족도에 미치는 부정적 효과가 확인되었다(Ferreira et al., 2013). 공기의 질을 평가하기 위해서 개인 차원의 패널과 고해상도 이산화황 통계를 결합한 삶의 만족도 조사를 사용한다. 맑은 공기를 유지하기 위한 소비자의 지불용의(Willingness to Pay: WTP)가 얼마인지 계산하는 방법을 이용해 추정한 결과, 대기오염이 행복에 미치는 대규모의 부정적 효과가 확인되었다(Luechinger, 2009).

환경오염을 해결하기 위한 학자들의 행동도 이어지고 있다. 최근 미국의 원로 경제학자들이 정부에 탄소세 도입을 촉구하는 성명을 발표했다. 성명에 참여한 노벨경제학상 수상자만 27명에 달하며, 앨런 그린스펀(Alan Greenspan)과 벤 버냉키(Ben Bernanke) 등 미국의 전 연방준비제도 의장 4명도 참여했다. 이들은 발표한 성명에서 "세계 기후변화는 즉각적인 국가적 행동이 요구되는 심각한 문제"라며 "탄소세 도입은 탄소 배출량을 필요한 규모와 속도로 줄일 수 있는 가장 효과 좋은 방법"이라고 주장했다. 공동성명에 참여한 경제학자들은 탄소세 도입 촉구와 더불어 '탄소 배당금' 제도의 도입도 제안했다.[21]

---

러 가지 편익들과 비용들을 비교하게 해준다는 것이다.
21  "美 경제석학들 한목소리로 정부에 "탄소세 도입하라", 연합뉴스, 2019.1.17 참조. 또한 저신다 아던 뉴질랜드 총리도 세계경제포럼(2019) 총회에서 환경문제에 대한 세계 지도자들의 확고한 인식을 강조했다(World Economic Forum. 2019.1.22).

## 3. 결국 자본주의가 문제인가?

그렇다! 자본주의가 문제이다. 자본주의는 무제한한 영리 추구를 인간의 본성에 부합하는 합리적인 행동으로 간주하고, 이를 전적으로 보장하는 체제이다. 이성적인 판단에 따라 포기해야 할 개인의 욕망을 쾌락이라는 이름으로 포장하고, 수치심 없이 이를 추구하도록 부추긴다. 개인적 욕망의 충족을 효용 극대화 행동이라고 합리화한다.[22]

사회구성원들이 행복한 삶을 영위하기 위해 필요한 기본적인 가치는 자유와 평등인데, 이 두 가지는 모두 중요하다. 그러나 현실에서는 자유가 압도적 위치를 차지하고 있고 평등의 가치는 크게 위축되어 있다. 평등은 그야말로 이상으로만 존재할 뿐이다. 그러나 평등하지 않은 사회에서 자유가 보장될 리가 없다. 게다가 자본주의에서 말하는 자유는 경제활동의 자유에 불과하며, 진정으로 자유로운 삶을 말하는 것이 아니다.

이마누엘 칸트는 "인간을 수단이 아닌 목적으로서 대하라"라고 했다. 그러나 돈이나 권력 또는 명성을 추구하는 탐욕자들에게 인간은 그저 자신의 목표 달성에 필요한 수단일 뿐이다. 대부분의 직장에서 부하 직원을 거칠게 다루고 인격을 모독하는 일이 비일비재하다. 비영리기관인 대학이나 병원에서도 교수와 직원 등 종사자들은 단지 비용으로 계산될 뿐이다. 사람을 목적이 아닌 수단으로 대하는 행동은 자본주의에서 새삼스럽게 나타난 현상은 아니다. 그럼에도 자본주의 이전 서양 사회에서는 신의 명령으로 이를 금기시했으므로, 인간의 과도한 수단화는 어느 선에서 통제될 수 있었다. 동양에서도 공자의 인(仁) 사상은 이와 상통하는 의미를 지녔다.[23]

---

22  일국의 정치지도자가 "못생긴 여자가 서비스가 좋다"라고 말하면서 수준 이하의 욕망 추구 경험을 자랑하기도 한다(≪프레시안≫, 2007.9.13).

그러나 자본주의사회에 이르러서는 이러한 형식적인 도덕률까지도 모두 무용지물이 되고 말았다.

　시장경제 체제가 확대될수록 각 분야에서 경쟁이 치열해지는데, 여기서 사회적 약자는 기회를 잡기가 어렵다. 기회균등의 원칙이나 직업선택의 자유 등의 구호가 난무하지만, 허울뿐인 자유는 진정한 자유와는 거리가 멀다. 많은 사람이 이기심을 극대화하고, 추악한 욕망을 채우려 한다. 결국 한 사람의 성공은 다른 사람의 실패를 딛고 달성되는 것이다. 그래서 시장경제 체제를 기반으로 한 행복사회는 건설될 수 없다. 다행인지 불행인지, 인간의 삶은 0점과 100점 중 하나를 선택하는 것이 아니다. 따라서 자본주의 체제에서도 쟁취할 수 있는 행복은 있으며, 이를 적극적으로 쟁취해야 한다.

　"마음을 비워 행복하라", "멈춰 서면 행복이 보인다" 등의 주장이 있다. 얼핏 들으면 전 인류에게 던지는 지혜로운 메시지처럼 보인다. 그러나 속을 들여다보면, 화려한 말잔치에 지나지 않고 정신적 각성을 방해하는 이념적 주장에 불과하다. 멈춰 서면 생존의 위협을 받는 사람들이나, 그런 말을 들을 이유가 없는 사람들에게 이러한 조언은 일종의 모욕이다. 찰스 디킨스의 소설 『크리스마스 캐럴』에서 주인공 스크루지 영감에게 나타난 탐욕가 동업자인 말리의 망령은 온몸이 쇠사슬에 묶여 있다. '마음을 비우면 행복해진다'는 조언은 이러한 탐욕가들에게 진정으로 필요한 조언이다. 이와 달리 인류의 대다수인 보통 사람들은 행복해지기 위해 더 큰 뜻을 품어야 하고, 더 치열하게 싸워야 한다.

---

23　공자는 "인자는 자기가 서고자 하면 먼저 남을 서게 하고, 자기가 도달하고자 하면 먼저 남을 도달하게 하라"[夫仁者, 己欲立而立人, 己欲達而達人: 『논어(論語)』 옹야편(雍也篇)]라고 가르쳐, 인간의 수단화를 경고했다.

## 4. 이스털린의 역설

현대의 행복 연구와 관련하여 미국 남가주대학의 경제학자 리처드 이스털린(Richard Easterlin)의 기여를 빼놓을 수 없다. 1974년에 발표된 이스털린의 논문은 세계 사회과학계를 놀라게 했다. 이스털린은 프린스턴대학의 심리학자 해들리 캔트릴(Hadley Cantril)의 이전 연구 및 여러 가지 조사 자료들을 검토한 후 놀라운 분석 결과를 내놓았다. 이스털린이 검증한 것은 세 가지였다.

① 한 나라 안에서, 부자가 가난한 사람보다 더 행복한가?
② 부유한 국가의 국민이 빈곤한 국가의 국민보다 더 행복한가?
③ 소득이 증가하면 행복도 증가하는가?

해답을 얻기 위해 그는 먼저 미국 국민들의 소득수준과 행복도를 비교했다. 표 2-2는 이스털린이 1970년 현재 미국의 소득계층을 6개 집단으로 나누어 각 계층의 행복도를 조사한 내용이다. 소득이 높을수록 '매우 행복하다'고 답한 사람의 비중이 컸으며, '별로 행복하지 않다'고 답한 비중은 작았다.

이스털린이 1946~1970년 세계 19개국을 대상으로 한 행복과 소득에 관한 13번의 조사를 분석해 본 결과, 한 나라 내에서 소득과 행복은 관계가 있었다. 모든 조사에서 최고소득층의 행복도가 평균적으로 높았고, 최저소득층의 행복도가 낮았다. 첫 번째 질문에 대한 대답은 쉽게 찾은 셈이다. 물론 이 결과는 조사 당시 미국인들의 생각이 그렇다는 것이며, 그 결과를 다른 나라의 국민들에게 적용할 수는 없다.

이스털린은 이어서 '부유한 나라의 국민이 더 행복한가'에 대한 답을 찾

| 표 2-2 | 미국인 소득수준별 행복도 분포(1970) | | | (단위: %) |
|---|---|---|---|---|
| 연소득(US$) | 매우 행복 | 대체로 행복 | 별로 행복하지 않음 | 무응답 |
| 전체 | 43 | 48 | 6 | 3 |
| 15,000 이상 | 56 | 37 | 4 | 3 |
| 10,000~15,000 | 49 | 46 | 3 | 2 |
| 7,000~10,000 | 47 | 46 | 5 | 2 |
| 5,000~7,000 | 38 | 52 | 7 | 3 |
| 3,000~5,000 | 33 | 54 | 7 | 6 |
| 3,000 이하 | 29 | 55 | 13 | 3 |

자료: Easterlin(1974).

| 표 2-3 | 소득과 행복도 국제 비교(1965) | | | | | (단위: %) |
|---|---|---|---|---|---|---|
| 국가 | 매우 행복 | 대체로 행복 | 별로 행복 하지 않음 | 기타 | 표본 수 (개) | 1인당 GNP (US$, 1961) |
| 영국 | 53 | 42 | 4 | 1 | 1179 | 1777 |
| 미국 | 49 | 46 | 4 | 2 | 3531 | 2790 |
| 서독 | 20 | 66 | 11 | 3 | 1255 | 1860 |
| 태국 | 13 | 74 | 12 | 1 | 500 | 202 |
| 일본 | 81 | | 13 | 5 | 920 | 613 |
| 필리핀 | 13.5 | 73 | 13.5 | 0 | 500 | 282 |
| 말레이시아 | 17 | 64 | 15 | 4 | 502 | 552 |
| 프랑스 | 12 | 64 | 18 | 5 | 1228 | 1663 |
| 이탈리아 | 11 | 52 | 33 | 4 | 1166 | 1077 |

자료: Easterlin(1974).

고자 소득수준이 다른 국가 간 행복도 차이를 비교했다. 1965년 현재 1인
당 GNP가 상이한 9개 국가의 행복도 조사 결과가 **표 2-3**에 실려 있다. 여
기서 '매우 행복하다'고 답한 사람들의 비율을 국가별로 비교했다. 먼저 미
국인과 영국인은 비슷한 생활 방식을 지니고 있지만, 미국인들의 비율이

영국인들에 비해 낮은 것으로 조사되었다. 당시 미국의 1인당 GNP는 영국보다 1천 달러 이상 높았다. 반면, 영국과 소득수준이 비슷한 서독의 행복도는 이보다 훨씬 낮았다. 프랑스의 행복도는 소득수준에 비해 현저히 낮았는데, 심지어 소득이 프랑스의 8분의 1에도 못 미치는 태국보다도 낮았다. 이탈리아 역시 높은 소득수준에도 불구하고, 동남아시아 국가들보다 행복도가 낮았다. 한편 태국, 필리핀, 말레이시아 등 동남아 국가들은 소득수준이 훨씬 낮았지만, '매우 행복하다'고 답한 사람들의 비율은 서유럽 국가들보다 높았다. 소득수준이 높은 국가의 국민이 더 행복한 것은 아니라는 결과는 이후의 여러 조사에서도 확인된 사실이다. 즉, 국가 간 소득수준의 차이가 국민 간 행복 수준의 차이를 결정하는 요인이 아니라는 것이 확인되었다.

당시 프랑스와 영국이 비슷한 소득수준을 보이고 있었는데, 프랑스에서 '매우 행복하다'고 답한 사람들의 비율이 영국의 4분의 1에도 이르지 못했다는 사실은 새로운 문제를 제기했다. 즉 국민적 특성이 있는 것 아니냐는 문제였다. 프랑스인은 인생을 다소 비관적으로 보는 데 비해 미국인과 영국인은 인생을 긍정적으로 보는 특성이 있다는 주장이 나왔지만, 확실한 검증은 어려운 문제였다.

이스털린은 이어서 세 번째 명제, 즉 소득 증가가 행복도의 상승을 가져오는지 알아보기 위해 미국 내 시계열 자료를 분석했다. 제2차 세계대전 종전 이후 약 20~30년간 세계경제는 황금시대라고 불릴 정도로 눈부신 성장을 이룩했다. 케인스주의를 계승한 미국이 그 중심에 있었으며, 같은 기간 중 미국인들의 실질소득은 2배 이상 증가했다. 이스털린은 1946~1970년까지 24년에 걸쳐 미국인들을 대상으로 행복도 분포의 변화를 조사했다. 그 결과 **표 2-4**에서 보듯이 중요한 사실이 확인되었다. 미국인들의 경우, 소득의 증가가 행복의 증가를 가져오지 않았다는 것이다. 소득의 엄청난

표 2-4 미국인의 행복도 분포 변화(1946~1970)

(단위: %)

| 조사 시점 | 매우 행복 | 대체로 행복 | 별로 행복<br>하지 않음 | 기타 |
|---|---|---|---|---|
| 1946.4 | 39 | 50 | 10 | 1 |
| 1947.12 | 42 | 47 | 10 | 1 |
| 1948.8 | 43 | 43 | 11 | 2 |
| 1952.11 | 47 | 43 | 9 | 1 |
| 1956.9 | 53 | 41 | 5 | 1 |
| 1956.9 | 52 | 42 | 5 | 1 |
| 1957.3 | 53 | 43 | 3 | 1 |
| 1963.7 | 47 | 48 | 5 | 1 |
| 1966.10 | 49 | 46 | 4 | 2 |
| 1970.12 | 43 | 48 | 6 | 3 |

자료: Easterlin(1974).

증가에도 불구하고, 행복도는 전후 수준에 그대로 머물렀다.

당시의 미국 경제를 '만족시대(era of satisfaction)'에 접어들었다고 보거나, '대량소비사회'(Rostow, 1960), '풍요한 사회'(Galbraith, 1958), '후기산업사회'(Bell, 1970) 등으로 찬양하던 풍조가 부질없음이 밝혀진 셈이다. 미국에서 1970년대의 평균 행복 수준은 1940년대 후반과 별로 다르지 않았다. 평균소득(세금과 인플레이션을 반영한)은 재화와 용역을 과거보다 60%나 더 많이 구매할 수 있을 정도로 상승했는데도 불구하고(Easterlin, 1973).

이스털린은 "경제성장이 최상의 부유한 상태로 이끌지는 못한다. 오히려 성장 과정 그 자체가 꺾일 줄 모르고 커지기만 하는 욕망을 발생시키게 된다"고 결론지었다(Easterlin, 1974). 소득이 상승하면 바라던 욕망이 충족되어 행복해지는 것이 아니라, 더 커진 욕망이 기다리고 있다는 것이다. 바로 쾌락의 쳇바퀴를 지적하고 있다. 사람들은 소득수준과 행복이 일치

| 그림 2-6 | 이스털린의 역설 |

자료: Easterlin(2001: 465~484).

하지 않는다는 그의 발견을 '이스털린의 역설(Easterlin Paradox)'이라고 이름을 붙였다.

이스털린의 역설: 행복은 소득에 비례하지 않는다

이스털린은 새로운 행복이론을 구축하기 위해 행복경제학 연구를 지속해 나갔으며, 시계열 자료들도 계속 보강했다. **그림 2-6**은 이스털린이 새로 제시한 그래프이다(Easterlin, 2001). 이 그래프는 1946~1996년까지 미국인들의 1인당 GDP 변화와 행복도의 변화를 비교하고 있다. 여기에서 보면, 조사 대상 기간인 50년 동안 미국의 1인당 GDP는 거의 3배 이상 가파르게 증가했지만, '삶이 대단히 행복하다'고 답한 사람들의 비율은 처음 10년간 약간씩 증가하다가, 1956년 이후부터는 오히려 지속적으로 감소했음을 알 수 있다.

이 기간 동안 미국인들의 삶이 구체적으로 어떻게 변했는가를 고려하지 않고 단순히 소득과 행복도만을 직접 비교하는 것은 무리가 있다. 제2차 세계대전이 끝난 후, 미국은 세계 제일의 경제·군사 강대국으로 자신의 위치를 굳혔다. 탄탄한 농업 기반을 확보하고 자동차·전자 등 첨단산업을 일으켰으며, 군사적으로는 한국전쟁과 베트남전을 시작으로 세계의 수많은 전쟁이나 분쟁에 개입하여 세계경찰로서의 역할을 수행하고자 했다. 그러나 경제성장의 결과가 소득격차의 확대로 귀결되었고, 인종 간 갈등과 분쟁도 지속적으로 일어났다. 미국인들의 가치관과 삶에 대한 인식도 바뀌었을 것이다. 이러한 변화들을 고려하는 것이 소득-행복도 변화에 대한 보다 정확한 설명이 되겠지만, 어쨌든 행복도 변화는 정치·경제·사회 전반의 변화를 총체적으로 나타내는 것이다. 참고로 이스털린은 벤담의 행복 개념을 따르고 있다.

나는 웰빙(well-being), 효용(utility), 행복(happiness), 삶의 만족(life satisfaction), 및 후생(welfare) 등의 용어들을 서로 같은 의미로 사용하겠다. 벤담의 입장과 같다. 미국사회연구(United States General Social Survey)에서 피응답자들에게 하는 질문이 이런 의미를 담고 있으며, 이는 여러 사회과학자들의 행복 연구에서도 신뢰성과 타당성, 및 비교가능성이 인정된 것이다(Easterlin, 2010: 21~23).

이스털린이 제기한 문제는 중요한 함의를 담고 있다. 이스털린은 소득의 상대성 및 그에 대응하는 상대적 박탈감이 실제로 존재한다는 점과 빈곤 개념 자체도 역사적으로 변화한다는 것을 실증적으로 밝혀냈다.

## 5. 행복의 측정

2008년 프랑스 대통령 니콜라 사르코지(Nicolas Sarkozy, 2007.5~2012.5 재임)는 GDP가 인간의 가치를 제대로 측정하지 못한다고 확신하고 그 대안을 찾기 위해 전문가 위원회를 구성했다. 위원회는 5명의 노벨경제학상 수상자를 포함하여 총 22명의 학자들로 구성되었다. 정식 명칭이 '경제적 성취와 사회진보 측정에 관한 위원회(Commission on the Measurement of Economic Performance and Social Progress, 이하부터 스티글리츠-사르코지 위원회로 표기)'인 이 위원회는 약 10개월가량 활동한 후 보고서를 발간했다.

「잘못 측정된 우리의 삶: 왜 GDP를 버려야 하나(Mis-measuring our lives: Why GDP doesn't add up)」는 이 위원회에서 발간한 보고서이다. 대표 집 필자는 세 사람의 노벨경제학상 수상자인데, 조지프 스티글리츠(Joseph E. Stiglitz), 아마르티아 센(Amartya Sen), 장 폴 피투시(Jean Paul Fitoussi)이며, 사르코지 대통령이 서문을 썼다. 그들은 경제학을 '음울한 학문(dismal science)'[24]이라고 불렀다.

이 연구 결과에 따라 새로운 행복 측정 모델이 개발되었다. OECD 행복(Well-being) 조사에서 사용하는 이론 틀은 이 연구를 반영한 것으로서, "How's Life?"(2011)부터 사용되었다. 2012년, 당시 반기문 UN 사무총장은 세계행복지수(World Happiness Index)를 측정하고, 이 자료로 국가별 GDP를 대신하도록 했다. 이후 UN에서는 매년 세계행복지수를 발표하고 있다.

---

24  이 말은 원래 맬서스의 『인구론』을 읽은 후 실망한 토머스 칼라일(Tomas Carlyle)이 경제학에 붙인 별명이다.

## 1) 삶의 만족도(OECD)

경제협력개발기구(OECD)에서는 스티글리츠-사르코지 위원회의 연구 결과를 반영하여 회원국과 일부 비회원국 국민을 대상으로 격년제로 '주관적 삶의 만족도' 조사를 실시하고 있다.

표 2-5는 2017년 OCED 회원국의 주관적 행복도와 소득수준을 비교한 것이다. 압도적 소득 1위 국가인 룩셈부르크의 행복도는 17위로 나타났다. 소득 2위 국가인 아일랜드의 행복도는 14위, 5위인 미국은 15위로 조사되어, 소득수준과 행복도 수준은 일치하지 않음을 알 수 있다.

| 표 2-5 | OCED 회원국 주관적 행복도와 소득수준(2017) | | | |
|---|---|---|---|---|
| 행복 순위 | 국가명 | 주관적 행복도 (10점 만점) | 1인당 소득 (PPP, U$) | 소득 순위 |
| 1 | 노르웨이 | 7.5 | 60,978 | 4 |
| 2 | 덴마크 | 7.5 | 50,540 | 10 |
| 3 | 스위스 | 7.5 | 65,006 | 3 |
| 4 | 아이슬란드 | 7.5 | 53,518 | 6 |
| 5 | 핀란드 | 7.5 | 45,191 | 15 |
| 6 | 네덜란드 | 7.4 | 52,941 | 7 |
| 7 | 캐나다 | 7.3 | 46,377 | 14 |
| 8 | 뉴질랜드 | 7.3 | 40,916 | 19 |
| 9 | 스웨덴 | 7.3 | 50,069 | 11 |
| 10 | 호주 | 7.3 | 47,046 | 13 |
| 11 | 이스라엘 | 7.2 | 38,412 | 21 |
| 12 | 오스트리아 | 7.0 | 52,557 | 8 |
| 13 | 독일 | 7.0 | 50,715 | 9 |
| 14 | 아일랜드 | 7.0 | 76,304 | 2 |
| 15 | 미국 | 6.9 | 59,531 | 5 |
| 16 | 벨기에 | 6.9 | 47,561 | 12 |
| 17 | 룩셈부르크 | 6.9 | 103,661 | 1 |
| 18 | 영국 | 6.8 | 43,876 | 16 |
| 19 | 칠레 | 6.7 | 24,085 | 35 |

| 20 | 브라질 | 6.6 | 15,483 | 37 |
|---|---|---|---|---|
| 21 | 체코 | 6.6 | 36,915 | 24 |
| 22 | 멕시코 | 6.6 | 18,149 | 36 |
| 23 | 프랑스 | 6.4 | 42,778 | 18 |
| 24 | 스페인 | 6.4 | 38,090 | 23 |
| 25 | 슬로바키아 | 6.1 | 32,110 | 27 |
| 26 | 폴란드 | 6.0 | 29,291 | 29 |
| 27 | 러시아 | 6.0 | 25,533 | 34 |
| 28 | 이탈리아 | 5.9 | 39,817 | 20 |
| 29 | 일본 | 5.9 | 43,875 | 17 |
| 30 | 한국 | 5.9 | 38,260 | 22 |
| 31 | 라트비아 | 5.9 | 27,598 | 33 |
| 32 | 슬로베니아 | 5.8 | 34,801 | 25 |
| 33 | 에스토니아 | 5.6 | 31,637 | 28 |
| 34 | 터키 | 5.5 | 27,916 | 31 |
| 35 | 헝가리 | 5.3 | 28,375 | 30 |
| 36 | 그리스 | 5.2 | 27,809 | 32 |
| 37 | 포르투갈 | 5.2 | 32,198 | 26 |
| 38 | 남아공 | 4.8 | 13,498 | 38 |

주: 브라질과 남아공은 비회원국이다.
자료: 주관적 행복도, OECD(2020a); 1인당 GDP, World Bank.

　덴마크, 핀란드, 캐나다, 뉴질랜드 등은 소득순위가 약간 낮아도 행복 순위는 아주 높게 나타났다.[25] 한국은 소득수준이 22위인 데 비해, 행복 순위는 30위에 머물러 있다. 한국과 사회구조가 유사한 일본도 비슷하다.

　이스털린의 연구 결과에서 증명된 것처럼, OECD 회원국들을 조사한 결과 국민들의 평균 행복도와 평균소득 순위는 일치하지 않았다.

---

25　이 문제는 약간의 함정이 있는 것도 사실이다. 평균소득은 중위소득의 크기를 보여주지 않는다. 예를 들면, 미국인들의 1인당 평균소득은 OECD 최상위권이지만 중위소득은 하위권이기 때문에 평균소득이 미국인 대다수의 소득수준을 나타내는 것은 아니며, 행복도 가 오히려 이러한 사정을 반영하고 있는 것처럼 보이기도 한다.

## 2) 세계 행복 랭킹(UN)

국제연합(UN)은 2012년 이후 매년 3월 20일을 세계 행복의 날로 정하고 세계 국가들의 행복도 순위를 발표하고 있다. 2021년 3월 20일에 발표된 이 자료에 따르면, 핀란드가 10점 만점에 총 7.842점을 얻어 세계 149개국 가운데서 가장 행복한 나라로 선정되었다. 그다음으로 덴마크(7.620점), 스위스(7.571점), 아이슬란드(7.554점), 네덜란드(7.464점), 노르웨이(7.392점)의 순서였다.

이 조사에서 한국은 5.845점으로 세계 62위에 랭크되었고, 2019년 조사에서 5.082점으로 95위로 조사되었던 행복정책 종주국 부탄은 이번 조사에서 빠졌다. 참고로 1위부터 20위까지의 국가들과 아시아 주요국들의 행복도 순위는 다음 **표 2-6**과 같은데, 이 자료는 UN의 2021년 세계 행복 랭킹에서 뽑은 것이다.

**표 2-6** 　2018~2020년 주요국 세계 행복 랭킹(10점 만점)

| 순위 | 국가 | 총점 |
|---|---|---|
| 1 | 핀란드 | 7.842 |
| 2 | 덴마크 | 7.620 |
| 3 | 스위스 | 7.571 |
| 4 | 아이슬란드 | 7.554 |
| 5 | 네덜란드 | 7.464 |
| 6 | 노르웨이 | 7.392 |
| 7 | 스웨덴 | 7.363 |
| 8 | 룩셈부르크 | 7.324 |
| 9 | 뉴질랜드 | 7.277 |
| 10 | 오스트리아 | 7.268 |
| 11 | 호주 | 7.183 |
| 12 | 이스라엘 | 7.157 |
| 13 | 독일 | 7.155 |

| 14 | 캐나다 | 7.103 |
|---|---|---|
| 15 | 아일랜드 | 7.085 |
| 16 | 코스타리카 | 7.069 |
| 17 | 영국 | 7.064 |
| 18 | 체코 | 6.965 |
| 19 | 미국 | 6.951 |
| 20 | 벨기에 | 6.834 |
| 21 | 프랑스 | 6.690 |
| ...... | | |
| 56 | 일본 | 5.940 |
| 62 | 한국 | 5.845 |
| 84 | 중국 | 5.339 |
| 139 | 인도 | 3.819 |
| 149 | 아프가니스탄 | 2.523 |

자료: UN(2021).

 이 자료들 외에도 많은 국내외 기관들이 행복도를 조사해 발표하고 있다. 대체로 행복은 소득수준과 비례하지 않는다는 사실을 확인해 주는 자료들이다. 인류의 삶은 과거에 비해 엄청나게 개선되었고, 살면서 소비하고 즐길 수 있는 여러 가지 재화들도 다양하게 개발되었다. 그런데, 왜 가난하게 살 때만큼 행복하지 않은가? 다음 장에서는 행복의 여러 가지 측면들을 다시 살펴보기로 한다.

제3장

욕망과 행복

# 1. 캔트릴의 욕망 연구

현대의 행복경제학 연구는 이스털린에서 비롯되지만, 그에 앞서 프린스턴대학의 심리학자 해들리 캔트릴(Hadley Cantril)의 위대한 연구가 있었다. 그는 세계 14개국 국민들을 대상으로 희망과 두려움 및 행복을 조사한 『인간 관심들의 패턴(The pattern of human concerns)』(1965)이라는 책을 펴냈다. 여기서 캔트릴 교수가 고안한 '자기준거적 성취척도(Self-anchoring Striving Scale)' 방식은 조사방법론 역사에 길이 남을 기여라 할 수 있다. 이 조사에서 사용한 질문은 다음과 같다.

① 우리 모두는 인생에서 무언가 이루기를 원하고 있다. 당신의 인생에서 무엇이 정말 중요한지를 생각해 볼 때, 당신의 미래 소망이나 희망은 무엇입니까? 다른 말로, 당신의 미래를 가장 희망적으로 상상할 때, 행복해지기 위한 당신의 삶은 어떤 모습이어야 한다고 보십니까?
② 이제 다른 면을 생각해 봅시다. 당신이 미래에 대해 두려워하거나 걱정하는 것은 무엇입니까? 다른 말로, 당신이 자신의 미래를 가장 어둡게 생각한다면, 그것은 어떤 모습일까요?
③ 여기에 사다리 그림이 있습니다. 사다리 꼭대기는 최상의 삶을 나타내고, 바닥은 최악의 삶을 나타냅니다. 당신은 현재 사다리의 어느 지점에 있다고 생각하십니까?

답변이 사다리의 꼭대기를 짚으면 10점이고 바닥을 가리키면 0점을 주어서 집계하는 방식이었다. 이 조사에서는 자신의 과거에 대한 평가 및 국가에 대한 평가도 곁들였다. **표 3-1**은 캔트릴이 1965년 조사에서 발견한 미국인들의 욕망 구조이다.

| 표 3-1 | 미국인들의 욕망 구조(1) | | | (단위: %) |
|--------|------|------|------|------|

| 항목 | 빈도 | 항목 | 빈도 |
|------|------|------|------|
| 자신의 건강 | 40 | 평화 | 9 |
| 근사한 생활 수준 | 33 | 규제 해소 | 8 |
| 자녀 | 29 | 노동 조건 | 7 |
| 주택 | 24 | 가족에 대한 책임 | 7 |
| 행복한 가족 | 18 | 인정받기 | 6 |
| 가족의 건강 | 16 | 생활 수준 개선 | 5 |
| 여가 | 11 | 고용 | 5 |
| 지위 유지 | 11 | 감정의 성숙 | 5 |
| 노령 | 10 | 생활 편의품 | 5 |

자료: Cantril(1965).

| 표 3-2 | 미국인들의 욕망 구조(2) | | | (단위: %) |
|--------|------|------|------|------|

| 항목 | 빈도 | 항목 | 빈도 |
|------|------|------|------|
| 경제 문제 | 65 | 일과 직장 | 10 |
| 건강 | 48 | 국제관계, 세계평화 | 10 |
| 가족 | 47 | 사회적 가치 | 5 |
| 개인적 가치 | 20 | 정치 문제 | 2 |
| 생활의 안정 | 11 | | |

자료: Cantril(1965).

캔트릴은 이 조사에서 특정한 감정이나 정서가 공통적으로 자주 나타나는 것을 발견했으며, 이를 집계하여 미국인들의 욕망을 18가지로 분류했다. 아울러 항목별 우선순위를 선택하게 했다(중복 대답 가능). 이 대답에 따른 분포가 조사 시점에서 드러난 미국인들의 욕망 체계이다. 그는 과학적 분석을 위해 이를 **표 3-2**와 같이 9개 항목으로 재분류했다.

조사 당시 미국인들은 자신들의 행복을 구성하는 요소로서 주로 재산, 건강, 가족 등 개인적 문제들을 들었으며, 환경오염, 정치, 전쟁 등은 중요한 요소로 보지 않았다. 특히 저소득층은 경제 문제에 상대적으로 큰 비중을 부여하고 있었다. 이제 미국인들의 관심사 또는 욕망이 일목요연하게 파악되었다. 그뿐만 아니라, 계층별 욕망의 크기까지도 선명하게 드러났다.

'행복은 욕망의 충족'이라는 생각을 갖고 있던 이스털린은 캔트릴의 이 연구를 이어받았다. 그는 1946~1970년 사이 세계 19개국을 대상으로 한 행복과 소득에 관한 13번의 조사를 분석했다. 그 결과, 한 나라 내에서 소득과 행복은 관계가 있었다. 평균적으로 모든 조사에서 최고소득층의 행복도가 높았고, 최저소득층의 행복도가 낮았다. 그러나 저소득국가와 고소득국가 사이 행복도의 차이는 확실하지 않았다. 그리고 1946년 이후 미국인을 대상으로 조사한 결과 소득의 증가가 반드시 행복의 상승을 초래하지는 않았다. 여기까지는 이미 제2장에서 소개한 바 있다.

이스털린의 연구에 대한 경제학자들과 다른 사회과학자들의 관심은 폭발적이었다. 그의 연구는 행복에 관해 여러 가지 정보를 전해주었다. 사람들은 행복을 판단할 때, 자신의 과거 경험이나 현재의 사회적 경험으로부터 준거기준이나 규범을 설정하고 이를 자신의 실제 상황과 비교한다. 각 개인이 가진 기준이나 규범이 완전히 동질적이지는 않지만, 동일한 사회문화 집단의 구성원은 공통 경험을 가졌기 때문에 유사한 특성을 포함하고 있다. 재화에 대한 열망(aspiration)은 고소득 집단이 저소득 집단보다 크지만, 준거기준은 크게 다르지 않다. 바로 이 점이 저소득층의 행복감을 낮추는 요인이 되고 있다. 준거기준은 사람들의 경제적 경험과 사회화 경험을 반영하므로, 경제가 성장하면 함께 변화한다. 같은 이유로 특정 시점에서 한 사회 내 사회규범 또는 가치관의 변화는 생활수준의 변화에 비해 천

천히 진행되므로, 한 국가 내에서 나타나는 소득과 행복 간의 긍정적 관계가 국가 간 비교에서는 잘 나타나지 않게 되는 것이다.

이스털린은 '경제학이 윤리학의 자손'이라는 점을 깨닫게 해주는 또 하나의 중요한 문제를 확인했다. 인간의 욕망은 타고나는 것이 아니라, 소득과 지위가 상승함에 따라 함께 커진다는 것이다. 그는 소득계층별 실제 욕망들을 예시하고 있다. 8개 정도의 실례에서 최저소득층은 결혼과 주거 시설 및 노동 기회를 원했고, 중저소득층은 임금 상승과 주거 개선, 자녀의 학업기회 개선을 열망했다. 소득계층이 높아지면서 욕망도 다양해져 새 승용차 구입과 휴가를 원했고, 최고소득층은 여가 생활과 가족 여행 및 자녀의 능력 개발 등을 욕망했다(Cantril, 1965).

우리의 기호와 선호들은 각자의 사회화 경험으로부터 나온다. 선진국 국민들의 욕망은 다양한데, 후진국 국민들이 볼 때 그것들은 세련되고 비싼 것들이어서 이 욕망들이 실제 충족될 수 있는 것이라고는 생각하지 않는다. 그렇기에 실제 욕망의 대상이 되지 않는다.

물질적 욕망과 기호는 경제발전에 따라 변하며, 소득 성장은 사람들의 기호도 바꾼다. 소득이 계속 증가하면서 각 세대의 사회화 경험은 소비 기준을 동시에 높이게 된다. 생활수준의 향상은 경제이론에서 생각하는 소득의 효용(행복) 효과를 상쇄하는 효과가 있다. 어떤 청소년이 키가 훌쩍 커졌는데, 다른 사람들도 모두 커졌기 때문에 자신의 키가 크다고 생각하지 않는 것과 비슷하다. 이같이 주관적 판단과 객관적 사실 사이에 차이가 존재한다. 행복도 이와 같은데, 사람의 키나 체중과 달리 행복은 객관적으로 측정할 수 없는 것이 난제이다.[26] 한국인들 대다수가 500년 전의 부유

---

26  소비량, 영양 상태, 수명 등이 행복의 객관적 지표라고 생각하는 사람들도 있다. 범죄율, 자살률 등 사회해체 양태들을 측정하여 이 행동지표들로 행복을 측정하려는 사람들도 있다.

한 양반들보다도 훨씬 더 호사스럽게 살아가고 있지만, 스스로 부유하다고 생각하지 않는다. 이런 생각은 다른 나라 국민들도 마찬가지일 것이다. 소득과 지위가 올라갈 때 욕망도 함께 커진다면, 삶에 대한 만족은 결코 다다르지 못할 허망한 목표가 될 가능성이 크다.

라이어널 로빈스(Lionel Robbins)의 경제학에 대한 정의를 계기로 경제학자들은 소비자의 기호(taste)나 선호의 결정을 연구하는 것은 자신의 임무가 아니라고 생각했다. 그러나 이스털린의 연구는 기호 형성 과정을 연구할 필요성이 있음을 보여주고 있다. 그는 "경제성장이 삶을 부유하게 만든다기보다, 오히려 꺾일 줄 모르는 욕망을 발생시키게 된다"라는 문제를 제기했다. 그래서 소득이 증가할 때 욕망도 함께 증가하여 행복은 제자리걸음을 하게 된다는 것이다(Easterlin, 1974).

이스털린이 제기한 문제는 이른바 '**쾌락 쳇바퀴론**(The Hedonic Treadmill Theory)'에 의해서도 설명될 수 있다. 미국 노스웨스턴대학의 심리학자 브릭맨과 캠벨(Brickman and Campbell, 1971)은 「쾌락의 상대주의와 좋은 사회의 기획(Hedonic relativism and planning the good society)」이란 글에서, 라이프스타일의 변화에 따라 어떤 사람의 행복이 증가하거나 감소했어도 이 상황에 재빨리 적응하여 원래의 기본 행복 수준으로 복귀한다고 주장했다. 그러므로 인간은 만족을 모르고 더 큰 행복을 찾아 끝없이 헤매게 된다는 것이다. 일종의 동태적 균형모델이라 할 수 있으며, 적응(adaptation)의 법칙이라고도 부른다.[27]

---

27  하지만, 끝내 적응이 되지 않은 것들도 있다. 배우자나 자녀처럼 애정을 주었던 사람의 사망으로 인한 행복의 감소는 쉽게 회복되지 않으며, 시끄럽게 들리는 소음 역시 적응이 되지 않는다. 그래서 아파트 층간소음이나 공항 부근에서 들리는 소음은 행복을 크게 낮추는 요인이 된다.

노벨경제학상을 수상한 프린스턴대학의 심리학자 대니얼 캐너먼(Daniel Kahneman) 연구팀은 '**일상재구성법**(Day Reconstruction Method: DRM)'이라는 새로운 행복 측정 방법을 고안해 냈는데, 그들이 사용한 방법은 아래와 같은 것이었다.

응답자들에게 먼저 개인적 특성과 일반 만족도에 관한 질문을 했다. 다음, 하루 전 경험했던 여러 가지 일들을 짧은 일기처럼 구성해 보라고 요청했다. '당신의 하루를 마치 영화 속의 장면처럼 연속적이라고 생각해 보라. 장면마다 기억하기 쉽게 (예를 들어, '출근', 'B와 점심' 등으로) 간단한 이름을 붙이라'고 했다.

각 장면의 시작점과 끝났던 시간을 대략 기술하게 했다. 응답자들이 식별해 낸 각 에피소드의 길이는 대략 15분에서 2시간 정도였다. 그다음, 응답자들에게 각 에피소드에 관해 예정된 질문을 했다. 에피소드의 발생 시점과 종료 시점, 16개 활동 중 자신이 한 일, 있었던 장소, 누구와 있었는지, 어떤 기분을 느꼈는지……. 각 에피소드에 대한 감정이 전혀 안 좋았으면 0점, 최고로 좋았으면 6점을 주도록 했다. 분류를 위해 응답자들의 직업과 기타 여러 가지 개인적 특성에 대해 질문했다(Kahneman et al., 2004).

캐너먼 연구팀의 목적은 일상 속의 여러 가지 활동을 통해 얻는 삶의 만족도와 특정 시점에서 느끼는 감정을 조사하는 데 있었다. 이를 위해 미국의 직장 여성 1018명을 임의로 선정하고, 이 중 전날 일을 했던 909명을 대상으로 하루 일상을 조사했다. 조사대상자들의 매일의 활동을 일상활동과 사회활동으로 구분하여 각각의 활동에서 느끼는 감정을 조사했다. 감정의 크기는 최저 0점~최고 6점을 주도록 했으며, 각 활동의 지속 시간도 조사했다. 그 결과가 **표 3-3**에 실려 있다. 응답자들은 대체로 낮 동안의 정

| 표 3-3 | DRM 방식으로 조사한 평균 감정 평가(0~6점) |

| | 감성적 체험<br>(affective experience) | | 만족도<br>(satisfaction) | | 지속 시간<br>(시간) |
|---|---|---|---|---|---|
| | 긍정적 | 부정적 | 만족 | 짜증 | |
| **일상활동** | | | | | |
| 섹스 | 5.10 | 0.36 | 4.57 | 0.74 | 0.2 |
| 사교 활동 | 4.59 | 0.57 | 4.32 | 1.20 | 2.3 |
| 휴식 | 4.42 | 0.51 | 4.05 | 0.84 | 2.2 |
| 기도·명상·예배 | 4.35 | 0.59 | 4.45 | 1.04 | 0.4 |
| 식사 | 4.34 | 0.59 | 4.12 | 0.95 | 2.2 |
| 운동 | 4.31 | 0.50 | 4.26 | 1.58 | 0.2 |
| TV 시청 | 4.19 | 0.58 | 3.95 | 1.02 | 2.2 |
| 쇼핑 | 3.95 | 0.74 | 4.26 | 2.08 | 0.4 |
| 요리 준비 | 3.93 | 0.69 | 4.20 | 1.54 | 1.1 |
| 전화 수다 | 3.92 | 0.85 | 4.35 | 1.92 | 2.5 |
| 자녀 돌보기 | 3.86 | 0.91 | 4.19 | 1.95 | 1.1 |
| 컴퓨터·인터넷 | 3.81 | 0.80 | 4.57 | 1.93 | 1.9 |
| 집안일 | 3.73 | 0.77 | 4.23 | 2.11 | 1.1 |
| 직장 일 | 3.62 | 0.97 | 4.45 | 2.70 | 6.9 |
| 통근 | 3.45 | 0.89 | 4.09 | 2.60 | 1.6 |
| **사회활동 상대** | | | | | |
| 친구 | 4.36 | 0.67 | 4.37 | 1.61 | 2.6 |
| 친척 | 4.17 | 0.80 | 4.17 | 1.70 | 1.0 |
| 부부·파트너 | 4.11 | 0.79 | 4.10 | 1.53 | 2.7 |
| 자녀 | 4.04 | 0.75 | 4.13 | 1.65 | 2.3 |
| 고객·손님 | 3.79 | 0.95 | 4.65 | 2.59 | 4.5 |
| 동료 | 3.76 | 0.92 | 4.43 | 2.44 | 5.7 |
| 상사 | 3.52 | 1.09 | 4.48 | 2.82 | 2.4 |
| 혼자 | 3.41 | 0.69 | 3.76 | 1.73 | 3.4 |

자료: Kahneman et al.(2004).

서가 밤보다 훨씬 긍정적이었다. 6점 만점에 몇 점을 기준으로 만족과 불만족을 나눌 것인지 명확한 기준은 없지만 대체로 매일의 일과 가운데 섹스, 사교 활동, 휴식, 기도·명상·예배, 식사 등은 높은 행복을 느끼는 일상의 일이었으며, 하루 중 총 7시간 정도 지속된 감정이었다. 운동, TV 시청, 쇼핑, 요리 준비, 전화 수다, 자녀 돌보기, 컴퓨터·인터넷 사용 등은 그저 그런 시간이었고, 하루 약 8시간 계속되었다. 특히 직장 일과 통근 등은 불유쾌한 시간으로 조사되었는데, 약 9시간 지속되었다. 이 조사를 보면, 하루 중 만족하는 시간보다는 만족하지 못하는 시간이 조금 길었으며, 기분이 그저 그런 시간도 상당 시간 지속했음을 알 수 있다.

한편, 사회활동에서 만난 상대 가운데 친구, 친척, 부부·파트너, 자녀와 만나는 시간(총 8.6시간)은 행복했던 반면, 고객·손님, 동료, 상사와 함께 있는 시간(총 12.6시간)은 유쾌하지 않았다. 이를 통해 알 수 있는 사실은 직장 일이 그다지 즐거움을 주지 않는다는 것이다.[28] 혼자 있는 시간(3.4시간)도 그리 만족스럽지 못한 것으로 조사되었다.

이 연구의 공동연구자였던 프린스턴대학의 경제학자 앨런 크루거(Alan B. Krueger)와 캘리포니아대학의 데이비드 슈케이드(David A. Schkade)는 2005년 동일한 DRM 방식으로 다시 조사를 진행했다. 이들은 게임, 산책, 독서, 음악 듣기, 라디오 시청 등 몇 가지 항목을 추가하여 하루를 총 22개의 에피소드로 구성했으며, 동일한 응답자들을 대상으로 15일 간격을 두고 두 차례에 걸쳐 조사했다. 이 조사에서 눈에 띄는 것은, 하루 중 게임을 즐긴 사람들이 섹스를 즐긴 사람들보다 많았다는 사실과 게임 참가자들이

---

28  직장인들이 근무시간 중 느끼는 만족감이 낮은 문제를 해결하는 조직은 생산성이 크게 상승하리라 예상할 수 있다. 요즘 글로벌 대기업들이 최고행복관리자(Chief Happiness Officer)를 배치하는 추세에 있는 것도 이런 사실을 반영한 것이다.

섹스 못지않은 만족을 얻고 있었다는 것이다. 일상의 활동과 교류 상대로부터 얻는 순 감정은 2004년 캐너먼 연구팀의 조사와 유사했으며 1차 때와 빈도 등에서 공통점이 많았다. 예를 들어, 게임과 섹스는 두 차례 조사에서 모두 최상위에 있었고, 통근과 직장 일은 모두 최하위에 위치했다 (Krueger and Schkade, 2008).

자본주의적 삶은 모든 지역과 국가에서 유사하다. 이러한 조건에서 생활하는 현대인은 어떻게 만족한 삶을 살 수 있을까? 직장 상사와 고객을 가급적 회피하면서, 친구나 친척을 주로 만나 사교 활동을 주로 하며 살면 만족도가 높을 것이다.[29] 그러나 직장 상사나 고객과의 만남은 사회생활을 하는 한 회피할 수 없는 일들이다. 그렇기에 인간의 삶은 꽃길만 있다거나 반대로 가시밭길만 있는 것이 아니라 즐거움과 스트레스가 교차하는 삶인 것이다.

만일 우리가 TV 프로그램 속의 '자연인'처럼 상사나 고객이 없는 깊은 산 속에 들어가 있으면 행복해질까? 실천한 사람만이 답을 알 것이다. 청소년이 학교에 다니지 않으면 선생님에게 야단도 맞지 않고 성적이 나쁘다고 고민하지 않아도 되니까 행복이 찾아올 것인가? 일시적으로 그럴 수도 있겠지만, 그러한 선택에서 얻는 짧은 만족감은 진정한 행복이 아니다.

---

29  코로나바이러스 사태 이후 재택근무가 늘어나면서 그에 따른 만족도가 상승했다는 조사도 있다. 취업포털 인크루트가 2020년 11월 한국의 직장인 748명을 대상으로 재택근무 만족도를 조사한 결과, 응답자의 77.5%가 눈치 보는 것이 줄고, 출근 전쟁도 사라져 '만족한다'고 대답했다.

## 2. 한국인의 일상과 행복

일상의 행복은 일상생활에서 느끼는 만족감으로서 진정한 행복과는 다른 것이지만, 매일의 삶에서 느끼는 주관적 감정이므로 인간의 삶에서 매우 중요하다. 현대인에게는 하루 중 노동(통근 시간 포함), 수면 및 식사 등에 사용하는 시간을 제외하면 대체로 6시간 정도의 자유 시간이 있는데 이를 경제학에서는 '여가(leisure)'라고 부른다. 이 시간을 어떻게 활용하는가가 삶의 만족에 중요하다. 아리스토텔레스도, 쇼펜하우어도, 케인스도 여가가 삶에서 가장 중요한 요소라고 말했다. 특히, 케인스는 장래 생산성의 꾸준한 향상으로 인류가 하루 3~4시간의 노동만으로 경제 문제를 해결하게 될 날이 올 것으로 낙관했으며, 여가 활용 문제가 인간의 궁극적 문제가 될 것이라고 예상했다.[30] 땀 흘려 일해본 사람은 여가가 삶에서 얼마나 소중한지 알고 있다. 짧게 느껴질 수밖에 없는 여가는 노동으로 쌓인 피로를 풀고 새로운 에너지를 충전하는 시간이며 자신만의 행복(만족)을 만끽하는 시간이다. 그래서 아무 일도 하지 않고 휴식만 취하더라도 그 자체로 달콤하게 느껴지게 마련이다.

여가 활동에 대한 선택은 주중과 주말이 같지 않다. 한국인들이 일상에서 즐기는 여가 활동(즉, 주중 여가 활동)의 종류와 그것이 행복에 어떤 영향을 주고 있는지에 관한 통계가 있다. 2017년 통계청은 한국인의 여가 활동

---

30 케인스는 「우리 후손들을 위한 경제적 가능성」(1930)이라는 에세이에서, 생산성의 발전으로 100년 뒤에는 물질적 욕망의 충족이 가능해질 것이라고 예상했다. 하루 3시간 정도의 노동으로 경제 문제가 해결되면 인간은 삶의 참가치(true value)를 추구하게 되는데, 그것은 여가를 제대로 활용하는 것이라 확신했다. 그러나 『일반이론』(1936)에서는 소비의 중요성을 강조하면서, "아직은 소득이 여가보다 중요하다고 생각하는 사람들이 많다"라고 하여, 가치전환 속도를 조절하고 있다(Keynes, 1936: 326).

| 표 3-4 | 한국인들의 주중 여가 활동(2017) | | | | | | | | | (단위: %) |

| 분류 | TV 및 DVD 시청 | 문화 예술 관람 | 문화 예술 참여 | 스포츠 관람 | 스포츠 활동 | 관광 | 컴퓨터 게임· 인터넷 검색 등 | 취미 자기 개발 | 휴식 | 사회 활동 등 | 기타 |
|---|---|---|---|---|---|---|---|---|---|---|---|
| 전국 | 51.1 | 2.1 | 0.7 | 0.9 | 6.6 | 0.6 | 12.2 | 7.6 | 15.6 | 2.4 | 0.2 |
| 13~19세 | 24.1 | 2.5 | 1.2 | 1.0 | 5.7 | 0.3 | 40.4 | 8.1 | 15.4 | 1.1 | 0.1 |
| 20~29세 | 34.6 | 4.9 | 0.8 | 1.4 | 5.2 | 0.5 | 24.3 | 10.3 | 16.9 | 1.0 | 0.1 |
| 30~39세 | 49.0 | 2.1 | 0.5 | 1.0 | 4.6 | 0.9 | 15.6 | 8.0 | 16.9 | 1.1 | 0.4 |
| 40~49세 | 51.8 | 2.0 | 0.8 | 0.7 | 8.4 | 0.6 | 8.2 | 8.7 | 16.6 | 1.9 | 0.2 |
| 50~59세 | 58.4 | 1.6 | 0.8 | 1.1 | 8.8 | 0.8 | 3.6 | 6.5 | 14.9 | 3.4 | 0.1 |
| 60세 이상 | 67.0 | 0.5 | 0.5 | 0.3 | 6.1 | 0.5 | 1.3 | 5.6 | 13.7 | 4.1 | 0.3 |
| 65세 이상 | 68.5 | 0.5 | 0.5 | 0.2 | 5.9 | 0.5 | 1.0 | 5.1 | 13.2 | 4.3 | 0.3 |

주: '사회활동 등'의 항목은 '봉사·종교 활동' 등을 포함한다.
자료: 통계청(2017).

을 11가지로 분류해 조사했고, 그 결과를 「2017년 사회조사보고서」에 실었다. 다음 표 3-4는 그 일부에 해당한다.

이 보고서에 의하면, 13세 이상의 한국인들이 주중에 하는 여가 활동 가운데 가장 큰 비중을 차지한 것은 'TV 및 DVD 시청'이었으며, 그 비율이 51%를 넘었다. 다음은 '휴식'이었고, '컴퓨터게임·인터넷 검색', '취미·자기계발', '스포츠 활동'이 뒤를 이었다. 연령별로 보면, 10대들은 '컴퓨터게임·인터넷 검색'과 'TV 및 DVD 시청'순이었고, 20대들은 'TV 및 DVD 시청'이 1위, '컴퓨터게임·인터넷 검색'이 2위였다. 30대 이상은 모두 'TV 및 DVD 시청'이 1위를 차지했으며, 'TV 및 DVD 시청'이 차지하는 비율은 연령대가 높아질수록 커졌다. 한편 40대와 50대는 스포츠 활동에 가장 적극적인 것으로 조사되었다.

여가는 일상의 삶을 가볍게 해주면서 새로운 에너지를 충전시키는 소중한 역할을 하지만, 잘못된 여가 활동은 오히려 진정한 행복에 방해 요인이 되기도 한다. 다음에서는 한국인들이 여가 활동으로 선택하는 주요한 활동들과 행복의 관계를 살펴보기로 한다. 물론 여기서 선택된 여가 활동은 코로나바이러스 사태가 발생하기 이전 일상에서의 일이다.

## 1) TV 시청과 행복

'TV 및 DVD 시청'은 한국인들이 일상생활에서 가장 많이 선택하는 여가 활동이다. 2016년 방송통신위원회의 조사에 의하면, 한국인의 하루 TV 시청 시간은 평균 3시간 11분이었다. 여가가 넉넉하지 않은 한국인들의 일상에서 상당히 긴 시간이라 할 수 있다. 경제학자들은 TV 시청이 개인의 현실 인식과 물질적 열망에 어떤 영향을 미치는지 그리고 이들 물질적 열망이 주관적 행복(만족)에 미치는 영향을 조사하고 있다.

스위스 취리히대학 경제학과의 브루노 프라이 등(Frey·Benesch·Stutzer, 2007)은 유럽사회조사(European Social Survey) 자료를 활용하여 TV 시청이 행복에 미치는 효과를 조사했다. 그들은 4만 2000명의 표본을 조사하여, 장시간의 TV 소비는 삶의 만족도에 부정적 영향을 미친다는 사실을 발견했다. 그 이유는 TV 시청이 자기 절제에 악영향을 미치며 효용 예측에서도 실수를 유발하기 때문이라고 해석했다. 또한 이탈리아 밀라노대학의 브루니와 스탄카(Bruni and Stanca, 2008a)는 세계가치조사(World Values Survey)에서 추출한 5만 6000명의 표본을 대상으로 TV가 주관적 행복에 미치는 효과를 분석했다. 그들은 TV 시청이 물질적 욕망을 높이는 역할을 하며, 다음과 같은 두 가지 방식으로 주관적 행복에 영향을 미친다고 주장했다.

첫 번째, 시청자를 그들이 소유하지 않은 재화들의 이미지에 지속적으로 노출케 하여, 만족의 쳇바퀴(satisfaction treadmill)로 빠져들게 한다. 두 번째, 각 개인의 준거집단의 기준점을 올림으로써 지위재 쳇바퀴(positional treadmill)에 빠져들게 한다. 그들은 이러한 가설과 일치하는 실증적 증거들을 제시했다. TV를 장시간 시청하는 사람들은, 적게 시청하는 사람들에 비해 소득이 증가하더라도 이로 인한 삶의 만족도 증가가 크지 않았다. 또 TV 시청 시간이 많을수록 물질적 욕망이 커지며, 자신의 재정에 대해 낮은 만족도를 보인다는 점도 확인되었다.

이들은 TV 시청이 관계재(relational goods) 축출 효과를 통해 삶의 만족도에 부정적 영향을 미친다는 연구(Bruni and Stanca, 2008b)를 발표한 바 있다. 관계재가 삶의 만족도에 중대한 효과를 미치며, TV 시청으로 관계성(relationality)이 낮아지고 있다는 것이다. 이는 '생활수준이 상승하자 개인의 삶에서 TV의 역할이 증가했고, 이로 인해 물질적 열망이 크게 상승했으며, 이는 다시 행복에 미치는 소득 상승의 효과를 삭감했다'는 소득-행복 역설에 대한 추가 설명이기도 하다.

TV 시청의 효과에 대한 리처드 레이어드(Layard, 2005)의 연구도 결론은 비슷하다. 즉, 장시간의 TV 시청은 행복을 감소시킨다는 것이다. 이러한 연구 결과로 보건대, TV 시청이 한국인의 행복을 낮추는 역할을 하고 있다는 해석이 가능하다. 최근 고령층의 TV 시청 시간이 증가한 것이 행복에 긍정적 역할을 하지 않은 것으로 보인다. 물론, 이에 대한 실증분석과 대책이 필요하며, 특히 TV 시청을 대신할 여가 활동의 보급이 필요하다.

## 2) 컴퓨터게임과 행복

2017년 통계청의 조사에서 한국인의 여가 활동 가운데 12.2%를 차지한 것이 컴퓨터게임과 인터넷 검색이었다. 한국은 IT 강국이라는 위상에 걸맞게 많은 학생이 컴퓨터게임을 즐기고 있는 것으로 조사되었다. 10대는 그 비율이 40.4%에 달했고 20대는 24.3%였다. 여기서 청소년들의 게임중독 문제가 심각하게 제기되고 있다. 문제는 청소년들이 즐기는 컴퓨터게임은 함께 어울리는 놀이를 포기한 대가라는 것이다. 청소년들의 놀이는 그 자체로 행복에 긍정적으로 기여한다. 놀이는 청소년들의 육체적·정신적 건강에 기여함은 물론, 언어 발달, 문제 해결 능력, 위험 관리, 독립적 학습 기능 강화, 공동체 정신 함양 등을 돕는 순기능이 있다. 일부 국가에서는 놀이의 날(playday)[31]을 선정하여 부모와 자녀 및 공동체가 함께 놀이의 긍정적 영향을 고양하기도 한다. 5~18세의 어린이는 근육과 뼈를 강하게 할 운동을 최소한 하루에 1시간 이상 하는 것이 좋다는 의사들의 연구도 있다.

최근 청소년들이 즐기는 비디오게임은 행복에 좋은 영향을 미치지 않는다. 비디오게임에 중독되면 몇 가지 증세가 나타난다. 첫째, 게임을 하겠다는 생각에 빠져서 편안히 있지 못하며, 게임을 하지 않을 때는 욕설을 하거나 다른 공격적 행동도 마다하지 않는다. 둘째, 잠이 부족해서 머리가 아프고 피곤하다. 셋째, 식욕이 없고 음식을 조금만 먹는다. 넷째, 개인적 위생 등에 전혀 신경 쓰지 않는다. 다섯째, 방해를 받지 않기 위해 문을 잠그는 등 자신을 스스로 고립시킨다(The Sun, 2018.6.18). 비디오게임은 TV나 영화 폭력물보다 훨씬 더 유해하다는 조사도 많다. 하버드대학의 정치학자 로버트 퍼트넘(Robert Putnam)은 다음과 같이 설명한다.

게임을 하는 아이가 능동적으로 개입하기 때문입니다. 그 아이는 단지 듣고

---

31 영국에서는 30여 년 전부터 8월 첫째 수요일을 놀이의 날(playday)로 정하여 이날 국민적으로 놀이를 즐기고 있다. 어린이들이 이날의 놀이 행사를 주도하며, 영국은 물론 유럽에서 가장 큰 행사로 알려져 있다(http://www.playday.org.uk).

보기만 하는 것이 아니라 무엇인가를 하고 있습니다. 그는 운동신경을 발휘하여 자신의 동작을 연결시키고 있습니다. 그는 바로 폭력을 만들어내는 사람입니다. 그뿐만 아니라 그가 선택을 제대로 하지 못하면, 다시 말해 가장 폭력적인 것을 선택하지 않으면 게임에서 지게 됩니다(퍼트넘, 2009).

청소년들은 특히 스마트폰을 이용한 게임에 익숙하여, 수업 시간에도 교사 몰래 게임을 하기도 한다. 목디스크 환자의 증가도 스마트폰의 보급과 밀접한 관계가 있다. 이런 부작용에도 불구하고 청소년들은 자신을 대신하는 게임 속 캐릭터를 통해 대리만족을 느끼기 때문에 게임에 빠져들기 쉽다. 그러나 고립해서 즐기는 컴퓨터게임이 관계재 소비를 감소시키므로 과도한 게임이 행복을 낮춘다는 사실은 이제 상식에 속한다. 청소년들의 진정한 행복을 위해 대안 여가 활동의 개발과 보급이 요구되고 있다.

### 3) 스포츠와 행복

스포츠의 역사는 오래되었다. 기원전 8세기에 올림픽경기가 시작되었다고 한다. 로마 시인 베르길리우스(Publius Vergilius Maro)가 쓴 대서사시 『아이네이스(Aeneis)』에도 운동경기 이야기가 나온다. 기원전 13~12세기 그리스 연합군에 패배한 후 새로운 삶의 터전을 찾아 바다를 떠돌던 트로이인들이 벌이는 조정 경기와 달리기 및 권투 시합 장면들이 자세히 묘사되어 있다. 사실 필자를 포함한 많은 한국인들은 손흥민과 류현진 등 스포츠 스타들의 경기를 보기 위해 새벽잠을 설친다. 한국인들 가운데 스포츠를 가장 즐기는 연령대는 40~50대로 조사된다. 60대 이상이 다음이며, 10~30대가 상대적으로 비율이 낮은 편이다.

스포츠 관람이 과연 행복도를 높이는가? 자신이 응원하는 팀이 이기면 그렇고, 지면 스트레스를 받는다. 현실에서 우승팀은 한 팀에 불과하고, 최우수선수도 단 한 명이기에 최종적으로는 스트레스를 받을 가능성이 더 크다. "스포츠는 지고 또 지고 또 지는 사람들에 관한 것이다"라는 말도 있다. 자신이 응원하는 팀이 우승한다고 해도 경기 내내 스트레스를 받는다. 그러니 스포츠에선 모두가 패배자이고 순식간에 수십만 명의 패배자가 생긴다는 얘기도 있다. 그러나 스포츠에도 행복은 있다.

케임브리지대학 신경과학자 울프람 슐츠(Wolfram Schultz) 교수의 연구에 의하면, 뇌의 쾌락 중추를 조절하는 신경전달물질 도파민의 양은 어떤 이벤트의 발생을 얼마나 기대하고 있었느냐에 따라 결정된다고 한다. 그래서 '가장 행복한 팬은 기대를 아주 낮게 하는 사람'이라고 말할 수 있다. 예를 들어 축구 시합에서 1 대 1 무승부라는 같은 결과라도, 계속 지고 있다가 거의 끝나는 순간 동점골을 넣은 것이, 계속 이기고 있다가 막판에 동점골을 내주는 것보다 훨씬 행복하다. 한 사람의 팬으로서 자신이 응원하는 팀에 최대의 정서적 투자를 하면서, 성공에 대한 기대는 최소화하는 것이 도파민이 분비되도록 하는 방법이다. 역전승의 짜릿함은 어떤 것보다 강하며, '역전의 명수'라는 별명이 붙은 팀에는 언제나 팬들이 줄을 선다. 기대하지 않고 보다가, 자신이 응원하는 선수가 골을 넣거나 승리를 거두는 모습을 보면 스트레스는 다 사라지고 행복감이 최고에 달할 것이다. 그러니까 내면의 욕망 충족 방식을 잘 정리하면, 스포츠를 통한 삶의 만족도가 커지게 된다.

### 4) 통근 시간과 스트레스

스위스 바젤대학의 알로이스 스터처(Alois Stutzer)와 브루노 프라이의 연구에 따르면, 통근 시간이 긴 사람은 주관적 행복도가 낮았다(Stutzer and

Frey, 2008) 스터처와 프라이가 독일인의 주관적 행복 데이터를 조사한 결과, 통근 시간이 삶의 만족도에 미치는 부정적 영향이 상당히 컸다. 독일인의 평균 통근 시간인 편도 27분을 출퇴근에 쓰는 사람들은 직장 가까이 사는 사람들에 비해 삶의 만족도가 평균 0.103포인트 낮았다.

OECD 회원국 직장인들의 통근 시간 현황이 표 3-5에 나와 있다. 한국인의 통근 시간은 평균 58분으로 OECD 회원국 가운데 가장 길었다. 통근은 많은 사람에게 스트레스를 주지만, 그에 대한 보상은 없다. 많은 직장이 몰려 있는 수도권의 주택 가격이 높아 변두리 지역에서 거주하면서 출근할 수밖에 없고, 이로 인해 출퇴근 시간이 길어지면서, 한국인들의 주관적 만족감은 낮아지고 있다. 자녀의 통학 시간 역시 행복에 아주 중요한 요소이며, 고등학교 배정과 관련하여 사회적으로도 아주 예민한 문제가 되고 있다.

통근은 대다수 직장인들이 일주일에 5일간 겪어야 하는 시간 소비 활동이다. 집에서 직장, 그리고 다시 집으로 돌아오는 과정은 현대 생활에서 아주 중요한 일이라서 일상의 행복에 큰 영향을 미친다. 통근 시간은 노동시장과 주택시장에서의 소비자 결정에도 미치는 영향이 크다. 통근 시간과 행복의 관계를 조사한 최근 연구가 있다. 중국 대도시에 거주하는 16~65세 노동자 샘플을 조사했더니, 통근 시간과 주관적 행복도 사이의 연관이 확인되었다. 하루에 1시간 이상을 통근하는 사람들의 주관적 행복과 삶의 만족도가 낮게 나타났고, 이에 대해 통근 시간 1시간당 82위안(약 1만 3600원)이 주어져야 적절한 보상이 되었다. 통근 시간으로 인한 중국인들의 손실은 연간 100억 위안(약 1조 6000억 원)에 달하는 것으로 조사되었다(Nie and Sousa-Poza, 2018).

직장인들은 자신의 직장을 옮기거나 거주지를 옮김으로써 통근 상황을 최적화할 기회를 보유하고 있다. 어디에 살면서 어느 정도의 통근 시간을

| 표 3-5 | 출퇴근에 소요되는 평균 시간(1999~2014, 15~64세) | | |
|---|---|---|---|
| | | | (단위: 분) |
| | 전체 | 남성 | 여성 |
| 한국 | 58 | 74 | 42 |
| 일본 | 40 | 50 | 21 |
| 터키 | 40 | 52 | 28 |
| 멕시코 | 36 | 49 | 24 |
| 캐나다 | 30 | 36 | 25 |
| 헝가리 | 30 | 32 | 28 |
| 노르웨이 | 29 | 33 | 26 |
| 에스토니아 | 29 | 30 | 29 |
| 오스트리아 | 29 | 34 | 25 |
| 네덜란드 | 28 | 34 | 22 |
| OECD 26개국 평균 | 28 | 33 | 22 |
| 독일 | 27 | 34 | 19 |
| 벨기에 | 27 | 31 | 23 |
| 폴란드 | 26 | 30 | 22 |
| 포르투갈 | 25 | 32 | 20 |
| 유로존 평균 | 25 | 29 | 21 |
| 호주 | 25 | 31 | 18 |
| 슬로베니아 | 25 | 28 | 24 |
| 유럽연합 평균 | 25 | 29 | 21 |
| 덴마크 | 23 | 29 | 18 |
| 뉴질랜드 | 23 | 29 | 18 |
| 아일랜드 | 23 | 26 | 20 |
| 프랑스 | 23 | 26 | 19 |
| 영국 | 22 | 28 | 16 |
| 이탈리아 | 22 | 27 | 16 |
| 스페인 | 21 | 26 | 16 |
| 미국 | 21 | 25 | 17 |
| 핀란드 | 21 | 21 | 20 |
| 스웨덴 | 18 | 21 | 19 |

자료 : OECD Family Database(2016).

선택해 일할 것인가에 관한 결정을 할 수 있다. 통근에 관한 결정은 수입과 시간 손실 사이의 맞교환 문제라 할 수 있다. 하지만, 시간 손실은 경제적 평가가 어렵다. 왜 어떤 사람들은 통근에 많은 시간을 써서 스스로 낮은 행복을 감내하고 있는가? 설명이 쉽지 않다.[32]

## 5) 음주·흡연과 스트레스 해소

인간의 삶은 순조로운 국면만 있는 것이 아니어서, 어떤 사람은 삶이 스트레스의 연속일 수도 있다. 스트레스는 우리가 적응하기 어려운 환경이나 조건에 처할 때 느끼는 심리적·신체적 긴장 상태를 말한다. 일상생활에서 느끼는 슬픔, 분노, 공포, 걱정, 흥분 등의 감정들은 사라지지 않고 계속된다. 또 질병이나 부상 또는 극한 온도에 처했을 때도 스트레스를 받는다. 슬픔, 우울, 두려움 및 섹스조차도 심리적 스트레스를 야기한다고 한다.

스트레스를 받거나 위협에 직면했을 때, 이에 대응하는 방식 중 하나가 음주 행동이다. 음주는 긍정적 기분과 안정감을 줌으로써 단기적으로는 약간의 위안이 될 수 있다. 음주가 초래하는 문제는 알코올 자체가 몸의 생리적 균형에 스트레스를 야기하는 데 있다. 스트레스가 장기간에 걸쳐 계속되면, 음주 소비가 반복적으로 이루어지고 결국 질환으로 인한 의학적 문제가 발생하게 된다. 스트레스와 알코올의 관계에 대한 조사들에 따르면, 남녀 모두 스트레스를 많이 받을수록 술을 더 많이 마시며, 스트레스를 받은 남성이 여성보다 1.5배 정도 더 과음하는 경향이 있다. 또, 남성이 여성보다 알코올 관련 질환에 2.5배 정도 더 많이 걸리는 것으로 조사되었다

---

32 이런 부류의 사람들은 의지와 권력욕이 약하면서 손실을 회피하기 때문에, 열등한 지위에 머물러 있는 사람들이라고 설명되기도 한다.

(Buddy, 2019).

한국에서도 음주·흡연과 관련된 연구들이 시작되고 있다. 한국의 13~18세 청소년 1821명을 대상으로 한 최근의 연구에 따르면, 남녀 모두 평균 15세에 음주를 시작했고, 하루 평균 담배 흡연량은 남자 7.6개비, 여자 5.6개비였다.

남자 청소년은 '하루 흡연량'과 '(지난 한 달 동안) 흡연 일수'가 많을수록 이에 비례해 자각하는 스트레스 정도가 증가했다. 또 하루 한 개비를 더 피울수록 우울감을 느끼는 비율은 8%씩 높아졌다. 음주 후 스트레스 점수는 오히려 9% 정도 더 높았다. ······

한 달 동안 흡연을 한 경험이 있는 여자 청소년은 없는 경우에 비해 스트레스를 38% 정도 더 느꼈다. 우울감을 느끼는 비율은 흡연한 일수가 하루 증가할 때마다 6%씩, 하루 흡연량 한 개비가 늘어날수록 24% 증가했는데, 남자 청소년의 3배에 달했다. 우울감을 느끼는 비율은 지난 한 달 동안 흡연을 한 경험자의 경우 6.5배, 전체 과거 흡연 경험자는 3.9배 더 높았다. 여자 청소년이 과거 한 번이라도 음주를 한 경험이 있을 때 우울감을 느끼는 비율은 3.6배 증가했다(《보건타임즈》, 2019.1.22).[33]

한국의 흡연율은 OECD 회원국 가운데 상당히 높은 편이다. 조사에 의하면, 2000~2012년 사이 흡연율이 많이 감소하긴 했으나 남성 흡연율은 40%에 육박해 그리스 다음으로 높았다. 한국 다음으로 남성 흡연율이 높

---

33 가톨릭대학교 여의도성모병원 가정의학과 송찬회 교수의 연구(《대한가정의학회지》, 2018년 12월호)를 보도한 기사 참조("술·담배 해온 여 청소년, 스트레스·우울감 '최고 6.5배'", 《보건타임즈》, 2019.1.22).

그림 3-1    OECD 주요 회원국 술 소비량
（단위: 리터）

❶ 룩셈부르크　15.3
❷ 프랑스　12.6
❸ 오스트리아　12.2
❹ 에스토니아　12.0
❺ 독일　11.7
❻ 아일랜드　11.6
❼ 체코　11.5
❽ 포르투갈　11.4
❽ 스페인　11.4
❿ 벨기에　10.8
㉒ 한국　8.9
㉔ 미국　8.6
㉙ 일본　7.3
㉞ 터키　1.5

주: 2013년 OECD 34개국 1인당 알코올 소비량 순위이다.
자료: ≪동아일보≫(2014.6.20).

은 나라는 터키, 에스토니아, 일본 등이었다. 한국 여성의 경우는 흡연율이 5% 정도에 불과해 상당히 낮았으나 슬로베니아, 러시아와 함께 보기 드물게 흡연율이 상승하고 있는 국가로 조사되었다. 여성의 흡연율이 높은 나라는 그리스, 칠레, 헝가리 등이었는데, 그리스의 여성 흡연율은 30%를 넘어 대부분 회원국의 남성 흡연율보다도 높은 수준이었다. 한국, 멕시코, 일본, 브라질 등은 여성 흡연율이 상대적으로 낮은 나라에 속했다.

그림 3-1은 OECD 주요 회원국의 1인당 술 소비량을 보여주고 있다. 룩셈부르크가 연간 1인당 15.3리터를 소비해 소비량이 가장 많았고, 다음으로 프랑스, 오스트리아 순서였다. 한국인은 연간 8.9리터를 소비해 회원국 가운데 22위를 차지했다. 그러나 한국은 아시아 국가 가운데서는 단연 1위를 차지했다.

대체로 스트레스를 해소하기 위해 알코올과 담배를 찾는데, 이는 음주나 흡연 경험을 가진 사람이 스트레스를 더 받고 우울감을 더 느낀다는 얘기다. 어떤 것이 원인이고 어떤 것이 결과인지 분명하지 않지만, 음주와 흡연 습관이 스트레스 및 우울감과 관련이 있는 것은 분명하다. 음주와 흡연이 행복에 미치는 영향에 관해 본격 연구가 기대되며, 특히 청소년 교육 등 기존의 대책에 대한 검토도 필요하다.

### 6) 종교 생활과 행복

현재 세계 인구의 약 84% 정도가 종교(신앙)를 가진 것으로 알려져 있다. 대체로 종교를 가진 사람이 종교가 없는 사람들보다 주관적 행복도가 높다. 이는 동서양의 많은 조사에서 확인된 것으로서, 종교가 있는 사람들의 행복도가 평균 2~3% 정도 높게 나타난다. 참된 종교인들은 신앙에 기초하여 생활함으로써 세상을 밝고 도덕적으로 만들며, 사회적 약자에게 도움을 줌으로써 자신과 타인의 행복을 높인다. 이들은 삶의 난관에 봉착했을 때 기댈 수 있는 절대자가 있으므로, 그런 요소가 없는 사람들에 비해 스트레스가 작을 것이라고 예상할 수 있다. 하지만 안타깝게도 실상은 이러한 기대에서 벗어난다.

우리는 흔히 종교 가정 아동들이 비종교 가정 아동들보다 더 도덕적일 것이라고 생각한다. 종교 가정의 아동은 기초적 사회화, 자기통제 훈련, 도덕성을 높이는 가정교육 등을 받는 것으로 생각하기 때문이다. 어린 나이에 기초적인 도덕 훈련을 받았기 때문에 타인의 고통에 대해 감수성이 예민할뿐더러, 사회성이 높고 반사회적 행동 표현은 적을 것이라 예상한다. 그런데 장 데서티 등(Jean Decety et al., 2016)이 미국, 캐나다, 요르단, 터키, 남아프리카공화국, 중국 등 6개국의 5~12세 어린이 1170명을 대상으로 조사한 연구 결과를 보면 우리가 어렴풋이 짐작하고 있던 것들이 전혀 사실이 아님을 확인할 수 있다.[34]

대체로 종교 가정의 아이들은 기부 행위가 더 많을 것이라고 추측해 왔는데, 그에 관한 구체적 증거를 발견할 수 없었다. 오히려 비종교 가정 아동들이 종교 가정 아동들보다 익명의 기부를 더 많이 했다. 여기서 이타성이란 '기증자에게는 비용이 되지만, 수용자에게는 이익이 되는 것(cost for the donor and benefit for the recipient)'을 말하는데, 종교 가정 아동들은 내부(in-group) 구성원들에 대해서만 이타적 행동을 보였다. 즉, 같은 학교 출신이거나 같은 소수 그룹 출신 아동들과의 자원 공유만 상당히 많았다.

또한 종교 가정 아동들은 상대의 결함을 평가할 때 징벌 성향이 높았다. 신앙심이 상대의 공격적 행위에 대한 인내심을 높이는 것이 아니라 오히려 강한 처벌을 주장하게 만든다는 사실이 확인되었다. 기독교 근본주의자들은 이 문제에 대해 상대적으로 강경한 입장을 유지했다. 그럼에도 종교를 가진 개인들은 자신들이 비종교인에 비해 사회적으로 더 바람직한 대응을 하고 있다고 생각했다. 종교 가정의 부모들은 자기 아이들이 타인의 고통에 공감하고 도우려는 감정을 더 많이 갖고 있을 것이라 생각했다. 하지만, 그들의 자녀는 부모들의 믿음과는 다른 신념을 갖고 있었다. 종교 가정 아동들은 비종교 가정 아동들에 비해 타인의 행동을 더 많이 비판했다. 이들은 더 이타적이지도 않았고, 관용도도 낮았다. 종교 가정 자녀들은 비종교 가정 아이들이 비천한 결점을 갖고 있으며, 잘못을 저질렀을 때 강력한 처벌을 받아야 한다고 믿고 있었다.

이러한 연구 결과는 일부 종교 단체의 정치 집회에서 과격한 구호와 발

---

34  조사 대상 중 280명(23.9%)은 기독교, 510명(43%)은 무슬림, 323명(27.6%)은 무교였고, 나머지는 기타 종교였다.

언이 쏟아지는 이유를 부분적으로 이해할 수 있는 단초가 된다. 도덕적 사회를 만드는 데 종교가 기여할 부분을 찾고자 한다면, 아동들에 대한 종교 교육이 달라져야 함을 알 수 있다.

## 7) 커피 정담과 휴식

한국인의 커피 소비량은 세계 1위가 아니지만, 인구 대비 커피숍 수만큼은 세계 1위라고 알려져 있다. 커피 한 잔을 앞에 놓고 가까운 사람들과 대화를 나누는 문화가 우리나라에 자연스럽게 자리 잡고 있다. 커피는 건강에 좋은 점도 있지만, 과용하면 부작용도 있다. 어쨌든 북유럽 국가들에서 이러한 문화가 먼저 시작되었으므로, 이들의 흥미로운 커피 문화를 살펴보면 커피 문화와 행복의 관계를 이해하는 데 도움이 될 것이다.

스웨덴의 피카(fika)는 세계적으로 유명하다. 피카는 '케이크 한 조각과 커피 한 잔의 휴식' 정도로 이해할 수 있다. 친구나 동료들과 약간의 과자를 곁들인 커피(또는 홍차) 한잔을 나누는 것이다. 피카를 소개하고 있는 자료들을 보면, 이는 스웨덴 문화의 중요한 부분이면서 스웨덴인들의 마음 상태이고 생활 자세이기도 하다. 그들에게는 매일 피카를 위한 시간을 마련하는 것이 필수적인 일이다. 피카는 하나의 의식(ritual)같은 것이라서 작업 규칙이 엄격하기로 유명한 볼보자동차 공장도 피카 시간에는 잠시 멈춘다고 한다. 스웨덴의 대부분 직장에는 피카를 위한 피카룸이 있다. 대학에도 피카룸이 있다. 동료들과 커피 한잔을 마시면서 잠시 휴식을 취하면 두뇌도 맑아지고 서로의 관계도 강화되기 때문이다. 피카를 제도화시킨 기업들의 생산성이 높다는 연구 결과도 있다. 그들은 "잠시 쉬면서 피카하자!"고 말한다. 스웨덴에서는 일상이 아무리 바쁘더라도 피카를 위한 시간은 반드시 있다고 한다.

덴마크와 노르웨이 등에서 사용하는 '휘게(Hygge)' 역시 비슷한 의미를 가진 용어이다. 휘게는 혼자서나 가족 및 친구와 함께 보내는 소박하고 여유로운 시간을 의미한다. 촛불을 켜놓고 친구와 함께 차를 마시거나, 산길을 산책하는 일, 정원에 핀 꽃을 감상하는 일 등 일상 속 작은 즐거움이나 편안함을 느끼는 것이 휘게이다. 여유 있는 일상이라는 의미로 사용된다.

한국에서도 친구나 친지들과 만나 여유 있게 커피나 차 한잔을 나누는 사람들이 많다. 둘러앉아 심각한 토론을 하는 사람들보다는 가벼운 주제로 이야기꽃을 피우는 사람들이 더 많다. 이 같은 소비자의 수요에 맞춰, 새로운 종류의 차들이 속속 개발되고 있다. 한국의 커피 정담 문화도 북유럽인들이 누리는 피카나 휘게 못지않은 위상을 갖는 멋진 일상 문화로 발전하고 있다. 한편 코로나바이러스 사태가 한국인이 즐기던 이 주요한 일상의 행복을 뺏어갔지만, 독서 활동 등 다른 대안은 아직 개발되지 않고 있다.

## 3. 일상의 행복과 진정한 행복

우리는 한국인들이 노동시간 이외의 시간(즉, 여가 시간)에 주로 취하는 행동들이 실제 행복과 어떻게 연결되는지를 살펴보았다. 한국인들은 자유시간에 주로 TV를 시청하고, 컴퓨터게임을 하며, 스포츠 활동을 하거나 중계방송을 보고, 지인들과 커피숍에서 정담을 나누며 보낸다. 살면서 쌓이는 스트레스는 음주·흡연 행위를 통해 해소하며, 종교 생활을 통해 위로를 받으면서 삶의 고통을 참고 견딘다. 물론 그 외에도 등산이나 산책, 공예나 목공 등 무엇인가 만들기, 음악 활동, 사회봉사 참여, 독서나 토론 활동 참여 등의 방법도 활용한다. 이러한 활동들은 한국인의 삶을 안정적으로 유지하는 데 아주 중요한 역할을 한다. 이 모두는 일상을 재미있게 만들거나 보람 있게 하며, 생활의 스트레스를 날려버리는 것으로서 대체로 '좋은 것(good)'이다. 좋은 것이란 소비자에게 만족을 주는 것이며, 재화(goods)로서의 가치를 갖는 것이다. 우리가 매일매일 얻게 되는 삶의 만족감은 좋은 것들이 쌓인 것으로, 바로 주관적 행복이라 부르는 것이다.

그러나 여기에 심각한 문제가 숨어 있다. 일상의 행복이 실제로는 진정한 행복과 일치하지 않거나 좋은 삶을 보장하지 아니할 수도 있다는 점이다. 아무리 좋은 것이라도 너무 과하면 오히려 부작용이 나타난다. TV를 시청하는 데 너무 많은 시간을 쓰면 스트레스가 커지고 다른 중요한 일을 할 수 없으며 시력까지 해치게 될 것이다. 컴퓨터게임을 과다하게 하는 행위도 그렇다. 그 자체로 심한 스트레스이기도 하며 목디스크의 원인도 되고, 때로 현실의 삶을 과소평가하게 만들기도 한다. 스포츠 활동을 하거나 중계방송을 보는 것도 마찬가지다. 적절하면 삶을 윤택하게 하지만, 지나치면 오히려 해가 된다. 스트레스를 풀기 위한 음주와 흡연이 과다할 때 어떤 결과가 발생하는지에 관해서는 설명이 필요 없을 것이다. 종교 생활도 과다하면 오히려 생활의 스트레스가 되며, 때로는 다른 사람에게 큰 피해를 주기도 한다.

중요한 것은 이 좋은 것들이 진정한 행복 그 자체는 아니라는 점이다. 이들 일상의 행복을 얻지 못 했다고 해서 불행하지는 않다. TV 시청을 즐기는 사람이 어느 날 TV 시청을 못했다고 해서 불행해지지는 않는다. 음주나 흡연을 하는 사람들도 마찬가지며, 스포츠를 즐기는 사람들도 마찬가지다. 이러한 즐거움을 얻지 못했을 경우, 만족스럽지 않거나 불편할 뿐이지 결코 불행한 것은 아니다. 그러기에 행복과 만족은 구분할 필요가 있다.

이러한 문제에도 불구하고, 일상의 행복들을 과소평가해서는 안 된다. 그것들은 모두 우리의 삶에서 소중한 것들이기 때문이다. 일상의 행복은 진정한 행복에 도달하는 길에 피어난 꽃과 나무들, 벌과 나비, 노래하는 새와 같은 요소들이다. 이런 재미나 즐거움 없이 인생을 달려간다면 무척 피곤할 것이다. 일상의 행복이 있어 자기실현의 길이 아름답고 즐겁다는 말이다. 인생은 먼 곳을 향해 달리는 기차에 탄 것처럼 계속해서 펼쳐지는 일상을 즐기면서 자기실현의 길을 가는 것이다.

# 제4장

# 한국인의
# 욕망과 행복

한국인의 삶의 특징은 두 가지로 요약할 수 있다. 첫째, 경제적 번영에도 불구하고 일생에 걸쳐 행복도가 매우 낮다. 둘째, 연령-행복곡선이 우하향하는 미끄럼틀 모양이다. 한국인들은 왜 '신의 유일한 선물'인 행복과 멀어진 것일까? 생의 마지막으로 갈수록 행복이 낮아지는 이유는 무엇일까? 이 장에서는 이 문제를 좀 더 구체적으로 살펴본다.

## 1. U 자형 행복곡선의 의미

해피엔딩과 고진감래(苦盡甘來)라는 말은 일맥상통한다. 끝이 아름답다는 것이다. 중년에 고생을 좀 하더라도 말년을 행복하게 지내는 인생이 그 반대되는 경우보다 훨씬 좋다. 캐나다 출신의 영국 브루넬대학 심리학 교수 엘리엇 자크(Elliott Jaques)가 「죽음과 중년의 위기(Death and the Mid-Life Crisis)」(1965)[1]라는 글을 발표한 후, 생애주기에 따른 행복의 변화를 추적한 경제학자들과 심리학자들의 연구가 잇따랐다.[2] 이 연구들에 의하면, 인생의 행복은 청소년기에 높다가 점차 하락하여 40대 중반이나 50대 초반에 최저점에 도달하지만 이후 다시 상승을 계속하여 생의 마지막에 가장 높아진다. 즉, 일반적으로 생애주기에 따른 행복도의 궤적을 그리면 U 자형으로 나타난다. **그림 4-1**이 이를 보여주고 있다.

---

1   자크는 이 글에서 인간은 대체로 35세를 전후하여 급격한 전환기가 있는데, 전환기를 지난 후 65세 정도에 완숙에 이른다고 했다. 이를 '중년의 위기'라고 규정했다(Jacques, 1965: 502~514).

2   Blanchflower and Oswald(2004; 2008); Steptoe et al.(2015); Easterlin(2010); Glenn(2009); Frijters and Beatton(2012); Van Landeghem(2008); Weiss et al.(2012), Blanchflower(2020); Galambos·Krahn·Johnson·Lachman(2020).

그림 4-1 연령에 따른 행복도의 변화

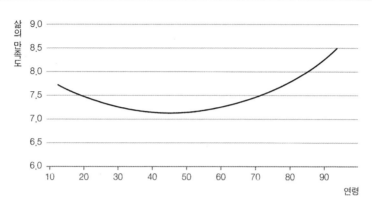

주: 세로축 왼쪽 상단 단위는 10점 만점이다.
자료: Graham and Pozuelo(2017).

연령에 따른 행복도 변화에 관한 최근의 연구로는 미국 메릴랜드대학의 캐럴 그레이엄과 줄리아 포수엘로(Graham and Pozuelo, 2017)의 연구가 있다. 이들은 갤럽 세계여론조사(Gallup World Poll: GWP) 자료에서 2005~ 2014년간의 통계를 분석했는데, 세계 46개국 국민 각각 9000명 이상씩의 방대한 표본을 이용했다. 이들은 조사 대상자들에게 "삶의 만족을 나타내는 0~10까지의 계단이 있는데, 생각할 수 있는 가장 나쁜 상태는 0, 가능한 최고의 삶은 10"이라는 설명과 함께 자신의 현재 상태가 몇 번째 계단에 있다고 생각하는지 대답하도록 했다. 바로 '캔트릴 사다리(Cantril Ladder) 방식'이다. 연구자들은 모든 응답자를 나이, 결혼 상태, 성별, 고용 상태, 교육 수준 및 가계소득 등에 따라 분류하여 분석했다.

분석 결과, 나라에 따라 조금씩 모양은 다르지만 모든 국가에서 U 자형 행복곡선이 나타났다. 국가별 전환점(즉 행복 최저점)은 같지 않았지만, 조사대상 국가들은 하나같이 전환점 이후 행복도가 다시 상승했다. 행복 평균치는 국가에 따라 달라도 추세는 모두 같아서, 중년에 행복도가 가장 낮

| 표 4-1 | 주요국 평균 행복도와 전환점 연령대 | | | |
|---|---|---|---|---|
| 행복도<br>전환점 | 7점대 | 6점대 | 5점대 | 5점 미만 |
| 40대 | 덴마크<br>캐나다<br>스웨덴<br>호주<br>네덜란드<br>미국<br>아일랜드 | 영국 | 중국 | |
| 50대 | 핀란드<br>브라질 | 벨기에<br>독일<br>아르헨티나<br>프랑스<br>콜롬비아<br>스페인 | 슬로바키아<br>이탈리아<br>리투아니아<br>슬로베니아<br>사이프러스<br>에스토니아<br>몬테네그로<br>라트비아<br>세르비아<br>포르투갈<br>마케도니아 | 헝가리<br>인도<br>불가리아 |
| 60대 | 오스트리아 | 베네수엘라<br>칠레 | 페루<br>폴란드<br>크로아티아<br>코소보<br>루마니아 | |
| 70대 이후 | | 체코 | 러시아 | 보스니아-<br>헤르체고비나 |

주: 행복도는 10점 만점 기준이다.
자료: Graham and Pozuelo(2017).

아졌다가 노년에 다시 행복을 회복했다. 행복도 6.0 이상을 고행복 국가,
그 이하를 저행복 국가로 분류해 표시하면, 국가별 전환점은 **표 4-1**과 같
았다. 참고로 한국은 이 조사에 없다.

  행복도가 높은 국가들은 대체로 전환점이 빠르며, 그것은 이 국가들의
국민은 평균적으로 더 오랫동안 더 행복한 삶을 산다는 의미이다. 행복도
가 높은 국가들의 1인당 GDP는 높은 편이지만, 모두 그런 것은 아니다.

라틴아메리카 국가들은 대체로 소득수준이 낮아도 행복도가 높지만, 동유럽 국가들은 소득수준이 비교적 높아도 행복도는 낮았다. 조사에서 행복도가 낮은데도 전환점이 빠른 나라는 중국이 유일했다.

일찍 최저점을 찍고 행복도가 상승하는 국가일수록 대체로 스트레스가 작았다. 행복한 국가에 사는 국민은 여러 가지 제도적 지원(좋은 환경, 건강, 사회안전망, 정부의 질 등)으로 비교적 순탄한 노년을 보냈다(Weiss et al., 2012). 나이가 들수록 더욱 행복해졌다고 할 수 있다.

U 자형 행복곡선에서 45세에서 50세에 전환점이 나타나는 원인은 무엇일까? 다른 말로 중년의 행복이 가장 낮은 이유는 무엇일까? 우선 청년층은 미래에 대한 기대가 높으며, 다가올 삶에서의 행복이 현재보다 클 것이라고 예상하여 인생을 낙관적으로 본다. 젊음이 넘치고, 도전정신이 넘치는 청년층의 행복은 높을 수밖에 없다. 이에 비해 노년층은 감정의 기복이 적어 큰 자극 없이도 쉽게 긍정적 감정을 갖는다. 이들은 삶의 지혜가 많으며, 이 가운데에는 공감, 동조, 관용, 포용, 평정심 등이 포함되어 있다. 이 감정들은 삶의 낙관적 편향들로서, 인류의 생존과 번성에 필수적인 요소들인데, 사회생활에서 경쟁이 심한 중년 시절에 이 감정들이 최저가 되고 이후 증가하게 되는 것이다. 그렇기 때문에 청년층과 노년층의 행복도가 대체로 높게 나타나는 것으로 볼 수 있다.

이에 비해 중년은 청소년의 부모이면서 노부모를 부양해야 하는 이중의 짐을 지고 있는 존재라서 삶의 만족도가 떨어진다고 보는 견해가 많다. 청년 시절부터 추구해 왔던 인생의 열망들과 현실의 괴리가 중년의 삶을 피곤하게 하며, 앞으로의 여생에 대한 예상 역시 중년을 무겁게 한다. 이 모든 것들이 중년층의 스트레스를 키우고 행복도를 낮춘다. 이렇게 하여 U 자형 행복곡선 또는 중년의 위기가 발생한다고 본다.

물론 U 자형 행복곡선에도 약간의 편향이 있을 수 있다. 행복한 사람들은 대개 건강한 사람들로서 장수를 누리기 때문에, 노년층 응답자들은 행복도가 높은 사람들로 선정되었을 확률이 높다. 실제 유럽인들과 미국인들을 대상으로 한 어떤 연구에 의하면, 정년을 넘어서도 계속 직장생활을 하는 사람들의 삶의 만족도와 건강 만족도는 이미 퇴직한 동료에 비해 상대적으로 높았으며, 스트레스와 분노가 적었다(Nikolova and Graham, 2014).

행복경제학자들은 나아가 연령-스트레스의 전개 과정을 분석했다. 행복이란 스트레스가 없거나 감소하는 상태이므로, 이는 행복주기를 점검해 보는 또 다른 방법이 될 수 있다. 행복과 스트레스가 동시에 같은 방향으로 증감하는 일은 없어서, 스트레스가 늘면 행복이 감소하고 스트레스가 줄면 행복이 증가한다.

스코틀랜드 에든버러대학의 알렉산더 와이스(Alexander Weiss) 등이 갤럽 세계여론조사을 분석한 결과를 보면, 스트레스곡선은 행복곡선과 정반대로 연령에 따라 증가하다가 일정한 수준에서 정점에 도달한 후 감소하기 시작했다. 스트레스곡선의 전환점이 높은 연령에서 형성된 국가일수록 행복도 순위가 낮았다. 스트레스가 불행(ill-being)을 나타내는 명확한 지표라 할 때, 국민 간 그리고 사람들 간에 유의미한 연령과 행복(well-being)의 고리가 존재한다. 와이스 등이 세계 46개국의 자료를 분석한 결과, 생애주기에 따른 스트레스곡선은 거북의 등과 같은 형태로 나타났고, 이들 모든 나라에서 U 자형 행복곡선이 나타났다.[3] 예외는 없었다. 따라서 행복도와 스트레스는 서로 무관한 것이 아니라 동일한 차원에서 움직인다는 사실이 확인되었다. 스트레스가 줄어들면 행복이 커진다는 사실이 증명된

---

3  연령과 삶의 만족도 간의 U 자형 곡선은 인간뿐만 아니라 침팬지와 오랑우탄 등 대형 영장류를 대상으로 한 실험에서도 입증된 것이다(Weiss et al., 2012; Graham and Pozuelo, 2017에서 재인용).

셈이다.

오랫동안 중년의 위기 문제를 연구해 왔던 데이비드 블랜치플라워와 앤드루 오스왈드(Blanchflower and Oswald, 2016)는 이 문제를 색다르게 접근했다. 이들은 유럽 27개국 2만 6611명을 대상으로 항우울제 복용 현황을 조사하여 인구통계학적 측면을 분석했다. 추정 결과, 25~34세의 항우울제 복용률은 평균 3% 미만, 35~44세는 5% 남짓, 45~54세는 6.5% 정도로 정점을 이루다가 55~64세에서 다시 4.5%로 낮아지더니 65세를 넘어서는 0.4% 미만으로 감소했다. 즉, 나이가 들수록 항우울제 복용률이 점차 높아져 중년(45~54세)에 가장 높았으며, 이후 점차 줄어들어 60대 중반 이후에는 거의 복용하지 않는다는 결과를 얻었다. 즉 항우울제 복용률은 U 자형 행복곡선과 완벽하게 비대칭을 보였다. 항우울제 복용률을 통해 U 자형 행복곡선을 증명한 셈이다.[4]

항우울제를 복용하는 것은 정신질환의 잠재적 신호로서, 복용자 개인과 사회 전체의 패턴을 알려주는 현시선호의 한 형태라 할 수 있다. 항우울제 소비는 불행을 감소시키기 위해 약값을 지출하는 것으로서, '돈으로 행복을 사는 행위'라고 볼 수도 있다. 도덕성 여부를 떠나 대단히 흥미로운 행복 추구 방식이 아닐 수 없다.

---

4 항우울제 복용률은 여성이 남성에 비해 약간 높았고, 학생이 일반인에 비해 낮았다. 반면, 실업자와 퇴직자는 더 높았다. 혼인 상태에 있는 사람은 상대적으로 낮은 한편, 이혼했거나 별거 중인 사람은 상대적으로 높았고, 배우자와 사별한 사람도 약간 높았다. 또한 저학력층일수록 항우울제 복용률이 높았다(Blanchflower and Oswald, 2016).

## 2. 한국인의 행복과 불행

한국인의 삶의 만족도는 비슷한 소득수준의 다른 나라 국민들과 비교해 아주 낮다. 그림 4-2에서 확인할 수 있듯이, 조사마다 OECD 회원국 가운데 꼴찌를 기록하는 경우가 많다. 일부 조사에서 최저 순위를 면했다 하더라도 대개 회원국 중 가장 낮은 그룹에 속한다. 생애에 걸친 행복도 변화 또한 U 자형인 다른 나라 국민들과 달리 거북 등 모양의 독특한 형태를 보인다. 한국인의 행복도가 낮은 이유와 함께 연령-행복곡선이 거북 등 형태인 이유를 살펴봐야 할 필요성이 있다. 이 두 가지 문제가 현 시기 행복경제학의 핵심 과제라고 할 수 있다.

먼저, 한국인들의 행복 베이스라인을 낮추는 요소들은 무엇일까? 제2장에서 우리는 자본주의 체제에서 행복을 가로막는 주요 요인들을 다섯 가지로 요약·정리한 바 있다. '모두가 피곤한 지위재 경쟁', '돈과 권력에 대

**그림 4-2**　OECD 회원국 국민들의 자신의 삶에 대한 전반적 평가(2013 및 가장 최근)

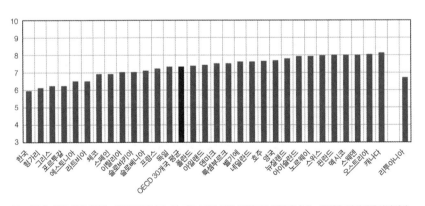

주: 세로축 왼쪽 상단 단위는 10점 만점이다. 이 자료 조사 시점 기준으로 리투아니아는 OECD 비회원국이었지만, 2018년 OECD에 가입했다.
자료: OECD(2017a).

한 집착', '불평등의 심화와 공감 능력의 퇴조', '흔들리는 가족공동체', '환
경파괴와 삶의 질 악화' 등이 그것이다. 이 요인들이 현대인의 삶을 지치게
만들고, 불안하게 하며, 자기실현을 방해하고 있다. 한국은 시장경제 체제
가 크게 확장된 자본주의국가이기 때문에 이 문제들을 다른 자본주의국가
들과 공유하고 있는 한편, 한국만이 가진 특수한 요인들도 있다. 이 문제
들을 차례로 살펴보겠다.

### 1) 쉼 없이 달리는 지위재 경쟁

남들보다 먼저 자신의 욕망을 충족하려는 욕심이 존재하는 한 경쟁이
없을 수 없고, 또 경쟁이 경제발전에 긍정적인 역할을 한다는 평가도 있다.
그러나 일시적 경쟁이 아니라 삶의 모든 분야에서 끝없는 경쟁을 지속해
야 한다면, 그 삶은 피곤과 스트레스로 점철될 수밖에 없을 것이다.
자본주의 세상에서 경쟁을 생존 조건으로 부추기는 이야기가 있다.

아프리카에서는 매일 아침 가젤이 잠에서 깬다.
가젤은 가장 빠른 사자보다 더 빨리 달리지 않으면
죽는다는 사실을 안다.
그래서 그는 자신의 온 힘을 다해 달린다.

아프리카에서는 매일 아침 사자가 잠에서 깬다.
사자는 가장 느린 가젤을 따라잡지 못하면
굶어 죽는다는 사실을 안다.
그래서 그는 자신의 온 힘을 다해 달린다.

네가 사자이든, 가젤이든 마찬가지다.

해가 떠오르면 달려야 한다.


호아킴 데 포사다(Joachim de Posada)가 쓴 『마시멜로 이야기』에 소개되어 유명해진 비감한 느낌의 이 이야기는 1985년 영국의 한 증권분석사가 ≪이코노미스트(Economist)≫에 기고한 글이 원전이다(Montano, 1985). 이 이야기는 자본주의사회의 경쟁을 서로 죽고 죽이는 아프리카 초원의 생존 투쟁에 비유하고 있어 유명해졌다. 여기서는 약육강식(弱肉强食)을 자연스러운 질서인 것처럼 말하고 있다. 하지만 따져보면 이 이야기는 그 전제부터 틀렸다. 인간 사회의 생존 방식을 가젤과 사자의 경쟁처럼 설정하는 것부터 잘못되었다. 인간은 경쟁뿐만 아니라 협력도 하는 존재이지만, 비유에는 오로지 생존 투쟁만 있다. 생존 투쟁만이 있는 세계에서는 강자의 포학성이 비난의 대상이 아니며, 약자의 희생은 빨리 달리지 못한 자기 책임이 된다. 이 이야기에 감명받아 삶을 아프리카 초원이라고 생각하며 질주를 거듭했던 사람들은 과연 행복해졌을까?

사실 일부 사람들은 사자의 힘을 존경하고 가젤의 우아함은 유약한 것으로 생각한다. 우리 사회에 광범위하게 형성된 생각이기도 하다. 그러나 애덤 스미스는 부유한 사람과 권세가를 존경하면서 빈자와 하위계층을 경멸하고 무시하는 성향을 '도덕 감정의 타락'이라고 규정했다.


우리는 세상 사람들의 존경과 관심이 현인과 성인에 대해서보다도 부자와 권세가에게 한층 더 강하게 지향되는 것을 빈번히 목격하게 된다. 또한 우리는 권세가의 악덕과 우매함이 순진무구한 사람들의 가난과 무기력함보다 훨씬 적게 경멸되고 있음을 빈번히 목격한다(스미스, 2016: 제1부 제3편 「번영이나 역경이 행위의 적정성에 관한 판단에 미치는 효과」, 187~188).

경쟁의 종류가 많고 치열한 나라일수록 실패하는 사람이 많고, 그들이 입는 상처도 클 것이다. 또한 '도덕 감정의 타락'도 심할 것이다. 한국은 학벌 경쟁을 비롯한 각종 지위재 경쟁이 치열하게 전개되고 있는 나라이다. 이웃을 제치기 위한 질주는 외모 경쟁, 자동차 크기 경쟁, 주택 크기 경쟁 등 삶의 현장 곳곳에서 일어나고 있다. 그만큼 스트레스가 크며, 행복의 크기는 스트레스와 반비례한다. 한국인의 '도덕 감정'과 행복도를 낮추는 대표적인 지위재 경쟁들을 살펴보자.

(1) 학벌 경쟁: 국민적 스트레스의 발단

정상 사회에서는 대단한 지위재가 아닌 학벌이나 학력이 한국에서는 강력한 지위재가 되어 삶을 피폐화하여 행복을 크게 낮추고 있다. 교육은 개인과 사회의 진정한 행복을 실현하는 데 가장 중요한 가치이자 제도이다. 교육은 좋은 삶으로 향하는 사다리이고 징검다리이기에, 누구나 쉽게 올라갈 수 있어야 하고 가볍게 디딜 수 있어야 한다. 그러나 현실의 한국 교육은 무너진 사다리이며 떠내려간 징검다리이다. 교육이 국민의 행복을 보장하지 못하고 오히려 갈등과 소외를 유발하고 있다. 많은 이들이 이른바 상위권 대학 입학을 목표로 소모적 경쟁을 하고 있지만, 극히 소수만이 꿈꾸는 대학에 입학할 수 있다. 학벌 경쟁에서의 성과는 개인의 삶과 사회적 자원 배분에 엄청난 영향을 미치고 있다.

수도권 소재 일부 대학(약 15개)의 입시 정책은 학생과 학부모들에게 큰 스트레스와 고통을 주고 있다. 이 대학들은 수입 극대화를 위해 높은 등록금을 받으면서 장학금은 적게 주는 방식으로 등록금 수준을 조절[5]하고 있

---

5 2019년 전국 4년제 대학 평균 등록금은 연 644만 원 정도였으나, 이 독과점대학들의 등록금은 평균 800만 원을 넘었다. 또한 전체 대학의 학생 1인당 수업료(기성회비 제외) 대비 장학

는데, 이는 독과점기업의 가격 조절 행동과 아주 비슷하다. 또 신입생 모집 방법에 있어서 일반 대학들과 전혀 다른 방식을 선호하는데, 그 방식은 대체로 고소득층 자녀들에게 유리한 방식으로서, 소위 소비자를 선택하는 행동이다.[6] 고등교육 부문에서 보이는 이들의 행동이 독과점기업의 행태를 닮았으므로, 필자는 이들을 '독과점대학'이라고 부른다. 독과점대학에 들어가기 위한 경쟁은 인기 학군에 거주하기 위한 주거지 경쟁과 위장전입 경쟁을 초래했고, 특목고와 자사고 등 특수 목적 고등학교 입학 경쟁과 함께 막대한 사교육비 지출 경쟁까지 낳고 있다.

독과점대학 가운데서도 학부모들이 특히 선호하는 3~4개의 대학이 있다. 이 대학들은 국가로부터 엄청난 지원금을 받고 있는데, 그 비중이 전체 대학 지원금의 10%를 넘는다.[7] 이들 대학 재학생들은 국비의 집중 지원으로 우월한 교육여건에서 공부하고, 이러한 특혜로 인해 졸업 후 노동시장에서도 독점적 지위를 누린다.[8] 이들 대학에 입학하기 위한 무한 경쟁이 혼란스러운 한국 교육 문제의 기원이 된다.

저소득층조차도 발을 뺄 수 없는 사교육 경쟁은 국민 행복을 낮추는 최대의 요인이다. 2019년 통계청 자료에 따르면, 한국인 전체 가구의 70.5%가 사교육에 참여하고 있다. 월평균 소득이 800만 원 이상인 가구의 경우 83.9%가 사교육에 참여하고 있는데, 월 200만 원 미만 가구조차 43.1%가 사교육에 참여하고 있다. 가구의 평균 소득이 높을수록 사교육 참여율이 높고 지출액도 증가하여 전형적인 지위재의 양상을 나타낸다. 월평균 소득

---

금 수혜 비율이 49%를 넘었으나, 이 독과점대학들의 수혜비율은 41%를 간신히 넘겼다.
6  자세한 내용은 박정원(2019) 참고.
7  박정원(2019)이나, 이 논문을 요약 보도한 《한겨레》, 2019.9.23 참고.
8  박정원(2019)이나 《한겨레》, 2019.9.23 참고.

700만 원 이상 가구의 학생 1인당 월평균 사교육비는 45만 5천 원인 데 비해, 200만 원 미만 가구의 월평균 사교육비는 9만 3천원으로 5배 정도 차이가 났다.

끝을 모르는 질주에서 승자는 언제나 돈 많은 상류 계층이 된다. 그러나 이들의 경쟁 과정에서 불법·탈법 행위가 다반사로 발생하고, 일반 국민들의 상실감을 자극하는 행태들이 노출되어 사회 전체가 분노하기도 한다. 실정법의 테두리 내에서 이루어진 행위라 하더라도, 이 계층에 속한 사람들이 어김없이 보여주는 편법(expediency)에 국민들은 분노를 가라앉히지 못한다.

역대 정부들이 대학 입시 문제를 해결하기 위해 노력했으나 어느 정부도 성공하지 못했다. 일부에서는 공교육 내실화로 사교육 문제를 해결하자고 주장하지만, 사교육의 번성은 공교육 강화로 해결되지 않는다. 독과점대학 입학과 이를 위한 사교육은 엄청난 지위재 경쟁이며, 그것은 고등교육시장의 왜곡된 구조(=서열화)에 의해 형성된 것이기 때문이다. 대학에 서열이 있는 한 순위 경쟁은 사라지지 않는다. 망국적 대학 서열 체제가 해체되어야 초·중등 교육에서 불평등과 차별이 사라지고, 사교육 문제도 근원적으로 해결될 것이다.

잘못된 교육제도는 여러 경로를 통해 국민의 행복을 낮추고 있다. 입시생을 둔 가정은 가족들까지도 극심한 스트레스를 받는다. 사교육비 동원 외에도 입시생을 위한 가정 내 공간 배분과 가족원의 일상의 행복 추구 억제 등에서 스트레스가 온다. 성적과 등수를 둘러싼 경쟁과 상호 견제로 인해 학생들 사이에 동료 감정이 옅어지고 우정은 사라진다. 청년 시절 관계재의 상실은 삶의 만족도를 크게 낮추는 요인이 된다.

학생들의 삶의 만족도는 가정이나 지역사회 활동 및 여러 관계로부터 영향을 받지만, 가장 큰 영향을 주는 것은 역시 학교이다.[9] 표 4-2는 학생

| 표 4-2 | 한국 학생들의 학교생활 관련 주요 지표 | | | (단위: %) |
|---|---|---|---|---|
| 항목 | 한국 | OECD 평균 | 1위 | 최하위 |
| 성취동기 | 81.9 | 59.2 | 터키(89.3) | 네덜란드(29.7) |
| 학교 소외감 | 91.3 | 82.8 | 한국(91.3) | 터키(64.3) |
| 왕따 경험 | 11.9 | 18.7 | 라트비아(30.6) | 네덜란드(9.3) |
| 학부모 관계 | 79.4 | 86.1 | 아일랜드(92.1) | 한국(79.4) |
| 진학 의사 | 75.3 | 44.2 | 미국(76.0) | 네덜란드(17.4) |
| 육체 운동 | 46.3 | 69.8 | 헝가리(80.2) | 한국(46.3) |
| 아침식사 | 78.8 | 78.0 | 포르투갈(92.6) | 오스트리아(64.2) |
| 알바 참여 | 5.9 | 23.3 | 네덜란드(38.0) | 한국(5.9) |
| 인터넷 사용 시간(분) | 55 | 146 | 칠레(195) | 한국(55) |

주: · 성취동기: '반에서 1등을 했으면 좋겠다'에 '그렇다'고 대답한 비율.
· 학교 소외감: '학교에서 아웃사이더처럼 느껴진다'에 '그렇다'고 대답한 비율.
· 학부모 관계: 방과 후 부모와 대화한다는 학생 비율.
· 진학 의사: 대학교육까지 마치려는 기대를 가진 학생 비율.
· 육체 운동: 방과 후나 등교 전 운동을 하는 학생 비율.
· 아침식사: 등교 전 아침식사를 하는 학생 비율.
· 알바 참여: 수입을 목적으로 등교 전후에 일을 하는 학생 비율.
· 인터넷 사용 시간: 평일 하루 중, 학교 외에서 인터넷에 접속하는 시간.
자료: OECD(2017b).

들의 삶의 만족도에 영향을 미치는 여러 가지 지표들과 그 크기에 대한 국제 비교를 나타낸 것이다. OECD가 실시하는 국제학업성취도평가(PISA, 2015)에서 발췌한 자료이다. 이를 보면 한국 학생들의 성취동기는 세계 최상위권인데, 학교에서 느끼는 소외감은 가장 크다. 대학까지 진학하겠다는 의지는 매우 높은데, 공부에 지친 탓인지 육체 운동을 하는 학생 비율이 아주 적다.

---

9 OECD에서는 학생의 삶의 만족도가 국가 평균보다 높은 학교를 '행복학교(happy school)'라고 하고, 반대의 경우는 '행복하지 않은 학교(unhappy school)'라고 한다. 한국 일부 교육청에서 학교 만족도에 관계없이 '행복학교'라고 부르는 것은 혼란을 불러일으킨다.

먼저 '반에서 1등을 했으면 좋겠다'라고 대답한 비율이 터키 학생들 다음으로 높았는데, 이는 OECD 회원국 평균보다 월등히 높은 것이다. 한 반에 1등은 한 명이니까 당연히 나머지 학생들은 스트레스를 받는다. 또한 10명 중 9명의 한국 학생들은 '학교에서 아웃사이더처럼 느껴진다'고 대답했다. 이 수치는 OECD 회원국 중 가장 높은 것이다. 왕따 경험은 다른 나라에 비해 낮았지만, 방과 후 부모와 대화한다는 학생의 비율도 가장 낮았다. 학생은 학업 때문에 시간이 부족하고 부모는 장시간 노동을 하고 있어 서로 대화할 시간이 부족할 것이라 생각된다.

학교에서 엘리트 체육을 육성한 결과인지는 모르겠으나, 육체 운동을 하는 학생의 비율도 가장 낮았다. 아르바이트를 하는 학생의 비율 역시 회원국 가운데 가장 낮았는데, 학업에 쫓겨 시간을 내기 어려운 듯 보인다. IT 강국에 살면서도 인터넷 사용 시간은 가장 짧았다.

다음 **표 4-3**은 OECD 회원국 학생들의 삶의 만족도이다. 회원국 학생들의 삶의 만족도는 10점 만점에 평균 7.31점인데 반해, 한국 학생들은 6.36점으로 삶의 만족도가 크게 낮다. 한국 학생들은 '삶이 매우 만족스럽다'는 답변을 한 비율이 가장 낮았다. 학생들의 삶의 만족도가 가장 높은 국가는 비회원국인 도미니카공화국이었고, 터키가 가장 낮았다. 회원국 중에는 멕시코, 핀란드, 네덜란드, 프랑스 학생들의 삶의 만족도가 높았고, 한국을 비롯해 그리스, 이탈리아, 일본, 영국 등이 낮았다.

한마디로 한국의 학생들은 청소년 시절을 불행하게 보내고 있다. 잃어버린 청소년 시절에 대해 미래에 어떤 보상이 기다리고 있을까?

| 표 4-3 | OECD 회원국 학생들의 삶의 만족도(PISA 2015 Results) | | |
|---|---|---|---|
| 국가(알파벳순) | 평균<br>(10점 만점 기준) | 삶이 매우 만족스럽다<br>(9~10점, %) | 삶이 불만족스럽다<br>(0~4점, %) |
| 오스트리아 | 7.52 | 39.7 | 11.1 |
| 벨기에 | 7.49 | 32.8 | 8.3 |
| 칠레 | 7.37 | 38.1 | 12.1 |
| 체코 | 7.05 | 30.7 | 13.8 |
| 핀란드 | 7.89 | 44.4 | 6.7 |
| 프랑스 | 7.63 | 36.6 | 7.4 |
| 독일 | 7.35 | 34.0 | 11.1 |
| 그리스 | 6.91 | 26.2 | 14.7 |
| 헝가리 | 7.17 | 31.7 | 13.1 |
| 아이슬란드 | 7.80 | 46.7 | 9.5 |
| 아일랜드 | 7.30 | 32.4 | 11.9 |
| 이탈리아 | 6.89 | 24.2 | 14.7 |
| 일본 | 6.80 | 23.8 | 16.1 |
| 한국 | 6.36 | 18.6 | 21.6 |
| 룩셈부르크 | 7.38 | 36.1 | 11.1 |
| 멕시코 | 8.27 | 58.5 | 6.4 |
| 네덜란드 | 7.83 | 32.5 | 3.7 |
| 스페인 | 7.42 | 33.0 | 9.5 |
| 스위스 | 7.72 | 39.6 | 7.4 |
| 터키 | 6.12 | 26.3 | 28.6 |
| 영국 | 6.98 | 28.3 | 15.6 |
| 미국 | 7.36 | 35.9 | 11.8 |
| OECD 평균 | 7.31 | 34.1 | 11.8 |
| 도미니카공화국 | 8.50 | 67.8 | 8.3 |

주: 학생들의 전반적 삶의 만족도는 0~10점으로 조사된 것이며, 도미니카공화국은 비회원국이다.
자료: OECD(2017b).

## (2) 이웃이 없다 : 관계재의 상실

타인과 관계를 맺지 않고 혼자 살 수 있을까? 행동경제학자 대니얼 캐너먼은 『생각에 관한 생각(Thinking, Fast and Slow)』에서 다음과 같은 이야기를 들려준다.

> 포르투갈령 마데이라(Madeira)[10]섬 곁에 커다란 실린더처럼 생긴 작은 섬이 하나 있다. 이 섬 꼭대기에 몇 에이커에 이르는 평원이 있는데, 거기에서 마데이라 와인을 만드는 데 들어가는 최고의 포도가 경작되고 있다. 이 평지에는 오직 한 마리의 거대한 가축이 살아가고 있다. 바로 밭을 가는 황소이다. 섬 정상에 오르는 길은 경사 지고 좁은 한 줄기 길뿐이다. 늙은 황소가 죽고 나면, 도대체 어떻게 새 황소가 거기에 올라갈 수 있나? 알고 보면 사람이 송아지를 등에 메고 정상에 옮기게 되는데, 거기에서 황소는 밭을 갈며 홀로 40년의 세월을 보내게 된다(캐너먼, 2012).

캐너먼의 이야기에서 느낄 수 있는 감정이 있다면 '외로움'일 것이다. 황소는 송아지 시절에 고립된 땅으로 납치되어 홀로 긴 세월을 보낸다. 황소는 친구도 모르고 사랑도 모른 채 평생을 힘든 노동을 한 후에 죽어서야 이 외로움으로부터 해방된다. 황소가 누군가와 교감을 하는 시간은 주인과 함께 고된 노동을 하는 시간뿐이다. 그래도 황소라서 버텨내지만, 사회적 동물은 이런 상황을 견디지 못할 것이다. 인간에게는 감정을 나누고, 생각을 교환할 상대가 필요하다. 하버드대학 인구개발연구소 소장인 리사 버크만(Lisa Berkman) 등은 캘리포니아 한 도시의 성인 7000명을 대상으로

---

10　와인과 축구선수 호나우두의 고향으로 유명한 섬이기도 하다.

9년에 걸친 조사를 진행했다. 조사가 시작될 시점에 사회적 연대가 적었던 사람들은 연대가 많았던 사람들에 비해 9년 후 거의 2배가량 사망률이 높았다(Berkman and Syme, 1979).

사회적 연대는 결혼, 친구나 친척과의 접촉, 사회조직과 교회 모임 등을 포함하는 개념이다. 긍정적 사회관계는 행복의 중요한 원천이다. 일상생활에서 하는 여러 가지 활동 가운데서도 가족이나 연인 또는 친구들과 보내는 시간이 가장 행복한 시간에 속한다. 사회적 지지(social support)의 결여는 외로움만큼이나 행복을 낮추는 요소 중 하나이다. 강력한 사회적 지지망이 있는 사람은 실업자가 되어도 다시 직장을 찾기 쉽고 건강도 비교적 잘 유지한다. 사회적 지지는 자기 자신이 보호받고 존중받고 있으며, 그래서 가치 있다고 여기게 만든다.

위급한 상황이 닥쳤을 때 도와줄 친구가 있다는 것은 참으로 든든한 일이다. **그림 4-3**은 OECD 회원국 국민들을 대상으로 사회적 관계망에 대한 인식을 조사한 것이다. 여기에 표시된 수치는 '어려울 때, 도움을 줄 수 있는 친척이나 친구가 있는가?'라는 질문을 받았을 때, '그렇다'라고 대답한 사람의 비율이다. 대체로 회원국 국민들의 85% 이상은 필요할 때 도움을 요청할 사람이 있다고 대답했다. 특히, 아일랜드, 스위스, 아이슬란드 등의 국민들은 95% 정도가 '그렇다'고 답했다. 이런 사람들은 살면서 외로움을 비교적 적게 느낄 것이다.

한국인들은 위의 질문에 대해 73%만 '그렇다'고 대답했다. 믿고 기댈 수 있는 친구나 친인척이 없는 사람이 27%나 된다는 의미이다. 힘들고 험한 세상살이에서 급할 때 도움을 청할 사람이 없다는 것은 불행한 일이다. 친구와 동료보다 적이나 경쟁자가 많다는 얘기도 된다. 유독 한국인이 외롭게 사는 주된 원인에 대해서도 면밀한 조사와 그에 따른 대책 수립이 필요하다.

**그림 4-3**    사회적 관계망 존재에 대한 인식(2014)

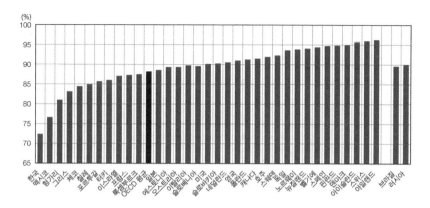

주: 브라질과 러시아는 OECD 비회원국이다.
자료: OECD(2015).

### (3) 외모 경쟁: 외모 지상주의

사람에게는 겉으로 보이는 부분(외모)과 속으로 갈무리된 부분(내면)이 있다. 외모는 개인이 선택한 것이 아니고 타고난 것이지만, 내면은 공부와 수련으로 가꾸어진 것이어서 그 가치가 더 크다. 하지만 한국 사회에서는 외모를 중시하는 풍조가 강하여, 외모가 강력한 지위재가 되었다. 용모, 신장, 체형, 의상, 액세서리 등 외모와 관련한 여러 가지가 지위재로 기능하고 있다. 연예인처럼 보이기 위해 성형수술을 하는 사람들이 많아, 성형수술이 크게 유행하다 보니 거리마다 성형외과 병원이 들어서고, 많은 경험이 쌓여 한국은 세계 최고의 성형 국가(?)가 되었다. '롱다리', '숏다리' 등 용모를 빗대는 신조어들도 많이 사용된다. 실제로 외모 때문에 입사 면접 시험에서 불이익을 당했다는 경험도 매체에서 자주 보도되고 있다. 젊은 여성들에게서 체형 유지를 위해 음식을 거부하는 섭식장애 환자가 크게 증가하고 있다.[11]

2019년 한 결혼정보업체가 조사한 바에 따르면, 20~30대 미혼 남녀 10명 중 9명이 '외모 가꾸기 등 자기 관리가 필요하다'고 생각하고 있었다. 응답자들은 최우선 자기 관리 대상으로 '얼굴과 몸매 등 외모 가꾸기'(30.1%)를, 다음으로 '운동 및 식습관 개선을 통한 건강관리'(25.9%), '표정, 옷차림 등 이미지 관리'(20.8%), '스트레스 관리'(14.7%)의 순서로 대답했다. 미혼 남녀들이 자기 관리를 하는 주된 이유는 '본인 만족을 위해서'(30.1%)인 것으로 조사되었다. 이 밖에 '행복한 미래를 위해서'(23.7%), '자신감을 찾기 위해서'(18.1%), '불안감을 없애려고'(12.2%) 등으로 집계되었다.[12] 이러한 설문 결과는 외모를 강력한 지위재로 인식하고 있다는 증거다.

또 다른 조사에서는 구직자 10명 중 4명은 실제로 구직활동을 하면서 외모 때문에 차별을 경험한 것으로 나타났다. 구직자 1063명을 대상으로 한 조사에 따르면, 전체 응답자의 43.7%가 '구직활동을 하면서 외모 때문에 차별받은 경험이 있다'고 답했으며, '개인의 스펙이나 능력보다 외모로 먼저 평가를 받았다'(복수 응답)는 답변도 54.2%나 되었으며, 상당수는 외모에 자신이 없어 지원을 포기했다고 대답했다.[13]

이 외에도 외모를 가꾸기 위해 어릴 적 고액의 키 크는 프로그램에 참여하거나, 치아교정을 하고, 성형수술을 받는다. 더 나아가 가방, 액세서리, 의류, 신발에 이르기까지 자신의 외모를 받쳐줄 수 있는 명품을 구매한다. 그래서 많은 한국인들이 소득 가운데 상당 부분을 외모 가꾸기에 지출하고 있다. 취업포털 인크루트가 성인 5029명(이 중 직장인 2592명)을 대상으로 한 조사(2016.4.25)에 의하면, 월 소득의 10% 이상을 외모 가꾸기에 지출하

11   "외모지상주의 탓? 식사(섭식)장애 환자 여성 4배", 《한국의약통신》, 2019.9.30.
12   "20~30대 미혼남녀 10명중 9명 "외모 가꾸기 등 자기관리 필요", 《뉴스1》, 2019.4.9.
13   "구직자 10명 중 4명 "구직 중 외모 차별 경험", 《뉴시스》, 2020.6.13.

는 사람이 전체의 55.4%에 달했다. 학생들도 69.2%가 월 소득의 10% 이상을 외모를 가꾸는 데 지출하고 있었다. 응답자 전체로 볼 때, 13.1%에 달하는 사람들이 월 소득의 30% 이상을 외모 가꾸기에 지출하고 있었다.

외모가 아름다운 것이 곧 선은 아니며, 외모를 중시하다 보면 내면을 가꿀 시간과 돈이 부족해진다. 진정한 행복에서 멀어질 수 있다는 의미이다. 외모에 대해 왜곡된 의식을 가진 사람은 언젠가 이로 인해 큰 망신을 당할 수 있다. 다음 공자의 얘기처럼 말이다.

### ⏐ 여성의 외모를 폄훼하다 혼이 난 공자

공자가 여러 곳을 주유할 때 채나라 국경을 지나다 뽕을 따는 두 여인을 만났다. 동쪽 가지에서 뽕을 따는 여인은 얼굴이 구슬처럼 예뻤던 반면, 서쪽 가지에서 따는 여인은 곰보처럼 얽었다.

공자가 이를 희롱하면서 말하기를,

"동지박 서지박(東枝璞 西枝縛: 동쪽 가지는 구슬 박이고, 서쪽 가지는 얽을 박)이로고".

서쪽 가지에서 일하던 여인이 공자를 힐끗 보더니 이렇게 대꾸했다.

"입술이 바짝 마르고 이빨이 툭 튀어나온 게 7일간 굶을 상인데, 귀가 얼굴색보다 흰 걸 보니 문장만은 천하에 알려질 만하겠군".

큰 망신을 당한 공자가 서둘러 자리를 떠났지만, 흉악범과 닮은 외모로 인하여 국경 부근에서 포졸에게 잡혔다. 제자들이 그가 공자라고 주장하자, 포졸이 진위를 가리기 위해 한 가지 문제를 냈다.

"당신이 노나라 성현 공자라면 보통 사람과 다른 비범함이 있을 터, 구멍이 9개 뚫린 구슬들을 명주실로 한 번에 꿰어보라"라고 했다.

공자가 명주실을 들고 나흘 동안이나 끙끙댔지만, 도저히 성공할 수 없었다. 그러다 며칠 전 자신을 훈계했던 여인을 떠올리고는 제자를 보내 도움을 요청했다. 제자가 가보니 여인은 보이지 않고 짚신만 뽕나무에 거꾸로 걸려 있었다. 이야기를 들은 공자가 제자에게 "계혜촌(繫鞋村)을 찾아가 보아라"라고 했다.

제자가 계혜촌에서 그 여인을 찾아 상황을 설명하고 구슬 꿰는 방법을 물어보자 여인은 말없이 양피지에 글자를 적어주었다.

"밀의사(蜜蟻絲)."

글귀를 받은 공자가 탄복하며, 꿀과 실과 개미 한 마리를 잡아오게 하여 개미 뒷다리에 명주실을 묶어놓고 구슬 구멍에 꿀을 발라뒀더니 하룻밤 사이 개미가 구슬을 다 꿰어놓았다. 공자는 바로 석방되었는데, 그날은 굶은 지 7일째 되는 날이었다. 공자는 나이 일흔에 자신의 오만방자함과, 사람의 외모를 보고 조롱한 어리석음을 깊이 뉘우치게 되었다[『조정사원(祖庭事苑)』, 공자천주(孔子穿珠)].[14]

### (4) 끝없는 과시 욕망: 아파트 평수 경쟁

한국 사회에서 주택의 크기는 또 하나의 지위재이다. 아파트의 크기나 소유/임대 여부에 따라 계급이 나누어지고, 주민 간 갈등이 발생하고 있다. 마르크스가 『임노동과 자본(Wage Labour and Capital)』(1849)에서 지적한 주택의 지위재 성격이 가장 뚜렷하게 나타나는 곳이 한국이라고 해도 과언이 아닐 것이다. 다음 언론보도를 보면 갈등의 정도가 얼마나 심한지 이해가 될 것이다.

서울 강북의 한 아파트 단지는 1개 동만 임대아파트고, 나머지 동은 분양·

---

14  이 이야기는 실화일 수도 있고, 후일에 어떤 사람이 재미 삼아 만든 이야기일 수도 있다. 여하튼 일흔 살에도 자신을 돌아보고 바로잡는 공자, 정말 대단한 인물이다.

매매된 아파트로 되어 있다. 이 단지에는 출입구가 두 개다. 분양 주민이 주로 다니는 정문과 임대 주민만 다니는 통로로 나뉘어 있다. 분양 주민들이 400만 원을 들여 분양동과 임대동 사이 주차장에 철제 펜스를 설치하면서 임대 주민들의 차량은 정문을 이용할 수 없게 되었다. ……

관악구의 한 아파트에도 분양동과 임대동 사이에 약 1.5m 높이의 철조망이 쳐져 있다. 임대 주민인 정 모씨(59)는 "분양 주민들이 집값이 떨어진다고 아예 막아버렸다"면서 "그쪽으로 지나다닐 일도 없다"며 손사래를 쳤다"(≪서울신문≫, 2018.11.26).


다수의 도시 거주자가 단독주택이 아닌 아파트에 거주하는 한국에서 주택 문제의 핵심은 서울 등 일부 대도시 아파트의 가격 문제가 된다. 아파트는 필수재이지만, 한국에서는 유력한 지위재로서 그 사용가치에 못지않게 과시적 의미가 크다. 특히, 자녀의 교육과 관련하여 특정 지역 아파트에 선호가 결정된다. 또한 서민층의 거의 유일한 재산 증식 수단으로도 활용되고 있어, 문제가 더 복잡하고 그만큼 해결이 어렵다. 다른 재화와 마찬가지로 아파트의 가격도 수요와 공급에 의해 결정되지만, 수요 자체가 중첩된 욕망에 따라 결정된다는 점을 이해해야 한다. 아파트가 갖는 지위재로서의 성격과 그것이 자녀 교육이라는 더 강력한 지위재와의 연결 속에서 발생한 특수한 욕망의 산물이라는 점에서 대도시의 아파트 문제가 자리 잡고 있다.

한국에서 또 하나의 강력한 지위재는 자동차의 크기이다. 많은 한국인이 큰 자동차를 선호한다. 자동차의 크기가 사회적 지위를 나타낸다고 생각하기 때문이다. 외환위기 당시 환경부가 조사한 바에 의하면, 대형차를 타는 이유가 '남의 시선 때문'이라는 의견이 45%로, 안전성(38%)이나 기타 이유(17%)보다 훨씬 큰 것으로 나타났다. 자동차가 지위재라는 것이 증명된 셈이다(MBC 뉴스, 1997.12.11).

지위재 경쟁을 위한 지출은 다른 수준 높은 쾌락을 향유하기 위한 지출을 어렵게 만들어, 한국인의 행복도를 낮추는 주요한 요인이 되고 있다. 이는 결국 일과 소득 문제로 귀결되며, 휴식 없는 과잉 노동의 한 원인이 되고 있다.

## 2) 불안한 건강

### (1) 위기의 정신건강

건강은 행복한 삶을 영위하기 위해 꼭 필요한 요소이다. 육체적·정신적으로 완벽하게 건강한 상태에 있어야만 자신을 실현할 수 있는 것은 아니지만, 건강한 사람은 그렇지 않은 사람에 비해 자기실현이 수월하다. 자신이 건강한지 아닌지를 정확하게 알기 위해서는 전문가의 진단을 받아야 한다. 하지만, 육체나 정신에 이상이 있다고 먼저 느끼는 것은 자기 자신이다. 그래서 자신의 건강에 대한 인지가 중요하다. 건강에 자신이 없으면, 일상에서 자신감이 줄어들고 매사에 소극적이게 된다.

그림 4-4에는 OECD 회원국 국민들이 자신의 건강을 어떻게 인지하고 있는지 조사한 결과가 나와 있다. 이 수치는 자신의 건강이 '좋음' 또는 '아주 좋음'이라고 답한 사람들의 비율을 표시한 것이다. 이 조사에서 한국인들은 응답자의 33% 정도만 '좋음' 또는 '아주 좋음'이라고 답했다. 생활 습관과 문화가 한국과 비슷한 일본 역시 이 비율이 35% 정도에 머물렀다. 이에 비해 미국, 캐나다, 뉴질랜드 등의 국민은 90% 정도가 스스로 건강하다고 대답했다. 그 외에도 호주, 이스라엘, 아일랜드, 스웨덴, 스위스, 노르웨이 등도 모두 80%를 넘어 이 국가들의 국민은 자신의 건강에 자신이 있음을 보여주고 있다.

| 그림 4-4 | 자신의 건강 상태에 대한 인지(2015년 혹은 가능한 최근 연도) |
|---|---|

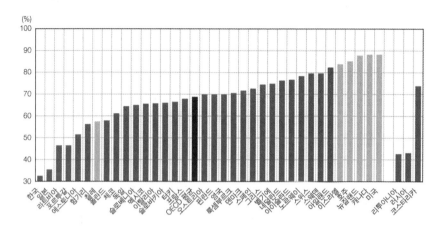

주: 연한색은 질문 내용이 약간 달라 긍정 답변이 더 많이 나왔을 수도 있는 국가이다. 리투아니아와 코스타리카는 이
   자료 조사 연도 기준으로 OECD 비회원국이었으나, 각각 2018년, 2020년 OECD 회원국이 되었다.
자료: OECD(2017a).

평균 수명이 아주 긴 한국인이 건강에 대해 자신하지 못하는 것은 매우
충격적이다. 한국인은 서구인에 비해 채식을 많이 하고, 평균 비만도도 낮
으며, 흡연율 역시 낮다. 어떻게 이런 결과가 나왔는지 과학적으로 추적해
야 하겠지만, 얼핏 이해하기 어렵지는 않다. 장시간 노동, 지나친 경쟁으
로 인한 스트레스 누적, 운동 부족 등이 한국인의 건강에 부정적인 영향을
미치는 요인이 아닐까 생각된다.

건강이란 육체적 건강과 정신적 건강을 모두 포함하는 것이지만, 최근
에는 정신적 건강이 행복과 관련하여 중요하게 거론되고 있다. 육체적 손
상으로 인한 행복의 손실은 일정한 시간이 지나면 적응이 되어 상당 부분
복구되지만, 정신적 손상은 적응이 안 되고, 지속적으로 행복을 낮추기 때
문이다. 그래서 정신건강은 매우 중요하다. 미국에서 심장발작의 70~80%
가 유전이나 다른 알 수 없는 원인에 의한 것이 아니라, 사람들이 스스로

만든 생활 스타일(식사, 흡연, 운동 등) 때문이라는 조사 결과가 있다. 최근 감정생물학(biology of emotion)에서는 건강이 긍정적 정서와 관련이 있다는 재미있는 주제를 연구하고 있다. 정신건강의 문제에 관한 몇 가지 연구들을 소개하도록 하겠다.[15]

먼저, 부정적 감정이 건강에 좋지 않다는 것을 밝혀낸 과학 문헌들이 많다. 근심이나 두려움 및 계속되는 스트레스는 인간의 생물학적 체계에 영향을 미치는데, 이는 인간의 육체에 서서히 영향을 미쳐 결국 심장병, 뇌졸중, 당뇨병 등과 같은 심각한 질병을 유발하게 된다. 만성적 분노와 불안은 심장의 전기적 안정성을 교란하고 동맥경화증을 촉진하며, 염증을 증가시켜 심장의 기능을 방해한다고 한다.

하버드대학의 로라 쿱잔스키(Laura Kubzansky) 교수는 25~74세의 남녀 6000명을 20년 동안 관찰했다. 그녀의 연구에 의하면 개인이 가진 정서적 활력(emotional vitality)[16]과 낙관적 태도(optimism)가 심장병, 뇌졸중, 당뇨병, 우울증 등의 병을 회피하거나, 병을 잘 관리하도록 만들었다. 그녀는 낙관주의가 관상동맥심장병의 위험을 절반으로 줄였다고 보고했다. 스트레스를 주는 일에서 물러나 몸을 움직이는 활동을 하며, 불건전한 섹스와 과음·과식을 피하고 건강한 식사 등 좋은 행동을 선택하면 도움이 된다는 것이다. 성인들의 만성질병을 치료하고 중독 스트레스를 줄이는 데 사회가 부담하는 비용은 이 질병들을 예방하는 데 들어가는 비용보다 훨씬 크다.[17]

---

15  하버드대학 공공보건대학원의 *Happiness & health*(Winter 2011)에 관련 주제 글이 실려 있다(https://www.hsph.harvard.edu/news/magazine/happiness-stress-heart-disease/).
16  정서적 활력은 스트레스에 대응하는 능력으로, 삶의 열정과 희망 및 참여 감정 등에 의해 형성된다.
17  하버드대학 교육대학원과 의과대학 교수를 겸하고 있는 잭 숀코프(Jack P. Shonkoff)는

한국인의 정신건강 상태는 어떠한가? 한국보건사회연구원에서 발표한
「생애주기별 정신건강 수준과 정신건강 지원 현황」(2017)에는 한국인들이
앓고 있는 각종 정신질환이 조사되어 있는데, 스트레스, 우울, 중독 등이
정신건강에 영향을 미친다고 전제한다. 연구자들은 세대별로 주요한 정신
건강의 문제를 분석하여 보여주고 있다.

**그림 4-5**를 보면, 아동·청소년들은 스트레스 인지율이 높고 인터넷과 스
마트폰 과의존 문제가 심각한 것으로 파악되었다. '과의존 위험군'이란 인
터넷이나 스마트폰 사용에 대한 금단이나 내성, 일상생활 장애 중 한 가지
이상을 경험하는 집단을 말한다. '스마트폰 과의존 위험군' 비율은 10대와
20대가 특히 높았고, '인터넷 과의존 위험군' 비율 역시 10대와 20대에서
높은 것으로 조사되었다.

청장년층은 도박중독 유병률과 알코올중독 위험성이 높은 것으로 조사
되었다. 도박중독 유병률은 30대, 40대, 50대의 순서로 조사되었다. 20대
는 알코올사용 장애(의존 및 남용) 유병률이 높았다.

노년층은 우울 증상 경험률과 자살 생각률, 자살 사망률이 높았다. 70대
는 최근 1년 동안 연속적으로 2주 이상 일상생활에 지장이 있을 정도의 슬
픔이나 절망감 등을 느낀 사람의 비율로 측정한 '우울 증상 경험률'이 16.7%
로 아주 높았다. 50대와 60대도 이 비율이 높게 조사되었다. 최근 1년 동
안 진지하게 자살을 생각한 적이 있는 사람의 비율로 측정한 70대의 '자살
생각률'은 8.5%로 상당히 높았다. 이 수치들은 우하향하는 한국인의 생애

---

어린 시절의 독성 스트레스(toxic stress)가 건강하지 않은 생활 스타일(술과 마약 남용, 음
식물 과소 섭취, 나쁜 운동 습관 등), 완강한 사회경제적 불평등(학업 실패, 재정적 어려움
등) 및 건강 악화(당뇨와 심장혈관질환 등)의 원인이 된다는 증거를 근거로 청소년기의 독
성 스트레스 감축을 소아과 진료에서 특히 중요시해야 한다고 주장한다(Shonkoff, 2019).

그림 4-5    세대별 주요 정신건강 문제

| | | |
|---|---|---|
| 스마트폰 과의존 위험군 | **10대** | 31.6% |
| 인터넷 과의존 위험군 | **10대** | 13.4% |
| 도박중독 유병률 | **30대** | 6.8% |
| 알코올사용 장애 유병률 | **20대** | 6.9% |
| 우울증 증상 경험률 | **70대** | 16.7% |
| 자살 생각률 | **70대** | 8.5% |
| | **80대 이상** | 8.5% |

주: 주요 정신건강 문제 지표 1위 세대를 나타냈다.
자료: ≪문화일보≫(2017.2.6).

주기별 행복곡선과도 일치한다.

이렇게 볼 때, 한국인의 정신건강 문제는 삶의 만족을 낮추는 심각한 요인이라 할 수 있으며, 국가 차원의 적극적 대책이 필요한 실정이다.

### (2) 높은 자살률

사람은 각자의 방식으로 살다가 또 각자의 방식으로 삶을 마감한다. 삶을 마감하는 가장 괴로운 방법은 자살일 것이다. 행복하고 즐거운 일이 많은 사람이 자살하지는 않을 것이다. 그래서 자살률은 사회적 스트레스의 존재를 보여주는 지표로 간주할 수도 있다.

**그림 4-6**은 2016년 기준 OECD 회원국들의 자살자 수를 보여준다. 조사 대상 국가 모두에서 남성의 자살이 여성보다 높지만, 그 이유를 추정하기는 어렵다. 리투아니아의 자살률이 가장 높고 한국이 두 번째로 높다. 슬로베니아, 라트비아, 일본이 뒤를 잇고 있다. 이 조사에 나타난 한국의 자살자 수는 연간 1만 3000명 이상으로, 인구 10만 명당 25.6명에 이르는 높

| 그림 4-6 | OECD 회원국 인구 10만 명당 자살자 수(2016) |

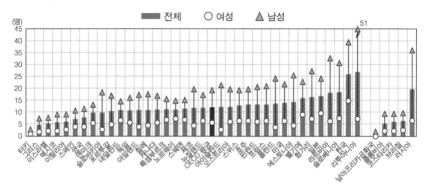

주: 남아프리카공화국~러시아는 이 자료 조사 연도 기준으로 OECD 비회원국이다.
자료: OECD(2019b).

은 수치이다. 한국과 리투아니아는 모두 1990년대 이후 자살이 급속히 증가했다. 한 나라 국민의 행복 수준을 종합적으로 보여주는 것이 자살률이라고 한다면, 이처럼 높은 자살률은 한국인의 삶에서 심각한 도전이 아닐 수 없다. 한편, 지중해 국가인 터키와 그리스의 자살률이 가장 낮다.

자살을 개인적·심리적 원인으로 간주하지 않고 사회적 요인으로 설명하는 시각이 있다. 프랑스의 사회학자 에밀 뒤르켐(Émile Durkheim)은 『자살론(Le Suicide)』(1897)에서 아노미적 자살의 개념을 소개했다. 에밀 뒤르켐은 서로 다른 가치가 혼재된 사회, 급격한 변화가 진행 중인 사회에서 아노미적 자살이 자주 일어난다고 설명했다. 즉 자살이 사회적 통합의 강도에 따라서 결정된다고 보았다. 사회적 통합이 느슨하면 자살률이 증가하고, 반대로 사회적 통합이 강하면 상대적으로 자살률이 낮다고 본 것이다.[18]

자살률과 관련해 눈여겨볼 국가는 핀란드이다. 핀란드는 1970~1990년대 초까지 자살률이 가장 높은 국가였다. 1990년, 핀란드의 자살률은 인구

10만 명당 30명에 달하다가 그 이후 점차 낮아져 2016년 현재 OECD 평균 정도가 되었다. 핀란드가 2000년대 이후 항상 세계 행복도 최상위권을 차지할 정도로 안정을 되찾은 국가라는 것을 생각한다면, 행복도 상승과 자살률 감소가 관련이 없다고 보기 어려울 것이다. 그러나 이러한 생각은 터키와 그리스에서 가로막힌다. 두 나라는 행복도가 아주 낮은 국가들이지만, 자살률도 가장 낮다. 두 나라 국민의 주된 신앙이 달라서 종교적 요인으로 원인을 설명하기도 어렵다.

자살은 결국 삶을 이어갈 것인가 아니면 마감할 것인가에 관한 고뇌에 찬 선택이다. 한국은 고도성장을 이루었지만, 사회·문화적 변화는 경제성장과 균형을 이루지 못하고 있다. 그렇기 때문에 자살을 비롯한 각종 사회 문제들이 불거지고 있고, 그 해결을 위해서는 세대 간 문화적 격차와 가치관의 갈등에 주목해야 한다. 특히 노인의 자살률이 높은 국가라는 측면까지 고려한다면, 노년층 삶의 기반 확충과 사회·문화적 치유 등 자살률을 낮추기 위한 다양한 정책이 필요하다.

### 3) 심각한 환경오염

한국인의 생명을 위협하는 또 하나의 중요한 요소는 환경오염이다. 2019년 한국의 환경성 질환자 수는 861만 1000명, 유병률은 16.7%로 상당히 높은 편이다(통계청, 2021: 52) 그중에서 가장 심각한 것이 대기의 질

---

18  뒤르켐은 가톨릭 인구가 많은 국가보다 개신교 인구가 많은 국가에서 자살률이 높다고 주장했다. 그러나 자살률이 가장 높은 국가들의 다수 종교를 보면, 한국(불교, 개신교), 리투아니아(가톨릭), 슬로베니아(가톨릭), 라트비아(루터교, 가톨릭, 정교), 일본(신도, 불교) 등으로서, 신앙의 종류와 자살률을 연결시키는 것은 무리인 것 같다. 실제로 그의 연구는 통계 처리의 미숙함이 문제가 되기도 했다.

이다.[19] 대기오염은 실제로 볼 수 있고 느낄 수 있는데, 각종 질병을 일으키며 건물에 피해를 입힐 뿐 아니라 사망률에 큰 영향을 미친다. 많은 나라가 대기의 질에 관한 규제를 하고 있고, 이로 인해 상황이 일부 개선되고 있기는 하지만 모든 국가와 오염 당사자들이 환경개선을 위해 적극적 조치를 취하고 있는 것은 아니다.[20] 인접 국가들과 정부 부서들 및 지방자치단체들과 오염물질 배출 업체들은 서로 책임을 회피하기에 급급한 경우가 많다.[21]

**그림 4-7**은 2012년, 2013년, 2015년 등 3개년 평균 초미세먼지(PM2.5)의 양이다. 한국은 1m³당 28㎍(마이크로그램)으로 OECD 회원국 가운데 가장 높은 수치를 보인다.

이에 비해 아이슬란드, 노르웨이, 뉴질랜드, 호주, 스웨덴, 핀란드, 아일랜드, 캐나다, 에스토니아, 덴마크, 미국, 포르투갈 등의 국민들은 모두 10㎍ 이하의 좋은 대기질에서 살고 있다. 반면, 한국을 포함하여 폴란드, 이스라엘, 슬로바키아, 터키 등은 20㎍ 이상의 악화된 대기에서 생활하고 있다. 최근 한국인의 건강에 가장 나쁜 영향을 미치고 있는 요소 중의 하나가 대기오염이라는 주장이 높아지고 있다.

---

19  A.D. 1세기 로마에도 이미 오염이 심각했던 모양이다. "내가 도시의 억압적인 분위기로부터, 그리고 도시 내부에서 축적된 유독성 가스들인 재구름과 함께 뒤섞이며 뿜어져 나오는 굴뚝의 악취로부터 탈출하자마자, 나는 내 기분이 단번에 변하는 것을 느꼈다"(Seneca, *Selected Philosophical Letters*).

20  지구온난화를 늦추기 위해 2015년 12월 195개국이 서명하여 채택한 '파리기후변화협약'에서 온실가스 배출량이 많은 미국, 브라질, 인도네시아 등의 국가들이 탈퇴하겠다는 의사를 수시로 내비치고 있는 것도 지구에 큰 위협이다.

21  미세먼지에 대한 책임을 둘러싸고 한국과 중국 정부 간에 이견이 오가는 것이 대표적 예라 할 수 있다("한중 '미세먼지 책임론' 공방 … 강경화 "분명히 중국발 원인 있다"", 《머니투데이》, 2019.3.7 참조).

**그림 4-7**   초미세먼지 양(PM2.5, 3개년 이동 평균 1m$^3$당 microgram, 2013)

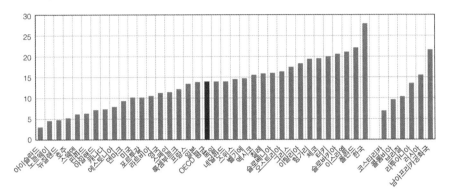

주: 세로축 왼쪽 상단 단위는 마이크로그램(㎍)이며, 이 자료 조사 연도 기준으로 코스타리카~남아프리카공화국은 비회원국
   이었으나, 코스타리카와 리투아니아는 각각 2020년, 2018년 OECD 회원국이 되었다.
자료: OECD(2017a).

OECD가 발간한 "Health at a Glance 2017: OECD Indicators"(2017)에
는 회원국 국민들이 65세 시점에서 앞으로 얼마나 더 생존할 것으로 기대
되는지를 추정한 자료가 실려 있다. 여기서 한국은 일본, 프랑스, 스페인,
스위스에 이어 세계 다섯 번째의 장수국가로 조사되었다. 이 자료에 의하
면 현재 65세인 한국 여성들은 앞으로 22.7년을 더 생존할 것으로 기대되
며, 남성들은 18.6년을 더 살 것으로 추정된다. 한국인의 평균 수명은 계
속 높아지고 있고, 이 추세라면 머지않아 세계 1위 장수국가가 될 가능성
이 높다. 문제는, 앞에서 봤듯이, 한국인들은 건강에 자신이 별로 없다는
점이다. 그냥 장수(長壽)가 아니라, '건강하게 오래 사는 것'이 한국인의 진
정한 욕망일 것이다.

아쉽게도 2020년 기준 한국인의 생활환경 만족도는 대기질(38.2%), 수
질(37.7%), 토양 환경(36.7%), 소음(35.7%), 녹지 환경(58.7%) 등으로 나타
나 매우 낮은 수준이다. 그럼에도 2018년 환경 분야 예산은 5조 9572억

원으로서 전년보다 660억 원 감소했고, 환경 예산이 GDP에서 차지하는 비중도 2011년 2.11%에서 2020년 1.80%로 크게 낮아졌다(통계청, 2021: 53~55).

### 4) 흔들리는 가족공동체

인생에서 가장 행복한 일 중 하나는 가족과 함께 기쁨을 나누는 일이다. 입학과 졸업, 취업과 승진, 결혼과 출산, 은퇴와 새로운 시작 등 인생의 중요한 순간마다 가족이 축하해 주면 힘이 나고 기쁨이 훨씬 커진다. 일상생활에서 어려운 일에 부닥쳐도 가족을 생각하면서 참고 견디기도 한다. 그렇기에 인생에서 가장 슬픈 일은 가족과 이별하는 일일 것이다.

가족끼리는 이해관계를 따지지 않으며, 부모는 자녀를 위해 헌신한다. 가족과 함께 살기 위해 좋은 일자리를 포기하는 사람도 많다. 이기심이 아니라 이타심으로 뭉친 탄탄한 조직이 바로 가정이다. 그래서 행복한 삶의 첫 번째 단추는 가족과 가정에 있다.

가족의 가치를 이타심을 중심으로 이해한 경제학자는 시카고대학의 게리 베커(Gary Becker)이다. 베커는 신자유주의의 전도사였지만, 시장 거래에서처럼 이기심에 입각해서 가족을 이해해서는 안 된다고 주장했다. 그는 가정생활에 가치재[22] 개념과 인간 행동의 이타성을 결합시켰다. 가족구성원들은 가정 내에서 이타적 행동을 한다. 가장은 배우자와 자녀의 소비

---

22　베커가 말하는 가치재는 부모가 자녀를 보살피는 특정한 요소나 행동을 의미한다. 자녀들이 게으른지 아닌지, 학교에서 열심히 공부하는지 아닌지, 부모를 자주 방문하는지, 음주가 심한지, 결혼을 잘 하는지, 친척들을 잘 보살피는지 등 자식을 돌보는 행동을 가치재라 불렀다.

를 고려하여 자신의 소비를 결정하며, 자녀의 대학 학비를 위하여 자신의 해외여행이나 고급 승용차 구입을 포기한다. 이것이 바로 이타적 선호 (altruistic preferences)이다. 베커는 가족 간에 강한 이타심이 존재하며, 이 것이 가정을 지탱하는 힘이자 가정에서 행복을 얻게 만드는 요소라고 주 장했다. 기업 내의 자원배분은 이기적 구성원들 간의 계약에 따라 이루어 지지만, 가족 내의 자원배분은 이타주의와 의무(또는 순종)에 의해 결정된 다. 이 점이 바로 가족 중심의 가계와 기업(및 기타 조직)을 구분하는 주된 특징이라고 베커는 주장했다.

한국 경제의 급속한 성장은 '한강의 기적'으로 불리면서 세계의 주목을 받았다. 오늘날 국민들의 생활수준이 높아졌고, 문명의 편리함을 누리며 살고 있지만, 행복의 기초 단위인 가족공동체는 해체되고 있다. 그리하여 초혼 연령의 상승, 결혼율의 하락과 이혼율의 증가, 출산율 저하, 1인·2인 가구의 확대 등은 경제성장에 따른 행복도의 상승을 상쇄하는 요인이 되 고 있다.

그림 4-8에 좌우로 그어진 검은색 선은 인구복원율로서 남녀 한 쌍이 만나 자녀 2.1명을 낳으면 인구 규모가 유지된다. 한국의 인구복원율은 OECD 회원국 가운데 가장 낮다. 그림 4-8은 OECD 회원국들의 가임여성 (15~49세) 1인당 자녀 수 변화를 보여준다. 2016년 현재, 한국은 이 비율이 가장 낮아 1.21명에 불과하다(2019년 9월 통계청 자료로는 0.88명까지 낮아졌 다). 이러한 현상은 노동력 부족과 고령화 추세를 초래하고, 동시에 한국인 의 행복을 낮추고 있다.[23]

---

23  인구 감소는 긍정적 측면도 있지만, 부정적 측면이 훨씬 크다. 인구가 감소하면 생산과 소비가 감소하고 경제 규모가 축소되어 일자리가 줄어드는 악순환이 일어난다. 구조적 저성장 국면으로 접어들 가능성이 매우 높으며, 생산가능인구 1명당 부양해야 하는 인구

OECD 회원국 출산율(15~49세 여성 1인당 자녀 수; 1995, 1970, 2016)

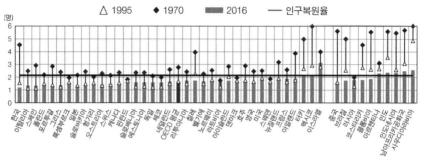

자료: OECD(2019b).

　가족공동체의 해체와 직접 관련이 있는 결혼율과 이혼율 통계를 보자 (제2장 그림 2-5 참고). 1990년 한국의 결혼율은 OECD 회원국 가운데 가장 높은 수준이었는데 2016년에 이르러 큰 폭으로 하락했다. 그나마 현재의 결혼율이 다른 회원국들보다 약간 높은 수준인 것은, 동거에 대한 부정적 시각이 남아 있기 때문일 것이다. 그러나 1990년 이후 다른 나라의 이혼율 이 더 이상 상승하지 않는 상태인 데 비해, 한국의 이혼율은 계속 상승하고 있다. 미국, 라트비아, 에스토니아, 영국, 뉴질랜드 등의 이혼율은 오히려 감소하고 있고, 특히 아일랜드와 칠레의 이혼율은 거의 0에 가깝다.

　결혼율의 하락, 이혼율의 증가, 출산율의 하락은 가구원 수의 변화를 가 져오게 마련이다. 2018년 현재, 한국의 전체 인구는 5142만 명이며 총가 구 수는 2017만 가구이다. **그림 4-9**는 1인 가구와 2인 가구의 비중을 보여 주고 있다. 2000년에 1인 가구 및 1·2인 가구가 차지하는 비율이 34.6% 였는데, 이 비율이 점차 상승하여 2017년에는 55.3%에 달하고 있다. 가구

가 크게 늘어나 다음 세대의 부담이 커진다.

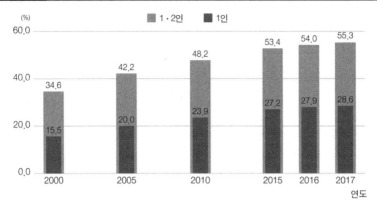

**그림 4-9** 한국의 1인·2인 가구 비율 변화 추이

자료: 통계청(2019).

당 평균 가구원 수는 2.47명으로 감소했으며, 1인·2인 가구를 합하면 총 1300만 명에 달한다.

1인·2인 가구의 증가와 저출산 경향은, '혼술', '혼밥' 등을 판매하는 패스트푸드점과 식당 등이 크게 증가한 점에서도 알 수 있다. 또한 주택이나 오피스텔 등 주거 시설의 규모도 중대형 선호에서 소형 선호로 변화가 일어나고 있다. 행복과 관련하여 중요한 점은, 1인·2인 가구의 증가와 저출산 현상이 요리와 육아 등 가계생산물의 잠재가격을 높여, 가계생산으로부터 얻을 수 있는 행복을 감소시키고 있다는 점이다. 결혼과 자녀들을 양육하는 과정에서 얻는 행복이 점점 감소하고 있는 것이다.

가구원 수와 행복은 밀접한 관계가 있음이 실제로 확인된다. 문화체육관광부의 '2018 삶의 질 여론조사'에 의하면 가구원 수가 많을수록 행복도가 높았다. **그림 4-10**을 보면, 1인 가구의 행복도(만족도)는 10점 만점에 6.0점, 2인 가구 6.2점, 3인 가구 6.4점, 4인 가구 6.6점으로 조사되었다. 즉 가구원 수가 많으면 행복은 증가한다는 것이다. 다만, 가구원 수에 따

**그림 4-10**  한국 가정 가구원 수와 행복도

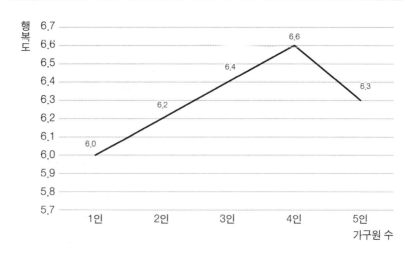

주: 세로축 왼쪽 상단 단위는 10점 만점이다.
자료: 문화체육관광부(2018a).

른 행복도는 5인을 넘어서면 다시 하락한다. 집도 더 커야 하고 자동차도 한 대 더 필요하므로, 5인 이상이 되면 현실적인 문제가 그만큼 늘어나기 때문에 행복도가 하락하는 것으로 보인다.

또한 가구 구성별 행복도를 보면, 1인 가구일 때 행복도는 6.0점, 부부 만으로 구성된 가구는 6.2점, 부부와 자녀가 함께 사는 가구는 6.5점, 부모 와 부부와 자녀가 함께 사는 가구는 6.6점으로 나타나, 여러 세대가 어울 려 사는 것이 삶의 만족도를 높이는 것으로 나타났다.

게리 베커는 소득수준이 높아지면 자녀를 더 낳기보다는 한두 명의 자 녀로 만족하면서 교육비 지출을 늘리는 경향이 커진다고 주장했는데, 가족 내의 의사 결정을 이타심의 작용으로 본 그의 분석은 한국의 저출산 현상 을 설명하는 데 상당한 설득력이 있는 것처럼 보인다.[24] 어쨌든 가족공동 체의 해체는 한국인의 행복을 낮추는 요인인 것이 틀림없다.

## 5) 일과 삶의 불균형: 휴식이 없는 삶

한국인의 행복을 낮추는 특징적인 요소는 일과 삶의 불균형이다. 한국인들은 일벌레라 불릴 만큼, 많은 노동을 하느라 쉴 틈이 없다. 동물이든 사람이든 힘든 노동 뒤에는 휴식이 필요하다. 그래서 일과 생활의 균형을 일컫는 워라밸(Work-Life Balance)은 삶에서 중요한 의미를 가진다. 프랑스의 작곡가 카미유 생상(Camille Saint-Saëns)의 〈동물의 사육제〉 제8곡은 '노새'인데, 노새의 긴 울음소리가 바이올린으로 연주된다. 노동에 지친 모습이 연상된다. 적당한 노동과 휴식의 결합은 정신적·육체적 활기를 위해 꼭 필요하다. 오늘날 기계화·자동화 추세로 인해 노동 강도가 크게 강화된 것도 더 많은 휴식을 필요로 하는 여건이 되고 있다.

한국인이 일벌레라는 사실은 통계에서도 확인된다. 표 4-4에서 보듯이, OECD 회원국 가운데 연간 노동시간이 가장 긴 나라 중 하나이기 때문이다. 2018년 현재, OECD 회원국의 평균 연간 노동시간은 1734시간이다. 회원국 가운데 2000시간을 넘는 나라는 멕시코(2148시간)와 한국(2005시간) 외에는 없다. 반면, 독일은 1362시간으로 가장 짧다. 한국과 독일의 연간 평균 노동시간 차이는 643시간에 달한다. 한국이 선진국이라는 수식어가 무색하다. 하루 8시간 노동일 기준으로 보면, 한국인이 독일인보다 연간 80일을 더 일하는 셈이니 삶이 고달프지 않을 수 없다. 덴마크, 노르웨이, 네덜란드, 프랑스 등도 1400시간대에 머물고 있다. 한국인들이 인간다운 삶을 살기 위해서는 무엇보다 먼저 노동시간 단축이 절실함을 알 수 있

---

24 그러나 최근 '경제 여건이 좋을수록 출산율이 높으며, 성별 경제활동 참가율 및 임금격차가 클수록 출산율은 낮아진다'는 연구 결과(김현숙·정진화, 2019)도 나오고 있어 출산율 결정 요인에 대해서는 실증적 연구가 더 필요하다고 생각된다.

표 4-4 OECD 연간 평균임금 및 평균 노동시간(2018)

| 국가 | 평균임금(US$) | 연간 노동시간(시간) |
|---|---|---|
| 호주 | 53,349 | 1665 |
| 캐나다 | 48,849 | 1708 |
| 칠레 | 27,125 | 1941 |
| 덴마크 | 55,253 | 1392 |
| 핀란드 | 44,111 | 1555 |
| 프랑스 | 44,510 | 1520 |
| 독일 | 49,813 | 1362 |
| 그리스 | 26,671 | 1956 |
| 이탈리아 | 37,752 | 1722 |
| 일본 | 40,573 | 1680 |
| 한국 | 39,472 | 2005 |
| 룩셈부르크 | 65,449 | 1506 |
| 멕시코 | 16,298 | 2148 |
| 네덜란드 | 54,262 | 1433 |
| 노르웨이 | 50,956 | 1416 |
| OECD 평균 | - | 1734 |
| 슬로베니아 | 37,322 | 1602 |
| 스페인 | 38,761 | 1701 |
| 스웨덴 | 44,196 | 1474 |
| 스위스 | 64,109 | 1458 |
| 영국 | 44,770 | 1538 |
| 미국 | 63,093 | 1786 |

자료: OECD Data(2021a), "Average wages"; OECD Data(2021b), "Hours worked".

을 것이다.

직장 일을 마치고 집에 돌아온 사람들은 식사, 독서, TV 시청, 게임, 수면 등 자신이 하고 싶은 일을 하며 시간을 보낸다. 장시간 노동에 시달리는 한국인들이 개인적으로 사용할 수 있는 시간은 얼마나 될까? 하루 중 직장인들(자영업자 제외)이 레저와 개인적 용도로 쓰는 시간을 자유 시간이라고 한다. OECD 조사에 의하면 프랑스인들은 하루 16시간이 넘는 자유 시간을 사용하고 있고, 스페인, 덴마크, 벨기에, 노르웨이, 독일 국민들도 모두 하루 15.5시간 이상의 자유 시간을 쓰고 있다. 한국인의 자유 시간은 14.5시간 정도이다.

2015년 9월 취업포털 '사람인'에서 직장인 1964명을 대상으로 하루 일과를 조사해 발표한 적이 있다. 이 조사에서 직장인들은 평균 오전 6시 36분에 기상해 출근 준비를 하고 약 45분 걸리는 거리를 이동(통근)해 8시 30분까지는 직장에 출근한다. 일상 업무와 회의를 마치고 퇴근하는 시간은 대체로 오후 7시 25분경이다. 그러나 아직 자유 시간이 아니다. 직장인들은 퇴근하고 나서도 직장 일로 계속 사람을 만나야 하는 경우가 많다. 결국 하루 일을 다 마치고 귀가하는 시간은 11시가 된다. 잠시 TV 뉴스 등을 시청하고 다음 날 0시 30분이 되어서야 취침에 들어간다. 그리고 다시 오전 6시 36분에 일어나 출근 준비를 한다.

한국인들이 이런 생활 조건 속에서 행복을 엮어낸다는 것은 쉽지 않은 일이다. 하루하루 빠듯하게 다람쥐 쳇바퀴 돌 듯하는 일상 속에 자신의 삶은 어디에 있으며, 행복 또한 어디에 있는 것일까? 그러나 이 속에서 인생의 행복을 찾아가야 하는 것이 한국인의 과제이다.


## 3. 한국인의 생애주기별 행복

이제 우리는 이 책에서 아주 중요한 부분에 다다랐다. 여기서는 자본주의적 삶의 비극, 인생의 마지막이 행복하지 않은 한국인의 삶을 다루고자 한다. 어떤 사람의 인생이 진정으로 행복하려면 삶의 마지막이 행복해야 한다. 청장년 시절 엄청난 능력을 과시하며 정상의 자리에 올랐지만, 부정부패 행위에 연루되어 감옥까지 갔다면 그런 사람은 행복한 삶을 살았다고 할 수 없고 주위의 존경을 받을 수도 없다. 한때 최고 권력자였던 국내

외 여러 나라의 인물들이 감옥에서 생을 보내고 있는 현실을 우리는 익히 알고 있다. 그래서 사람의 행복은 삶의 끝을 봐야 안다고 솔론이 말했고, 이 말은 만고의 진리가 아닐 수 없다.

근현대사에서 마지막이 아름다운 인물로는 넬슨 만델라(Nelson Mandela, 1918~2013) 남아프리카공화국 대통령을 들 수 있다. 그는 흑인 인권 신장과 인종차별 정책의 철폐를 위한 저항운동을 전개하다 27년간이나 수감생활을 했지만, 이후 그 공로를 인정받아 노벨평화상을 수상했으며 남아공 최초의 흑인 대통령이 되었다. 그는 백인들에 대해 잔인하게 보복하지 않았고, 전 국민의 동의하에 국가의 과거사를 정리했다. 정계에서 물러난 후에도 에이즈 퇴치, 어린이 교육, 국제분쟁 조정 등 사회 공헌 활동을 활발히 전개했다. 국제연합(UN)에서는 그의 생일을 추모의 날(Mandela Day)로 정해 그 뜻을 기리고 있다. 인생 후반부에 아름다운 결실을 맺는 이런 삶이 행복한 삶의 전형이다.

한국인의 삶은 대체로 어떠할까? OECD가 홀수년마다 조사 내용을 조금씩 달리하여 발표하는 "How's Life?: Measuring Well-Being" 보고서가 있다. 이 보고서에 의하면 한국은 2011~2013년 동안의 주관적 행복도 조사에서 10점 만점에 6.3점을 얻어 OECD 회원국 36개국 중 29위를 기록했지만, 2014~2016년 기간 동안 5.9점으로 하락하여 주관적 행복도인 삶의 만족도 최하위 국가가 되었다. 한국인의 삶의 만족도가 낮은 것만 문제가 아니다. 진짜 심각한 문제가 있다. 전 세계 어디서나 생애주기에 따른 행복도(삶의 만족도) 궤적이 강한 U 자형을 보이지만, 유독 한국인만 연령이 높아짐에 따라 행복도가 계속 낮아지는 것이다. 이러한 결과는 새삼스러운 것이 아니다. 국내 대부분의 조사에서 동일한 결과를 얻었는데, 행복에 관한 조사를 오랫동안 진행해 온 한국보건사회연구원의 「행복지수 개발에 관한 연구」(김미곤 외, 2017)에서도 이를 확인할 수 있다.

**그림 4-11** 한국인의 연령대별 행복도(10점 만점)

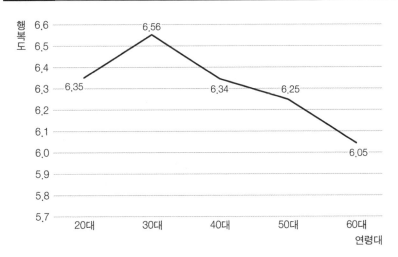

자료: 김미곤 외(2017).

**그림** 4-11에서 보듯이 한국인의 삶의 만족도는 연령이 높을수록 오히려 낮아져서 마치 수요곡선처럼 우하향하고 있다. 미끄럼틀처럼 낮아지는 모양이다. 우리는 이 책의 첫머리에서 이 문제를 설명한 바 있다. 오래 살수록 더 행복해지는 것이 이상적인 '좋은 삶'일 것이며, 나이가 들어 오히려 더 불행해지는 삶은 분명 좋은 삶이라 보기 어렵다. 나이가 들수록 삶이 괴로워지는 사회가 좋은 사회일 수도 없다.

인생의 끝이 좋아야 행복한 삶이라는 주장을 받아들인다면, 이 그래프의 중간 부분 어느 지점에서 다시 상향하는 형태가 되어야 행복한 삶이 될 것이다. 전환점은 빠를수록 좋다. 먼저 한국인의 행복(삶의 만족)이 우하향하는 원인을 찾아야 그 대책도 발견할 수 있을 것이다. 그래서 다음 절에서는 세대별 욕망과 행복 또는 스트레스의 주원인이 무엇인지 살펴보기로 한다.

## 4. 한국인의 세대별 욕망과 행복

한국인이 특이하게도 ᒣᒣ자형 연령-행복곡선이 아닌 미끄럼틀 모양의 곡선을 갖는 것은 결코 바람직한 일이 아니다. 그 원인을 파악하기 위해서는 먼저 한국인의 세대별 욕망 구조를 알아야 한다. 세대별 욕망을 파악할 수 있는 방법은 이미 개발되어 있다.

인간은 자신의 욕망이나 느낌 또는 상태를 말과 글로 표현한다. 최근에는 욕망을 표현하는 방식으로서 사이버공간이 많이 활용되고 있다. 사이버공간은 익명성이 보장되므로 자신의 욕망을 보다 노골적으로 표현할 수 있는 곳이다. 따라서 욕망 표현이 더욱 솔직하기 때문에, 인터넷에서 사용하는 언어와 용어를 분류하면 관심사를 쉽게 파악할 수 있다. 자크 라캉 (Jacques Lacan)은 언어에는 인간의 욕망이 담겨 있다고 했다.[25] 이러한 추정은 개인에게만 해당하는 것이 아니라 집단에도 그대로 적용되며 사회 구성원 전체에도 적용될 수 있다. 즉, 말이나 글로 표현되는 빈도가 높은 것일수록 관심이 큰 욕망인 것이다.

연령에 따른 행복 변화를 살펴보기 위해 연령대를 초중등 학생에 해당하는 10대, 성인의 초입에 돌입한 20대, 결혼 후 가정을 꾸리는 30~40대, 중년에 해당하는 50대, 은퇴 후 제2의 삶을 사는 60대 이후 등 5세대로 나누고자 한다.

문화체육관광부가 2016년 1월부터 2018년 9월에 걸쳐 온라인 빅데이터

---

25 라캉은 자신의 논리 전개를 위해 욕구(needs)와 욕망(desire)을 구분한다. 욕구는 원초적인 본능으로 대상에 의존하고 있으며 성장하면서 요구(demand)로 전환하게 되는데, 욕구와 요구의 불일치와 결여가 욕망이라고 한다. 그는 욕구는 충족될 수 있지만, 욕망의 대상은 계속 달아나므로 영원히 채워지지 않는다고 했다(보위, 1999 참조).

| 표 4-5 | 세대별 온라인 관심 영역 언급량(2016.1~2018.9) | | | | | | (단위: %) |
|---|---|---|---|---|---|---|---|
| | 2030세대 | | 3040세대 | | 5060세대 | | |
| 순위 | 영역 | 비율 | 영역 | 비율 | 영역 | 비율 | |
| 1 | 일자리/고용 | 35.9 | 일자리/고용 | 20.9 | 의료/보건 | 18.7 | |
| 2 | 교육/육아 | 16.7 | 생활경제 | 15.3 | 생활경제 | 14.4 | |
| 3 | 생활경제 | 13.5 | 부동산 | 12.7 | 생활문화 | 13.6 | |
| 4 | 부동산 | 7.8 | 교육/육아 | 12.5 | 일자리/고용 | 11.9 | |
| 5 | 생활문화 | 7.5 | 생활문화 | 10.1 | 안전/환경 | 11.0 | |
| 6 | 교통 | 6.0 | 교통 | 9.6 | 교육/육아 | 10.3 | |
| 7 | 의료/보건 | 5.2 | 의료/보건 | 6.1 | 부동산 | 6.9 | |
| 8 | 안전/환경 | 3.4 | 외교/안보 | 5.6 | 교통 | 6.4 | |
| 9 | 외교/안보 | 2.4 | 안전/환경 | 5.5 | 외교/안보 | 3.9 | |
| 10 | 노후 안정/복지 | 1.6 | 노후 안정/복지 | 1.6 | 노후 안정/복지 | 3.0 | |

자료: 문화체육관광부(2018b).

를 이용하여 '2030', '3040', '엄마', '5060' 세대의 관심사를 분류했다. 커뮤니티 게시물을 중심으로 분석하여 분류한 한국인들의 세대별 주요 관심사는 표 4-5와 같다. 1위에서 10위까지의 관심사를 선정했으므로, 이를 세대별 핵심 욕망이라고 봐도 문제가 없을 것이다. 필자의 논의에서 엄마 집단은 제외하며, 이 표에는 없지만 주로 학생 세대에 해당하는 10대들의 욕망은 다른 자료를 통해 파악하여 세대별 욕망 구조를 살펴보기로 한다.

### 1) 10대들의 꿈과 고난

한국의 10대는 대체로 학생에 속하며, 이들의 행복과 고통은 주로 학교생활에서 온다. 대부분 미성년자이기 때문에 부모의 양육 범위 내에 있지만, 학교생활에서 더 큰 영향을 받는다. 교사에게 배우고, 친구들과 함께 생활하면서 지식을 쌓고, 동료 의식을 키워가는데, 이 모든 것이 앞으로 펼쳐질 삶의 기초가 된다. 학생의 행복(일상의 행복과 자기실현)은 지식의 습득, 친구 및 교사와의 관계, 부모 형제와의 관계 등에 의해 주로 결정된다.

대체로 학업성적이 높으면 자신감과 만족도도 함께 높아진다. 한국 학생들의 학업성적은 다른 나라 학생들과 비교해서 아주 높다. OECD에서는 3년에 한 번씩 15세 학생들을 대상으로 읽기(글 이해력), 수학, 과학 과목의 문제 해결 능력을 테스트하여 발표한다. 이를 'PISA'[26]라고 하는데, 이른바 학업성취도 국제 비교이다. 이 점수를 통해 각국 학생들의 학업성적을 확인하고 비교할 수 있다. **그림 4-12**는 OECD 회원국 만 15세 학생의 인지능력(2012)을 보여주는데, 인지능력은 읽기, 수학, 과학 평가에서 거둔 각국 학생들의 평균 점수로 나타나 있다. 한국은 종합 점수에서 OECD 1위에 올라 있고, 일본과 핀란드가 뒤를 잇고 있다. 한국 학생들은 수학과 과학 과목의 평가에서 언제나 최상위권에 위치하고 있다.

그러나 학업성적 세계 1위인 한국 학생들의 학교생활은 행복하지 못하다. 이 조사에는 '학교생활이 행복한가?'라는 질문이 포함되어 있는데, 한국의 만 15세 학생들은 불과 60% 정도만 '행복하다'고 답해 그 비율이 회원국 가운데 가장 낮았다. 이에 비해 비회원국인 인도네시아 학생들은 90% 이상이 '행복하다'고 답했다. OECD 평균은 80% 정도였다. 3년 후에 다시 실시된 PISA 2015 조사에 따르면, '삶에 만족한다'고 답한 우리나라 학생들의 비율은 18.6%로, OECD 평균(34.1%)에 비해 아주 낮았다. 반면, 21.6%가 '삶에 만족하지 못한다'고 답해, 터키에 이어 끝에서 두 번째를 기

---

26 'Programme for International Student Assessment'의 약어이다. 이 조사 자료를 통해서 각국의 교육정책 담당자들은 초중등 및 고등교육의 세계적 추세를 읽으며, 자국의 교육 정책을 수립하는 데 필요한 기초 자료로 활용한다.

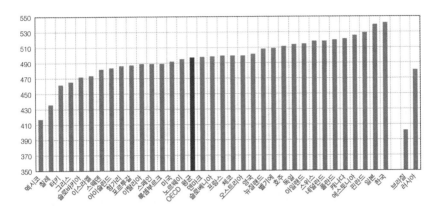

**그림 4-12** 만 15세 학생의 인지능력 국제 비교(2012)

(단위: 점)

주: 읽기, 수학, 과학의 국제학업성취도평가 평균 점수를 나타냈으며, 브라질과 러시아는 비회원국이다.
자료: OECD(2015).

록했다. 한국 학생들의 '삶의 만족도'는 OECD 회원국 평균 7.31점보다 크
게 낮은 6.38점에 불과했다.

가장 특이한 점은 학습 시간이 긴 학생의 만족도가 떨어지는 것이 일반
적인데, 한국은 학습 시간이 긴 학생이 오히려 삶의 만족도가 높다고 대답
한 것이다. 회원국 중 유일하다. 학업과 관련한 압박감과 불안감이 높다는
의미일 것이다. 학교에서 낮은 성적을 받을까 봐 걱정된다고 답한 비율이
높았고(한국 75%, OECD 평균 66%), 시험이 어려울 것 같아 걱정된다는 비
율도 높았다(한국 69%, OECD 평균 59%).[27] PISA에서 높은 점수를 얻었음에
도 삶에 대한 만족도가 매우 낮은 한국 학생들이 OECD의 관심을 끌지 않
을 수 없다. OECD의 전문가들은 그 이유를 '과도한 학습 시간', '학교 공부

---

27 "성적·장래 스트레스···韓 학생 삶 만족도 세계 최하위", ≪연합뉴스≫, 2017.4.20.

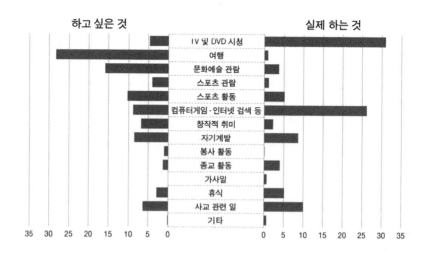

**그림 4-13** 한국 청소년의 여가 활동(%)

하고 싶은 것 ｜ 실제 하는 것

TV 및 DVD 시청
여행
문화예술 관람
스포츠 관람
스포츠 활동
컴퓨터게임·인터넷 검색 등
창작적 취미
자기계발
봉사 활동
종교 활동
가사일
휴식
사교 관련 일
기타

35  30  25  20  15  10  5  0      0  5  10  15  20  25  30  35

자료: 통계청(2012).

관련 불안감', '학부모의 낮은 참여도' 등으로 봤는데, 교육부의 설명과 대체로 일치한다. 하지만 이들은 제일 중요한 이유를 말하지 않고 있다. 바로 '대학 입시에 대한 부담감'이다.

우리나라 청소년들의 행복도가 낮은 또 하나의 요인은 여가 활동이 제한받는 데 있다. 그림 4-13에서 보듯이 청소년들의 희망 사항(욕망)과 실제 활용 내용이 너무나 다르다. 많은 한국 청소년들이 여행을 가고 싶어 하고 문화예술에도 심취하고 싶은데, 현실에서는 그럴만한 여유가 없어 TV를 보거나 인터넷 검색을 하거나 컴퓨터게임을 할 수밖에 없다. 그래서 받는 스트레스가 많을 것이다. 또 친구들과의 입시 경쟁에서 밀리지 않기 위해 공부에 집중해야 하므로, 한국의 학생들은 여가조차 자신의 의지대로 사용할 수 없는 상태이다.

그렇지만 한국의 10대들은 고교 졸업 후 대학 진학을 하든 아니면 직장

에 다니든 지금보다는 훨씬 좋은 삶이 펼쳐지리라고 기대하고 있어 중장년
층이나 노년층보다는 행복도가 높다. 당면한 현실이 힘들지만, 젊은이답게
미래의 행복한 삶을 꿈꾸고 있다는 말이 된다.

## 2) 20대 청년들의 희망과 고통

한국의 20대는 주로 취업자, 구직자, 대학생, 니트족(NEET) 및 군복무
중인 군인 등으로 구성되어 있다. 이들이 처한 상황은 모두 다르며, 이들
의 욕망과 고민 또한 모두 다르다. 고등학교를 졸업하고 취업에는 성공했
지만, 직장 내에서의 차별에 고통받는 직장인이 있는가 하면, 취업도 학업
도 직업훈련도 모두 포기한 젊은이도 있다. 대학생 중에도 학비와 생활비
를 조달하려 주독야경(晝讀夜耕)의 힘겨운 생활을 하는 사람들이 많다. 대
학에 입학했지만 전공이 맞지 않아 고민하는 대학생들도 많다. 반면, 좋은
직장에 취직해 다니는 사람도 있고, 취업 준비에 바쁜 사람도 있다.

20대 청년층에게 제일 먼저 닥친 문제는 취업난이다. 외환위기 이후 청
년층(15~29세) 실업률은 계속 높은 수준을 유지하고 있으며, 취업 준비생
까지 포함한 청년층의 확장실업률[28]은 22%를 넘는다. 학업을 마친 25~29세
의 고용률은 70%대에 턱걸이하는 형편으로 30대, 40대, 50대 고용률보다
현저히 낮다. 20대 취업 예정자들은 과거에 비해 좋지 않은 노동시장 상황

---

28  확장실업률은 현재 사용하는 실업률이 실제 실업률을 반영하고 있지 못하다는 인식에서,
    잠재경제활동인구까지 포함시켜 산출한 실업률이다. 경제활동인구와 잠재경제활동인구
    를 합한 확장경제활동인구 개념을 사용하며, 확장경제활동인구 중에서 실업자, 시간관련
    추가취업가능자, 잠재경제활동인구가 차지하는 비율로 산출한다. 시간관련 추가취업가능
    자란 주 36시간 미만의 단시간 근로자 중 추가취업을 희망하는 사람을 말한다. 단시간 아
    르바이트를 하면서 취업을 준비하는 경우가 이에 해당한다.

과 마주하고 있다. 정규직 취업 자체가 '하늘의 별따기'처럼 어려운 데다, 내 집 마련은 더욱 어렵다. 유럽이나 북미의 청년들이 성년(만 19세)이 되면 부모의 집을 떠나 독립생활을 하는 반면, 한국 청년들이 결혼할 때까지 부모 집에 머물러 있는 것도 집을 구하기가 어렵기 때문일 것이다. 높은 주택 가격은 직장에서 가까운 곳에 거주할 수 없게 만든다. 한국은 OECD 회원국 중에서 통근 시간이 가장 길어 한국 청년들의 행복을 갉아먹고 있다. 또한 대학 재학 중에 금융 대출을 받은 경우도 많아 졸업 후 원리금 상환 문제로 또 다른 고통을 받고 있다. 이처럼 한국의 청년들이 마주하는 세상은 아름답다고 말하기 어렵다.

한국의 20~30대를 소위 N포 세대라고 부르는 것은 바로 이러한 여건들 때문이다. 연애, 결혼, 출산, 대인관계, 내 집 마련, 희망과 꿈을 포기한 데 이어 다시 '할 수 있는 모든 것을 포기한 젊은이'라고 자조하는 우울한 별칭이다. 취업포털 '사람인'에서 2016년 12월, 2030세대 성인 남녀 955명을 대상으로 조사한 결과, 응답자의 75.7%가 인생에서 무엇인가를 포기했다고 답했다. 자세한 내용은 **그림 4-14**에서 보는 바와 같다. 이들이 포기한 것으로는 '취미 등 여가 활동'이 가장 많았고, 그 뒤를 이어 '결혼', '연애', '꿈과 희망', '내 집 마련', '인간관계', '자기계발', '건강 관리', '외모 관리', '출산'의 순서로 응답했다. 이들 중 71.4%는 포기한 욕망으로 인해 스트레스를 받고 있었다.

2030세대가 일자리 다음으로 관심을 보인 영역은 교육과 육아 분야였다. 결혼과 자녀 양육을 시작하는 세대이기 때문에 새로운 고민이 시작되고, 자녀를 잘 기르고자 하는 욕망이 주요 관심사로 등장한 것이라 볼 수 있다. 생활 경제가 3위를 차지했고, 부동산이 4위를 차지했다. 이들은 앞으로의 경제생활, 특히 내 집 마련이 만만치 않음을 인식하고 있었다.

2030세대가 가장 원하는 것은 '경제적 안정'이었으며, '경쟁 위주의 사회

**그림 4-14**    N포 세대가 포기한 것('사람인' 조사, 복수 응답)

| | |
|---|---|
| 취미 등 여가 활동 | 57.7% |
| 결혼 | 46.7% |
| 연애 | 46.5% |
| 꿈과 희망 | 43.2% |
| 내 집 마련 | 43.0% |
| 인간관계 | 39.8% |
| 자기계발 | 38.3% |
| 건강 관리 | 35.4% |
| 외모 관리 | 35.4% |
| 출산 | 31.3% |

자료: ≪스포츠조선≫(2016.12.14).

분위기'가 변화되기를 바랐고, 이를 위해 '국가적인 정책 지원'이 필요하다고 보았다(≪스포츠조선≫, 2016.12.14). 상황이 이러한데도 모든 것을 시장, 즉 보이지 않는 손에 맡겨놓아야 한다는 경제학자들이 아직도 활약하고 있다. 노벨경제학상 수상자인 컬럼비아대학의 조지프 스티글리츠(Joseph Stiglitz)교수는 보이지 않는 손에 대해 다음과 같이 말했다.

보이지 않는 손은 보이지 않는다, 애초에 존재하지 않으니까![29]

---

29   원문은 이렇다. "Adam Smith's invisible hand - the idea that free markets lead to efficiency as if guided by unseen forces - is invisible, at least in part, because it is not there"(Stiglitz, 2002.8.19).

### 3) 30~40대 청장년들의 행복과 질곡

30대에 접어들면, 여러 가지 새로운 삶이 기다리고 있다. 결혼을 하고 가정을 꾸리면 인생의 의미가 새롭게 다가온다. 최초 결혼 연령이 20대에서 30대로 넘어오면서, 30대의 행복도가 가장 높아졌다고 하겠다. 삶의 의욕이 넘치는 30대는 밝고 희망에 빛나는 시기다. 자녀를 양육하면서 느끼는 일상의 행복은 그 자체로 좋은 것이어서, 삶의 만족도는 높아진다. 직장생활이 안정되는 것도 30대가 누리는 행복의 한 요인이라고 할 수 있다.

그러나 즐겁고 행복한 시기가 오래 지속되지는 않는다. 자녀가 커서 공교육을 시작하게 되면 여러 가지 고통과 부담이 함께 찾아온다. 스트레스는 직장생활에서도 온다. 늘어나는 사교육비 부담과 직장에서의 경쟁 및 장시간 노동이 30~40대 청장년을 고통으로 내모는 주된 원인들이다. 청장년들의 관심과 욕망은 안정된 일자리와 가정경제 운영, 그리고 주거 문제 등 경제 문제에 집중되고 있다.

40대 후반 무렵 자녀들이 대학에 입학할 때, 학부모의 앞에는 세계 최고 수준의 대학 등록금이 기다리고 있다. **표 4-6**에서 보듯이 2019년 현재 4년제 일반 대학의 평균 등록금을 살펴보면, 사립대학은 742만 원가량이며, 국립대학은 419만 원이다. 한국의 대학 등록금 수준은 미국과 영국에 이어 세계 3위에 해당한다. 1인당 소득수준과 85%에 달하는 사립대학 입학 비중을 고려하면 한국의 등록금은 사실상 세계 최고다.[30]

한국의 일반대 학생, 전문대 학생, 대학원생 전체가 부담하는 등록금 총액은 1년에 약 12조 5000억 정도이다.[31] 대학생 자녀를 둔 가계가 그만큼

---

30  한국 국민들은 세금과 의료보험비 등을 소득수준에 비례하여 납부하지만, 대학 등록금만큼은 소득에 관계없이 동일한 액수를 내고 있다.

표 4-6

| 학제 구분 | 전국 평균 | 국공립 평균 | 사립 평균 | 수도권 평균 | 비수도권 평균 |
|---|---|---|---|---|---|
| 대학 | 6,697원 | 4,196.9원 | 7,451.4원 | 7,544.1원 | 6,208.7원 |
| 전문대학 | 5,790.6원 | 1,935.5원 | 5,875.7원 | 6,221원 | 5,479.6원 |
| 대학원 | 4,177.1원 | 2,343.4원 | 4,411.2원 | 3,823.9원 | 5,299.1원 |

**표 4-6** 2019년 전국 대학 연간 평균 등록금

(단위: 천 원)

자료: 대학알리미.

경제적 압박을 받는다는 의미이며, 이는 중년층 가장의 행복을 낮추는 가장 큰 요인이 되고 있다. 경제적 압박 외에 직장에서 본격화되는 승진 경쟁 역시 관계재와 여가의 소비를 감소시켜 행복을 낮추고 있다.

### 4) 50대 장년들의 행복과 고민

50대는 자녀의 교육 문제에서 해방되고, 길고 험했던 노동시장에서의 분투도 마무리되는 시기이다. 하지만 노후를 본격적으로 대비해야 하는 시기이므로 한국의 50대는 바쁘다. 노년의 삶을 위해 재정적 대책을 마련하고, 사회적 관계는 물론 건강 관리 등 모든 영역에서 철저한 대비를 해야 한다. 한국 국민 가운데 재정적으로 안정된 노후대책이라 할 수 있는 공무원연금, 군인연금, 사학연금에 가입해 있는 사람들은 많지 않다. 이 직역연금을 받게 되는 국민은 은퇴 후 필요한 적정 생활비가 확보되지만, 국민연금은 20년 이상 납입한 경우에도 월평균 수급액이 100만 원이 채 되지 않아 생계에 크게 부족하다.[32] 또한 은퇴 후의 활동이 확실히 준비되지 않

---

31 등록금이 정부에 의해 통제되고 있는 가운데 대학 입학자 수가 점점 감소하고 있어, 등록금 총액은 점차 감소될 전망이다.
32 개인 부담금 비율은 공무원연금이 국민연금보다 2배 정도 많다. 현재 공무원은 기준소득

은 것도 50대의 행복을 낮추는 주요 원인이 되고 있다.

50대는 문화생활에 대한 관심이 커지는 시기이다. 50대 장년들은 비교적 여유 있는 생활인들이기 때문에 그간 가족 전체의 행복을 위해서 희생했던 자신의 취미 생활과 여행 등 문화생활에 새롭게 눈을 뜨는 사람들이 많다. 이러한 활동들이 50대에게 위안을 주고, 행복한 삶을 꾸리는 데 좋은 영향을 주고 있다.

### 5) 60대 이후 노년의 스트레스

선진국 국민들에게 60대는 대체로 안식의 나이로 인식되는데, 한국의 60대는 노후자금을 충당하기 위해 은퇴 후에도 계속 일해야 하는 사람이 많다. 여러 사람이 약간의 수입을 가져다줄 일자리를 원하나 현실에서 그런 자리는 부족하다. 기본소득은 청년에게만 필요한 것이 아니라 60대 이후의 노년층에게도 절실한 문제이다.

60대의 행복을 좌우하는 핵심 요소는 건강이다. 나이가 들수록 각종 질병에 더 많이 노출되기 때문이다. 젊은 시절 세계 최장의 노동을 한 60대는 움직이는 병원이라 할 만큼 여러 가지 질병을 앓고 있는 경우가 많다. 한국의 건강보험제도는 아주 우수한 제도이지만, 질병을 사전적으로 예방하는 시스템은 아니다. 60대 이상의 한국인들은 실제 여러 가지 질병에 시달리고 있으며, 자신의 건강을 자신하지 못한다. 통계청의 조사 '30대 이상 성인병 유병률 현황'(2015)을 보면, 노년층의 성인병 유병률이 높아서 65세 이상 노인 10명 중 9명은 만성질환을 앓고 있는 것으로 조사되었다.

---

월액의 8%를 납부한다. 여기에 정부가 같은 비율인 8%를 부담한다. 국민연금은 사용자와 근로자가 각각 4.5%씩 부담하고 있다.

보건복지부가 발표한 '2017년도 노인실태조사'에서는 65세 이상 노인의 89.5%가 평균 2.7개의 만성질환을 앓고 있어, 10년 전 1.9개에 비해 크게 증가한 것으로 나타났다. 65세 이상 노인의 21.1%는 우울 증상이 있었고, 6.7%가 자살을 생각해 본 적이 있다고 진술했는데, 이들 중 실제 자살을 시도한 응답자도 13.2%에 이르렀다. 한국인은 세계 최고 수준의 기대수명을 자랑하지만, 건강하게 오래 사는 것이 중요함을 잊어서는 안 될 것이다.

최근 한국인의 건강을 심각하게 위협하고 있는 요소 중 하나가 초미세먼지이다. 한국의 대기는 OECD 회원국 중에서 가장 심하게 오염되어 있다. 초미세먼지는 노년층뿐 아니라 전체 국민들의 건강을 직접 위협하는 요인이다. 대기오염의 원인은 다양하며, 중국 등 이웃 국가로부터 많은 오염물질이 유입되기도 한다. 하지만 한국의 온실가스 배출량 또한 많아 대기오염에 대한 상당한 책임이 있다. OECD 회원국들이 온실가스 배출량을 적극 감축하고 있지만, 한국에서는 오히려 배출량이 증가하고 있다. 이런 상황이 계속되면 주변국들 역시 감축 노력을 게을리할 유인이 될 뿐만 아니라, 국제적 신뢰도 잃게 된다. 과감한 대책이 필요하다.

인생의 후반기, 안정과 평온을 누려야 할 시기에 생활비 부족으로 계속 일자리를 찾아야 하는 상황이 노년층 삶의 만족을 낮추는 또 하나의 요인이다. 세상의 급격한 변화를 따라가기 어려운 60대 이상의 노년층이 보수 성향을 강화하면서 일어나는 자녀 세대와의 갈등도 삶의 만족을 낮추는 요인이 되고 있다.

## 5. 한국인의 쾌락: 일상의 행복

청년과 중년의 삶이 고되고, 노년의 삶도 힘들며, 삶의 만족도가 낮다고 해서 한국인들의 삶을 과소평가해서는 안 된다. 한국인들은 다른 나라의 국민들이 쉽게 맛볼 수 없는 다양한 쾌락(즉 일상의 행복)의 원천들을 갖고 있다. 밀은 행복이 반드시 크고 장엄한 일을 통해 달성되는 것이 아니라고 했다. 이른바 '소확행(小確幸: 작지만 확실한 행복)'의 원리를 말하고 있다. 사실 인간의 삶은 많은 굴곡으로 이루어져 있기 때문에 마냥 황홀함으로 가득 찬 삶을 살 수는 없다. 일상의 작은 쾌락들로 멋진 삶을 만들어가면 좋은 것이다.

한국인이 일상에서 누리는 쾌락은 다양하다. 우선 발달한 정보통신기술산업을 기반으로 다른 어떤 나라의 국민보다 큰 즐거움을 누린다. 많은 사람들이 인터넷·컴퓨터 관련 생활을 즐기며, 현실과 가상현실이 구분되지 않을 정도로 정교한 온라인게임도 많다. 음악, 드라마, 영화, 음식 등 여러 가지 문화가 개성 있게 발전해 각자 원하는 만큼 선택해 소비하고 있다. 그래서 현실의 삶은 지겹지 않다. BTS(방탄소년단) 등 케이팝 아이돌 그룹의 춤과 노래가 세계의 젊은이들에게 삶의 가치를 일깨워주면서 세상을 뒤흔들고 있거니와, 이들의 몸짓과 메시지를 가장 잘 이해할 수 있는 사람은 당연히 한국인이다. 다수의 한국인은 정말 다양한 장르의 문화예술을 만끽하고 있다.

한국인의 생활이 최첨단이며 한국인들이 새로운 세기를 살고 있음을 입증할 수 있는 몇 가지 사실을 제시할 수 있다. 돈만 있으면 얼굴도 바꾸는 나라(좋은 의미인지는 모르겠지만), 청소년들 학업성적(PISA) 1위의 나라, 청년층의 고등교육 이수율이 1위인 나라(68%), 인터넷 접속 속도 1위국, 스마트폰 보유율 세계 1위(88%), 온라인게임 1위국, 장기 실업률 최저 국가, GDP 대비 연구개발비 비중 세계 1위(4.15%), 블룸버그 혁신지수 세계 1위(2015) 등이 세계 언론에서 한국을 치켜세울 때 쓰는 말들이다. 미국의 CNN 방송은 한 여행 프로그램에서 서울이 세계 최고라고 추켜세우기도 했다.

한국은 최신 정보통신기술을 이용한 첨단산업이 발달했고, 멋진 한류 문화가 있으며, 보고 듣고 즐길 거리가 도처에 있어서 이를 이용할 수 있는 사람들에게는 하루가 정말 짧은 곳이라고 할 수 있다. 그만큼 쾌락의 원천이 많다는 의미이다.

물론, 일상의 행복도 거저 주어지는 것은 아니다. 행복을 누릴 자격을 갖추어야 한다. 애덤 스미스와 밀은 일상의 행복을 누리는 데 마음의 평화를 이루는 것이 필요하다고 강조했다.

행복은 평온함(tranquility)과 인생을 즐기는 것에 있다. 평온함 없이는 즐김이 있을 수 없고, 완벽한 평온이 있는 곳에 흥겹지 않은 일이 거의 없다(스미스, 2016: 348).

마음의 평화(tranquility)가 충분할 때, 많은 사람들은 아주 적은 쾌락(excitement)만으로도 충분히 만족할 수 있다고 느낀다(밀, 2007: 36).

수많은 쾌락의 원천이 존재하고 있는 곳에 살면서도 삶이 재미가 없다면, 밀의 다음 지적을 읽으면서 자기 자신이 이기주의자가 아닌지 그리고 공감 능력은 충분한지 먼저 돌아봐야 할 것이다.

어떤 사람이 외형적인 조건은 상당히 괜찮은데도 자신의 삶을 충분히 즐기지 못하고 그에 따라 삶 자체가 그다지 풍요롭지 못하다면, 그것은 대체로 그 사람이 자기만 알지 다른 사람들을 아끼고 배려하는 마음이 부족하기 때문이다(밀, 2007: 36).

공감 능력과 소통 능력을 갖춘 사람이야말로 이 시대에 가장 만족스러운 삶의 주인이라고 말할 수 있다.

제5장

# 행복을 연구하는 경제학

# 1. 행복경제학의 계보

## 1) 에피쿠로스에서 벤담으로

경제사상사를 공부할 때 첫 장에 등장하는 아리스토텔레스[1]는 다음과 같은 질문을 던진다. "사람이 행위로서 달성할 수 있는 모든 선한 것 가운데 최고의 것은 무엇인가?" 그것은 행복(Eudaimonia, 에우다이모니아)이다. 그러면 행복은 무엇인가? 행복은 쾌락이 아니며, 부나 명예는 물론 욕망의 충족도 아니다. 그가 정의한 행복은 "영혼의 덕스러운 활동(activity of soul in accordance with virtue)"이다. 덕(德)의 본질은 무엇인가? 인생에서 최고의 덕은 우리 내부에 있는 최상의 것을 달성하는 것이다. 이것이 그의 행복관이다. 아리스토텔레스는 정신적인 행복이 육체적인 행복보다 우월하다는 점을 강조했다. 아리스토텔레스는 인간들이 비열한 것보다는 고귀한 것, 유해한 것보다는 유익한 것, 그리고 고통스러운 것보다는 유쾌한 것을 선택한다고 했다.[2]

우리가 선택하여 취하는 것에는 세 가지가 있고, 또 우리가 피하는 것에도 세 가지가 있다. 고귀한 것, 유익한 것, 유쾌한 것을 취하고, 이와 반대되는 것

---

1　마르크스는 사용가치의 이중성을 밝힌 업적 등을 들어 아리스토텔레스를 최초의 경제학자 (사상가)로 인정했으며, 많은 경제학자들도 같은 입장인데, 유독 부크홀츠는 "아리스토텔레스가 경제학에 기여한 것이 없다"는 억지 주장을 펴고 있다(부크홀츠, 2006: 24; Buchholz, 1989 참조).

2　비열한 것보다 고귀한 것을 선택한다는 생각은 그가 인간을 고귀한 존재로 생각하고 있기 때문일 것이다. 그러나 탐욕이 세상을 지배하는 자본주의적 삶에서 이러한 선택이 무너지리라는 것을 그는 상상하지 못했다.

들, 즉 비열한 것, 유해한 것, 고통스러운 것은 피한다(아리스토텔레스, 2008: 74).

그는 이러한 기준에 따른 선택들이 인간의 행동으로 이어지고, 경제생활은 그런 행동들로 이루어진다고 보았다. 아리스토텔레스가 말하는 쾌락과 고통의 선택은 단순한 느낌이나 감정에 따른 것이 아니다. 인간이 피하거나 혐오하는 행동은 덕스럽지 않은 것들이고, 덕스러운 것들은 마땅히 기뻐하며 선택하게 되어 이것이 행복한 생활을 이룬다고 보았다.

아리스토텔레스가 제기했던 행복 연구가 윤리학과 경제학 분야에서 다시 전면에 등장하는 것은 그 후 2000년 정도의 세월이 흐르고 난 다음의 일이다. 벤담이 이 과업을 수행했다. 그는 아리스토텔레스를 연상시키는 유명한 문장을 썼다.

> 자연은 인류를 고통(pain)과 쾌락(pleasure)이라는 두 주인의 지배하에 두었다. 우리가 무엇을 할까 결정하는 일은 물론이요, 무엇을 행해야 할까 짚어내는 일은 오로지 이 두 주인을 위한 것이다. 한편으로는 옳음(right)과 그름(wrong)의 기준이, 또 한편으로는 원인(causes)과 결과(effects)의 사슬이 두 주인의 왕좌에 고정되어 있다. 이들은 우리가 행하는 모든 행위에서, 우리가 말하는 모든 말에서, 그리고 우리가 생각하는 모든 사고에서 우리를 지배한다(Bentham, 1789).

쾌락과 고통이 인간 행동을 지배하는 두 주인(sovereign masters)이라는 것이다.[3] 아리스토텔레스의 말을 그대로 복원한 이 선언은 실제로는 에피쿠로스를 부활시킨 것이라 할 수 있다. 에피쿠로스는 조건 없는 쾌락 추구를 주장한 인물인 것처럼 잘못 알려져 있지만, 사실 그의 행복관은 도덕적이고 윤리적이다. 그는 "쾌락이 목적이다"라고 말하더라도, 그것은 방탕한 자들의 쾌락이나 육체적인 쾌락을 의미하는 것이 아니라고 했다.[4] 그는 비이성적인 방식으로 큰 성과를 이루는 것보다는 이성적으로 숙고했으나 좋은 결과를 얻지 못한 편이 낫다고 주장했다. 그는 이러한 사실을 밤낮으로 생각하라고 말한다. 그러면 자나 깨나 고통받지 않게 될 것이며, 사람들 사이에서 신과 같이 살게 될 것이라고 말했다(Epicurus, "Letter to Menoeceus").

그는 우리의 삶을 불행하게 만들거나 고통스럽게 하는 두 가지의 근거 없는 믿음이 있다고 말한다. 첫째는, 우리가 잘못 행동하면 신들에 의해서 처벌받을 것이라는 믿음이며, 둘째는 죽음에 대한 두려움이다. 이 두 가지 믿음이 근심과 공포를 낳는데, 그것들은 허구이므로 여기에서 완전히 벗어나야 한다는 것이다. 그는 "우리의 모든 행동의 목적은 고통과 두려움으로부터의 해방이고, 이것이 일단 달성되면 영혼의 흔들림은 사라진다"라고 했다.

---

3  하지만 이에 대한 소크라테스의 인식은 좀 독특하다. 소크라테스는 쾌락의 획득에 대가가 따른다고 생각했다. 쾌락과 고통은 한 몸과 같아서 고통이 완전히 배제된 쾌락을 얻을 수는 없다고 보았다. 그는 가장 행복한 순간에도 고통이 그곳에 같이 있다고 생각했다. "고통과 쾌락의 관계는 실로 애매하네. 쾌락과 고통이 동시에 일어나지는 않지만, 한쪽을 얻으려면, 반드시 다른 쪽이 따르기 마련이네. 그렇다면, 쾌락과 고통이라는 두 몸뚱이가 하나의 머리에 붙어 있다고 봐야 할 걸세. 신이 쾌락과 고통을 조화시키려고 했지만, 이 둘이 말을 듣지 않아 하나의 머리에 붙였다고 말할 수 있네. 그래서, 그중의 하나가 오면 다른 하나가 반드시 뒤따를 수밖에 없네"(플라톤, 2004: 「파이돈」).
4  에피쿠로스가 말하는 쾌락은 몸의 고통이나 마음의 혼란으로부터의 자유이다. 왜냐하면 삶을 즐겁게 만드는 것은 계속 술을 마시고 흥청거리는 일도 아니고, 욕구를 만족시키는 일도 아니며, 물고기를 마음껏 먹거나 풍성한 식탁을 가지는 것도 아니기 때문이다. '마음의 평화'를 달성하거나 '마음을 비움'으로서 고통 없는 마음 상태가 가능한데, 그는 이 상태를 '아타락시아(ataraxia)'라고 불렀다. 그 뜻은 '근심으로부터의 해방(freedom from worry)'이다(Epicurus, "Letter to Menoeceus").

공리주의의 창시자 벤담은 인간의 행동을 결정하는 쾌락과 고통에 대해 까다롭게 정의하지 않았다. 그는 이익, 편익, 쾌락, 선과 행복은 모두 같다고 했으며, 개인의 행복과 함께 사회의 행복도 존재한다고 보았다. 벤담은 인간 행동에 의해 발생하는 쾌락과 고통을 일곱 가지 기준에 따라 측정이 가능하다고 생각했다. 그는 이를 '행복 계산기(felicific calculus)'라 불렀다. 그 일곱 가지 기준은 다음과 같다.

① 강도: 쾌락이 얼마나 강한가?
② 지속성: 쾌락이 얼마나 오래 계속되는가?
③ 확실성: 쾌락이 어느 정도 확실하게 발생할 것인가?
④ 근접성: 쾌락이 어느 정도 가까이에서 발생할 것인가?
⑤ 다산성: 쾌락이 다른 쾌락을 야기할 가능성
⑥ 순수성: 쾌락이 고통을 야기하지 않을 가능성
⑦ 범위: 얼마나 많은 사람들이 영향을 받는가?

벤담은 1776년에 발간된 『정부론 단편(A Fragment on Government)』에서 "최대다수의 최대행복"[5] 원리를 처음 언급했다. 사실, 벤담과 동시대 인물인 애덤 스미스의 쾌락에 대한 인식도 비슷하다.

---

5  원문은 "······ fundamental axiom, it is the greatest happiness of the greatest number that is the measure of right and wrong"으로, 『정부론 단편』 서문에 실려 있다. 사실 "최대다수의 최대행복"은 벤담의 창작물은 아니다. 체사레 베카리아(Cesare Beccaria)의 『범죄와 형벌(Dei delitti e delle pene)』(1768)에 실린 조지프 프리스틀리(Joseph Priestley)의 글에서 벤담이 읽고 공리주의의 모토로 삼은 것이다. 벤담은 공리주의 원리를 처음으로 소개한 이해를 '가장 특별한 해'로 기억했다.

굶주림과 갈증의 욕구, 기쁨과 고통 및 더위와 추위 때문에 느끼게 되는 유쾌함과 불쾌함 등은 자연의 음성으로 전달되는 여러 가르침으로 볼 수 있다. 이러한 것들은 모든 개인에게 그와 같은 목적을 위해 무엇을 선택해야만 하고 무엇을 회피해야만 하는가를 지시해 준다(스미스, 2016: 제6부 덕성의 성격, 474).

벤담의 사상을 이어받은 존 스튜어트 밀 역시 행복을 쾌락의 향유와 고통의 부재로 정의한다. 그리고 행복이야말로 인생에서 욕구할 만한 유일한 것이라고 선언했다.

행복은 쾌락의 향유와 고통의 부재를 의미하고, 불행은 고통을 느끼는 것과 행복의 결핍을 의미한다(밀, 2007: 27).

행복은 인간 행동의 유일한 목적이며, 행복을 증진해 주는지 여부를 기준으로 인간의 모든 행동을 판단하는 것이 가능하다(밀, 2007: 82).

벤담, 밀, 나소 시니어(Nassau William Senior) 등의 영향으로 경제학 연구에서 쾌락주의 입장이 강화되었다. 경제학은 '최대다수의 최대행복' 원리를 받아들이고 개인의 행복 극대화를 추구하는 내용으로 급선회했다. 애덤 스미스가 체계화한 경제학은 벤담의 주장들로 그 내용이 채워졌다. 효용의 개념, 경제주체의 목적, 효용 극대화 행동 등 경제학의 주요 개념들이 모두 벤담의 아이디어였다. 쾌락 극대화나 행복 극대화가 인생의 최고의 선이자 목적이라는 고대 그리스 철학자들의 쾌락주의 사고를 경제주체의 행동 분석에 본격적으로 도입한 사람들은 한계효용학파 경제학자들이다. 제번스, 발라, 멩거, 에지워스 등이 이기적 쾌락 극대화 또는 효용 극대화라는 쾌락주의 사고에 따라 19세기 경제학의 주류를 형성하게 된다. 미분 개념을 사용하여 인간 행동에 대한 분석을 시도한 이들을 한계주의 경제학자라고도 한다.

한계주의(marginalism)의 등장은 경제학 연구에서 몇 가지 중요한 변화를 초래했다. 우선 애덤 스미스와 마르크스의 노동가치설로 대표되는 객관적 가치론에서 벤담의 효용이론으로 대표되는 주관적 가치론으로 방향을 틀었음을 의미한다. 이들은 대표성을 지닌 경제주체를 설정함으로써 효용 극대화를 추구하는 예측 가능한 경제행동모델을 개발했다.

하지만 벤담과 밀의 행복관이 일치하는 것은 아니었다. 벤담은 행복이나 쾌락의 질적 차이를 인정하지 않았다. 푸시킨의 시(詩)든 푸시핀(push-pin) 놀이든 간에 쾌락의 크기가 중요하며 행복에서 수준의 차이는 없다고 보았다. 벤담은 주위의 모든 사물을 평등주의적 관점에서 바라보았다. 벤담의 관점은 정신노동을 고귀한 것으로, 육체노동을 비천한 것으로 보았던 토마스 아퀴나스 등 스콜라 철학자들의 견해를 뒤집었다는 데 의미가 있다.

그러나 밀은 "만족해하는 돼지보다는 불만족한 인간이 낫고, 만족하는 바보보다는 불만족한 소크라테스가 더 낫다"라고 하여 행복의 질적 차이를 인정했다. 이 점에서 밀은 벤담이 아니라 아리스토텔레스를 계승하고 있다. 밀이 여성참정권을 요구하고, 식민지 문제의 전향적 해결 등을 주장한 진보적 경제학자였음에도 행복의 질적 차이를 인정한 것은 잘못이라는 비판도 있다(레이어드, 2011: 167).

공리주의 경제학자들은 행복을 극대화하려는 인간이 많고, 그런 노력이 합해져서 전체의 행복도 증진될 것이라는 느슨한 주장을 하는 것이 아니다. 그들의 주장은 훨씬 강력하고 분명하다. 자신의 행복을 추구해야 하는 것이 인간의 의무라는 것이며, 이는 칸트의 정언명령에 해당한다. 따라서 행복 추구는 인간으로서 반드시 지켜야 하는 철칙이다. 공리주의를 정리한 헨리 시지윅(Henry Sidgwick)의 말이다.

우리는 그저 행복에 관심이 없다는 이유로 자신의 행복을 획득할 옳은 수단을 취하지 않으려는 사람을 무심하게 쳐다만 보지 않는다. 대다수 사람들은 다소 못마땅해하면서 이러한 거부를 비합리적이라고 간주할 것이다. 그래서 그들은 암묵적으로 "이익, 즉 자신의 행복은 하나의 명백한 의무다(interest, one's own happiness, is a manifest obligation)"라는 버틀러의 말에 동의할 것이다. 다시 말해서 그들은 사람은 자신의 행복을 살펴야만 한다고 생각한다. 이렇게 사용된 당위는 더 이상 상대적이지 않다. 행복의 추구는 - 적어도 다른 의무들에 의해 부과된 한계 내에서 - 칸트의 말처럼 '정언적으로(categorically), 즉 더 먼 미래의 어떤 목적을 암암리에 가정하지 않고, 이성에 의해 규정되는 것으로 보인다(시지윅, 2018; Sidgwick, 1907 참조).

자신의 행복을 추구하지 않는 사람들이 있다면 그들은 정신없는 사람이며, 이성을 가진 사람이라면 누구나 행복을 추구해야 한다는 것이다. 공리주의자들은 사람들이 서로에게 도덕 규칙으로 규정한 모든 행위 규칙이 사실은 인류 혹은 모든 감성을 지닌 존재의 전체 행복을 위한 수단으로 규정된 것이라고 주장한다. 즉 한 개인의 사적 행복이 아니라 전체의 행복이 우선이고, 이것이 공리주의 원칙임을 분명히 했다(시지윅, 2018).

공리주의 사상은 당시 진보적 사고를 지닌 학자들을 매료시켰다. 모든 사람의 행복이 똑같은 비중으로 계산되어야 한다는 주장은, 여성과 가난한 사람에게는 투표권도 주지 않던 당시 사회에서 파격적이었다. 19~20세기 초의 여러 사회과학자들은 공리주의의 실천을 위해 삶을 바쳤다.

## 2) 공리주의 경제학자들(한계효용학파)

19~20세기 초, 경제학계는 벤담의 제자들로 가득했다. 이들 가운데 대표적인 몇 사람의 주장을 소개하겠다.

### (1) 헤르만 하인리히 고센

독일의 경제학자 고센(Hermann Heinrich Gossen, 1810~1858)은 효용을 이론의 핵심으로 삼고, 한계이론의 두 지주인 '한계효용 체감의 법칙'과 '한계효용 균등의 법칙'을 이끌어낸 후 이를 통해 인간 행동을 설명하는 경제학의 이론 체계를 구성했다. 그는 인간 삶의 목적은 효용을 가능한 최대로 높이는 것이라 주장했다. 고센은 객관적 가치인 노동이 아니라 주관적 만족인 효용을 사회적 현상들과 연관시켰다. 최종 단위의 효용이 동일한 사용가치를 가진 다른 모든 단위의 가치를 규정한다는 입장이며, 이에 기초한 수요와 공급의 관계가 상품의 가치를 규정한다고 보았다. 고센으로부터 영향을 받은 오이겐 폰 뵘바베르크(Eugen von Böhm-Bawerk)는 농부의 자루를 예로 들어 한계효용을 설명했다.

> 어떤 농부가 추수가 끝난 후 다음 해까지 사용할 곡식 다섯 자루를 갖고 있는데, 더 이상 살 수도 없고 팔 수도 없다. 자루마다 용도가 있는데, 자신이 일상적으로 소비할 한 자루, 몸보신을 위한 한 자루, 병아리 사료용 한 자루, 위스키 제조용 한 자루, 앵무새 모이용 한 자루 등이다. 이제 어떤 사유로 한 자루를 분실했다. 여기서 농부는 각 자루에서 5분의 1씩을 줄여서 사용하는 대신, 자신에게 효용이 가장 낮은 앵무새를 굶기는 것으로 간단하게 대응할 것이다. 이것이 바로 한계효용이다. 우리가 경제적 결정을 하는 것은 전체를 보고 하는 것이 아니라 한계점에서 한다(Böhm-Bawerk, 1890).

## (2) 윌리엄 스탠리 제번스

제번스(William Stanley Jevons, 1835~1882)는 한계효용학파를 대표하는 영국의 학자이다. 그는 1871년에 저술한 『정치경제학이론(Theory of Political Economy)』에서 최종(한계)효용가치이론을 전개했으며, 벤담이 제시한 방법을 그대로 수용해야 한다고 주장했다.

이 책에서 나는 경제를 쾌락과 고통의 합계로서 다루려 했고, 과거의 의견들이 어떻든 간에, 이 방법이야말로 이 학문이 궁극적으로 확보해야 하는 형태라고 기술하고자 한다. …… 쾌락과 고통의 양을 계산하는 작업은 벤담이 제시한 내용을 그대로 수용해야 한다(Jevons, 1871).

제번스는 벤담이 『도덕과 입법의 원리 서설』에서 제시한 행복의 양적 측정 방식을 자신의 책에서 그대로 수용했다.[6] 그는 경제학의 궁극적 목적이 행복이며, 쾌락의 극대화가 경제학의 근본 문제임을 다시 선언했다.

쾌락과 고통의 계산은 의심할 여지없이 경제학의 궁극적 목적이다. 최소의 노력으로 최대의 욕망을 충족시키는 것-즉 욕망하지 않는 것의 최소 희생으로 최대의 욕망을 획득하는 것-다른 말로 쾌락의 극대화가 경제학의 근본 문제이다(Jevons, 1871).

---

6  벤담의 행복 측정 방식은 쾌락의 강도, 지속성, 확실성, 근접성 등 네 가지 조건에다 생산성, 순수성, 파급성 등 세 가지 상황적 조건을 덧붙인 것이다(Jevons, 1871: Chapter II "Theory of Pleasure and Pain").

### (3) 레옹 발라

프랑스의 경제학자인 발라(왈라스, Léon Walras, 1834~1910)는 공리주의의 기초 위에서 경제학의 수리화에 앞장섰으며, 시장균형이론을 정립했다. 그는『순수경제학요론(Éléments d' économie politique pure)』(1874, 1877)에서 "교환의 목적은 욕망의 최대 만족을 충족시키는 것"이라고 규정했다. 그의 이론은 수학적 분석을 일반균형분석에 도입한 최초의 접근으로 꼽힌다. 그역시 제번스와 마찬가지로 욕망의 만족 극대화가 경제행위의 목적이라고 주장했다.

교환의 목적은 욕망 만족의 극대화에 있다(to maximize satisfaction of wants). 욕망 만족의 극대화는 희소성 비율이 가격과 같아질 때 얻어진다. 만족 극대화 조건으로부터 수요곡선 방정식이 도출된다(Walras, 1926).

### (4) 프랜시스 에지워스와 카를 멩거

아일랜드 출신의 에지워스(Francis Edgeworth, 1845~1926)는 자신의 주저『수리 정신학(Mathematical Psychics: An Essay on the Application of Mathematics to the Moral Sciences)』에서 "최대행복 원칙과 효용 또는 이기심 원리들이 윤리학과 경제학의 첫 번째 원칙을 구성한다"라고 선언했다.

제1부에서 ① 계량적 자료 없이 수학적 추론의 가능성을 설명하며(pp.1~7), 쾌락의 양을 추정함으로써 얻게 되는 것 이상의 정확한 자료는 없다는 점도 설명한다(pp.7~9). ② 윤리학과 경제학의 제1원칙을 구성하는 공리주의 혹은 자기중심주의인 최대다수의 최대행복 원칙과 물리학 최고의 일반 공식에 속하는 에너지 극대화 원칙 사이의 유사성을 기술하고, 물리적 현상을 설명하는 데 수학적 추론을 사용하는 것처럼 복잡한 인간 행동에도 적용 가능하다는

점을 설명한다(Edgeworth, 1881).

『국민경제학의 기본원리(Principles of Economics)』를 쓴 오스트리아의 멩거(Karl Menger, 1840~1921) 역시 제번스와 유사한 방식으로 효용 극대화 과제를 제시했다.

동시대에 활약했던 이들은 한계효용학파(Marginalists)로 불리게 된다. 한계효용학파의 이론을 체계화하는 데 결정적 공헌을 한 사람은 제번스이다. 그는 쾌락 극대화와 고통 극소화의 핵심 개념으로써 쾌락주의(hedonism)를 확립했다. 제번스, 발라, 에지워스, 멩거 등으로 대표되는 한계효용학파의 접근법은 벤담의 효용계산, 특히 심리적 쾌락주의에 근거하고 있다. 제번스는 자신의 목표가 '쾌락과 고통의 양을 계산하는 것'이라고 규정했다. 발라에 의해 개발된 교환균형의 이론은 경제주체들에게 '최대의 만족을 확보'하기를 요구하고 있으며, 에지워스는 "최대다수의 최대행복 원리 및 공리주의 혹은 이기심 원리가 윤리학과 경제학의 첫 번째 원칙"이라고 주장함으로써 경제학의 중심에 행복동산을 구축했다.[7]

### 3) 행복에서 효용으로

19세기 말의 경제학자들은 경제학의 과학화를 위한 이상적인 모델로서

---

7  제번스(1871), 멩거(1871), 발라(1874) 등의 경제학자들에 앞서 쾌락이 주관적임을 주장한 사람이 철학자 쇼펜하우어이다.
"행복과 향락에 있어서 주관적인 것이 객관적인 것보다 비교도 할 수 없을 정도로 중요하다는 사실은 배고플 때 맛없는 음식은 없다는 사실이라든가, 청년을 미혹하는 유녀들조차도 돌을 보듯이 바라보는 노인의 심경과 같은 것들로부터 천재나 성직자들의 생활 방식에 이르기까지 모든 일들을 통해 실증되고 있다"(쇼펜하우어, 2005).

고전물리학의 방법론을 도입했다. 이를 위해 철학적 요소와 심리학적 요소를 경제학 연구에서 제거했다. 제번스는 통계역학, 발라는 천문학과 역학, 에지워스는 천문역학을 사회역학에 도입했고, 피셔는 유체역학을 경제학 방법론에 도입했다. 경제학에서 '비과학적' 요소들을 추방하려는 한계학파 경제학자들의 경향은 바로 실증주의(positivism)와 물리학주의(physicalism)의 강한 영향 때문이었다. 마셜(Alfred Marshall)을 제외한 한계학파에서는 특히 그러한 경향이 강했다. 파레토는 심리적 요소가 배제된 무차별곡선의 사용을 주장했고, 피셔는 '효용 개념은 비과학적'이라고 비판했으며, 윅스티드는 공리주의와 쾌락주의를 배제하려 노력했다.

### (1) 빌프레도 파레토와 어빙 피셔

한계효용학파들의 방법론에 대해 처음 문제를 제기한 사람은 이탈리아의 경제학자 파레토(Vilfredo Pareto, 1848~1923)이다. 그는 사회과학은 논리-실험적 방법론을 따라야 하며, 이를 통해 모든 형이상학적 추상을 불식시킬 수 있다고 주장했다. 파레토는 효용의 측정이 용이하지 않음을 깨닫고 기존의 기수적 효용 개념 대신 서수적 효용 개념을 도입했다. 무차별곡선을 기수적 효용에서 도출해 낸 에지워스와 달리, 그는 무차별곡선에서 기수적 효용 요소를 아예 제거했다.[8]

미국의 경제학자 피셔(Irving Fisher, 1867~1947) 또한 "개인은 각자의 욕망에 따라 행동한다"는 기준에 따라 경제학 연구에서 심리학적 요소를 제거하려 노력했다(Fisher, 1892).

---

8  파레토는 효용이나 쾌락과 같은 용어를 쓰지 않으려 노력했지만, 무차별곡선을 설명하면서 다시 이 개념들을 사용했다.

## (2) 라이어널 로빈스와 필립 윅스티드

벤담에서 시작된 쾌락주의를 제거하고 주류경제학의 방법론을 본격적으로 구축한 학자로는 로빈스, 힉스, 사무엘슨 등을 들 수 있다. 로빈스 (Lionel Robbins, 1898~1984)의 스승 윅스티드는 제번스의 방법론적 견해를 수용하면서도 쾌락주의를 경계했다. 그는 쾌락주의가 한계효용이론에서 확실한 역할을 할 수 없다고 생각했다. 경제학 이론과 그래프 및 경험적 데이터는 수학적 관찰 기구에 근거해야 한다고 보았다. 하지만 그는 이기적 행동과 이타적 행동 모두가 경제학의 영역에 있다고 믿었기 때문에, 이타적 행동을 분석에서 제외하는 것을 비판했다(Wicksteed, 1910).

윅스티드(Philip Wicksteed, 1844~1927)는 상업 거래, 특히 협상 국면에서 경제주체들은 자신들의 이익을 생각하거나(ego), 가족과 친구 등 타인들의 이해관계를 생각하지만(alteri), 거래 당사자의 이해관계는 고려하지 않는데(tu), 경제 관계의 핵심적 특징은 '에고이즘'에 있는 것이 아니라, '비(非)상대주의(non-tuism)'에 있다고 했다. 그는 비이기적(non-selfish) 동기에 대한 분석을 경제학에 포함하는 위대한 시도를 했다.[9]

현대 경제학의 설계자 로빈스는 런던대학(UCL)에서 윅스티드에게 경제학을 배웠다. 그러나 로빈스는 스승의 사상과 방법론 전체를 받아들이지는 않았다. 윅스티드는 경제인을 실체 개념으로 파악했지만, 로빈스는 추상적·이론적 장치로 보았다. 윅스티드는 심리학자들의 발견을 수용해야 한다고 주장했지만, 로빈스는 이를 거부했다. 로빈스는 비이기적 모티브를 경제행위 분석에 포함시켜야 된다는 윅스티드의 주장에 대해 눈길을 주지 않았다. 그는 이기적 행동만을 경제학의 합리성으로서 분석 틀 속에

---

9 경제학이 이기주의에 입각한 학문이 되어간다는 비판으로부터 경제학을 방어하기 위한 것이라 여겨진다.

넣었으며, 이타심은 배제했다. 개인 간 효용의 비교를 비과학적으로 간주했고, 철학과 윤리학에서 경제학을 분리시켰다. 그는 스승의 아이디어 가운데 심리학과 경제학의 상호작용, '경제인'[10]에 대한 복합적 개념, 비이기적 행동 등은 배격했다. 로빈스는 마침내 경제학을 다음과 같이 정의하기에 이르렀으며, 이후 그의 정의는 주류경제학의 핵심을 형성하게 된다.

(경제학은) 여러 가지 사용 방법이 있는 희소한 수단과 목적 간의 관계로서 인간 행동을 연구하는 학문이다(Robbins, 1932).

로빈스에 의하면 경제학은 목적과 수단의 관계를 연구하는 것이지 목적과 수단 그 자체를 연구하는 것이 아니다. 경제학은 '인간 행동을 연구하는 학문'이지 자연현상을 연구하는 것이 아니며, '목적과 희소한 수단 간의 관계를 연구하는 학문'이지 인간 심리를 연구하는 학문이 아니라는 것이다. 이로써 경제학은 뉴턴의 물리학 방법론을 도입하면서도 자연과학과 선을 그었고, 심리학적 요소를 추방했다. 이후부터 경제학에서는 비교적 간단하고, 수학적으로 추적할 수 있으며, 효용 극대화에 근거한 경제행동모델만을 '과학적'이라 여기게 되었다.

(3) 존 힉스와 폴 새뮤얼슨

영국의 경제학자 힉스(John Hicks, 1904~1989)는 『가치와 자본(Value and

---

10 '합리적 인간' 개념은 소크라테스에 그 뿌리가 있는 것으로 보인다. "소크라테스는 자제력이 없는 것은 있을 수 없다고 생각하고, 인식이 다른 어떤 것에 지배되어 이리저리 끌려다닌다는 견해에 전적으로 반대했다. 그는 누구든지 최선의 것이라고 판단하는 것에 반대되는 행위를 하지 않는다고 주장했다"(아리스토텔레스, 2008: 251).

Capital)』(1939)에서 한계효용학파의 기반인 효용을 '심리학적 편견'이라고 몰아세우며 새로운 객관적 접근 방법을 소개했다. 그는 기존의 효용이론 대신 객관적이고 실증적인 선택이론으로 대체를 시도했다. 그는 한계효용을 한계대체율로 교체했고, 한계효용 체감의 법칙은 한계대체율 체감의 법칙으로 대체했다. 파레토의 무차별곡선이 효용 수준을 나타내고 있다면, 힉스의 무차별곡선은 상품공간을 의미한다. 이로써 주류경제학 이론에서 쾌락주의 요소가 사라지게 되었다.

미국에서만 총 400만 부가 넘는 『경제학원론(Economics)』 교과서가 판매되어 20세기를 대표하는 경제학자라고 불리는 새뮤얼슨(Paul Samuelson, 1915~2009)도 경제학이 실증과학으로서 지위를 얻기 위해서는 주관적 요소에서 자유로워져야 한다고 생각했다. 그는 '과학에서 숨은 의도는 필요 없고 관찰된 행동만이 중요하다'고 하면서, 이를 기반으로 현시선호이론을 주창한다. 그의 영향으로 1950년대 이후 다수의 경제이론가들은 미시경제학, 특히 소비자이론이 가치중립적 이론이라 믿게 된다. 새뮤얼슨은 시장에서 관찰된 행동으로 경제이론을 구성함으로써 쾌락주의의 흔적을 완전히 제거하려 노력했다.

그러나 인간 행동에 대한 주류경제학자들의 이해 또한 근본적 한계를 안고 있다는 비판이 계속되었다. 경제인 모델 자체가 현실과 전혀 다르다는 것이다. 프린스턴대학의 행동경제학자 대니얼 캐너먼(Daniel Kahneman)에 의하면, 인간은 최소 노력의 법칙에 따라 정신활동을 영위한다. 이러한 고통 최소화에 대응하는 '정신적 노력의 최소화(= 선택 비용 최소화)'가 수많은 오류를 낳고 있다는 것이다. 인간은 능숙한 일일수록 투입하는 에너지의 양을 줄인다. '최소 노력의 법칙(law of least effort)'은 인지적·신체적 노력에도 적용된다. 동일한 목표를 성취하는 몇 가지 방법이 있을 때, 사람들은 가장 힘이 덜 드는 방법을 선호한다. 행동경제학에서 보면 노력은 비용이며, 게으름은 우리의 본성 깊숙이 박혀 있다.[11] 한마디로, 인간은 합리적 행동을 하지 않는 존재라는 것으로, 주류경제학에 대한 혹독한 비판이다.

### 4) 쾌락주의 방법론의 불멸성

에지워스, 피셔, 로빈스, 힉스, 새뮤얼슨 등의 노력으로 심리적 요인을 배제한 이른바 '객관화·과학화'된 경제학의 시대가 열렸다. 그리하여 인간의 합리성을 가정하면서도 개인 간 효용의 비교 가능성은 배제하는 방법론이 한계효용학파 대신 주류경제학의 자리를 차지하게 된다. 경제학에서 쾌락주의를 배제하고자 한 이들의 시도는 과연 성공했을까? 그렇지 않다. 많은 경제학 교과서들은 지금도 쾌락주의 용어를 버리지 않고 있으며, 대다수 교과서가 공리주의의 개념에 따라 소비자 행동을 설명하고 있다. 대체로 '효용', '만족', '쾌락' 등을 모두 동의어로 사용하는데, 몇 가지 사례를 들어보면, 유명한 제임스 헨더슨과 리처드 퀀트(James Henderson and Richard Quandt)의 『미시경제학』(1980)은 소비자가 '일정한 만족 수준'을 얻는다는 설명을 하고 있다. 찰스 퍼거슨과 존 굴드(Charles. E. Ferguson and John. P. Gould)의 『미시경제학[Microeconomic theory(The Irwin series in economics)]』(1980), 안나 쿠쪼야니스(Anna Koutsoyiannis)의 『현대 미시경제학(Modern Microeconomics)』(1990)도 마찬가지다.

'효용 극대화를 추구하는 사람'을 '경제인'이라고 규정하는 방식도 계속 사용되고 있다. 무차별지도를 설명할 때, '만족'이라는 용어를 배제했던 힉

---

11  캐너먼은 이론경제학자들이 구축한 합리적 경제인 모델을 'econ'이라고 괴물 취급하면서, 자신들이야말로 피와 살로 구성된 진짜 인간을 연구한다고 주장했다.

스의 방식이 아닌 한계효용학파의 방식이 주로 사용된다. 이들 외에도 수많은 교과서에 쾌락주의 사고가 그대로 실려 있다. 노벨경제학상 수상자인 게리 베커(Gary Becker, 1988), 케네스 애로(Kenneth Arrow, 1987)[12], 허버트 사이먼(Herbert Simon, 1997)[13]도 모두 효용 극대화 개념을 사용한다.

이러한 경향은 21세기에 들어서도 계속되고 있다. 벤 버냉키와 로버트 프랭크(Ben Bernanke and Robert Frank)의 『경제학원론(6판)(Principles of Economics)』(2015)은 '효용 극대화'를 기본 틀로 하여 소비자 행동을 설명하고 있다. 글렌 허버드와 앤서니 오브라이언(Glenn Hubbard and Anthony Patrick O'brien)의 『경제학(Economics)』(2007)도 소비자의 목표가 효용 극대화라고 기술하고 있다. 로버트 홀과 마크 리버먼(Robert E. Hall, Marc Lieberman)의 『경제학원론(2판)(Economics: Principles and Applications)』(2004)은 아예 기수적 효용 개념을 사용하여 효용 극대화를 설명하고 있다. 조지 보하스(George Borjas)의 『노동경제학(Labor Economics 8th Edition)』(2019)도 기수적 효용을 가지고 무차별곡선과 근로자의 선호를 설명하고 있다. 그 외에도 수많은 경제학 교과서들이 기수적 효용 개념을 포기하지 않고 있다. 신자유주의 주창자로서 학생들에게 수업 거부를 당하기도 했던 하버드대학의 그레고리 맨큐(Gregory Mankiw)조차 유명한 교과서 『경제학원론(Principles of Economics 9th Edition)』(2020)에서 효용 극대화 논리를 소개하고 있다. 이처럼 쾌락주의가 끈질긴 생명력을 발휘하는 것은 소비자 행동을 설명할 때 가장 단순하고 쉬우며 설득력이 크기 때문이다.

---

12 Kenneth Arrow, "Rationality of self and others in an economic system", in Robin M. Hogarth and Melvin W. Reder(eds.), *Rational choice: the contrast between economics and psychology* (Chicago: The University of Chicago Press, 1987).

13 Herbert Simon, *An Empirically Based Microeconomics* (Cambridge University Press, 1997.)

"설명은 단순한 것이 가장 뛰어나다"라는 '오컴의 면도날' 원리를 떠올리게 한다.[14] 그리하여 벤담의 사상 위에 선 쾌락주의 경제학은 회오리바람에도 잠초처럼 살아남아 있다.

한계효용학파의 주관적 가치학설은 분명 한계를 지니고 있다. 상품의 가치를 생산과정에서 도출하는 것이 아니라, 사용가치에 대한 소비자의 주관적 평가로부터 파악한 것이기 때문이다. 이들은 아리스토텔레스에서 시작되어 애덤 스미스와 데이비드 리카도로 계승된 가치론을 외면했다. 그 결과 동일한 사용가치이더라도 소비자의 주관에 따라 가치의 크기가 달라지는 혼란이 초래된 것이다.

쾌락주의 입장에서 인간 행동을 분석하는 공리주의 경제학도 대단한 철학적 기반 위에 서 있지만, 한계효용학파의 효용이론은 바닥에 뿌리를 내리지 못하는 부평초 같은 모습으로 보인다. 요컨대 효용 극대화 이론은 문제가 있고, 조정되어야 한다. 그 이유는 첫째, 인간의 합리성 가정이다. 그러나 현실의 인간은 합리적 행동만을 하지 않는다. 인간의 본성은 게을러서 많은 경우, 심사숙고한 후 최선의 대안을 선택하기보다 어림짐작(heuristics)으로 결정한다.

둘째, 불확실한 미래보다는 확실한 현재를 중시하는 사람이 많기에 효용 극대화 행동이 장기적으로 진정한 행복에 방해되는 선택이 될 수도 있다. 셋째, 타인의 소비로부터 영향을 받지 않는다는 가정도 잘못되었다. 인간은 사회적 동물이라서 남과의 비교 속에서 만족감을 얻는다. 따라서 한 사람의 효용 극대화 행동이 타인의 효용이나 행복에 영향을 주는 일이 많다. 한계효용학파의 이론은 바로 이런 요점들을 놓치고 있다.

---

14  인간은 이기적이라는 맨더빌의 주장이 인간의 심성에는 이기심과 이타심이 공존한다는 흄의 논리를 제친 것은 바로 이런 단순함 때문이라는 지적도 있다.

## 5) 20세기 경제학의 비극

20세기 경제학은 인간의 합리성을 전제하며, 최대다수의 최대행복 대신 개별 경제주체의 효용 극대화를 선택했다. 이후 현시선호이론의 개발로 극대화 개념까지 버리게 된다. 효용이란 어떤 재화나 서비스로부터 얻는 주관적 만족(subjective satisfaction)으로서 사실상 유사 행복 개념이다. 미시경제학은 소득이 증가하면 다른 조건이 불변인 한, 선택할 수 있는 상품의 양이 커져서 효용이 증가한다고 전제한다. 그래서 경제학자들은 행복이 실질소득의 크기에 비례할 것이라고 믿었다. 이러한 성질은 개인의 효용뿐만 아니라 사회적 효용도 마찬가지다.

무차별곡선은 만족도 수준을 나타내는데, 원점에서 떨어진 곡선일수록 큰 효용을 나타낸다. 무차별지도가 주어졌다면, 합리적인 소비자는 효용이 가장 큰 점(가장 큰 행복)을 선택하려고 할 것이다. 그러나 모든 사람이 다 그러한 상태를 선택할 수는 없다. 재화에는 가격이 있고, 소득은 제한이 있기 때문이다. 물론 소득이 충분히 높으면 그러한 점을 선택할 수 있고, 소비자는 높은 만족을 얻을 수 있다. 그러나 가격이 높거나, 소득이 낮으면 선택이 불가능하다.

**그림 5-1**은 미시경제이론에 나오는 무차별곡선과 가격선에 의한 소비자 효용 극대화 원리를 설명하고 있다. 일정한 지출로 최대의 만족을 얻으려면, 가장 고차의 무차별곡선과 가격선이 만나는 점 j를 선택해야 한다. 두 재화의 가격이 불변인 상태에서 상위의 무차별곡선 U1에 닿으려면 소득이 증가해야 하며, 소득의 증가는 효용을 높이는 유일한 방법이 된다. 즉 소득 증가가 행복의 상승을 가져온다는 것이다. 이러한 사고 위에서 지구상의 모든 국가들은 경제성장을 통해 국민소득을 높이려 힘을 쏟았고, 소득이 높은 국가가 곧 선진국이라고 인식하게 되었다.

**그림 5-1** 무차별곡선과 가격선에 의한 만족의 극대화

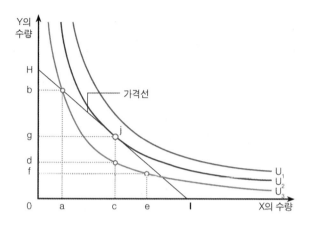

자료: 두산백과, "무차별곡선"

소득이 증가하면 자연스럽게 행복한 사회가 된다고 믿었던 사람들은 '행복은 소득에 비례하지 않는다'는 이스털린의 연구에 당황했다. 이스털린의 연구(Easterlin, 1973)에 따르면, 미국에서 1970년대의 국민 평균 행복지수는 1940년대 후반과 크게 다르지 않았다. 같은 기간 세금과 인플레이션을 공제한 후의 평균 소득이 과거보다 60%나 상품을 더 많이 구매할 수 있는 수준으로 커졌는데도 불구하고. 경제성장이 행복을 높여줄 것으로 믿고, 성장을 위해 쏟아부은 모든 노력들이 그리 큰 효과를 발휘하지 못했다고 판명된 것이다. 한마디로 말해서, 경제학이 인류의 행복을 소득 증가에 맡기게 되면서 오히려 평온한 삶이 흔들리고 진정한 행복에서도 점점 멀어지게 되었다. 소득을 증가시키는 일이라면 수단과 방법을 가리지 않는 풍조까지 생겨났다. 필자는 주류경제학에 그 책임의 일단이 있다고 생각한다.

## 2. 행복경제학의 재등장

### 1) 행복 연구의 재개

이스털린의 역사적 논문(1974) 이후, 경제학뿐만 아니라 심리학, 사회학, 철학 등에서도 행복에 대한 연구가 새롭게 시작되었다. 연구는 주로 돈과 행복의 관계, 행복을 결정하는 요인 탐구 등에 집중되었으며, 유럽과 미국을 중심으로 눈부신 성과를 냈다. 2012년 반기문 유엔 사무총장은 이제 더 이상 1인당 GDP를 기준으로 국가의 발전 정도를 나타낼 것이 아니라, 국민의 행복도와 지속 가능성으로 평가해야 한다는 지침을 발표했다. 스티글리츠-사르코지 위원회의 권유가 받아들여진 것이었다(이 책의 제2장 5절 참고). 이에 따라 유엔은 매년 「세계행복보고서(World Happiness Report)」를 발표하고 있다. 이 보고서 작성에는 세 명의 경제학자[15]가 공동 편집위원으로 참여하고 있고, 많은 경제학자, 심리학자, 사회학자, 철학자들이 동참한다. 「세계행복보고서」는 종래의 경제학이론과 달리 국가 간 행복도 차이의 약 75%가 다음 6개의 지표에 의해 설명된다고 주장한다.

① 1인당 GDP
② 사회부조
③ 건강한 기대수명
④ 자신의 삶을 선택할 자유: 성차별 없고 고등교육까지 공평한 교육 기회 보장

---

15  존 헬리웰(John Helliwell, 캐나다 브리티시컬럼비아대학), 리처드 레이어드(Richard Layard, 런던정경대, 영국의회 의원) 제프리 삭스(Jeffrey Sachs, 미국 컬럼비아대학 지구연구소) 등 3인이다.

⑤ 포용성

⑥ 부패에 대한 인식

이제 경제학은 서서히 변하고 있다. 과거의 잘못된 전제들을 재검토하고 있으며, 실증 조사와 연구를 통해 '행복학'으로의 빠른 접근이 이루어지고 있다. 매년 엄청난 양의 행복 연구가 쏟아져 나온다. 한동안 불편한 관계였던 심리학과도 연구 성과를 교류하고 있으며, 심리학자가 행동경제학자를 자임하고 노벨경제학상도 수상했다.[16] 앞으로 행복 연구를 매개로 하여 경제학과 심리학, 철학, 사회학, 뇌과학 등과의 교류가 더 활발해질 전망이다.

행복경제학이 혁명적인 이유는 무엇일까? 브루노 프라이 교수는 다음과 같이 그 이유를 설명한다.

① 행복의 측정 가능성이다. 행복이나 삶의 만족은 측정 가능한 개념으로서 '효용' 개념을 훌륭하게 대신할 수 있다.

② 새로운 통찰이다. 기존 경제학의 영역을 넘어서서 자율이나, 가족 등 사회적 관계의 가치처럼 여러 비물질적 가치까지 아우른다.

③ 정책의 중요성이다. 행복경제학은 일반 경제학이론과는 현저하게 차이나는 정책들을 제안한다(프라이, 2015: 325).

---

16 2002년에 노벨경제학상을 수상한 대니얼 캐너먼이 바로 그런 예이다.

## 2) 주류경제학의 오류와 이스털린의 권유

버냉키와 프랭크는 베스트셀러 저서인 『경제학(Principles of Economics)』에서 '의사 결정 시 범하기 쉬운 세 가지 오류'를 다음과 같이 지적하고 있다.[17] 첫 번째 오류는 비용과 편익을 절대 금액이 아니라 비율로 측정하는 오류이고, 두 번째는 암묵적 비용을 무시하는 오류이며, 셋째는 한계를 고려하지 않는 오류이다.

여기서 두 번째 오류가 특히 행복과 관련하여 주목된다. 돈과 재산 늘리기에 열중하거나, 명예나 지위를 얻기 위해 분주한 사람은 친구들과 우정을 쌓는 데 시간을 많이 쓰지 않는다. 그 결과, 원하던 재산이나 지위 또는 명예를 얻었다 하더라도 관계재가 취약하여 외톨이가 되기 쉽고 나이 들어 친구 없이 외로운 삶을 살아가게 된다. 행복도가 낮아지는 것은 당연한 결과이다. 이것이 암묵적 비용을 무시한 오류에 속하는 예이다.

이스털린도 이와 비슷한 주장을 하고 있다. 즉 돈이 행복한 삶을 사는 데 중요한 요소라고 인식한 사람이 돈을 버는 데 지나치게 많은 시간을 쓰다 보면, 자신의 건강과 가정생활 등에 쓸 시간이 줄어들어 오히려 행복이 낮아진다는 것이다. 이 역시 암묵적 비용을 사전에 고려하지 못한 탓이다.

이스털린은 웰빙(행복) 감정을 설명할 수 있는 이론을 개발하는 데 초점을 두고 있다. 그가 파악하기에 행복에 가장 중요한 요소는 삶의 물질적 조건인 금전이다. 비금전적 요소인 가정생활과 건강은 그 다음이다. 이 요소들 다음으로는 직업 환경과 개인적 특성에 따른 고려들이다. 각 개인은 각자의 영역에서 특정한 목적(혹은 열망, goals or aspirations)[18]을

---

17  이 설명들은 캐너먼 교수의 연구를 기반으로 하고 있다(버냉키·프랭크, 2016: 135~136; Bernanke and Frank, 2015 참조).

갖고 있다. 한 사람의 행복은 여러 가지 목적이 얼마나 충족되었는지에
달려 있고, 그 목적들이 개인의 효용함수에서 차지하는 상대적 중요성에
도 달려 있다.

이스털린은 심리학자들과 주류경제학자들의 행복 인식에 문제가 있다고
본다(Easterlin, 2003). 실증적 연구를 통해 그가 내린 결론은 다음과 같다.

첫째, 심리학자들의 기준점 모델(setpoint model)은 틀렸다. 결혼이나 이
혼 또는 신체장애와 같은 비금전적 영역에서 발생한 사건은 행복에 지속
적으로 영향을 미치며, 기준점을 중심으로 일시적으로 변동했다가 다시 기
준점으로 복귀하지는 않는다.[19] 비행장 주변에 사는 사람들이 느끼는 소음
은 같은 지역에 아무리 오래 살아도 결코 적응이 안 된다. 가족해체로 인
한 행복의 감소 역시 마찬가지다. 유전적 및 개인적 특성이 행복에 영향을
미치지 않는 것은 아니나, 행복을 형성하는 데 개인의 특성들과 삶의 여러
사건들이 상호작용 하고 있다. 쾌락의 쳇바퀴론도 부분적으로 맞지 않다.

둘째, 주류경제학자들이 금전적 영역에서 "많을수록 좋다(more is better)"
라고 내린 추론은 현시선호이론(revealed preference theory)에 근거하고 있
는 것으로, 역시 틀렸다. 소득의 증가, 즉 가처분 재화의 증가는 쾌락의 적
응이 가져오는 효용 변화와 사회적 비교에 따른 부정적 영향으로 인해 지
속적 행복 증가를 초래하지는 않는다. 소비 증가에 따른 효용 수준은 새로
운 생활수준에 대한 적응과, 함께 높아진 타인들의 생활수준으로 인해 애
초 기대치보다 낮다. '행복은 소비량을 욕망으로 나눈 값'이라고 주장했던

---

18  이스털린은 욕망(desire) 대신 열망(aspiration)이라는 용어를 쓰고 있는데, 이는 욕망보
    다 좀 더 포괄적 의미를 갖고 있다.
19  소음이나 미용성형 등은 쾌락 적응이 불완전한데, 다른 말로 이러한 사건들은 한 사람의
    행복에 지속적으로 영향을 미친다(Frederick and Loewenstein, 1999).

현시선호이론의 개발자 새뮤얼슨의 관점과는 확연히 다르다.

주류경제학은 인생의 목적이나 열망을 도외시한다. 그 대신, 주로 금전적 조건에 초점을 맞추고는 처분 가능한 물질재의 증가가 행복을 높인다고 가정한다. 일정한 소비재군(群)이 주는 효용은 개인의 과거 경험이나 타인의 소유에 의해 영향을 받지 않는다고 가정한다. 즉 습관(habit)의 형성이나 선호(preferences)의 상호 의존성이 효용의 크기에 아무 역할도 하지 못하며, 따라서 행복감에도 영향을 미치지 못한다는 것이다. 그러나 이러한 주장들은 모두 잘못되었다.

경제학 패러다임을 전환하려는 이스털린 교수는 개선된 행복이론(better theory of well-being)의 필요성을 주장하고 있다. 그 내용은 다음과 같다. 지금까지 경제학자들의 연구에 의하면, 적응과 사회적 비교가 효용에 미치는 영향은 비금전적 영역보다 금전적 영역에서 더 크다. 이제 금전적 영역에서 기대했던 효용을 갖지 못하게 됨으로써, 가정생활이나 건강 유지와 같은 비금전적 목적에 대한 시간 지출을 줄이고 대신 금전적 목적에 더 많은 시간을 배분하게 되는데, 이것이 행복의 감소 요인이 된다. 따라서 개인의 선호관계를 잘 파악할 수 있는 정책을 개발해야 하며, 이를 통해 개인과 사회의 주관적 행복을 높여야 한다. 금전적 욕망의 확대가 결혼 기피와 출산율 저하 등을 초래하여 비금전적 목적에 대한 시간 지출의 감소가 발생했고, 이것이 행복도를 낮춘다는 것은 게리 베커의 문제의식과도 맞닿아 있다.

여기서 '실제 여건에 대한 열망의 조정 방식이 영역에 따라 달라지는 이유는 무엇인가'라는 문제가 남는데, 이에 대해서는 진화심리학(evolutionary psychology)에서 연구가 이루어지고 있다. 이 연구들에서 영역 간의 차이들이 진화의 영향에 기인한 것이라는 추론이 가능하다. 관계가 파탄 난 부부도 행복한 결혼에 대한 열망을 지속적으로 품고 있다는 것은 짝짓기와 집단적 재생산의 유지가 중요하다는 점을 반영한 것이라 볼 수 있다. 경제적 영역에서 적응의 중요성이 엄청나게 큰 것은 만족하지 않고 물질적 열망을 계속 추구하는 사람들이 생존에 유리하기 때문이며, 결과적으로 우리는 그들의 유전자를 계승했다는 것이다(Kasser, 2002). 만일 그렇다면, 우리는 조상들이 성공적인 생존을 위해 버렸던 행복을 오늘날 비용으로 지불하고 있는 셈이다.

### 3) 스티글리츠-사르코지 위원회의 권유

OECD 행복 조사에서 사용하는 이론 틀은 "How's Life?: Measuring Well-being"(2011)부터 사용되었는데, 스티글리츠·센·피투씨의 보고서 (Stigliz·Sen·Fitoussi, 2009)에서 추천한 모델을 개량한 것이다. 「잘못 측정된 우리의 삶: 왜 GDP를 버려야 하나(Mis-measuring our lives: Why GDP doesn't add up)」라는 명칭의 이 보고서는 '경제적 성취와 사회진보 측정에 관한 위원회'[20]에서 발간한 것이다.

2008년에 위촉되어 약 10개월가량 활동한 이 위원회는 22명의 각국 학자들로 구성되어 있는데, GDP를 비판하고 대안을 찾기 위한 작업을 했다. 프랑스 대통령 니콜라 사르코지(2007.5~2012.5 재임)가 쓴 서문을 읽어보면, 그는 GDP가 인간의 가치 중 어느 것도 측정하지 못한다고 확신하고 있다.

보고서는 현재의 행복(current well-being)에 대한 평가와 지속 가능성 (sustainability)에 대한 평가를 구분했다. 현재의 행복은 소득 등 경제적 자

---

20  정식 명칭은 'Commission on the Measurement of Economic Performance and Social Progress'이다.

원 및 국민의 삶 등 비경제적 측면과 관계가 있다. 이러한 웰빙 수준은 시간이 흘러도 지속 가능해야 하며, 삶에 중요한 자본들(자연 자본, 물적 자본, 인적 자본, 사회적 자본)은 후손에게 전해져야 한다.

이 보고서의 첫 번째 메시지는, 현대 경제의 진화를 특징짓는 구조적 변화를 적절히 반영할 수 있게 경제활동 측정 체계를 조정해야 한다는 것이다. 의료서비스, 교육서비스, 정보통신기술, 조사연구 활동과 금융서비스 등 서비스 부문의 성장이 초래한 변화를 반영하기 위해서다. 일부 분야에서 '산출물'의 증가는 재화의 양적 증가라기보다는 질적인 증가의 문제이기도 하다. 질적 변화는 파악하기 어려운 문제지만, 실질소득과 실질소비를 측정하는 데 있어 아주 중요한 요소이며, 국민들의 물질적 웰빙을 결정하는 핵심 요소이다.

다음으로 현대 경제에서 정부의 역할이 중요하다는 점이다. 정부는 안전과 같은 집단적 성질의 서비스뿐만 아니라 의료서비스와 교육처럼 개인적 성질의 서비스도 공급한다. 특히 교육, 의료서비스, 공공주택, 공공스포츠시설 등 공공 서비스의 공급은 시민들의 생활수준 향상에 크게 기여하고 있다. 다수의 OECD 회원국에서 정부 산출물은 GDP의 29%를 넘어서고, 정부지출의 40% 이상을 차지한다. 따라서 정부 산출물을 측정하는 방법이나 서비스의 질에 대해 조정이 이루어져야 한다.

보고서에 담긴 핵심 주제는 '생산량 측정에서 국민의 행복 측정으로' 무게중심을 전환해야 할 시점이 되었다는 것이다. 행복의 측정은 지속 가능성과 관련되어 이루어져야 한다. GDP와 생산량 측정을 무시하는 것은 아니지만, 총량 GDP 데이터에 담긴 정보와 일반 국민의 행복 사이에 격차가 있기 때문이다.

행복을 구성하는 여러 가지 차원이 있지만, 그 출발점은 물질적 행복 또는 생활수준의 측정이 되어야 할 것이다. 이와 관련하여 보고서에서는 다음 같이 몇 가지 권고를 하고 있다.

---

**권고 ①** 물질적 웰빙을 평가할 때, 생산량보다는 소득과 소비를 철저히 살펴보라.

**권고 ②** 가계의 전망을 강조하라.

**권고 ③** 부는 소득 및 소비와 함께 고려하라.

**권고 ④** 소득과 소비와 부의 분배를 더 분명히 보이게 하라.

**권고 ⑤** 소득 측정 시 비시장활동(non-market activities)까지 모두 측정하라.

**권고 ⑥** 삶의 질은 국민의 건강, 교육, 개인적 활동 및 환경조건 등 객관적 조건과 능력에 달려 있다. 이것들을 측정하는 방법을 개선해야 한다. 삶의 질 평가와 관련된 정보는 국민들의 자기 진술이나 인지 내용만으로는 불충분하며, 여러 사회적 기능들과 자유가 포함되어야 한다.

**권고 ⑦** 각 방면의 삶의 질 지표들은 불평등을 이해하기 쉽게 분석해야 한다. 두리뭉실 통합해서 기술하지 말고 사회-경제 계층 간, 성별, 세대별로 자세하게 분리할 필요가 있다.

**권고 ⑧** 조사 결과는 개인을 위한 여러 가지 삶의 질 영역 간 링크를 평가할 수 있게 기획되어야 한다.

**권고 ⑨** 통계국은 삶의 질 차원을 전체 집계하는 데 필요한 정보를 제공해야 한다.

**권고 ⑩** 객관적 행복과 주관적 행복 양자 모두의 측정치가 국민들의 삶의 질에 관한 핵심 정보를 제공해 준다. 통계국은 국민들의 삶에 대한 평가와 헤도닉 경험치와 우선적으로 고려하는 사항들을 파악할 수 있는 질문을 통합해야 한다.

**권고 ⑪** 지속 가능성에 대한 평가에는 잘 정의된 지표들의 배열이 필요하다. 지속 가능성의 평가는 현재의 웰빙이나 경제적 성취에 대한 질문을 보완하는 것이며 독자적으로 조사되어야 한다.

**권고 ⑫** 지속 가능성의 환경적 측면들은 적절히 선택된 물리적 지표 위에서 하나하나 개별적으로 추적할 필요가 있다. 특히, 기후변화라든가 어족 자원의 고갈 등과 관련된 환경파괴 수준에 접근하기 위해서 그러하다.

---

자료: 보고서 내용은 다음 사이트를 참조.
　　http://ipezone.blogspot.com/2009/09/out-now-sarkozy-stiglitz-sen-well-being.html

이 위원회의 권유에 따라 행복 측정을 위한 OECD의 프레임이 개발되었다. 이에 따르면 개인의 행복(웰빙)은 삶의 질과 물질적 조건에 의해 결정된다. 삶의 질은 건강 상태, 일과 생활의 균형, 교육과 기술, 사회관계망, 시민참여와 거버넌스, 환경의 질, 개인의 안전, 및 주관적 행복(웰빙) 등 여덟 가지 요소에 의해 결정된다고 본다. 물질적 조건은 소득과 부, 일과 근

**그림 5-2** 행복(웰빙) 측정을 위한 OECD 프레임 워크

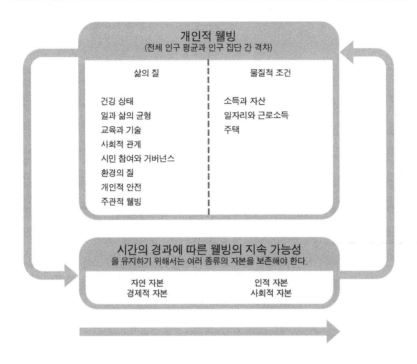

개인적 웰빙
(전체 인구 평균과 인구 집단 간 격차)

삶의 질

건강 상태
일과 삶의 균형
교육과 기술
사회적 관계
시민 참여와 거버넌스
환경의 질
개인적 안전
주관적 웰빙

물질적 조건

소득과 자산
일자리와 근로소득
주택

시간의 경과에 따른 웰빙의 지속 가능성
을 유지하기 위해서는 여러 종류의 자본을 보존해야 한다.

자연 자본
경제적 자본

인적 자본
사회적 자본

자료: OECD Family Database(2019).

로소득, 주거 시설 등을 핵심 요소로 분류하고 있다. 그 내용이 **그림 5-2**에 나타나 있다.

이와 함께 행복이 오래 지속되기 위해서는 자연 자본(natural capital), 인적 자본(human capital), 경제적 자본(economics capital) 및 사회적 자본(social capital) 등 네 가지 종류의 자본이 잘 보존되어야 하기 때문에 지속 가능성이 포함되어야 한다.

## 4) OECD의 삶의 질 측정

"OECD Better Life Index"(2017)에 의하면, 회원국 국민들은 1인당 연간 세후 2만 7000달러 정도의 평균 수입을 올리고 있으며, 가계의 평균 금융 자산 가치는 1인당 소득의 2배 정도 된다. 15~64세 인구의 3분의 2가 직업을 갖고 있으며 38명 중 1명은 1년 이상 실업 상태에 있다. 상시근로자의 평균 연간 조근로소득(gross earning)은 4만 600달러 수준이며, 장시간 근로도 흔해서 8명 중 1명이 일주일에 약 50시간 이상을 노동한다.

상시근로자들의 레저와 개인 시간이 수면 시간을 포함하여 하루 15시간 이하이다. 연간 총가처분수입의 20% 정도를 집을 꾸미는 데 사용한다. 식구에 비해 방이 많은데(평균 1인당 1.7개), 10개의 회원국들에서는 2% 이상의 국민들이 가족들만 사용하는 실내 화장실을 보유하고 있지 못하다. 80%의 사람들은 지역의 수질에 만족하고 있지만, 40%만이 매년 좋은 공기 속에서 살고 있다. 행복의 영역별 분류와 그 개념 및 지표는 **표 5-1**과 같이 정리될 수 있다.

OECD 회원국들은 소득수준이 높은 상위그룹과 중간그룹 및 하위그룹으로 나눌 수 있다. 상위그룹에는 룩셈부르크, 노르웨이, 스위스, 미국, 네덜란드, 아일랜드, 오스트리아, 오스트레일리아, 스웨덴, 덴마크, 독일, 캐나다 등이 속한다. OECD에서 개발한 모형으로 행복을 측정하면 이 국가들의 행복도는 상대적으로 높은 편이다.

중간그룹은 아이슬란드, 벨기에, 핀란드, 영국, 프랑스, 일본, 뉴질랜드, 이탈리아, 스페인, 한국, 이스라엘이 속해 있다. 이 국가들의 행복도는 다양하다.

하위그룹은 슬로베니아, 체코, 포르투갈, 슬로바키아, 에스토니아, 그리스, 폴란드, 헝가리, 칠레, 터키, 멕시코 등의 국가들이다. 이 국가들의 행

표 5-1 웰빙의 주요 구성 요소

| 웰빙 영역 | 개념 | 지표 |
|---|---|---|
| 소득과 부 | 가계소득, 금융자산 | 가계 가처분소득, 순금융자산 |
| 일과 근로소득 | 고용, 근로소득, 직업 안정성, 장기 실업률 | 고용률, 상시근로자의 연간 총근로소득, 실업자가 될 확률, 장기 실업률 |
| 일과 생활의 균형 | 노동시간, 쉼(휴식) | 장시간 노동자 수, 여가와 개인 시간 |
| 주택 | 1인당 방, 주택 보유 능력, 기본적 위생 시설 | 1인당 방 수, 주택 관련 지출액, 위생 시설 없이 사는 사람 수 |
| 환경의 질 | 수질, 대기 질(PM2.5) | 수질 만족도, 연간 대기오염일 수 |
| 건강상태 | 평균수명, 건강 상태 인식 | 출생 시 기대수명, 건강 상태 보고 |
| 교육과 기술 | 학업성취도, 인식 기능, 성인의 기능 | 학업성취도, 만 15세 학생 인식 능력, 16~65세 인구 기술 능력 |
| 사회적 관계 | 사회적 부조 | 사회관계망에 대한 인식 |
| 시민 사회활동과 거버넌스 | 투표율 | 투표율 |
| 개인적 안전 | 피습에 의한 사망, 희생자 보고 | 피습에 의한 사망자 수, 피습 경험 |
| 주관적 웰빙 | 삶에 대한 평가 | 삶에 대한 만족도 |

자료: OECD(2017a); OECD(2017c).

복도는 상대적으로 낮은 편이다.


## 3. 행복경제학자들의 행복 결정 요인 연구

행복한 삶은 모든 인류의 소망이기에 오래전부터 학자들은 행복해지는 방법과 행복을 결정하는 요소에 관해 연구해 왔다. 아리스토텔레스는 좋은 가문, 친구의 수, 좋은 친구, 부와 재산, 자식 복(福), 많은 자녀, 행복한 노년, 육체적 강건함, 미모 혹은 아름다움, 힘 혹은 완력, 큰 키, 운동능력, 명성, 존경심, 행운, 덕목 등이 행복을 결정한다고 했다. 여기서 그는 내적 요인과 외적 요인을 구분하고 있다. 그는 이러한 내적·외적 좋음을 갖춘 사람이 있다면 그는 절대 외롭지 않을 것이라고 말했다(Aristoteles, 1991: Book I Part 5 "On Happiness"). 벤담 역시 쾌락과 고통에 관한 방대한 분류를 통해 행복을 증가 혹은 감소시키는 요인들을 찾아내려고 노력했다(이 책의 제1장 4절 참조).

경제학자들은 원인과 결과를 간결한 방정식으로 표현하는 것을 선호한다. 이러한 전통에 따라 행복을 종속변수로 놓고 이에 영향을 미치는 독립변수들을 고르고 각 변수의 영향력의 크기를 추정하려고 한다. 현대의 경제학자들 역시 이러한 노력을 게을리하지 않는다. 현대의 대표적인 행복경제학자인 런던정경대의 리처드 레이어드(Richard Layard)와 취리히대학의 브루노 프라이(Bruno Frey) 및 이들과는 전혀 다른 시각을 가진 스키델스키 부자(Robert Skidelsky and Edward Skidelsky)의 견해를 보기로 한다.

### 1) 레이어드 교수의 '빅 세븐'론

세계행복운동(Action for Happiness)을 이끄는 공리주의자 리처드 레이어드는 행복에 큰 영향을 미치는 요소 일곱 가지를 선정해 이를 '빅 세븐(big seven)'이라고 불렀다.[21] 순서대로 열거하면, '가족관계', '재정 상태', '일', '공동체와 친구', '건강', '개인의 자유', '개인의 가치관'이다. 그는 '나이', '성', '외모', '지능지수(IQ)', '교육 수준' 등은 행복에 큰 영향을 미치지 않는다고 주장했다.

---

[21] 이하의 내용은 Layard(2005; 2011)를 참조했다. 레이어드는 캐나다 UBC대학의 존 헬리웰 교수(John Helliwell)의 연구를 이어받아 행복에 영향을 미치는 요소를 실증적으로 분류했다. 그는 세계행복운동을 이끌고 있다.

① **가족관계**(family relationships)

가족은 사회의 기초 단위이기 때문에, 가족관계의 변화가 행복에 가장 큰 변화를 가져온다. 레이어드 교수는 조사를 통해, 결혼이 당사자들의 행복을 증가시키며 이혼을 하면 행복이 감소한다는 사실을 입증했다. 결혼 생활을 하다 사별해도 행복이 감소하며, 별거 상태가 되면 이 모든 것보다 더 나빠진다. 이혼율은 국가 전체의 행복도를 떨어뜨린다. 아이가 태어나면 커다란 행복을 느끼지만, 2년 정도가 지나면 원래의 행복 수준으로 복귀한다. 결혼이나 동거는 사랑과 안정을 주고받으며 자원을 공유하고, 함께 돈을 벌어 서로에게 이익이 된다. 결혼한 사람은 독신보다 섹스를 자주 하고 삶의 만족감을 더 자주 느끼며, 대체로 더 건강하고 오래 산다. 독신보다는 동거가, 동거보다는 결혼이 더 큰 행복을 가져온다.

② **일**(work)

일은 소득을 얻는 수단일 뿐만 아니라 삶에도 여러 가지 의미를 덧붙인다. 일을 하는 사람은 자신이 사회에 공헌하고 있다는 자부심이 있다. 반대로, 실업은 소득을 잃게 하며 자존감에도 타격을 준다. 실직은 처음 시작부터 1~2년 후까지 일정한 강도로 행복을 감소시킨다. 실업은 적응이 안 된다는 의미이다. 사람들은 취업 중에도 실직을 두려워한다. 그래서 실업률이 높아지면 사회 전체의 행복이 감소한다. 아울러 노동시간과 노동강도 및 직장 내 민주주의 등 일에 대한 만족도도 중요하다. 장시간 노동과 혹독한 감독, 상명하복의 근무 분위기 등은 행복을 낮추는 요인이다.

③ **공동체와 친구**(community and friends)

평생을 행복하게 살아가려면 좋은 친구가 꼭 필요하다. 아리스토텔레스도 행복해지기 위해서 친구와의 우정이 중요하다는 점에 대해 여러 차례 언급했다. 친밀한 우정은 어릴 때만 형성되는 것이 아니라 성인이 되어서도 직장생활과 공동체를 통해 만들어진다. 사람은 자신이 살고 있는 사회가 신뢰할 수 있는 공동체라고 인식하면 안정감을 갖게 된다. 또 위기에 빠졌을 때, 도움을 청할 친구나 친척이 있는가 하는 문제는 삶의 질을 높이는 중요한 요소다. 이러한 점들이 공동체의 질을 형성하는 요소가 된다.

④ 건강(health)

네 번째 요소는 건강이다. 레이어드는 건강은 삶에서 매우 중요하지만, 건강을 잃은 경우라도 시간이 지나면 회복이 되기 때문에 건강이 행복을 결정하는 1순위 요소가 된 적은 없다고 주장한다. 하지만 적응이 잘 안 되는 정신질환[22]이 크게 문제가 되고 있는 지금, 레이어드의 이러한 주장은 현실과 약간 다른 판단으로 보인다. 앞에서도 소개했던 헬리웰의 분석에서는 건강이 행복에 매우 중요한 요소로서, 주관적으로 느끼는 건강이 1.5% 포인트 감소하면 행복은 무려 6% 포인트나 감소하는 것으로 조사되었다.

⑤ 자유(personal freedom)

세르반테스는 소설 『돈키호테』에서 터키 해군에 잡혀서 포로 생활을 했던 자신의 실제 경험을 생생하게 그리고 있다. 오늘날의 자유란 신체의 자유만을 의미하지 않는다. 레이어드는 양심의 자유, 학문의 자유, 종교의 자유, 집회·결사의 자유 등을 모두 행복한 삶을 사는 데 빼놓을 수 없는 중요한 권리라 인식하고 있다. 지구상에는 이와 같은 자유가 제한되는 국가

---

22  노벨경제학상 수상자 존 내시(John Nash)의 일생을 다룬 영화 〈뷰티풀 마인드(Beautiful Mind)〉를 보면 정신질환자 가족이 겪는 고통이 생생하게 묘사되어 있다.

가 많다. 한국도 이 모든 자유가 완벽하게 보장되는 나라는 아니다. 아울러 지방자치단체의 자치 영역 및 대학의 자율과 자치도 이 범주에 속하며, 자율과 자치 영역이 클수록 행복도 커진다. 아마르티아 센은 자유를 '인류 발전의 최종 목표'라고 정의하고 있다.

⑥ 개인의 가치관(personal values)

일반화할 수는 없지만, 종교가 있는 사람과 없는 사람은 안정감에서 차이가 날 수 있다. "믿는 구석이 있다"라는 말의 의미를 생각해 보면, 종교의 의의를 인정할 수 있을 것이다. 세계가치관조사협회(World Values Survey Association)에서 진행한 제1차(1981~1984), 제2차(1990~1994), 및 제3차(1995~1998) 세계가치관조사에서는 신앙을 가진 사람과 그렇지 않은 사람은 행복도에서 100점 만점에 3.5점의 차이가 났다.

단테의 『신곡』 지옥편을 보면 호메루스, 호라티우스, 소크라테스, 플라톤, 히포크라테스를 비롯한 고대 그리스의 위인들이 지옥에 수용되어 있다. 단지, 세례를 받지 않았다는 이유로……. 애덤 스미스는 신을 위한 고행이나 수행만이 중요하고, 일반인의 삶은 중요하지 않다고 보는 단테식의 종교관(예수천국/불신지옥식의 종교관)을 비판했다. 고행은 행복에 이르는 길이 아니며, 인류 역사에서 위대한 영웅들, 정치인, 시인, 철학자, 발명가와 같이 인류 생활에 기여한 이들의 공과 덕성은 인정되어야 한다는 것이다.

수도원의 쓸데없는 고행을 전쟁의 그 고귀한 고난과 위험과 비교하는 것, 전자에 사용된 하루나 한 시간이 이 세상의 위대한 재판관의 눈으로 볼 때 후자에 명예롭게 투입된 생애 전체보다도 더 큰 공로를 가지는 것으로 상정하는 것은 명백히 우리가 지닌 모든 도덕 감정에 반하고 우리의 경멸이나 감탄을 규제하기 위해 자연이 가르치는 모든 원리에 반하는 것이다. 이러한 정신적 태도는 수도사나 탁발 수도사를 위해 또는 이들과 유사한 행동과 대화를 하는 사람들을 위해 천국을 예약하는 것인 반면에, 이전의 여러 시대에 존재했던 모든 영웅, 정치가와 입법자, 시인과 철학자 모두를 지옥으로 보내는 선고를 하는 것이다. 이들이야 말로 인류 생활에 필요한 기초 생존 수단, 편의품, 장식품에 공헌하는 기예를 발명하고 개량하고 탁월하게 운용한 사람들이고, 그들은 인류의 모든 위대한 보호자, 교육자, 후원자로서, 우리의 자연적 감각에 의해 판단할 때 최고의 공로와 가장 숭고한 덕성을 지닌 것으로 평가해야 하는 사람들이다(스미스, 2016: 제3부 「우리 자신의 감정과 행위에 관한 판단의 기초 및 의무감」).

### ⑦ 재정 상태(financial situation)

재정이란 소득과 재산을 의미한다. 소득과 재산이 행복에 미치는 영향에 대해서는 많은 학자들이 실증적으로 조사한 바 있다. 소득은 빈곤을 해소하고, 욕망을 충족시켜 행복에 긍정적 영향을 미친다. 또한 자신의 사회적 서열을 확인하는 대표적 지위재로서도 기능한다. 의식주에 필요한 필수재는 물론이고, 삶을 윤택하게 해줄 온갖 재화들을 구매할 수 있게 해준다. 그러나 소득과 재산을 맹신하여 그 획득을 위해 수단과 방법을 가리지 않으면, 큰 비난을 받고 심하면 처벌을 받게 되므로 오히려 행복이 감소하게 된다.

## 2) 프라이 교수의 행복 결정 요인들

스위스 취리히대학에서 행복경제학을 연구해 온 브루노 프라이 교수는 행복을 결정하는 요소를 '개인적 요인', '인구·사회학적 요인', '경제적 요인', '상황적 요인', '제도적 요인'의 다섯 가지로 분류했다.[23]

① 개인적 요인

개인적 요인들이 행복에 큰 영향을 미치지 않는다고 주장한 레이어드와 달리 프라이는 자존심, 자기통제, 낙관주의, 외향성, 신경과민 등 개인적인 특성이 행복에 영향을 크게 미친다고 본다. 인간은 고립된 삶을 사는 것이 아니라 타인과의 비교를 통해 자신의 상황을 돌아보며, 과거의 경험 중 가장 고통스러웠던 순간을 비롯해, 어떤 사건의 중간 과정보다는 끝부분을 주로 기억한다.[24] 미래의 상태를 정확히 예측할 수 없는 상황에서 어떤 선택을 해야 하는 경우가 많은데, 이 경우 초낙관주의[25]가 행복에 영향을 미친다.

② 인구·사회학적 요인

연령, 성별, 결혼 여부, 교육 수준 등이 행복에 영향을 미친다. 30~60대의 행복은 10~20대에 비해 떨어진다. 60대 이상의 행복도는 10~20대보다 높다. 여성의 평균 행복도가 남성보다 높다. 교육은 행복을 보장하지는 않지만, 인생의 굴곡에 대해 잘 대응하도록 돕고 만족도를 높이는 중요한 요소이다. 유전자와 환경은 행복에 큰 영향을 미치며, 낙관주의자가 비관론자보다 행복한 경향이 있다. 생애주기별 U 자형 행복곡선은 이미 설명한 바와 같이 중년 이후 연령이 높아질수록 행복도가 상승하는 모양을 보이며, 여성이 남성보다 행복한 편이다. 건강은 행복에 아주 중요하다. 독신자들은 기혼자들보다 덜 행복하다.

---

23  이하의 내용은 프라이·스터처(2008) 및 Frey and Stutzer(2000: 79~102)를 참조했다.
24  이 점은 캐너먼의 실험으로 증명된 바 있다(Kahneman, 2000).
25  대다수의 사람들은 사고나 암 등에 자신이 관련될 확률을 과소평가하고, 자신의 능력은 과대평가한다. 대다수의 자동차 운전자들은 자신의 운전 능력이 상위 20% 안에 든다고 생각한다(프라이·스터처, 2008).

### ③ 경제적 요인

개인의 소득, 총소득, 고용과 실업, 인플레이션 등이 행복에 중요한 요소이다. 개인의 효용 수준이 소득에 비례한다는 것은 여러 차례의 실증적 연구로 확인된 바 있다. 물론 모든 경제학자들과 심리학자들이 이에 동의하는 것은 아니다. 실례로 복권에 당첨된 사람의 행복은 오래가지 못한다. 당첨자들은 대부분 다니던 직장을 그만둘 뿐 아니라, 지원을 요청하는 귀찮은 이웃과의 관계도 끊어져 행복에 결정적으로 중요한 관계재가 사라진다. 게다가 쾌락의 쳇바퀴도 작용한다. 그러나 일국 내에서 고소득계층의 행복이 저소득층보다 높은 것은 사실이며, 분배가 잘 이루어지는 국가의 행복도가 상대적으로 높다. 공정한 분배가 행복을 높이는 데 중요한 요소라 할 수 있다.

일과 직업의 중요성은 상상 이상으로 크다. 실업은 소득의 감소뿐만 아니라 관계재와 자신감의 상실을 가져온다. 인플레이션은 서민 생활에 직접적으로 영향을 미쳐 행복과 밀접한 관련이 있으며, 사회단체 참여, 스포츠, 음악 동호회, 등산 모임 등을 통한 여가 활동 역시 행복에 중요한 요인들이다.

### ④ 상황적 요인

직장에서의 노동조건과 스트레스, 배우자, 친척과 친구, 동료와의 인간관계, 생활환경과 건강 등이 모두 행복에 영향을 미친다. 저녁이 있는 삶을 어렵게 만드는 장시간 노동, 업무 과정에서 스트레스를 강하게 받는 감정노동, 정당한 대가를 지불해 주지 않으면서 열정만을 요구하는 열정 페이, 상사와 감독관의 갑질, 직장 내에서의 따돌림, 대기와 수질 오염, 지속적인 소음과 건강 악화 등이 모두 행복에 큰 영향을 미치는 요인들이다.

⑤ 제도적 요인

프라이 교수팀은 스위스 국민 6000여 명을 대상으로 정치와 경제적 과정이 행복에 미치는 영향에 관해 조사했다. 유권자들은 경제가 좋지 않을 때 불만을 드러내고 정부에 책임을 묻는다. 실업률이 1% 포인트 상승하면 정부 평판과 지지표는 0.4~0.8% 포인트 떨어진다. 물가가 1%만 상승해도 효과는 엇비슷하다. 스위스의 주(칸톤[26]) 가운데 직접민주주의가 발달한 주의 행복도가 더 높았다.

진보성향을 가진 사람은 인플레이션보다 실업을 더 중요시하며, 보수성향의 사람은 실업보다 물가상승률이 증가할 때 행복이 더 크게 감소한다. 진보성향의 사람은 실업률이 1%포인트 증가하면 물가상승률이 1.8% 포인트 낮아져야 행복 수준이 유지된다. 이에 비해 보수성향의 사람은 실업률이 1% 포인트 증가하면 물가상승률이 0.9% 포인트만 하락해도 이전의 행복 수준을 유지한다(Tella and MacCulloch, 2006).

## 3) 스키델스키 교수의 기본재론

케인스 연구로 유명한 로버트 스키델스키(영국 워릭대학 경제학과 교수)와 에드워드 스키델스키(영국 엑시터대학 철학과 교수) 부자(父子)는 좋은 삶(good life)을 영위하기 위해서 꼭 필요한 재화를 기본재(basic goods)라고 이름 붙이고 총 일곱 가지를 제시했다.[27] 앞의 두 경제학자가 벤담의 행복

---

26   스위스는 칸톤이라고 부르는 26개의 주로 이루어진 연방국가인데, 각 주는 상당한 수준의 자치를 누리고 있다.
27   이하의 내용은 Skidelsky and Skidelsky(2012) 및 스키델스키·스키델스키(2013)를 참조했다.

관을 따르고 있다면, 스키델스키 부자는 아리스토텔레스와 밀을 따른다고
말할 수 있다.

### ① 건강(health)

건강은 신체가 온전히 기능하는 것, 즉 우리의 동물적 본성을 완수한다
는 의미이다. 건강은 생명을 유지하는 데 필요한 모든 것을 포함하는데, 활
력, 에너지, 기민함, 아름다운 혈색 등이 포함된다. 스키델스키 부자는 육
체적 건강을 정신적 건강보다 하위 개념으로 보지 않는데, 정신적 건강과
달리 육체적 건강은 과학의 권위가 실리기 때문이다. 진보를 추구하는 국
가(liberal state)라면 적극적으로 국민의 건강에 개입해야 할 이유가 있다.

### ② 안전(security)

안전이란 자신의 삶이 전쟁, 범죄, 쿠데타, 기타 심각한 사회적·경제적
격변에 의해 방해받지 않고 평상처럼 지속될 것이라는 기대가 정당화되는
것을 의미한다. 안전은 개성, 우정, 여가의 실현을 위한 필요조건이지만,
그 자체로서도 좋은 것이다. 자본주의는 전통적 사회구조를 파괴하여 인
간의 삶을 고달프게 만들었다. 스키델스키 부자는 주류경제학자들과 달리
"인간이 시장에 적응하는 것이 아니라, 시장이 인간에 적응해야 한다"라고
주장한다.[28]

### ③ 여가(leisure)

스키델스키 부자의 여가 개념은 중요하다. 그들이 말하는 여가는 단순

---

28  2014년 4월 16일, 진도 앞바다에서 일어난 세월호 침몰 사건은 국가의 안전 의무와 삶에
    서 안전의 중요성에 대해 되돌아보게 만든 비극이었다.

히 일을 하지 않는 시간이 아니라 시간을 '고상하고도 진지하게 이용'하는 것을 의미한다. 마르크스의 '소외되지 않은 노동' 개념과 유사한 것이라고 밝히고 있다. 또한 케인스가 더할 나위 없이 소중하다고 한, '삶의 자유로운 표출, 따라서 삶의 향유'라 부른 바로 그것이다. 여가는 높은 수준의 사유와 문화의 원천이며, 여가가 없는 인간의 삶은 공허하다. 돈을 받고 하는 힘든 노동이 아니라(작가나 예술가들의 노동도 유급 노동이므로 여가가 아님), 목적이 없는 자발적 활동이 여가이며 곧 자신이 하고 싶은 일을 하며 지내는 시간이다. 고도로 상업화된 현대사회는 자발적 형태의 여가가 아니라 상품이 된 여가를 소비하고 있다.[29]

④ 존중(respect)

존중은 타인의 관점을 인정하거나 고려하는 것으로서, 그 자체로도 좋은 것이지만 다른 기본재들의 필요조건이다. 존중은 모든 사회구성원들에게 적용되어야 하며, 특정 집단에 속한 사람들이 자기들끼리는 존중하지만 그 이외의 사람들을 멸시하는 것이어서는 안 된다. 전통사회에서 존중의 원천은 권력, 돈, 신분, 토지 등이었지만, 현대사회에서는 이를 넘어서야 존중하는 마음이 생긴다. 존중받기 위해서는 정직하게 소득을 벌어야 하며, 사회 속에서 자신의 가치를 입증해야 한다. 그러나 불평등이 일정 한도를 넘으면 상호 존중이 어려워지므로, 일정한 수준의 부의 평등과 소득 분배는 민주주의적 연대감을 위한 필요조건이다.

---

29  종교 활동을 하는 안식일도 예배 목적을 위한 시간이라는 의미에서 여가는 아니다. 오히려 일본의 봉건귀족들이 전쟁이 사라진 시기 동안 전통적 직업 터전(전쟁)을 박탈당한 채 목욕이나 차 마시기 등으로 전환한 생활예술 활동이 여가의 개념에 가깝다. 소설가 무라카미 하루키가 쓴 '소확행'이라는 단어의 의미도 단순한 놀이를 의미하기보다는 일본인들의 차 마시기, 대화, 춤, 음악 등 생활 속 예술화한 일상 활동을 지칭하는 것이라 할 수 있다.

⑤ 우정(friendship)[30]

이 개념은 그리스어 '필리아(philia)'에서 나왔는데, 부모, 배우자, 스승 등과의 다정한 관계 전체를 포괄한다. 인간에 대한 사랑과 사회적 공감까지도 포함한다. 아리스토텔레스가 말하는 참된 우정은 각자가 상대방의 좋음을 자신의 것으로 포용함으로써 새로운 공동선을 만들어갈 수 있을 때 존재한다. 그것은 덕 있는 사람들 사이에서만, 그리고 서로 무엇을 줄 수 있는지가 아니라 서로를 있는 그대로 받아들이는 사람들 사이에서만 가능한 관계이다. 우정은 인격적인 동시에 정치적인 것이다. 그것은 한 가정의 구성원들을 한데 묶는 것에서 더 나아가 한 사회의 시민들을 단결시킨다. 그런 의미에서 우정은 매우 중요하다.

⑥ 개성(personality)

개성이란 자신의 취향, 기질, 좋음의 개념을 반영하여 삶을 계획하고 실행하는 모든 능력을 의미한다. 즉 자율성의 실천이라 할 수 있다. 개성이 없는 사회는 개인들이 긴장이나 저항도 없이 각자의 사회적 역할을 그저 받아들이는 사회로서 도저히 인간적이라 할 수 없다. 개성을 발휘하기 위해서는 자신과 가족을 영구히 부양할 수단, 즉 사유재산을 가져야 한다. 재산이 없으면 자본의 관리자들에게 굴욕스럽게 의지하게 될 뿐이다. 재산은 반드시 고루 분배되어야 하며 그렇지 않으면 그 윤리적 과업을 행할 수 없다. 따라서 이 개념은 일반적인 자유시장 논의와 다르며 그 함의도 다르다.

---

30 '공동체 정신'이 아니라 '우정'을 말하는 이유는 '물상화(reification)'의 문제를 우려하기 때문인데, 다른 말로 '공동체의 좋음'이 마치 구성원 각자의 좋음을 능가하고 초월하는 무엇인 것처럼 말하게 될 가능성을 차단하는 것이다(스키델스키·스키델스키, 2013: 270).

⑦ **자연과의 조화**(harmony with nature)

자연과의 조화는 인간을 위한 좋은 삶의 일부인데, 인간중심적으로 보더라도 그러하다. 동물, 식물, 자연에 대해 느끼는 친밀감은 동서고금을 막론하고 공통적으로 인식되어 왔다. 사실 자연의 가치는 근원적이다. 좋은 삶을 위한 환경 가꿈이 윤리적으로 어떤 의미를 가질 것인가에 대해 진지한 논의가 필요하겠지만, 스키델스키 부자는 '좋은 삶 환경주의'의 입장이 옳다고 생각한다. 이 입장은 자연 자체를 위한 것도 아니고, 후세를 위한 것만도 아니며, 바로 우리 자신을 위해 녹색 삶을 실천하는 것이다. 좋은 삶 환경주의는 성장 감축을 요구하는데, 그것이 목표라기보다 그 자체로 바람직하기 때문이다. 자연은 우리 마음대로 써버릴 수 있는 천연자원도 아니고, 희생을 요구하는 낯선 신(神)도 아니라는 것이 그들의 입장이다.

## 4. 인간의 본성과 행복

### 1) 이타심과 공감 능력, 그리고 가족의 문제

사람이 본질적으로 이기적인가 아니면 이타적인 면도 함께 갖고 있는가에 관한 오래된 논쟁이 있는데, 이는 윤리학자들뿐만 아니라 경제학자들에게도 매우 중요한 문제였다. 프랜시스 허치슨(Francis Hutcheson)과 데이비드 흄(David Hume)의 사상을 이어받은 애덤 스미스는 인간에게 이기심과 이타심이 함께 존재한다고 생각했다. 그는 자신의 대표작 두 권 중 『국부론(The Wealth of Nations)』에서는 이기심의 자유로운 추구에 기초한 경제질서 확립을 주장했고, 『도덕감정론(The Theory of Moral Sentiments)』에서는 공감 능력에 기초한 사회질서의 중요성을 강조했다. 이후 이기심과 이타심의 존재 및 이에 따른 인간 행동의 분석 방법에 대해 경제학자들 사이에 많은 논쟁이 있었으나, 결국 인간의 본성이 이기적이라는 단순화된 체계가 받아들여졌다. 그러나 인간에 대한 이러한 이해에 대해서는 계속해서 반론이 제기되고 있다.

동물들은 자신이 위험에 빠지는 것을 무릅쓰고 다른 동물을 돕는 경우가 많은데,[31] 인간 역시 마찬가지다. 가족 간의 도움, 가까운 친구나 친척 간의 협조 등에서 이타적인 행동을 자주 볼 수 있다. 이기적 인간은 친구가 위급한 상황에 처해도 나중에 자신에게 돌아올 이득이나 손실을 계산하지만, 이타적 인간은 위기에 처한 동료를 도와야 한다는 한 가지만을 생각한다. 어떤 행위의 결과로 타인의 이득이 커지지만 자신에게는 손실이 거의 없는 경우에 그러한 행위를 하는 것은 이타심이라 할 수 없다. 그저 합리적 행동일 뿐이다. 음주운전을 하다 교통사고를 내 처벌받을 위기에 처한 상사를 구하기 위해 자신이 운전했다는 거짓증언을 하는 것은 이타적 행동이 아니다. 대가를 기대하거나 약속을 받고 하는 담합행위일 뿐이다.

그러나 어떤 행위의 결과로 타인의 이득이 커지는 데 비해 자신에게는 손실이 발생하는 경우에도 그런 행위를 한다면, 이것이 바로 이타적 행위라 할 수 있다. 물에 빠진 친구를 구하려다 함께 희생되는 청소년들의 이타적 행동이 가끔 언론에 보도되곤 한다. 실제 비시장적(non-market) 행동에서는 이기적이지 않은 경우가 많다.

주류경제학에서 상정하는 경제인(homo economicus)은 비용-편익 분석

---

31 나뭇가지에 앉아 있는 다람쥐가 숲속을 조용히 기어가는 표범을 발견하고는 소리를 내어 사슴들에게 알리는 행동은 자신이 위험에 빠지는 것을 감수하고 하는 행위이다.

이라는 철저한 계산을 통해 효용 극대화를 추구하기 때문에, 경제학자들은 이기적 행동의 추구가 큰 행복을 가져올 것으로 생각한다. 하지만 현실의 거래에선 반드시 기대대로 되지는 않는다. 거래의 다른 당사자 역시 자신의 효용을 극대화하는 거래가 아니면 응하지 않을 것이고, 결국 거래의 두 당사자 모두 기대효용에 거의 맞먹는 비용을 지불해야 하기 때문이다. 그러므로 이기적 행동은 스트레스를 가져다줄 가능성이 크고, 오히려 이타적 (또는 비이기적) 행동이 당사자와 주위 사람들에게 더 큰 행복을 선물할 가능성이 크다. 이타적 행동은 주로 가정과 친구, 친척 및 기타 작은 모임 등에서 볼 수 있다. 코로나19 사태 발발 후 한때 혈액 보유량이 급감했다는 언론보도가 있자, 국민들의 자발적인 헌혈 참여가 이어져 11일 만에 보유량이 2배로 증가한 사실은 인간(한국인)에게 이타심이 많이 남아 있다는 것을 확인할 수 있었던 사건이다.

인간은 대체로 자기 자신을 가장 중요하게 생각하며, 다음이 가족이고, 친구와 친척이 그다음 순서가 된다. 이 순서에 따라 이타심은 점차 엷어지게 되어 있다. 그렇다고 해서 완전히 사라지는 것은 아니라서, 모르는 사람이나 동물 또는 곤충이 곤경에 처해 있으면 위험을 무릅쓰고 벗어나도록 도와주는 경우를 흔히 볼 수 있다. 생면부지의 사람을 구하기 위해 맨손으로 테러범에 맞선 사람들의 무용담도 자주 보도된다. 모든 이타적 행동은 인간 사회를 아름답고 훈훈하게 하지만 특히 가족 간의 이타적 행위와 사랑은 인간 문명을 유지·재생산해 온 근본 바탕이다.

가족은 정신의 직접적인 실재성으로서, 스스로의 통일성을 느끼는 정신인 사랑에 의해 규정된다. 따라서 가족 안에서 개인의 정신 구조는 자신의 개별성을 이와 같은 통일성 속에서 갖기 때문에, 그 안에서 고립된 개인이 아니라 식구로서 존재하게 된다(헤겔, 2016).

이러한 가족의 성격으로 인해 사회생활, 즉 시장적 거래에서 스트레스를 받은 사람들은 가정 내에서 위안을 얻고 스트레스를 해소하게 된다. 이것이 가족 간의 사랑에서 오는 행복이다. 사랑을 함으로써 고립 상태에서 벗어나 타인과의 통일성을 의식하게 되는 것이다. 가족과 가정은 좋은 삶의 기초이며, 일상의 행복이 시작하는 지점이기도 하다.

인류의 경제생활 역사를 돌이켜 보면, 시대를 막론하고 재화와 용역의 생산 및 분배를 결정하는 핵심 단위는 가족이었다. 식품의 생산과 소비, 자녀의 양육, 질병과 위험 요소의 관리 등 문명을 유지하는 데 중요한 역할을 담당해 온 것이 바로 가족이다. 부모와 자녀는 서로를 위해 자신을 희생하는데, 이것은 모든 인간이 보이는 영웅적 본성이다.

시장에서 확보한 행복은 경쟁을 통해 얻는 것이지만, 가정에서 느끼는 행복은 사랑과 헌신을 통한 것이다. 시장의 행복은 상대를 제쳤을 때 발생하나, 가정의 행복은 가족의 뒤에 서 있을 때 커진다. 가족구성원 가운데 누군가가 사회생활에서 스트레스를 심하게 받는 때에도 가족들의 위로가 평온을 회복하는 데 큰 도움을 준다. 이처럼 가정과 가족은 일상적 행복은 물론 좋은 삶의 터전이 되는 가장 중요한 기초 단위이다. 좋은 가정을 이루려면, 가족구성원 모두의 노력이 중요하다. 행복해지길 원하는 사람이라면 먼저 가정과 가족에 충실해야 할 것이다.

## 2) 탐욕과 이기심의 문제

탐욕(avarice, greed)은 이기심이 지나친 것으로서, 탐욕에 빠지면 만족을 모르는 인간이 되어, 과도한 욕망을 채우기 위해 법이나 도덕률을 어기기도 한다. 특히, 일부 탐욕가들은 경제적 가치가 있는 것이라면 무엇이든 최대한 보유함으로써 타인들이 이를 가질 수 없게 만든다. 부나 권력이나 명성을 가진 일부 사람들은 자신이 보유한 것의 질적 가치에 대해 행복해하기보다 단지 자신이 남들을 제치고 정상에 서 있다는 것에 만족을 느낀다. 오늘날 문명국에서 보이는 빈곤은 재화의 부족에 그 원인이 있는 것이 아니라, 소수의 탐욕에 진짜 원인이 있다. 지나친 탐욕은 자기실현에 방해가 되고 행복한 삶에도 해가 될 뿐이다. 축적 과정에서 문제가 발생하여 도덕적 비난과 법적 처벌이 있을 수 있고, 요행히 이를 모면했더라도 마음의 허기를 다 채우지는 못하기 때문이다. 따라서 행복을 얻기 위해서는 욕망을 과하게 키우지 말고 적정한 선에서 관리하는 삶의 지혜가 필요하다. 자본주의가 탐욕의 추구를 보장한다고 해서 무제한으로 이를 추구한다면 우둔한 인생이 될 뿐이다.

동서양의 철학자들은 어느 극단으로 치우치지 않고 균형을 유지하며 살 것을 권했는데, 이를 '중용(中庸)'이라 부른다. 공자도, 아리스토텔레스도, 애덤 스미스도, 루소도, 밀도 모두 중용을 강조했다. 공자에 따르면, 중용이란 한쪽으로 치우침이 없고 지나치거나 미치지 못함이 없는 보편적 도리를 말하는데, 군자(유덕한 사람)는 이를 체득하고 실천하나 소인은 이 덕에 위배되는 행동을 한다고 한다. 또 군자의 중용은 시대정신이나 상황에 맞추어 행동하는 것이지만, 소인들은 꺼리는 바 없이 탐욕을 추구한다는 것이다.

중용을 강조한 서구 철학자는 아리스토텔레스이다. 그는 덕성은 중간을 목표로 삼는 성질을 가져야 한다고 지적하면서, 이에 대해 자세하게 설명하고 있다.

이것은 극도로 어려운 일이다. 우리는 모두 어떤 일에 쏠리는 경향이 있기 때문이다. 이것은 우리가 느끼는 쾌락과 고통에서 잘 알아볼 수 있다. 휘어진 막대기를 바르게 펼 때처럼 과오로부터 멀리 물러남으로써 중간에 도달할 수 있다. 모든 일에서 가장 경계해야 할 것은 유쾌한 것이나 쾌락이다. 이런 것에 대해 우리는 공정한 판단을 내리지 못하기 때문이다. 헬레네에 대한 감정들을 보라.[32] 쾌락을 버리면 잘못된 길에 빠지는 일이 별로 없게 될 것이다. 이와 같이 하여 중용에 가장 잘 도달하게 된다(아리스토텔레스, 2008: 91).

아리스토텔레스는 지나친 금욕도 악덕이라고 봤으며, 순종적이거나 자기희생적[33]인 행동 모두를 과부족의 상태로 보았다. 따라서 중용은 스스로를 잘 통제하는 능력이라고 볼 수 있다.

육체적 아름다움을 위해 지출하는 비용과 정신적 아름다움을 위해 지출하는 비용을 비교해 보면, 자신이 어떤 가치를 소중하게 여기고 있는지 돌아볼 수 있을 것이다. 밀은 정신적 쾌락이 육체적 쾌락보다 우위에 있다는 것을 인정한 사람으로, 좋은 삶에 이르는 높은 차원의 행복은 공공선을 실천하는 데 있음을 여러 차례 강조했다. 자신만의 이익을 위해 사는 것이 아니라, 전체의 행복을 개선하는 일에 참여함으로써 더 큰 삶의 의미와 행복을 얻게 된다는 것이다.

비록 정도는 다르지만, 올바르게 양육된 사람이라면 누구든지 자신이 의미를 부여하는 일에 애정을 쏟고 공공선에 진지하게 관심을 가질 것이다. 관심 가질 것도 많고 즐길 만한 것도 많으며 동시에 고치고 개선해야 할 것도 많은 세상에서, 웬만한 수준의 도덕적·지적 소양을 갖춘 사람이라면 누구나 주위의

---

32 서구 최고의 미녀 헬레네에 빠진 파리스 왕자 때문에 트로이전쟁이 일어난 사실을 지적하는 것이다. 괴테의 작품 속 파우스트 박사도 헬레네를 죽은 자의 나라에서 불러내 결혼한다. 이성을 잃으면 안 된다는 의미이다.
33 밀은 자기희생을 최고 수준의 가치 있는 행동이라고 평가하고 있다(밀, 2007).

부러움을 살 만한 삶을 영위할 수 있다(밀, 2007: 37).

밀은 벤담의 제자로, 평생 공리주의를 전파하는 데 온 힘을 다 쏟았지만, 실제 그의 사상은 벤담보다는 아리스토텔레스에 더 가까운 것을 알 수 있다. 그의 지적처럼 우리 주위에는 쉽게 참여할 수 있는 의미 있는 일들이 많다. 특히, 환경을 개선하기 위한 노력들, 사회적 약자들의 몸부림에 함께하는 일, 교육을 바로 세우는 운동, 통일에 도움이 되는 여러 사업들, 어려운 여건의 청소년과 노인들을 돕는 일, 지역사회를 밝게 만드는 사업 등 많은 일들 가운데 자신이 가장 잘할 수 있는 것을 골라 참여하면 높은 차원의 행복을 키워나갈 수 있다.

### 3) 관계와 관계재의 문제

전래의 경제학이론이 가진 또 하나의 문제는 개별 경제주체가 타인과의 비교나 관계 설정 없이 독립적으로 경제행위를 한다고 간주하는 점이다. 이러한 전제는 완전히 잘못된 것이다. 인간은 생산과 소비 활동에서 타인과 밀접한 관계를 맺고 있다. 따라서 타인의 소비 활동이나 효용 수준에 의해 크게 영향을 받는다. 인간의 본성이 이기적이어서 이기적 행동만 하는 것도 아니다. 타인과의 관계 속에서 만족도가 형성되기도 하며, 효용 수준을 높이기 위해 오히려 집단적 소비 활동을 하기도 한다. 단체 여행이나 단체 응원, 등산 모임, 회식, 공동 구매 등이 그러한 예에 속한다.

OECD 삶의 만족도 조사에서 '어려울 때 도움을 요청할 친구나 친척이 있는가?'라는 질문은 관계재의 존재를 조사하는 것이다. 나이가 들수록 가까운 친구나 친척이 필요하며, 그런 친구 혹은 친척의 존재 유무가 행복에 큰 영향을 미친다. 그래서 OECD에서도 이 항목을 중요하게 여기고 있다.

2014~2016년의 기간 동안 OECD 회원국과 협력국 일부의 국민들을 대상으로 이 질문을 물어본 결과, 아이슬란드, 아일랜드, 뉴질랜드, 덴마크 등의 국민들은 95% 이상이 '있다'고 응답했다. 스페인, 핀란드, 노르웨이, 스위스 등도 모두 '있다'는 대답이 90%를 넘었다. 그러나 한국은 75%를 간신히 넘었다. 그만큼 사회적 관계가 약하다는 의미이다. 바로 이 점이 한국인의 행복을 갉아먹는 심각한 요인이 되고 있다.

관계재(relational goods)란 '타인과의 상호 교류에서 생성되며 타인과 함께할 때만 소비할 수 있는 재화'이다. 관계재는 집단들 내에서 생산되고 소비되는데, 본질적으로 사람 사이의 관계 및 상호작용과 연결된 비물질적 재화이다. 예를 들자면, 산악회 회원들이 함께 등산을 할 경우, 땀 흘려 산행을 하고 함께 즐거움을 나누는 사이에 참가자 모두 집단적 쾌락을 향유하게 된다. 국가대표팀의 경기도 여러 사람이 함께 볼 때 더 재미있으며, 월드컵 길거리 응원 등은 상당한 동질감과 흥분을 가져다준다. 가족, 친구, 동료, 친척 등과 관계를 형성하는 것이 더 큰 즐거움을 주는 것이다. 동아리 활동이나 이성 교제 등도 관계재에 속한다. 관계재는 행위의 효용을 극대화하는 데 필요한 양념과도 같은 성질을 갖고 있다.

애덤 스미스는 『도덕감정론』에서 '동료 감정'에 대해 설명하면서 관계재의 중요성을 강조한 바 있는데, 로마대학의 베케티 등(Becchetti·Trovato·Bedoya, 2011)은 전 세계 82개국 10만 명 이상을 대상으로 실제 동료 효과가 존재하는지를 조사했다. 이들은 「소득, 관계재 및 행복(Income, relational goods and happiness)」이라는 논문에서 주관적 행복을 결정하는 요인들을 검증했다.

이들은 애덤 스미스가 지적한 대로, 당사자들이 더 많은 시간과 경험을 공유하고 서로의 존재를 인정하면 행복 감정이 증가한다는 것을 확인했으며, 관계에 더 많은 시간을 지출할수록 행복이 더 커진다는 것도 확인했다.

반면 생산성이 높은 사람은 친구들과 어울리는 시간을 줄이고(즉, 관계재 소비를 줄이고), 소득을 증가시키는 노동시간을 늘리는 경향이 있었다. 일을 더 많이 한 결과 소득이 올라갔으니 대체로 행복은 증가한다. 그러나 동시에 친구·동료·친척들과 함께하는 시간이 줄어들어 행복이 감소하게 된다. 행복하기 위해 쉬지 않고 일했지만, 돈을 벌고 난 다음에 보니 주위에 감동을 나눌 친구가 없다는 것이다! 소득이 가져다준 약간의 행복이 인생의 외로움에 의해 상쇄되고 없다는 얘기다. 현대사회에서는 이런 유형의 사람들이 많다.

반대로, 젊었을 때부터 돈보다는 인간관계를 중요하게 여기고 부지런히 관계재를 축적해 온 사람은 재산이 적을지라도 주위에 많은 친구가 있어 권력자나 부자보다도 더 행복할 수 있다(Becchetti·Trovato·Bedoya, 2011).

성경에서 가장 뛰어난 문학성을 가진 작품으로 『욥기(Book of Job)』를 꼽는 사람이 많다.[34] 『욥기』를 아름답다고 칭송하는 이유는 이 작품이 기원전 2000~1800년경 쓰인 고전문학이면서, 의인이 겪는 고난 및 신앙과 진리에 대한 논쟁이 아름다운 시(詩)의 형식으로 표현되었기 때문일 것이다. 당대의 논객인 욥과 세 친구 사이의 우정 어린 논쟁이 볼만하다. 품격 있는 우정은 행복의 원천이 된다. 관계재를 아예 부정하는 이론은 이러한 중요한 사실을 외면하기 때문에 이론의 설명력이 떨어진다.

아리스토텔레스는 좋은 삶(에우다이모니아)을 구성하는 본질적 요소의 하나로 참된 우정[35]을 들고 있다. 단순히 즐거움을 함께 나누는 친구 사이

---

34  2002년 노벨상위원회가 노르웨이서적협회에 의뢰하여 선정한 인류 역사상 100대 문학작품 가운데 성서에 있는 작품은 『욥기』가 유일했다. 여기서 『돈키호테』가 압도적 1위로 선정되었다.

35  아리스토텔레스가 사용한 희랍어 필리아(philia)는 영어로 'friendship'으로 번역되고 있고, 우리말로는 '우정', '사랑', '우애' 정도로 번역할 수 있다. 그러나 필리아는 부모 자식

의 우정도 있고, 대가를 바라거나 이익을 얻기 위한 교제도 있겠으나 이것은 모두 불완전한 우정이다. 이런 관계는 한쪽의 배신으로 언제든지 무너질 수 있기 때문이다. 그러나 좋은 사람들 간의 우정, 덕이 비슷한 사람들 사이에서 형성되는 우정은 완전한 우정이다. 필자가 즐겨 드는 예시 중에 산에서 곰을 만난 친구들 이야기가 있다.

> 친구 둘이서 산에 올라갔다가 사나운 곰을 만났다. 한 친구가 외쳤다.
> "도망가자, 뛰어!"
> 그는 말이 끝나기도 전에 달리기 시작했다. 다른 친구가 말했다.
> "뛰지 마! 우리가 곰보다 빠를 수는 없어!"
> 벌써 저만치 달아난 친구가 뒤를 돌아보며 말했다.
> "내가 곰보다는 느리지만, 너보다는 빠르거든."

이 씁쓸한 이야기에서 친구 둘은 서로를 다르게 인식하고 있다. 한 친구는 둘을 합쳐 '우리'라고 부르지만, 다른 친구는 동료가 공격받는 틈을 노려 혼자 탈출을 시도한다. 이런 친구는 진짜 어려울 때 도움이 되지 않는 가짜 친구일 뿐이다. 우리가 살고 있는 시장경제 체제는 냉혹한 이기심 위에서 있으므로, 시장경제 체제에서 이루어지는 대부분의 관계들이 사실 이러한 관계이다. 그야말로 아프리카 초원의 가젤 이야기와 같다. 가젤이 높이 뛰는 것은 사자에게 '나는 건강하고 빨라서 네가 노릴 대상이 아니니, 다른 가젤을 노려라'라는 뜻이라고 한다(도킨스, 2006: 제10장). 친구도 잘 가려서

---

관계, 형제자매 관계, 부부 관계 등 가족관계뿐만 아니라 사업상의 관계, 종교 단체, 사교 클럽, 사회단체 구성원들 간의 친교까지 포함하는 넓은 의미로 사용된다. 그래서 완전한 우정을 따로 강조하고 있는 것이다.

사귀어야 삶의 만족감이 올라간다. 수가 많다고 좋은 것은 아니다.

행복한 인생은 좋은 관계재를 많이 만드는 과정이기도 하다. 사회생활을 하면서 맺는 여러 관계는 자기실현에 큰 도움이 된다. 우리 주위에는 전문적 식견이 없더라도 누구나 참여할 수 있고 즐길 수 있는 문화 활동이 많다. 관계성이 높은 재화들에는 스포츠 활동, 사회단체 활동, 종교의식 참여, 박물관 관람, 소설 읽기 모임, 연주회나 전시회 참석, 댄스파티 참여, 영화 보기, 스포츠 관람, 시 낭송 행사, 클래식 음악 감상, 연극이나 뮤지컬 관람, 오페라나 발레 공연 관람, 재즈 공연 관람 등 엄청나게 많다. 이 가운데서도 스포츠 활동 참가, 사회단체 활동 참여, 종교의식 참여, 박물관 순례 등은 관계성도 높고 만족(주관적 행복)도 높은 활동으로 조사된 바 있다(Blessi et al., 2014).

진정한 즐거움은 모리스 마테를링크(Maurice Maeterlinck)의 아동극 〈파랑새〉의 결말처럼 '바로 우리 곁에 있지만, 우리가 놓치고 있는 것'이다. 조금만 주위를 살펴보면 우리 곁에는 즐길 거리가 무궁무진하다. 여기에 참여해 관계재를 확대해 나가는 것이 만족한 삶을 엮는 데 도움이 된다. 효용 극대화를 다루는 경제이론이 포괄해야 할 중요한 부분이다.


## 5. 행복경제학의 한계

행복경제학이 전통경제학의 성장주의에 대해 문제를 제기하고 행복한 삶의 추구라는 새로운 차원을 열었지만, 극복해야 할 문제도 있다. 필자는 스키델스키 부자가 제시한 행복경제학의 한계에 대한 몇 가지의 지적[36]에 문제의식을 공유하므로, 이를 중심으로 설명하겠다.

첫째, 행복 측정 방식에 문제가 있다. 행복은 밖으로 드러나는 것인데,

보이지 않는 내면에 관한 응답으로 이를 대체할 수 없다. GDP를 대체하기 위해 '국민행복 계정'을 만들려는 시도는 헛수고이다. 어떤 방식으로든 행복은 측정할 수 없다. 사실, 행복도(삶의 만족) 질문을 받은 응답자가 답을 할 시점에서 자신의 내면을 정확하게 파악하기 어렵고, 지역이나 국가나 인종에 따라 낙천적 성격이 강하기도 하고 멜랑꼴리하기도 하다. 스키델스키 부자는 다음과 같이 예를 들고 있다. 미국인들에게 잘 지내느냐고 물으면 십중팔구 "Fine! Thank you(아주 좋아, 고마워)"라고 대답한다고 한다. 반면 러시아인들에게 똑같은 질문을 하면 어깨를 한 번 으쓱한 다음 "Normalno(그저 그래)" 라는 대답을 듣는다고 했다(스키델스키·스키델스키, 2013: 183~184). 좀 더 사유적인 프랑스인들은 스스로의 마음을 표현할 때 조심스럽게 대답하는 사람들이 많다고 한다. 각자가 행복을 인식하는 방법에 차이가 있다면 설문조사로는 사람의 진실한 감정을 캐낼 수 없을 것이다. 이러한 점으로 인해 행복도 조사의 과학성이 낮고, 지역 간 비교나 국제 비교가 어려운 것이다.

둘째, 행복경제학자들이 사용하는 행복 개념은 헨리 시지윅이 내린 벤담식의 정의를 따른 것으로서, 객관적으로 바람직한 존재 조건이 아니라 주관적으로 즐거운 심리 상태에 불과하다. 시지윅은 "행복이라는 영어 명사도 유사한 모호함에서 벗어날 수 없다. 그것은 흔히 벤담식으로 쾌락과 동의어로(혹은 차라리 쾌락을 구성 요소로 삼는 것을 나타내는 말로) 사용되는 듯하다. 나는 그것을 이러한 의미로 사용하는 것이 가장 유용하다고 생각한다"(시지윅, 2018: 제7장 「이기주의와 자기애」)라고 하여 행복에 관해 벤담의 쾌락 개념을 계승했음을 밝히고 있다. 심리학자들이 주장하는 행복은

---

36  이에 대한 내용은 스키델스키·스키델스키(2013: 181~206)를 참조하여 작성했다.

최고선이 아니라 짜릿한 쾌락이나 전율과 같은 사소한 것이어서 인류가 고난을 참고 추구해야 할 목표라고 생각할 수 없다.

셋째, 행복은 집계 가능한 것이 아니다. 인생의 행복을 개별 순간들에 대한 행복의 총합이라고 볼 수 없으며, 그 총합이 매 순간의 부분 행복으로 환원되지도 않는다. 또한 행복(기쁨, 쾌락, 만족 등 포함)과 그 반대되는 용어들 사이에 분명한 경계가 존재한다. 게다가 쾌락과 행복은 다르며(쾌락은 세상에 대한 신념으로 묶여 있지 않다. 행복은 내적인 감정이 아니라, 현실을 바라보는 시각이다), 기쁨과 행복도 다르다(쾌락과 행복은 추구할 수 있지만, 기쁨은 추구하기가 애매하다).

넷째, 아리스토텔레스를 비롯한 많은 학자들이 강조했던 행복한 삶이란 단순히 일련의 즐거운 정신 상태가 아니라 인간의 기본적인 선(good)을 실현하는 상태다. 여러 해 동안 힘들게 예술작품을 만들거나 자녀를 키우면서 설정한 목표가 겨우 정신적 흥분감이라는 것은 납득하기 어려운 인생관이다. 심리학적으로 인식된 행복은 불완전한 것이다. 더구나 약물 치료를 받거나 환각에 빠지는 식물을 먹거나 두뇌 자극을 받아서 얻게 되는 것이 진정한 행복이라 할 수 없다. 가족을 잃고 슬퍼하는 사람에게 약물 치료를 해서 감정을 바꾸려 시도한다면, 이 또한 본질적 의미를 지니지 못한 일시적인 허구일 뿐이다. 마음의 평온함 없이 안정과 행복은 이루어지지 않는다.

제6장

# 모두가 행복한 사회

## 1. 시장경제 체제와 행복의 운명

자본주의 시장경제 체제는 끝없는 탐욕 추구를 위한 경쟁과 그 결과인 불평등의 구조화로 인해 인간의 삶에서 행복을 빼앗아 버렸다. 자본주의가 불평등과 분노를 유발하는 원인이라는 자각이 자본주의 종주국 미국에서도 일고 있다. 시장경제 체제에서 막대한 부를 쌓은 억만장자들까지도 자본주의의 폐해를 크게 우려하는 지경에 이르렀다(Jaffe, 2019.4.20). 자본주의 시장경제 체제는 인간 사회에 행복을 선물하지 못했고, 오히려 이전에 볼 수 없었던 갈등, 고통, 좌절, 분노를 안겨주었다.

자본주의는 그 역사가 채 300년도 되지 않지만 인간의 삶을 획기적으로 바꿨으며 문명 발전에 엄청난 기여를 하기도 했다. 농노에서 자유민으로 대중의 신분 해방이 이루어졌고, 소비재의 대량생산으로 생활이 윤택해졌으며, 관광·레저와 여가 활동이 활성화되었고, 평균 수명은 엄청나게 늘어났다. 죽어가는 생명도 살릴 만큼 의학 기술도 발전했다. 누구나 지구촌의 모든 소식을 실시간으로 보고 들을 수 있으며, 가고 싶은 곳은 어디든 갈 수 있다. 부유한 국가들의 상당수 국민은 그리스·로마의 옛 신들처럼 살고 있다. 그럼에도 불구하고, 자본주의하의 삶이 과거 문명의 이기를 누리지 못하던 시절에 비해 더 행복하다고 말할 수는 없다.

그림 6-1에서 보듯이 인간 문명은 원시공동체와 노예제 사회 그리고 봉건제 사회를 거쳐 자본주의를 만들어냈다. 사실, 인간의 행복은 어느 사회에나 있었고, 행복이 물질적 풍요와 인과관계를 갖는 것은 아니다. 경제가 발전하고 사회가 다양화할수록 인간이 누리는 행복은 크고 다양해졌지만, 불행 또한 크고 다양해졌다.

애덤 스미스, 리카도, 밀 등 고전학파 경제학자들은 대중 빈곤의 추방과 인류의 행복을 위해 기득권층의 특권 폐지와 자유의 확대를 외쳤다. 그것

**그림 6-1**  인류 역사의 발전 단계와 전망

자료: 필자 작성.

이 역시 발전의 길이었으며 경제적·정치적 자유가 커질수록 물질적 성취도 함께 이루어졌다. 그러나 자유의 신장이 반드시 모두에게 긍정적인 역할을 하지는 않았다. 자유의 이름으로 탐욕의 추구가 행해졌으며, 공동체정신은 허물어졌다. 자유의 신장이 황금시대를 열어젖힌 것이 아니라, 도금시대[1]를 초래한 것이다. 그러자 거리낌 없는 사적 이익의 추구가 마치자연의 질서인 것처럼 주장하는 자유주의자들이 등장했다. 이들의 주장은일부 자본가, 기득권층들의 열렬한 지지를 받아 각종 기구와 제도에 반영되었다.

시장경제 체제를 옹호한 밀턴 프리드먼(Milton Friedman)은 정부 권력과기능의 축소를 요구하고 분권을 통한 자유의 실현을 주장했다. 그는 경제활동의 자유 보장을 통해 정치적 자유도 보장된다고 주장했다. 따라서 학교 교육과 의료서비스를 포함한 각종 공공재 영역을 모두 민간 영역에 맡기라고 주장했다(프리드먼, 1990). 프리드먼을 비롯한 신자유주의자들은 자유를 효율성이 높은 자원배분 방식으로 이해하거나 경제성장을 가져다주

---

1  소설가 마크 트웨인(Mark Twain)은 산업화 과정에서 소수 자본가가 엄청난 부를 축적하고 갖가지 비리와 부정을 저질렀던 19세기 중후반의 미국 사회를 '도금시대'라 불렀고, 같은 이름의 소설도 발표했다.

는 수단으로 인식하고 있다. 개인이 각자의 판단으로 경제생활을 하므로, 정부는 어떤 간섭도 하지 말아야 한다는 주장이다. 그러나 미국을 비롯한 서구 자본주의사회의 현실은 프리드먼의 예상과 전혀 다르다. 자신을 스스로 통제하는 능력을 잃어버린 대자본가들은 자유주의자들의 부추김 속에 탐욕의 추구를 자유의 실현이라 여기며 축적을 지속했다. 자유는 부유한 소수 20%가 누리는 경제활동의 자유에 불과하며, 그 결과는 불평등의 확대와 구조화로 나타나고 있다. 그리하여 인류는 대(大)불평등의 시대에 진입하게 되었다.

자유주의자들의 주장과 달리 공공 목적의 규제가 강한 국가일수록 행복도가 높은데, 이는 덴마크, 핀란드, 스웨덴, 노르웨이 등에서 확인할 수 있는 사실이다. 이는 자유의 이념에 대해 다시 숙고해야 할 과제를 던져주고 있다. 소수 기득권층에게 축적의 자유를 보장하는 것이 진정한 자유는 아니다. 국민 다수, 특히 사회적 약자까지도 누릴 수 있는 자유가 진정한 자유라 할 수 있을 것이다.

자유가 구호나 형식에 그쳐서는 안 된다. 시장경제 체제에서는 누구든 정치적 자유도 있고 경제활동의 자유도 있다. 하지만 안정된 삶이 모든 사람에게 열려 있는가? 원하는 삶을 살 자유가 있는가? 화가가 되고 싶은 사람은 화가가 될 수 있어야 하고, 의사가 되고 싶은 사람에게는 그 길이 열려 있어야 진정 자유로운 사회이다. 자신의 능력과 노력 이외의 요인에 의해 개인의 진로가 결정된다면, 자유로운 삶이라고 할 수 없을 것이다. 필자는 자유를 '자신의 고유한 가치를 실현하면서 당당하게 살아갈 수 있는 능력'이라고 정의하고자 한다. 자유의 실현을 가로막는 최대 요인은 불평등이다. 사회구조 전체에 걸쳐 존재하는 불평등이 해소되어야 진정 자유로운 사회, 자유로운 삶이 실현될 수 있다.

인간의 도덕성이 발전하므로 갈수록 행복한 사회가 열릴 것이라는 주장도 강력하다. 토머스 힐 그린(Thomas Hill Green)을 비롯한 이상주의자들이 대체로 그와 같은 주장을 했다. 옥스퍼드대학의 올리버 스콧 커리(Oliver Scott Curry)를 비롯한 문화인류학자들은 인류가 공유하고 있는 도덕 기준이 있는지에 대해 연구했다.[2] 지구촌 60개의 사회에서 추출한 자료들에 근거하여 연구팀이 내린 결론은 모든 문화가 공통의 도덕적 교훈들에 의해 유지된다는 것인데, 인간의 도덕성은 근본적으로 협력적 행동을 촉진하는 방향으로 나아간다고 한다. 어떤 행동의 도덕적 가치는 그 행동으로부터 나오는 사회적 산출에 의해 결정되며, 따라서 도덕적으로 '좋은' 행동은 공동체의 이익에 봉사하는 협력적 행위를 돕는 행동으로 정의될 수 있다. 연구 결과, 일곱 개의 협력적 행동들이 보편적인 도덕 원칙으로 조사되었다. 이 도덕 원칙들은 모든 문화권에서 공통적으로 존재했는데, 가장 중요한 것은 '가족의 가치(value of family)'였다. 다음으로 소속 집단에 대한 충성(group loyalty), 은혜에 대한 보답(reciprocity), 용기(bravery), 연장자·상급자에 대한 존경(respect), 자원의 공평한 배분(fairness), 재산권의 보장(property rights)의 순서였다(Curry·Mullins·Whitehouse, 2019).

필자는 인간의 도덕성이 협력적으로 발전한다거나 인간 의식 자체가 발전한다는 주장은 신뢰성이 낮다고 생각한다. 오히려 거대한 자연에 함께 맞섰던 공동체 사회에서 협력이 미덕이었으며, 삶이 여전히 자연의 힘에 크게 의존하고 있던 고대와 중세 사회에서도 협력을 중시하는 의식이 유지되었다. 그러나 기술과 경험이 축적되고 과학이 발전할수록 인간은 점차 독점욕이 강해지고 개별화되어 그나마 가슴속에 남아 있던 협동심을

---

2 '협력으로서의 도덕(morality-as-cooperation)' 이론은 도덕이 인간의 사회생활에서 되풀이되는 협력의 문제에 대한 생물학적 및 문화적 해결책들의 집합으로 구성되어 있다고 주장한다.

구석으로 몰아붙이면서 이기심이 더 큰 자리를 차지했다고 본다. 우리는 이러한 증거들을 얼마든지 제시할 수 있다. 자본주의 출현지인 유럽을 보더라도 17세기 이전까지는 이기심을 노골적으로 옹호하는 이론이나 주장은 등장하지 않았다. 자본주의사회에 접어들면서 이기심의 단순한 발현을 넘어 타인의 삶을 억압하는 행위까지도 자유라는 이름으로 포장하여 이를 확대하려는 사상이 나타나더니 정치적으로도 이를 옹호하는 집단이 등장한 것이다. 이러한 경향은 개인 생활에서도 나타난다. 근대문명이 보급되지 않은 사회에서는 어디서나 나그네(타인)를 융숭하게 대접하지만, 문명이 들어오고 나서는 모두 문을 걸어 잠궈버렸다.

인간은 질 낮은 쾌락보다 질 높은 쾌락을 추구한다는 밀의 주장도 증명되지 않았다. 고매한 인품과 지도자의 자질을 보유한 듯 보였던 정치인이 저급한 욕망을 억제하지 못해 무너진 사건들을 수없이 목격하고 있지 않은가! 그러한 사건들은 인생의 행복 대신 현실 욕망의 충족을 선택한 결과로 해석할 수 있을 것이다.[3] 배고픈 소크라테스들에게 부여했던 영광이 땅바닥으로 내던져진 것이다.

밀은 "공리주의 목표가 달성되기 위해서는 사람들의 인격이 전반적으로 도야되어야 한다"라고 하면서, 잘못된 교육제도가 문제의 핵심이라고 주장했다. 그러나 그 후 교육제도가 바뀌고 세대가 바뀌어도 인간 의식이나 이성이 발전하지 않고 인간 자체도 고상해지지 않았다. 철학과 경제학이 발전해도 인간 이성을 올바로 설명할 수도 없고 고양할 방안도 없다. 교육이 인간을 대상화시키고 목적이 아닌 수단으로 생각한다는 사실은 현대의

---

3  2011년 5월, 프랑스의 유력한 대통령 후보였던 국제통화기금(IMF)의 도미니크 스트로스 칸(Dominique Strauss Kahn) 총재가 뉴욕의 한 호텔에서 직원을 성폭행한 혐의로 체포된 사건은 전 세계에 충격을 준 바 있으며, 국내에서도 유사한 사건이 빈번하게 발생한다.

교육이 자기실현을 돕는 도구가 아니라 인적 자본의 가치를 증가시키는 기제로 인식하고 있는 데서 확인된다. 적어도 경제학에서는 그렇다.

경쟁을 통한 탐욕의 추구를 미덕으로 여기며, 정치·경제·사회·문화·교육 등이 모두 경쟁 체제를 뒷받침하는 사회에서는 인간뿐만 아니라 다른 생물체들의 행복도 만개하지 못한다. 아마도 케인스가 꿈꾼 100년 후의 사회가 오늘날의 자본주의는 아닐 것이다. 다행히도 우리가 현재 머물러 있는 자본주의는 인류의 최종 단계는 아니다. 그렇다면 인간 이성이나 문명의 발전을 통해 인류가 진정한 행복을 누리는 시대가 올 것이라는 기대는 여전히 유효한가?

인간의 이성은 우리 사회가 도달해야 할 최상의 상태를 상상하고 그것을 추구해 왔다. 지금보다 더 좋은 사회를 만들기 위한 실천적 투쟁들이 진행되면서 사회제도는 느리지만 꾸준히 발전해 오고 있다. 하지만, 세대가 바뀌고 세기가 바뀌어도 인간 정신의 주류는 삶의 조건에 따라 이기적 욕망 추구에서 보편적 선(共同善) 사이를 왔다 갔다 할 뿐이다. 그렇다면 인류의 진정한 행복은 어디에서 확보될 수 있을 것인가? 잘못된 욕망의 발현을 제어할 수 있는 제도의 힘이 필요하지만, 현실 자본주의로는 안 된다. 인간을 수단이 아닌 목적으로 인식하는 선(善)한 경제사회체제가 등장해야 한다.


## 2. 행복의 쟁취

### 1) 소확행이 아닌 진정한 행복

'즐거운 삶이 곧 행복'이라고 생각하는 사람들이 많다. 일상생활에서 당사자가 느끼는 쾌감 또는 만족감이 행복이라는 말이다. 이들은 행복을 일상의 작은 일에서 얻는 즐거운 감정이라고 본다. 필자는 앞에서 인간의 삶이란 순간순간 전개되는 일상이면서 동시에 스토리를 가진 긴 여정이라고 말했다. 사람이 하루에 하는 활동은 대략 15~25개 정도의 에피소드로 구성되며, 이 활동들이 매일 계속되면서 한 사람의 인생이 완결되어 간다. 일상의 소소한 행복(소확행)은 삶에서 매우 중요하지만, 하루 동안 겪는 모든 일이 다 즐거울 수는 없다. 즐거운 일이 불쾌한 일보다 더 많으면서, 제법 큰 쾌락을 주는 일이 한두 가지 있으면 그날은 행복한 날이라고 할 수 있다. 그리고 그러한 날들이 계속된다면 그 사람의 삶은 만족감으로 빛날 것이다.

그러나 즐거운 생활이 계속된다고 해서 그것을 진정한 행복이라고 말할 수는 없다. 친한 친구와 함께 어울려 즐기며 시간을 보내는 것은 소확행이 분명하다. 우정이 깊어지고 스트레스까지 해소할 수 있어 즐거운 일이다. 그러나 이러한 활동조차도 너무 많으면 오히려 건강이 상하고, 가정경제에 부담이 되며, 다른 중요한 삶의 목표들을 실현하는 데 방해가 된다.

쾌락주의 행복론의 가장 심각한 약점은 기본적인 자유나 정의로운 사회 질서 및 도덕적 행동이 따르지 않더라도 쾌락은 존재한다고 보는 점이다. 사실, 독재정권하에서나 심하게 왜곡된 정치·경제 질서하에서도 일상의 쾌락은 얼마든지 있다. 하지만 이러한 행복이나 쾌락을 최고선(善)이라고 할 수는 없을 것이다. 이런 점에서 볼 때, 소확행은 진정한 행복이 아니다. 소확행을 행복이라고 부르려면, 그것이 진정한 행복과 일치될 경우에 한해야 한다.

한 사람의 삶이 행복했는지 여부는 그 사람이 죽을 때 가봐야 안다는 솔론과 아리스토텔레스의 판단은 후세 인간들에게 여러 가지 교훈을 주고 있다. 삶의 중반에 큰 성공을 거두었더라도 후반이 쓸쓸하거나 불행하면 그 사람의 인생은 행복했다고 할 수 없다. 반면, 어릴 적의 힘든 여건을 딛고 성공한 사람에게 더 큰 박수를 보내는 것은 그 사람이 일군 삶이 가치 있는 삶이었음을 인정하는 것이며, 그런 삶이 행복한 삶이라고 하는 데 이 견이 없을 것이다.

행복을 '덕을 실천하는 삶' 또는 '정의로운 삶' 또는 '객관적으로 좋은 삶'으로 규정하는 입장은 아리스토텔레스로 대표된다. 그러나 이러한 의미에서의 행복은 절벽 위에 난 오솔길과 같아서, 멀리서 보면 아름답지만 실제로는 고난의 길이라 발을 들여놓는 자가 거의 없다. 행복은 자유를 기반으로 할 때 현실화된다. 여기서 자유를 경제활동의 자유로 편협하게 해석해서는 안 된다. 하나의 인간으로서 자신을 실현하는 길이 보장된 사회가 진정으로 자유로운 사회일 것이다. 자신의 고유한 가치를 실현하며 사는 인간만이 진정으로 행복하다.

행복을 최고선으로서 간주하고 고민한 칸트도 행복에 이르는 원리나 구체적 방법에 대해서는 시원한 대답을 주지 못하고 있다.

간단히 말해서 그는 무엇이 자기를 참으로 행복하게 만들어줄지에 관해 어떤 원칙에 따라 충분히 확실하게 결정할 수 없다. 그러려면 모든 것을 다 알아야 하기 때문이다. 그러므로 우리는 행복해지기 위해 정해진 원리에 따라 행동할 수 없으며, 오히려 경험적인 충고들, 가령 식이요법, 절약, 공손함, 자제 등과 같은 것에 따라 행동할 수 있을 뿐이다. …… 어떤 행위가 이성적 존재자의 행복을 촉진하는지를 확실하고도 보편적으로 결정해야 하는 과제는 완전히 해결할 수 없다. 따라서 행복과 관련해서, 행복하게 해주는 것을 행하라고 가장 엄밀한 의미에서 지시하는 그 어떤 명령도 있을 수 없다(칸트, 2019b: 67~68).

칸트는 상식적인 도덕률에 따라 살면서 복된 인생이 되길 기대하라고 한다. 사실, 자기실현이 진정한 행복이지만 많은 사람들이 자신의 타고난 능력이 무엇인지 잘 모를뿐더러, 그것을 가장 잘 개발하는 방법은 더욱 모른다. 대학 졸업자들의 3분의 2 정도는 전공과 관계없는 일을 하며 산다.[4] 물론 전공을 잘못 선택해서 일어난 혼선일 수도 있다. 또 반드시 전공과 일치하는 직업을 선택해야 하는 것도 아니다. 이처럼 완벽한 자기실현은 쉽지 않지만, 가능한 가까운 곳에 도달하는 것이 그만큼의 행복을 얻는 길이다.

앞의 **그림** 6-1에서 보았듯이, 우리가 현재 머물러 있는 자본주의는 인류의 최종 단계는 아니다. 이상적인 체제도 물론 아니다. 하지만 현실의 삶은 전부(全部) 아니면 전무(全無) 가운데 하나를 선택하는 것이 아니다. 자본주의사회에서도 최선을 다해 행복을 추구할 때 어느 정도의 행복은 확보할 수 있다. 그것이 인생의 의무이기도 하다.

## 2) 생애주기별 행복의 극대화

좋은 영화는 아름다운 장면이 많으면서도 가슴을 울리는 이야기를 담은 영화이다. 인생을 한 편의 영화라 생각한다면, 좋은 인생은 빛나는 장면이 가끔씩 등장하는 멋진 삶일 것이다. 야생화의 삶에서 인생의 지혜를 배울 수도 있다. 여린 몸으로 땅을 뚫고 나온 식물은 새로운 환경과 맞닥뜨리지만 굴하지 않고 자신을 키워 꽃을 피워낸다. 그리고 온갖 지혜를 동원해 수정에 성공하고 열매를 맺는다. 이후 갖가지 해충과 비바람이 몰려오지

---

4  통계청 자료에 따르면, 2020년 자신의 전공과 직업이 일치한다고 응답한 사람은 37.2%에 불과했으며, 학력이 낮을수록 전공과 직업 일치도가 낮았다(통계청, 2021: 29) 또, 2019년 취업포털 잡코리아에서 대학생 4168명을 설문조사 한 결과, 현재 전공에 회의감을 느끼고 다른 전공을 택하고 싶다는 응답이 39.9%에 달했다(www.jobkorea.co.kr/goodjob/tip).

만, 많은 식물들은 이 싸움에서 이겨 결국 열매를 지켜낸다. 시간이 흘러 가을이 오면 소중하게 지켜오던 열매를 터트려 다음 해를 기약하고 생을 마감한다.

인간의 삶도 식물과 마찬가지다. 부모의 품을 떠나 독립한 인간으로 살면서 결실을 맺기 위해서는 청년기와 중·장년기 및 노년기의 각 단계에서 자신의 삶을 잘 지켜야 한다. 청년기의 삶은 중·장년기와 다르며 노년기는 또 그 이전과 다르다. 행복의 조건도 사람마다 다르다. 행복은 좋은 삶을 사는 것이며 평온함을 누리는 것이지만, 좋은 삶이나 평온한 삶의 조건이 사람에 따라 동일하지 않다.

한국인의 삶에서 가장 문제시되는 점은 연령이 높아질수록 행복도가 하락하는 데 있다. 젊어서 고생은 사서 한다지만, 노년에 들어 겪어야 하는 고생은 참으로 힘든 인생의 짐이 된다. 인생의 마지막이 행복하면 이전에 겪었던 고통은 모두 만년의 행복을 위한 것으로 여길 수 있다. 그러나 마지막이 불행하면 이전의 행복은 오히려 인생을 더욱 힘들게 만드는 원인이 된다. 고통 속에 살아도 앞으로 나아질 것이라는 희망이 있다면 현실의 고통은 참을만한 것이 되지만, 이러한 전망이 없는 삶은 비참할 것이다. 따라서 노년에 들면서 행복감이 감소하는 이 심각한 문제야말로 한국 사회가 풀어야 할 최대 과제라고 할 수 있다.

여기서는 국민 행복을 높이기 위해 국가가 적극적인 역할을 수행해야 한다는 입장에서 대안을 모색해 보기로 한다. 특히, 한국 사회는 **그림 6-2**의 왼쪽 그래프처럼 우하향(右下向)하는 생애 행복곡선을 오른쪽 그래프와 같은 U 자형으로 전환시키는 방법을 모색해야 한다. 나이가 들수록 더 우울한 삶을 살아야 하는 사회는 결코 바람직한 사회라고 할 수 없다. 여기서 정부의 역할이 중요하다. 정부는 오른쪽으로 처지는 생애주기별 행복곡선을 적절한 연령대에서 꺾어 올리는 데 필요한 자원을 총동원해야 한

**그림 6-2** 미끄럼틀형에서 U 자형으로의 전환

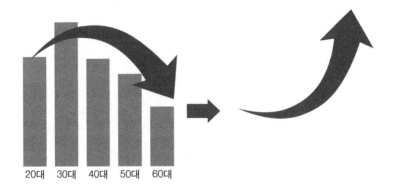

20대  30대  40대  50대  60대

자료: 필자 작성.

다. 시장에만 맡겨서는 다수의 국민이 행복한 사회를 기대할 수 없기 때문이다.

## 3. 생애주기별 행복의 경로

### 1) 청년의 행복: 도전하는 젊음

요즘은 50세까지 청년이라 하는 사람들도 있지만, 여기선 20대와 30대를 청년이라 부르겠다. 청년기는 인생의 목표를 세우고 이를 달성하기 위해 온갖 어려운 현실과 맞서야 하는 세대이다. 그래서 청년의 행복은 도전에 있다. 자신의 힘과 능력을 믿고 현실에 몸을 던져 부딪치는 것이다. 한 번 실패하더라도 일어나 다시 전진하는 것이 청년이다. 청년이 작은 만족만을 추구한다면 미래는 없다.

가장 활동력이 왕성한 시기에, 청년이 사변적인 연구에만 몰두하다가 아무 경험도 없이 세상에 던져지는 것을 보면, 사람들은 자연과 함께 이성마저도 거스르고 있음을 안다. 사람들은 우리를 사회에 잘 적응시키기 위한 것이라고 말하면서, 우리가 마치 독방에서 홀로 사색하거나 우리와는 전혀 무관한 공상적인 토론이나 하면서 일생을 보내게 되어 있는 것처럼 우리를 교육시킨다(루소, 2012: 318).

칼 융(Karl Gustav Jung)이 제시했듯이, 인생 전반기의 주된 역할은 세상에 적절하게 살아남기 위한 역할로서의 페르소나(persona)[5]를 발전시키고 분화시키는 것이다. 페르소나는 사회생활을 하는 사람에게 필요한 것이지만, 너무 강조되면 진실한 자신의 모습을 찾을 수 없게 된다. 그러므로 페르소나로서의 삶과 자기의 본성으로서의 삶을 구별하고 페르소나에 가려서 보이지 않던 자신의 본모습을 찾는 작업이 필요해진다. 가면을 쓰고 자신의 본성을 감추려 하지 말고, 사회인으로서 자신에게 부여된 의무와 역할 및 도덕규범과 예의범절 같은 것들을 맹신하지 말아야 한다. 이러한 능력을 청년기에 배양해야 한다. 청년 시절, 내 속에 있는 '그림자'[6]를 보게 해야 한다. 그림자는 본래부터 악하고 부정적이고 열등한 것이 아니라 무의식 속에 잠겨 있어서 기회를 잃었을 뿐이며, 그것이 의식의 햇빛을 보는 순간 그 내용은 곧 창조적이 되며, 긍정적인 역할을 하게 된다.

청년기는 교육을 통해 좋은 직업을 선택하고, 가정을 이루고, 삶의 구체

---

5 라틴어로 '가면'이란 뜻으로 '인성(personality)'이란 단어의 어원이다. 융은 사회에서 요구하는 덕목, 의무 등에 따라 자신의 본성 위에 덧씌우는 사회적 인격을 페르소나라고 했다.
6 그림자(shadow)란 바로 '나'(自我)의 어두운 면, 즉 무의식적 측면에 있는 나의 분신이다. 사람은 모두 그림자를 갖고 있다. 그러므로 자신의 그림자를 보는 것은 인격 성숙에 매우 중요한 작업이다.

적인 전략을 세우는 시기이다. 이때 인생을 살아가는 데 필요한 여러 가지 지혜와 기술을 익혀야 하겠지만, 선과 악을 혼동하지 않는 식견이 있어야 한다. 공존·협력에 이르는 사상과 지배·복종을 주장하는 사상도 구분할 줄 알아야 한다. 인류 역사의 한편에는 언제나 영웅주의 또는 초인사상이 있다. 니체는 주장했다.[7]

…… 왜냐하면 정의는 「인간은 평등하지 않다」고 말했기 때문이다. 인간은 평등일 수 없는 것이다. 만약 내가 이같이 말을 하지 않으면, 초인에 대한 나의 사랑은 도대체 뭐가 될 것인가?

인간은 미래를 향해 천 개의 다리와 좁은 길을 지나 미래로 다가서야 하는 것이다. 그리하여 점점 많은 전쟁과 불평등이 인간들 사이에 놓여야 할 것이다. 이렇게 내가 말하는 것은 모두 나의 위대한 사랑에서 하는 말이다(니체, 1976: 제2부 「타란툴라에 대하여」).

니체는 덕과 중용의 가치는 물론 공리주의, 특히 밀의 '만족한 돼지론'까지도 여러 곳에서 힐난한다. 다음의 비난이 대표적이다.

덕이란 그들에겐 소심하게 만드는 것, 길들여지는 것이다. 따라서 그들은 늑대를 개로 만들고, 인간 자체를 인간의 가장 잘 길들여진 가축으로 만든다. 「우리는 우리의 의자를 ≪중간에다≫ 놓았다」 그들의 이죽거림은 내게 그렇게 말한다. 「죽어가는 전사로부터 멀리 떨어진 만큼, 만족한 돼지와도 멀리 떨어지라고. 그것은 그러나 범용(凡庸)이다. 설사 그것이 중용(中庸)이라 불릴지라

---

7 러셀은 "강자들이 단결을 위해 가는 첫 단계는 니체의 철학을 설교하는 일이다"라고 지적하고 있다(러셀, 2009: 제3권 제2부 25장 「니체」).

도(니체, 1976: 제3부 「더 작게 만드는 덕에 대하여」).

영웅주의의 다른 편에는 평등주의가 있다. 정복자 나폴레옹을 존경했던 니체는 평등 이념과 공리주의를 싫어했으며, 평등사상에 기반을 둔 공리주의와 기독교를 주된 공격 대상으로 삼았다. 니체가 경멸했던 존 스튜어트 밀은 평등에 대해 다음과 같이 말한다.

한 사람의 행복이 다른 사람의 행복과 정확하게 동등한 무게를 지니지 않으면, 그 원리(효용원리 또는 최대행복 원리-인용자)는 아무런 이성적 의미가 없는 단어의 단순한 형태에 불과하다. 이런 조건이 충족될 때, 「모든 사람이 똑같은 영향력을 지니며, 어느 누구도 남보다 더 큰 영향력을 가질 수 없다」고 하는 벤담의 원칙에 효용원리가 받쳐주게 된다. 도덕이론가와 입법가들이 볼 때, 모든 사람이 평등하게 행복권을 누려야 한다는 말은 행복하게 사는 데 필요한 모든 수단에 대해 평등한 권리를 지녀야 한다는 뜻을 포함한다. …… 그러므로 더 이상 사회적으로 도움을 준다고 생각되지 않는 모든 종류의 사회적 불평등은 단순히 도움이 되지 않는다는 차원을 넘어 불의라고 규정되어야 한다(밀, 2007: 제5장 「정의는 효용과 어떤 관계인가」).

청년의 기상은 맹자(孟子)가 말하는 호연지기(浩然之氣)라고 표현할 수 있다. 호연지기는 하늘과 땅 사이를 가득 채울 만큼 넓고 커서 어떠한 일에도 맞설 수 있는 당당함이란 의미이다. 이 기상은 언제나 의(義)와 도(道)에 짝하여 함께해야 한다는 것이다. 바로 젊은이들에게 행복을 가져다줄 기상이다.

인간이 그다지 합리적인 존재는 아니지만, 청년기 때만큼은 확실한 계획을 세우는 것이 중요하다. 행동경제학자인 캐너먼(Daniel Kahneman)은

『생각에 관한 생각(Thinking, fast and slow)』(2011)에서 행복경제학의 개척자인 브루노 프라이(Bruno Frey)의 전제에 대해 비판하고 있다. 그는 경제학이 피와 살을 가진 인간이 아닌 '합리적 경제인'을 모델로 삼는 것이 얼마나 현실과 괴리가 있는 것인지 설명한다. 예를 들어보자.

**당신은 둘 중 어느 쪽을 선택하겠는가?**

A  현금 9천만 원 vs 당첨 확률 91%인 1억 원 복권

B  세금 9천만 원 vs 당첨 확률 89%인 세금 복권(당첨 시 1억 원 감면, 불발
   시 1억 원 납부)

A는 현금 9천만 원을 확실하게 갖는 것과 1억에 당첨될 확률 91%인 복권을 갖는 중에서 선택하는 문제이다. 산술적으로는 복권의 가치가 더 크지만, 실제 실험 결과 복권을 선택하는 사람은 거의 없었다. 반대로 B는 세금 9천만 원을 내는 것과 당첨되면 세금 1억 원을 감면받는 당첨 확률 89%의 복권 가운데 선택하는 것인데, 이번에는 반대로 복권을 선택하는 사람이 많았다. 이익은 확실하게 챙기고, 손실은 운에 맡겨보는 것이 인간의 심리이다. 그러니까 인간의 행동은 일관되지도 않고, 합리적이지도 않다는 주장이다. 인간은 천성이 게으르고, 그 게으름을 즐기는 것이 일상의 행복이기도 하다. 많은 사람이 합리적 인생 계획을 세우기는 하지만 그 실천은 어렵다. 그렇지만 청년기는 자신의 존재 가치를 확인하고, 자기실현을 위한 구체적 방법을 세워 그 실천에 나서야 하는 시기이다.

## 2) 중년의 행복: 신중하고 현명한 삶

중년은 40~50대를 말한다. 중년의 행복은 행동 양식의 선택에 있다. 중

년에 접어든 사람은 새로운 일을 도모하기보다는 지금까지 자신이 갈고닦아 온 과업들을 깊이 있고 세련되게 하며, 가능하다면 다른 과업들과 통합시켜 새로운 가치를 창출하는 데 몰두할 때이다. 이 과정에서 사람에 따라서는 완전히 새로운 커리어를 추구하기도 하며 이런 시도가 성공한다면 엄청난 쾌락과 행복이 따라온다. 지금 하지 않으면 평생 후회할 것 같은 일이 있다면, 해야 하지 않겠는가!

윌리엄 서머싯 몸(William Somerset Maugham)의 소설 『달과 6펜스(The Moon and Sixpence)』(1919)의 주인공 찰스 스트릭랜드는 런던의 잘나가는 증권거래인이었지만 40세에 직장과 가정을 버리고 인생의 꿈이었던 화가의 길을 찾아 나선다. 그는 자신의 행복이 거기에 있음을 확신했다. 이 소설의 모델이었던 폴 고갱은 35세에 전업 화가로 입문한 사람이다. 사실 일상에서 얻는 쾌락과 행복은 언제나 새로운 것에서 나오며, 아무리 좋았던 일이라도 오랫동안 반복하면 재미가 줄어든다. 그래서 고갱이나 스트릭랜드의 과감한 변신을 부러워하는 사람도 있지만, 이런 성공은 흔히 있는 일은 아니다. 잘못하면 소중한 가정과 직업이 흔들릴 수 있고, 오랜 경력을 통해 쌓은 명성조차 사라질 수 있다. 그러니까 행복한 중년이 되기 위해서는 신중함과 현명함이 필요한 것이다.

아리스토텔레스가 에우다이모니아를 실천하기 위해 중용의 삶을 강조했다면,[8] 애덤 스미스는 신중한 삶을 최고의 덕목으로 치고 있다. 둘 다 절제하는 삶을 의미하므로 일맥상통하는 견해라 할 수 있다.

인간의 삶에서 신중함을 유지하는 것은 매우 중요하다. 주류경제학에서의 가정과 달리, 인간은 합리적 존재가 아니라 감성에 따라 행동하는 존재

---

8  루소도 "모든 일에 있어서 중용이 가장 좋다"라고 했다(루소, 2012: 제5부 「성년기」).

이다. 우리가 대체로 익숙한 일을 할 때는 긴장감 없이 어림짐작(heuristic) 으로 해결책을 찾는다. 두뇌의 힘을 결집하여 최선의 합리적 방안을 찾지 는 않는다. 인간은 게으른 본성이 있고, 이에 대처하는 가장 좋은 방법은 매사에 신중함을 기하는 것이다. 그래서 애덤 스미스는 최고의 성품을 수 월성에다 신중함(또는 현명함)을 겸비한 상태라고 보았다. 그가 말하는 신 중함을 요약해 소개한다.

신중한 사람은 자신이 이해하고 있다고 공언한 내용은 그 무엇일지라도 다 른 사람들에게 납득시키기 위해서뿐만 아니라, 자신이 이를 진정으로 이해하 기 위해서 언제나 진지하고 성실하게 연구한다. 모든 면에서 재능이 훌륭한 것 은 아니지만, 언제나 가식이 없다. 현학자의 거만한 허풍이나 위선자의 뻔뻔한 주장을 동원해 타인을 속이려 하지 않는다. 그는 자신이 보유하고 있는 능력을 자랑해 보이지 않는다. 대화는 단순하고 겸손하다.

신중한 사람은 대중의 주목과 명성을 얻기 위해 꺼림칙한 갖가지 기교를 사 용하지 않는다. 자신이 지닌 확실한 지식과 능력에 의존해 직업상의 명성을 얻 는다. 서로의 덕목과 재능을 칭송하면서, 소집단과 파벌들의 편익 도모에 관심 을 두지 않는다. 언제나 성실하고, 행동에 조심성이 있으며, 언어 사용에서도 주의가 깊다. 사물이나 인물에 관한 자신의 견해를 결코 경솔하거나 불필요하 게 남에게 강요하지 않는다.

신중한 사람은 친구를 선택할 때도 화려한 업적이나 칭찬에 의해서가 아니 라 겸손, 분별력, 선행에 대한 침착한 평가를 기준으로 한다. 희희낙락하는 단 체에는 모습을 나타내지 않고, 이러한 단체에서는 어떤 역할도 맡지 않는다. 누구에게도 무례한 태도를 보이지 않고, 모든 일상에서 동료들의 윗자리보다 는 아랫자리에 기꺼이 자신을 배치한다.

신중한 사람은 끊임없이 근면하고 검소하며, 좀 더 먼 장래의, 그러나 더욱 오랜 기간 지속될 한층 더 큰 안락과 즐거움을 기대하면서 현재의 안락과 즐 거움을 끈기 있게 희생한다. 자기와 관계없는 일에 부산을 떨지 않고, 다른 사 람의 일에 참견하지 않으며, 아무도 요청하지 않으면 자신의 충고를 강요하며 자칭 상담역이나 자문가로 나서지 않는다. 그는 어떠한 분파 싸움에도 개입 하기 싫어하고 당쟁을 혐오하며, 명확한 요청이 있을 때에는 조국을 위해 봉 사하는 일을 마다하지 않지만, 그 업무를 무리하게 담당하기 위해 음모를 꾸 미지 않는다.

신중한 사람의 마음속 심연에는 성공적인 야심의 공허한 화려함이나 위대 한 활동을 통해 얻는 영광보다는, 평안함을 방해받지 않고 향유하는 일을 더 우선시하는 확고함이 있다(스미스, 2016: 제6부 제1편).

중년에 실패하지 않고 좋은 삶을 추구하는 데 이보다 더 자상하고 구체 적인 조언을 해줄 사람은 없을 것이다. '보이지 않는 손'을 강조했던 그는 왜 다시 '신중한 삶'을 강조했을까? 애덤 스미스가 활동했던 18세기 중반은 중상주의적 특혜와 특권이 난무하던 시기였고, 이것이 대중 빈곤의 주요한 원인이 되고 있었다. 그는 국왕과 귀족들이 행사하는 특권이 폐기되고, 모 든 사람이 각자의 이익을 추구할 수 있어야 경제가 발전하고 가난한 사람 들에게도 부가 분배될 수 있다고 생각했다. 이를 위해 경제활동의 자유 보 장을 주장했다. 그러나 동시에 이기적 행동들이 초래할 불평등과 사회적 갈등에 대해서도 걱정했다. 윤리학자이기도 했던 애덤 스미스는 예견되는 자본주의의 재앙 앞에서 신중함과 공감의 중요성을 강조함으로써 이기적 행동에 제동을 걸면서 행복사회의 기초를 놓으려 했다.[9]

---

9  하지만 존 스튜어트 밀은 자본주의 발상지이자 선진국인 영국 사회에서 동정심(sympathy) 의 역할에 대해 회의적이었다. 그는 젊은 시절 친구와의 논쟁을 회고하면서 다음과 같이 썼

신중함과 공감 능력이 자본주의사회를 바꾸는 데 별다른 역할을 하지 못할지라도, 자기실현의 길에서 실족하지 않고 정진하는 데 정말 중요한 가치이다. 중년의 나이에 이를 실천할 수 있는 능력을 갖춘 것만으로 주위의 좋은 평가를 받으며, 그것이 곧 일상의 행복이 된다.

### 3) 노년의 행복: 나눔과 봉사

노년의 행복은 경제 문제와 건강 상태에 달려 있다. 한국의 성인 2000명을 대상으로 한 보건복지부의 한 조사에서, 노후에 중요한 사항이 무엇이라고 생각하는지 물었다. 응답자의 39.3%가 '경제적 안정과 여유'를 꼽았으며, 38.0%는 '건강이 중요하다'고 답했다. 노후에 염려되는 사항으로는 응답자의 43.4%가 '아프거나 건강을 잃게 되는 것'을 들었으며, 다음으로는 '필요한 생활비가 부족하게 되는 것'이라고 답했다(31.0%)(보건복지부, 2017). 많은 사람들이 노년이 되었을 때 경제적 형편이 어렵고, 건강에 이상이 생길까 걱정하고 있음을 확인할 수 있다. 즉 경제적 안정과 건강 유지가 노년의 욕망이라고 볼 수 있다. 놀랍게도 가족(4.4%)이나 손녀·손자 돌보기(0.1%)는 이웃과 친구 관계(6.0%)보다 중요도가 낮았다. 또 한국인의 사회활동에서 핵심적인 역할을 한다고 알려진 종교 활동(0.4%)도 중요도가 아주 낮았다. 이는 교회 세습, 종교인 비과세, 성폭력 등 여러 가지 사건에서 보이는 종교 지도자들의 윤리 의식 결여가 큰 영향을 미친 것으로 보인다.

---

다. "사실 영국인의 성격이나 영국의 사회적 환경은 동정심을 발휘함으로써 행복을 얻는 일을 거의 불가능하게 하고 있었기 때문에, 동정심이 영국인의 생활 체계에서 거의 아무 가치도 없는 것으로 여겨지고 있는 것은 조금도 놀랄 일이 아니다"(밀, 2010: 160~161).

한국인의 평균 수명은 82세에 달해 OECD 회원국 중 최상위권에 속하고 한국의 건강보험제도 역시 세계 최고 수준인데, 아이러니하게도 건강을 걱정하는 노년층이 많다. 여기에는 평균 수명은 길어졌으나 좋은 건강 상태는 아니며, 노년에 건강을 잃으면 경제 문제를 해결할 수 없다는 우려가 담겨 있다. 50대와 60대는 당면한 생활을 걱정하면서 '건강'과 '돈'에 대한 언급을 많이 했다. 따라서 한국인이 여생을 행복하게 보내려면 이 두 가지 문제를 잘 해결해야 한다. 그래야 노년의 행복곡선이 다시 상승하여 U 자형으로 바뀔 수 있고, 솔론과 아리스토텔레스적 의미에서 행복한 삶이 된다. 이 문제는 개인이 해결하기 어렵기 때문에 국가의 제도적 도움이 필요하다.

인간은 나이가 들어갈수록 육체적 힘은 약해지나 삶을 꿰뚫어 보는 능력은 강해진다. 노년에 들어선 사람이 자신만 위하고 다른 사람들을 배려하는 마음이 부족하면, 아무리 외형적인 조건이 좋아도 삶 자체가 그다지 풍요롭지 못할 것이다. 그러나 자신의 성공을 과장하지 않고 남에게 베풀고 배려하는 사람은 주위의 존경을 받고 행복한 나날을 보내게 될 것이다.

캐나다 브리티시컬럼비아대학의 엘리자베스 던(Elizabeth W. Dunn) 교수 등은 미국인 수백 명에게 지출 행태와 행복 수준에 대해 질문한 결과를 분석하여 ≪사이언스(Science)≫에 발표했다. 이 논문에 따르면, 돈을 써도 자신보다 타인을 위해 돈을 쓴 사람들의 행복도가 높았다. 행복은 지출 수준과 직접적인 관련이 없는 반면, 자선재단 기부나 친구와 가족 등 타인을 위한 지출은 행복 수준과 직접 관련이 있었다(Dunn et al., 2014). 하버드 경영대학원의 마이클 노턴(Michael Norton) 교수는 행복을 위해서는 자신의 소유를 늘리기 위한 지출 대신 타인을 돕는 데 돈을 쓰라고 권유하고 있다. 타인을 도움으로써 우리의 사회적 관계가 강화되고, 그것이 행복의 핵심이 된다. 부를 어떻게 쓰느냐가 중요하다는 것이다.

자원봉사는 참여자 자신과 공동체의 행복을 동시에 증가시키며, 국가경제에도 무시할 수 없는 기여를 한다.[10] OECD 회원국 16~65세 인구 중 한해 동안(2012년 기준)에 자선 단체, 정당 조직, 노동조합, 기타 비영리기구에서 한 달에 한 번 이상 대가 없이 일을 한 적이 있는 사람들을 조사했다. 미국, 뉴질랜드, 노르웨이, 네덜란드, 캐나다, 덴마크, 독일의 순서로 참가 비율이 높았다. 반면 터키, 폴란드, 슬로바키아, 그리스, 체코, 에스토니아 등은 아주 낮아 10%에도 이르지 못했다. 대체로 고소득 국가의 국민이 자원봉사에 더 많이 참여하고, 가난한 국가일수록 그 비율이 낮았다. 한국은 10%를 약간 넘겨 회원국 중 약간 낮은 편에 속했다. 자원봉사의 기회가 더 많이 주어진다면, 한국 노년층들의 행복이 더 커질 것이라는 예상이 가능하다.

## 4. 케인스의 행복사회 전망

경제학자들은 대개 현실 문제의 해결에 집중하므로, 인류의 미래를 전망하는 일은 잘 하지 않는다. 특히 케인스는 "장기에는 우리 모두 죽는다"라는 발언을 한 적도 있다. 그런 케인스가 인류의 미래에 대한 전망을 제시했다. 그가 쓴 에세이에서 펼쳐 보인 전망은 관심을 끌기에 충분하다.

---

10  2013년 현재 자원봉사의 경제적 가치는 미국이 6200억 달러를 넘어서 압도적으로 1위이며, 독일이 1170억 달러로 그다음이다. 한국은 78억 달러이다. 자원봉사가 GDP에서 차지하는 비중은 호주와 뉴질랜드가 4%를 넘어섰고, 미국과 독일이 3%를 상회한다. 한국은 0.5%로, 자원봉사가 GDP에 기여하는 비중이 아주 낮았다(OECD, 2015).

지금부터 100년 후 우리의 경제생활 수준이 어떻게 달라져 있을 것인가? 우리 손자 손녀 세대에게 어떤 경제적 가능성이 열려 있을 것인가? 만약 자본이 매년 2%씩 증가한다면, 100년 내에 7.5배 증가하게 될 것이다. 이를 주택, 교통수단 등 실물로 생각해 보라. 이러한 추세라면 머지않아 농업, 광산업 및 제조업에서 지금까지의 인간 노동의 4분의 1 정도의 지출만 있어도 충분할 것이다. 일부 선진국들은 앞으로 100년 이내에 4배에서 8배 정도의 경제성장을 달성할 수 있을 것이다.

인간의 욕망은 무한하다고 한다. 그 욕망은 두 가지이다. 하나는 생존에 필요한 절대적인 것이고, 다른 하나는 남보다 우월한 위치를 차지하기 위한 것이다. 절대적 욕망을 충족시키는 일은 머지않아 가능할 것이며, 그 이후 인간은 비경제적 목적을 위해 자신의 에너지를 쓰게 될 것이다. 경제 문제는 인류가 당면한 영원한 숙제가 아니라는 의미이다.

경제 문제가 해결된 인간은 삶의 참가치를 추구하게 된다. 하루 3시간 노동 또는 일주일 15시간 노동으로 우리의 삶은 충족된다. 우리의 도덕기준도 크게 변하게 될 것이다. 돈을 사랑하고 소유하는 사람이 이제는 병자로 여겨지게 되며, 정신과 의사에게 치료받아야 할 준범죄(準犯罪) 내지는 준질병(準疾病)으로 생각될 것이다. 탐욕은 악덕이고, 고리대 징수는 악행이며, 돈을 사랑하는 것은 가증스러운 일이고, 덕과 지혜의 길을 진실되게 걷는 사람은 세상에 거리낄 것 없다는 등등 …… 우리는 다시 한번 수단보다 목표에 가치를 부여하며 선(good)을 실용성(useful)보다 선호하게 될 것이다(Keynes, 1930).

케인스가 내다본 세상은 지금까지 인류가 경험해 보지 못했던 이상향이다. 경제 문제에서 해방된 세상 즉, 먹고살기 위해 노동하지 않아도 되는 세상이다. 새로운 세상은 각각의 사람들이 스스로의 내재적 가치를 완성해 나가는 세상이며, 그러한 과정에서 진짜 행복을 얻는 삶을 살게 된다.

필자의 행복 개념에 딱 어울리는 세상이다.

세르반테스의 걸작 『돈키호테』는 위대한 기사 시대를 꿈꾸는 돈키호테와 하인 산초 판사 사이의 크고 작은 충돌이 주요한 줄거리를 이룬다. 돈키호테는 미치광이로 온갖 기행을 일삼지만, 잠깐씩 제정신이 돌아왔을 때 엄청난 지성인으로 변신한다. 돈키호테는 인류가 평화롭게 삶을 영위하던 황금시대(El Siglo de Oro)[11]를 그리워하는 반면, 산초 판사는 돈과 물질적 보상만을 중요시한다. 이들은 각각 이상주의와 현실주의를 대표한다고 볼 수 있다. 세르반테스는 정신 나간 기사 돈키호테를 통해 자신이 하고 싶은 말을 세상에 외친다.

> 옛 사람들이 황금시대라고 일컫은 그 행복한 시대, 행복한 세기가 있었으니, 이는 황금이 우리가 사는 이 철기시대에는 아주 비싼 반면, 그 행복한 시대에는 힘들이지 않고 손에 넣을 수 있었기 때문에 황금시대라고 불렸던 게 아니라오. 그 시대에 살았던 사람들은 〈네 것〉, 〈내 것〉이라는 이 두 가지 말을 몰랐기 때문이라오. 그 성스러운 시절에는 모든 것이 다 공동소유였소. …… 그때는 모든 것이 화평했고 모두가 의가 두터웠고 모든 것이 조화로웠소. …… 정의도 말 그대로 정의였소. 오늘날처럼 배경과 이해관계가 정의를 교란하고 모욕하는 일은 없었소(세르반테스, 2014).

돈키호테의 이상주의는 남과 공존하는 공동체 사회를, 산초 판사의 현실주의는 이기심에 기반을 둔 편의주의 사회를 의미한다. 소설에서는 산초 판사가 돈키호테로부터 감화를 받아 자신의 생각을 바꾸게 되고, 인생

---

11  황금시대는 헤시오도스의 『노동과 나날(Opera et Dies)』에 처음 등장하며, 베르길리우스의 『아이네이스(Aeneis)』에도 언급된다.

에서 물질보다 더욱 중요한 것이 있음을 인식하는 것으로 결말이 난다. 그러나 소설이 아닌 현실 세계에서는 돈키호테의 이상주의 혹은 공동체주의는 자본주의 경제사상의 공격을 받아 무너지게 된다.

정의와 평등에 기반한 공동체주의 대신 이기심에 기초한 물질주의가 거둔 승리는 애덤 스미스의 『국부론』에서 결정적 영향을 받은 것으로 알려져 있다. 그러나 애덤 스미스에 앞서 이러한 사상을 주장한 사람이 바로 버나드 맨더빌(Bernard Mandeville)이며, 애덤 스미스는 그의 영향을 많이 받았다. 그리고 고전파 경제학자들 역시 대부분 그의 영향권 아래 있었다고 할 수 있다. 맨더빌은 저서 『꿀벌의 우화(The Fable of the Bees)』(1714)에서 당대의 악당들을 다음과 같이 열거한다.

**변호사** 싸움을 붙이고 편을 가르는 자. 부동산에 속임수를 보탠다. 수수료를 챙기고 못된 주장을 고집하려 법을 살피고 뒤지는데 마치 도둑이 가게와 집을 살피며 어디를 뚫어야 좋은지 알아내는 꼴이다.

**의사** 명예와 돈을 힘없는 환자 건강이나 제 재주보다 값지게 여긴다. 궁리하는 것이라곤 갖가지 표정과 몸짓으로 손님에게 환심 사려 아양을 부리는 것뿐이다.

**성직자** 대부분 엉터리에다 무식하고 게으름과 관능과 탐욕과 오만을 숨기고 있다. 하위 성직자는 야위고 초라하게 입고 다니나 상위 성직자들은 넉넉하고 은총이 내려준 건강과 풍요가 남김없이 드러난다.

**군인** 적과 맞서 싸우는 용감한 장군도 있지만, 뇌물을 받고 적을 풀어주는 장군도 있다. 전투에서 불구가 된 병사들은 월급도 제대로 못 받고 살다 버림받지만, 전장에 나타나지 않고 집에서 뒹굴며 월급을 곱절로 받는 사람도 있다.

**관리** 이 악당들은 임금을 속이면서 스스로 정직하다고 떠벌리고 다닌다.

권리를 남용하고 교활한 재주를 부수입이라 부르며, 들키면 정당한 보수라고 둘러댄다. 돈을 챙길 일이라면 어떤 일도 마다하지 않는다. 더 갖지 않으려는 놈이 없다.

**재판관**   저울을 잡고 있어야 할 왼손은 황금에 매수되어 저울을 놓친다. 재판관이 찬 칼은 쪼들리는 가난뱅이들만 혼내주는 것. 돈 많은 높은 분들을 지켜주기 위해 가난뱅이들을 목매단다(맨더빌, 2014).

맨더빌은 이들이 사기꾼, 아첨꾼, 뚜쟁이, 협잡꾼, 노름꾼, 소매치기, 위폐범이나 마찬가지로 선량한 이웃들의 노동을 사유화하는 악당이라고 본다. 그러나 이들이 정직하지 않게 모은 재산을 사치재 소비 등에 사용하기 때문에 사회에 일자리가 생기고 고용이 늘어나서 사회가 번창하게 된다고 주장했다. 그가 처음으로 낙수효과(trickle-down effect)를 주장한 것이다.

악의 뿌리가 되는 탐욕은
비뚤어지고 해로운 몹쓸 악덕으로서
방탕이라고 하는 고상한 죄악에
종노릇을 하게 되었으니
사치는 가난뱅이 백만에 일자리를 주었고
얄미운 오만은 또 다른 백만을 먹여 살렸다.
시샘과 헛바람은
산업의 역군이니
그들이 즐기는 멍청한 짓거리인
먹고 쓰고 입는 것에 부리는 변덕은
괴상하고 우스꽝스러운 악덕이지만
시장을 돌아가게 하는 바로 그 바퀴였다.

……

그러니 불평을 말아라. 바보들은 오로지

위대한 벌집을 정직하게 만든다고 애를 쓴다만

세상의 편리함을 누리며

전쟁에서 이름을 떨치면서도 넉넉하게 사는 것이

커다란 악덕 없이도 된다는 것은

머릿속에나 들어 있는 헛된 꿈나라 이야기일 뿐이다.

사기와 사치와 오만은

그 이득을 우리가 누리는 한 남아 있을 것이다.[12]

　……


　이 끔찍한 시는 발표 초기에 엄청난 비난을 받았지만, 점차 상당한 진실을 담은 것으로 인정되었고 결국 자본주의사회의 지배 이념이 되었다. 맨더빌과 애덤 스미스의 이념에 따라 건설한 사회, 즉 인간의 이기심에 기초한 사회가 얼마나 문제 많은 사회인가를 오늘날 우리는 모두 경험하고 있다.

---

12　맨더빌의 시는 버나드 맨더빌, 『꿀벌의 우화: 개인의 악덕, 사회의 이익』, 최윤재 옮김(문예출판사, 2010)에서 인용했다.

제7장

진정한 행복

## 1. 모두가 달성 가능한 행복

행복은 모든 인간이 추구하는 목표이며, 스스로를 완성해 가는 과정이다. 인간의 삶이 행복하기를 바랐던 철학자들과 경제학자들은 오랫동안 행복을 중심 주제로 연구 활동을 해왔다. 그 계보는 아리스토텔레스-밀-스티글리츠, 센, 스키델스키, 누스바움, 셀리그먼 등으로 이어지는 '좋은 삶(에우다이모니아)' 계보와 에피쿠로스-벤담-이스털린, 레이어드, 프라이, 헬리웰, 캐너먼 등의 '일상의 즐거움(헤도니즘)' 계보로 분류할 수 있다. 물론 어디에도 속하지 않는 경제학자들도 있다.

인간답게 살기 위해서는 '좋은 삶'이 중요하지만, '일상의 즐거움'도 포기할 수 없다. 두 가지 행복 개념은 서로 배타적[1]인 것이 아니며, 두 가지 모두 필요하다. 인간의 선택은 단기(당면한) 목적과 장기(일생의) 목표 모두를 기준으로 이루어진다. 마시멜로 실험 속의 아이들처럼, 눈앞의 쾌락을 중요시하는 아이도 있으며 다음에 올 보상을 중요시하는 아이도 있다. 성인들의 경우도 다르지 않다. 자신에게 이득이 되는 것을 즉시 취하는 사람도 있으며, 그것이 가져올 각종 파장을 다 고려하는 신중한 사람도 있다.

얼핏 두 유형의 사람 중 후자가 더 좋은 것처럼 보이지만, 항상 그렇다고 말할 수는 없다. 늦은 판단으로 기회를 놓치는 경우도 있고, 신중한 판단 과정에서 잘못된 선택을 할 가능성도 커지기 때문이다. 많은 심리학자들은 일생에 걸친 삶의 측면을 거의 고려하지 않으며, 다수의 경제학자들도 그러하다. 현실의 선택 행동이 연구 대상이기 때문이다. 일상의 쾌락은 확실하게 인식할 수 있다. 수치화할 수는 없지만, 그 상대적 크기는 대체

---

1   헤도니즘 입장에서 행복을 정의하는 레이어드는 노골적으로 '존 스튜어트 밀의 주장은 틀렸다'고 말한다(레이어드, 2011: 50~51).

로 느낄 수 있고 비교할 수도 있다. 최근에는 뇌의 반응을 측정하여 쾌락의 크기를 추정하는 방식까지 등장하고 있다.

이에 비해 덕스러운 삶이나 중용을 실천하는 삶을 구체적으로 인식하기는 어렵다. 아리스토텔레스가 말하는 중용을 실천하는 길, 즉 악덕에서 벗어나 도덕적 삶을 실천하는 일은 쉬운 일이 아니다. 공자의 중용도 마찬가지다. 공자가 말하는 군자는 영어로 'virtuous man'으로 번역하니까, 역시 '덕 있는 사람'이다. 과연 현대사회에서 군자(君子)라 불릴 수 있는 사람이 있을지 의문이다. 행복이 인간의 최고선이 되려면, 보통의 인간이 실천할 수 있는 것이어야 한다.

## 2. 자기실현의 길

필자는 '일상의 즐거움'이나 '덕을 실천하는 삶(중용의 실천)' 대신 '자기실현(自己實現)'을 진정한 행복으로 제시했다. 실현 불가능한 것은 진정한 행복이 아니다. 행복은 누구나 도달할 수 있는 상태 또는 과정이어야 한다. 특별한 재능이 없어도 되며, 대단한 지식이나 돈이나 권력도 필요 없다. 일생에 걸쳐 묵묵히 자신의 길을 갈 때 성취할 수 있는 것이다. 자기실현은 타고난 자질을 훌륭하게 발휘하거나 자신이 하는 일에서 발전을 이루는 것이다. 생애를 통해 자기 분야에서 약간의 진전을 이루는 삶을 사는 것이다. 이러한 행복은 위대한 철학자나 도덕가가 아닌 보통의 인간이 도달할 수 있다. 자기실현은 인간뿐만 아니라 지구상의 모든 생명체가 달성할 수 있는 목표이다. 들에 핀 야생화도, 숲속을 나는 곤충도, 바닷속을 헤엄쳐 다니는 물고기도 모두 자기를 실현해 갈 수 있다.

자기실현이란 개념은 니체(Friedrich Nietzsche)가 말한 "너 자신이 되어라(Become what you are)!"에서 영감을 얻은 말이지만, 그 의미는 전혀 다르다. 필자의 자기실현은 니체의 주장처럼 권력 의지를 실천하는 것이 아니라, 자신의 잠재력을 실현하는 것이다. 타인을 지배하고자 하는 것이 아니라 타인과 함께 어울리고자 하는 것이다. 위대함과 비범을 추구하는 것이 아니라 중용과 평범을 추구하는 것이다. 인간의 한계를 극복하는 초인이 되는 것이 아니라 인간의 감정과 능력 안에서 자신만의 가치를 실현하는 것이다.

사람은 저마다 한두 가지의 능력과 자기만의 개성을 타고난다. 한 인간으로서 자신의 능력을 발견하고, 이를 최대한 실현하는 것이 인생을 완성해 나가는 것이다. 타고난 잠재 능력은 개인에 따라 다르다. 어떤 사람은 머리를 쓰는 능력(지력)이 앞서 있고, 다른 사람은 팔과 다리의 능력(육체적 능력)이 뛰어나며, 또 다른 사람은 가슴의 능력(공감 능력)이 탁월하다. 한 가지 능력만 발달한 사람도 있고, 두 가지 또는 세 가지 능력이 모두 상당한 수준인 사람도 있다.

위대한 삶이 아니어도 좋고, 정상에 오르지 못해도 문제없다. 인생을 낭비하지 않았으면 되는 것이다. 부자나 권력자 또는 유명 인사가 되지 못했어도 최선을 다해 살았으면 올바른 삶을 산 것이며, 그 결과 가족과 주위로부터 존경을 받는 삶이 행복한 삶이다. 싯다르타는 자신을 발견하기 위해 고행하며 방랑했지만, 지금은 그럴 필요가 없다. 동서양의 위인들이 저마다 인간답게 사는 법을 제시했으며, 좋은 삶을 살 수 있도록 도와주는 근대적인 교육제도와 국가의 지원이 있기 때문이다.

자기실현의 길은 자신을 바로 아는 것, 자신의 길에 대한 설계, 완숙한 단계에 도달하는 과정으로 이루어져 있다. 따라서 자신의 정체성과 잠재력에 대한 파악이 먼저 이루어져야 한다. 각자의 타고난 잠재력은 가정과 학교 교육을 통해 발견할 수 있으며, 이를 잘 개발한다면 아름다운 인생의 꽃을 피울 수 있다. 초기에는 부모와 교사의 도움이 절대적으로 필요한데, 때로는 부모의 욕심에 의해 무리한 선택이 이루어지기도 한다. 선택의 오류는 유치원에서 대학을 거쳐 직업 선택 단계에서까지도 일어난다. 음악에 재능 있는 인물이 법학을 공부하기도 하고, 문학에 소질 있는 사람이 의사가 되기도 한다. 잘 개발했으면 빛났을 능력 하나가 사장되고 마는 것이다. 이런 경우 자기실현의 수준은 상대적으로 낮으며, 행복 또한 달성 가능한 수준에 이르지 못하게 된다. 노동경제학에서는 교육의 가장 중요한 기능 중 하나로 인적 자원의 효율적 배치를 들고 있다. 이를 개인에게도 적용할 수 있다. 자신의 잠재 능력을 최대한 조화롭게 잘 개발하며 사는 것이 인생의 행복을 실현하는 것이다. 전공이나 직업이 적성에 맞지 않다면 과감하게 진로를 바꾸는 것이 좋다. 더 큰 행복이 찾아올 것이다.

니체는 행복해지기 위해서 "삶을 놀이로 만들어 가볍게 하라!"라고 말했다. 말은 쉽지만 성공한 사람이 있는가? 니체 자신조차도 괴로움에서 벗어날 수 없었다. 무거운 짐을 지고서 가볍게 여긴다고 가벼워지는 것은 아니다. 그저 약간의 심리적 위안만 얻을 뿐, 시간이 지나면 버거운 짐은 그대로 삶을 짓누른다. 사자와 같은 용기와 힘으로도 극복하지 못하는 것이 인생의 무게다. 스토아학파의 주장처럼 금욕 생활을 통해서도 자신을 완성할 수 없다. 일상에서 멀리 떠나 자신만의 세계를 추구하는 사람도 있지만, 누군가와 함께 감정을 나누지 못하면서 행복하다고 말하는 것은 허세에 불과하다. 인간 사회는 외톨이로서는 자신을 실현할 수 없게 진화했다. 주위와 소통하지 못하고, 이웃을 위해 봉사하지 않는 삶을 완성된 삶이라고 말하기도 어렵다. 사회생활을 하는 데는 공감 능력이 중요하다. 공감 능력이 뛰어난 걸인은 자신밖에 모르는 재벌보다 친구가 많고 더 즐겁게 생활한다. 시민들의 삶을 열심히 보살피는 하급 관리는 장관이나 국회의원보다 존경을 받는다.

인간은 가족, 친구, 동료, 고객 등 주위 사람들과 일이나 취미 생활 또는 종교 생활을 비롯한 여러 분야에서 교류하며 살아간다. 이 모두에서 완벽한 사람은 없고, 삶의 모든 면에서 완전성을 요구할 수도 없다. 자신이 잘할 수 있는 분야에서 자신만의 고유한 능력을 개발하여 빛을 발하는 것이 자기실현이다. 이때 가장 뛰어난 능력 한 가지만 개발하는 비교우위론적 삶보다는, 자신이 가진 능력을 골고루 발휘하면서 살아야 보다 큰 행복에 이르게 된다. 오로지 뛰어난 기억력 하나로 힘든 자격시험에 합격하여 출세를 하는 수도 있지만, 생활의 다른 부분의 일을 전혀 모른다면 그다지 풍요로운 삶이 아닐 것이다. 그런 사람들은 돈과 권력을 가졌기에 세상 사람들의 부러움을 사지만 존경은 받지 못한다.

존 스튜어트 밀은 행복하기 위해 도덕적·지적 소양이 필요하다고 말했다. 그가 예를 드는 교양은 자연의 아름다움, 예술의 발전, 시적 상상력, 역사적 사건, 인간 생존 방식의 과거·현재·미래 등 무궁무진한 소재를 즐기는 능력이라고 했다. 밀은 그럴듯한 조건을 다 갖춘 사람이 자신의 삶을 즐기지 못하고 삶이 풍요롭지 못하다면 그것은 그 사람이 자기만 알지 다른 사람들을 아끼고 배려하는 마음이 부족하기 때문이라고 했다(밀, 2007: 36~37 참조).

자기실현이란 자기답게 되는 것이다. 자신의 잠재 능력을 개발하여 개성 있는 삶을 사는 것이다. 일상의 즐거움은 자신을 완성해 나가는 데 긍정적으로 기여하는 것이어야 행복으로서 의미를 가지며, 비로소 일상의 즐거움은 좋은 삶의 구성 부분이 된다. 자기실현을 위해 살아온 사람은 자신 있고 당당하며 주변의 축복 속에서 생의 마지막을 맞을 수 있다.

## 3. 행복 쟁취의 길

인간 세계의 최고선은 행복이고, 행복은 자기실현이다. 자기실현을 위해 최선을 다하면, 행복한 삶이 된다. 모든 인간은 나름대로의 능력을 갖고 태어난다. 자신의 능력을 잘 활용하여 스스로의 인생을 만들면 자기실현이요, 진정한 행복이다. 행복은 특별히 어려운 수련 과정을 요구하지 않는다. 누구나 노력하면 일정한 수준에 도달할 수 있고, 도달한 수준만큼 행복해진다. 자기실현은 완전한 삶이나 완벽한 삶을 의미하지는 않는다. 자신의 정신적·육체적 능력의 총화가 이룩할 수 있는 경지에 최대한 가까이 다가가는 것이다. 자신의 잠재력을 적절히 개발하여 삶을 영위하고, 그것을 통해 사회에 약간의 기여를 하는 것이 좋은 삶이요, 진정한 행복이다.

한 사람의 자기실현에는 부모, 교사, 이웃, 친구, 직장 동료와 상사 등 다른 사람들의 도움이 필요하며, 본인 역시 누군가의 자기실현을 돕는 것이 보통이다. 자녀 양육을 책임지고 있는 부모는 아이의 정신적·육체적 능력을 조화롭게 개발하는 선택을 해야 한다. 한 가지 재능만을 고집하는 부모나 학교는 없을 테지만, 과거 일부 학교에서는 운동에 소질이 있는 학생에게 한 가지 종목에만 집중하도록 강요하기도 했다. 일반계 고등학생의 학습에서도 유사한 일이 일어난다. 선택의 기준이 학생의 선호도나 필요성이 아니라, 입시에서의 중요도가 된다. 어떤 선택을 하느냐에 따라 인생의 폭과 깊이가 달라진다.[2]

---

2  고교 시절 인간과 사회에 관한 공부를 하지 않은 채 입시에 필요한 과목만 학습하고, 대학에 가서도 고시나 자격증 획득에 필요한 과목만 집중적으로 공부하여 출세한 사람들이 많다. 이들도 사회생활을 통해 인간의 가치와 정의 등에 대해 차츰 인식하게 되겠지만, 특별한 계기가 없는 한, 편협한 시각으로 세상을 보며 단조로운 삶을 살 가능성이 높다.

행복은 지식에 의해 결정되지도 않고, 소득에 의해 결정되지도 않는다. 지위의 종속변수도 아니다. 행복은 지성, 감성, 도덕성이 총체적으로 어우러지는 다차원 공간에서 결정(結晶)된다. 지성만 하더라도 자신의 직업과 전공 분야 지식을 바탕으로 경제, 정치, 역사, 과학, 문화예술, 스포츠, 종교 등에 대한 다양한 지식이 필요하다. 감성도 지성 못지않은 다양한 측면과 구성 요소가 있으며, 도덕성도 그러하다. 지성, 감성, 도덕성을 골고루 갖추어야 세상을 다양한 시각으로 해석하면서 자신의 주변 요소들을 활용해 행복한 삶을 살 수 있다. 그래서 다면적 능력 개발이 한 분야의 집중적 개발보다 더 다양한 삶을 보장할 수 있다. 또한 함께 사는 세상이기 때문에, 도덕성을 먼저 갖추는 것이 무엇보다 중요하다.

진정한 행복은 이기적인 측면을 갖지 않는다. 타인을 제쳐두고 혼자서만 자기실현을 하는 것이 아니다. 행복 중에서도 가장 큰 행복은 자기실현이 타인과 공동체의 행복에 기여할 때이다. 자신이 속한 조직이나 직장에서 발생한 비리를 폭로하고 이를 척결하기 위해 싸운 사람은 진정으로 행복한 사람이다. 비리사학의 민주화를 위해서 싸운 사람들도 마찬가지다. 그들의 노고로 인해 여러 사람의 행복이 커졌기 때문이다. 이런 의미에서 내부고발자는 소중하게 보호되어야 하고, 큰 상(償)을 받아야 한다. 행복은 신의 선물(아리스토텔레스)이며 인간이 추구할 최고선(칸트)으로서 그것을 갖기 위해 최선을 다하는 것이 인간의 의무(공리주의자들)라고 한다면, 행복한 삶의 추구는 지상의 어떤 일보다 중요한 일이 아닐 수 없다. 공익 신고자나 내부고발자는 사회를 맑게 하고 모두를 행복하게 하는 소중한 존재들이다.

공리주의 경제학자들이 말하는 행복이란 어떤 선택의 결과 발생하는 쾌락의 총량에서 고통의 총량을 공제하고 남은 값이다. 시지윅에 의하면, 이 값이 플러스(+)일 경우에 이를 추구하는 것이 이기적 쾌락주의(줄여서 이기주의)이다. 이기주의자는 어떤 상황에서든 자신의 행복만을 최우선시한다. 현대경제학은 이를 인정함으로써 스스로 한계를 지니게 되었다. 경쟁을 기반으로 하는 자본주의사회에서 행복은 이기주의자의 전유물인 것처럼 보이지만, 그것은 착각일 뿐이다. 이기주의자들이 전력을 기울여 자신의 행복을 추구하는 동안 많은 적을 만들거나 좋은 관계재를 놓치기 때문이다.

그러나 현실에는 주류경제학자들의 생각처럼 이기주의자만 있는 것이 아니다. 전체의 행복을 추구하는 정통 공리주의자도 있고, 타인과의 나눔을 통해 행복을 얻는 이타주의자들도 있다. 이들이 얻는 행복이 이기주의자들의 행복보다 수준 높은 것인가 아닌가를 따지는 문제를 넘어, 경제학이 이타주의에 입각한 행동을 포함하는 이론을 구축해야 인간과 사회에 대해 보다 현실적인 해석이 가능해질 것이다.

행복은 현실에 대한 저항에서 시작된다. 인간은 자기를 실현하고자 하는 확고한 목표를 갖고 있다. 그러나 현실에서 이 목표는 여러 가지 장애물에 가로막히게 되는데, 이를 극복하지 않고서는 행복을 달성할 수 없다. 행복이 각자 마음먹기에 달렸다는 주장은 기만이다. 자기실현을 가로막는 제도와 관행에 저항하고 이를 이를 개선하려는 노력을 통해 비로소 자신의 것으로 만들 수 있다. 행복을 위해 투쟁하는 과정에서 진정으로 새로운 사람, 즉 자유로운 사람이 될 수 있다. 자유롭지 않은 사람이 행복한 사람일 수 없다. 알베르 카뮈(Albert Camus)는 다음과 같이 말했다.

저항[3]은 한 순간 한 순간마다 세계를 재고할 대상으로 문제 삼는다. 위험이 인간에게 반항해야 할 유일무이한 기회를 제공하듯이, 형이상학적 저항은 경

---

3 'revolt', 역자는 '반항'으로 번역했으나, 인용자가 '저항'으로 바꾸었다.

험 전반에 의식을 펼쳐놓는다. 저항은 인간이 자신에게 끊임없이 현존함을 뜻한다(카뮈, 1997: 83).

자신의 삶, 저항, 자유를 느낀다는 것, 그것을 최대한 많이 느낀다는 것, 그것이 바로 사는 것이며 최대한 많이 사는 것이다(카뮈, 1997: 94).

현실 세계에는 행복에 필요한 자원을 독점하고 있는 기득권세력이 존재한다. 이 세력은 정치계, 경제계, 법조계, 언론계, 학계, 종교계, 문화예술계 등 사회 각 분야에 포진해 있다. 이들은 강고한 카르텔을 형성하고 대중(public)의 행복 추구를 막는다. 이들은 대중의 행복을 위한 사회시스템 개혁에 반대한다. 자신들이 누려온 독점적 지위를 지키기 위해 '자유(自由)'라는 소중한 가치를 내세우지만, 그것은 진정한 자유의 왜곡일 뿐이다. 모든 구성원이 함께 누릴 때 자유이지, 소수(小數)만 누리는 자유는 기만이며 폭압이다. 따라서 이러한 시도에 저항하지 않으면 진정한 행복을 쟁취할 수 없다. 교육개혁과 정치개혁(권력기관 개혁 포함), 조세제도의 개혁, 문화와 예술 활동 지원체계 확보 등을 위한 사회운동과 선(善)한 사회 건설을 위한 투쟁이 필요하다. 특히 보편적 교육권이 확보되어야 하는데, 이는 대학까지 무상교육을 시행하면서 대학입시를 폐지해야 가능해진다. 부모의 재력에 의해 대학이 결정되는 현재의 불평등한 입시를 폐지하고 모든 국민에게 공평하게 기회가 돌아가도록 해야 한다. 분투해야 이러한 제도 개혁이 가능해질 것이다. 그래서 버트런드 러셀도 행복은 정복하는 것이라 했다.

이런 조건들을 확보할 때, 사회구성원들은 자신의 삶에 만족하면서도 타인의 행복 실현을 돕는 진정한 행복을 누릴 수 있게 된다. 자기(인류공동체 속의 자신)를 실현하는 과정에서 얻어지는 충만감이 곧 행복감이다. 진

정한 행복은 스스로 이성의 빛을 따라가며 쟁취하는 것이다. 행복을 가로
막는 것들을 제거하기 위해 싸워야 한다.

> 니 눈 속의 두려움 따위는 버려
> 널 가두는 유리천장 따윈 부숴
> 승리의 날까지 fight!
>
>   ― BTS의 〈Not Today〉 중에서

# 제8장

# 행복한 국가,
# 행복한 국민

## 1. 좋은 정부의 의미

국가는 행복의 주체가 아니지만, 국민이 행복한 삶을 사는 데 국가의 역할은 매우 중요하다. 여기에서는 좋은 정부를 '국민 개개인의 자기실현을 최대한 지원하는 정부'라고 정의하며, 좋은 나라는 '전환점이 빠르고 국민들이 높은 수준의 만족을 누리는 나라'라고 정의한다. 마찬가지로 좋은 지방정부도 가능하다.

어느 나라 국민이든 좋은 정부를 갖고 싶어 할 것이며, 누구든 좋은 나라에서 살고 싶을 것이다. 이왕이면 행복도가 높은 나라가 좋고, 같은 수준의 행복한 삶을 살더라도 일찍부터 행복한 나라가 더 좋은 나라라는 데 반대할 사람은 없을 것이다. 갤럽조사와 세계 행복도 조사에서 나타난 통계를 살펴보면, 현재 어떤 나라들이 이런 기준을 비교적 잘 충족하고 있는지 알 수 있다.

**표 8-1**은 국가별 평균 행복도 점수와 전환점 연령대를 표시하고 있다. 행복도는 7점대, 6점대, 5점대, 5점 미만 등 네 집단으로 분류했고, 전환점 연령대 역시 40대, 50대, 60대, 70대 이후 등 네 집단으로 분류했다. 덴마크, 캐나다, 스웨덴, 호주, 네덜란드, 미국, 아일랜드 등은 10점 만점에 평균 7점의 높은 행복도를 자랑하면서 40대에 전환점을 맞고 있다. 한마디로 현재 지구촌에서 가장 행복한 나라들이라 할 수 있다. 같은 7점대의 행복도를 누리면서도 핀란드와 브라질은 50대에 반등을 시작하고 오스트리아는 60대에 반등하는 패턴을 보인다. 영국, 벨기에, 독일, 아르헨티나, 프랑스, 콜롬비아, 스페인, 베네수엘라, 칠레, 체코 등은 모두 6점대 행복도 국가인데, 영국은 40대에 전환점을 맞고, 베네수엘라와 칠레는 60대에, 체코는 70대에 전환점이 있고 나머지 국가들은 모두 50대에 전환점이 있다.

그렇다면 40대부터 행복도가 상승하기 시작하여 평균 6점대의 행복을

| 전환점 \ 행복도 | 7점대 | 6점대 | 5점대 | 5점 미만 |
|---|---|---|---|---|
| 40대 | 덴마크<br>캐나다<br>스웨덴<br>호주<br>네덜란드<br>미국<br>아일랜드 | 영국 | 중국 | |
| 50대 | 핀란드<br>브라질 | 벨기에<br>독일<br>아르헨티나<br>프랑스<br>컬럼비아<br>스페인 | 슬로바키아<br>이탈리아<br>리투아니아<br>슬로베니아<br>사이프러스<br>에스토니아<br>몬테네그로<br>라트비아<br>세르비아<br>포르투갈<br>마케도니아 | 헝가리<br>인도<br>불가리아 |
| 60대 | 오스트리아 | 베네수엘라<br>칠레 | 페루<br>폴란드<br>크로아티아<br>코소보<br>루마니아 | |
| 70대 이후 | | 체코 | 러시아, | 보스니아-<br>헤르체고비나 |

표 8-1 주요국 평균 행복도와 전환점 연령대

주: 행복도는 10점 만점 기준이다.
자료: Graham and Pozuelo(2017).

누리는 영국과 60대에 이르러 행복도가 상승하여 평균 7점대의 행복을 누리는 오스트리아 중 어디가 더 행복한 나라일까? 행복의 총량은 영국인이 더 많겠지만, 짧지만 높은 수준의 행복을 오스트리아인이 누리고 있어 비교가 쉽지 않다. 노년이 행복하길 원하는 사람은 오스트리아가 좋겠고, 젊어서 행복하게 살기를 원하는 사람은 영국이 좋을 것이다. 덴마크, 캐나다, 스웨덴, 호주 등의 국가들이나 중국은 모두 40대에 전환점을 맞는데, 행복도에는 큰 차이가 있다. 이런 경우에 어느 국가의 국민이 더 행복할지 비교해 알 수 있을 것이다.

| 표 8-2 | 2017~2019년 각국 1인당 행복 총량(WELLBY) | | | |
|---|---|---|---|---|
| 랭킹 | 국가 | 1인당 행복 총량 | 삶의 만족도 | 기대수명 |
| 1 | 핀란드 | 638.3 | 7.8 | 81.7 |
| 2 | 스위스 | 632.1 | 7.6 | 83.6 |
| 3 | 아이슬란드 | 621.8 | 7.5 | 82.9 |
| 4 | 덴마크 | 617.6 | 7.6 | 80.8 |
| 5 | 노르웨이 | 616.1 | 7.5 | 82.3 |
| 6 | 네덜란드 | 611.9 | 7.4 | 82.1 |
| 7 | 스웨덴 | 607.8 | 7.4 | 82.7 |
| 8 | 호주 | 601.5 | 7.2 | 83.3 |
| 9 | 뉴질랜드 | 599.7 | 7.3 | 82.1 |
| 10 | 캐나다 | 595.4 | 7.2 | 82.3 |
| 11 | 오스트리아 | 594.1 | 7.3 | 81.4 |
| 12 | 이스라엘 | 590.4 | 7.1 | 82.8 |
| 13 | 아일랜드 | 582.2 | 7.1 | 82.1 |
| 14 | 영국 | 582.1 | 7.2 | 81.2 |
| 15 | 독일 | 574.4 | 7.1 | 81.2 |
| 16 | 코스타리카 | 570.4 | 7.1 | 80.1 |
| 17 | 벨기에 | 559.2 | 6.9 | 81.5 |
| 18 | 프랑스 | 550.0 | 6.7 | 82.5 |
| 19 | 체코 | 547.5 | 6.9 | 79.2 |
| 20 | 미국 | 547.2 | 6.9 | 78.9 |
| 21 | 스페인 | 534.0 | 6.4 | 83.4 |
| 22 | 이탈리아 | 532.3 | 6.4 | 83.3 |
| 23 | 싱가폴 | 532.2 | 6.4 | 83.5 |
| 24 | 아랍에미리트 | 527.9 | 6.8 | 77.8 |
| 25 | 대만 | 518.2 | 6.5 | 80.3 |
| 26 | 슬로베니아 | 516.3 | 6.4 | 81.2 |
| 27 | 우루과이 | 500.5 | 6.4 | 77.8 |
| 28 | 칠레 | 498.9 | 6.2 | 80.0 |
| 29 | 일본 | 495.9 | 5.9 | 84.5 |
| 30 | 파나마 | 494.4 | 6.3 | 78.3 |
| 31 | 한국 | 486.4 | 5.9 | 82.8 |
| 32 | 슬로바키아 | 486.1 | 6.3 | 77.4 |
| 33 | 폴란드 | 485.7 | 6.2 | 78.5 |
| 34 | 멕시코 | 484.8 | 6.5 | 75.0 |

······

| 147 | 짐바브웨 | 202.8 | 3.3 | 61.2 |
| 148 | 중앙아프리카 | 183.4 | 3.5 | 52.8 |
| 149 | 아프가니스탄 | 166.2 | 2.6 | 64.5 |

자료: UN(2021).

표 8-2는 UN에서 국가별로 기대할 수 있는 1인당 행복 총량(WELLBY)을 계산한 것이다. 현재와 미래에 걸쳐 행복 극대화를 추구하는 것이 인간의 목표이므로 삶의 만족도 평균에다 기대수명을 곱한 값이다. 벤담의 방식을 적용한 것이다. 1위 국가인 핀란드와 2위 국가인 스위스를 비교해 보면, 핀란드인은 7.8점대의 만족도에서 81.7세를 살며 스위스인은 7.6점대의 만족도 수준에서 83.6세를 산다. 이번에는 31위인 한국과 34위인 멕시코를 비교해 보자. 한국인은 5.9점대의 만족도 수준에서 82.8세까지 살지만, 멕시코인은 6.5점대의 만족도에서 75세까지만 살 것을 기대한다. 어떤 곳에서 사는 것이 더 좋은지는 각자의 판단에 맡긴다. 다만, 아프리카나 중동 지역의 삶의 만족도는 아주 낮은데다 기대수명도 짧아 1인당 행복 총량은 아주 작다. 이 국가들의 국민 행복도가 향상되도록 국제사회가 함께 도와야 할 것이다.

정부라는 개념이 늦게 발달한 동양에서는 왕의 통치를 중심으로 좋은 정치를 생각해 왔다. 여기서 좋은 정치란 왕도정치이다. 권력자를 서슴없이 질타했던 맹자(孟子)는 왕도정치를 다음과 같이 표현했다.

그러므로 현명한 임금은 백성의 직업을 만들어주는데, 반드시 그들로 하여금 위로는 충분히 부모를 섬길 수 있고, 아래로는 충분히 처자를 기를 수 있도록 해줍니다. 풍년에는 평생 배부르고 흉년에도 죽음을 벗어나게 해준 다음에 이끌어 선으로 가도록 합니다. 그러므로 백성들이 그것을 따르는 것이 가볍습니다. …… 다섯 무의 택지에 뽕나무를 가지고 거기에 심으면 나이 오십인 사람이 비단옷을 입을 수 있고, 닭·돼지·개·큰 돼지의 가축을 그 번식의 때를 잃지 않으면 나이 칠십인 사람이 고기를 먹을 수 있으며, 백 무의 밭에 그 농사하는 때를 빼앗지 않으면 몇 식구 되는 집이 굶주리지 않을 수 있습니다. 학교의 가르침을 삼가서 효도와 공손의 뜻을 가지고 가르침을 계속하면 머리가 희끗희끗한 사람이 도로에서 이거나 지고 다니지 않을 것입니다(임옥균, 2019).

왕도의 길을 묻는 제선왕(齊宣王)에게 맹자가 한 대답이다. 고대 중국에서는 백성이 굶주리지 않고 잘 살게 하는 것이 군주가 할 일이며, 도덕이 지켜지고 교육으로 효도와 우애가 지켜지면 훌륭한 사회라고 생각했다. 아울러 노년에 고생을 하면 안 된다는 사고, 즉 노년이 행복해야 한다는 생각이 있었음을 알 수 있다. 백성을 힘들게 하고 불행하게 하는 정부는 바른 정부가 아니라는 생각은 어디서나 마찬가지다.

## 2. 물질적 조건과 삶의 질

OECD 회원국들은 지구촌에서 선진국이라 불리는 나라들이지만, 경제성장 과정이나 부존자원 및 정치·경제 체제와 법률 등이 서로 달라 직접적인 비교는 쉽지 않다. 시민들의 삶을 뒷받침하는 데 필요한 제도와 기구를 잘 갖춘 국가도 있고, 그렇지 못한 국가도 있다. 좋은 삶을 영위하려면 물질적 조건도 갖춰져야 하지만 삶의 질 지표들 역시 높아야 한다.

**그림 8-1**은 회원국들의 물질적 조건(x축)과 삶의 질(y축)을 동시에 보여준다. 물질적 조건은 소득과 재산, 일과 수입, 주거 등 세 가지 영역 10개 지표를 종합한 것이며, 삶의 질은 워라밸, 건강 상태, 교육과 기술, 사회관계, 시민참여와 정부, 환경의 질, 개인의 안전, 주관적 행복 등 8개 영역 15개

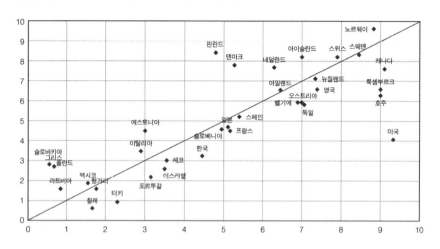

| 그림 8-1 | OECD 회원국 물질적 조건(x축)과 삶의 질(y축) |

자료: OECD(2017a).

지표로 측정한 것이다. 물질적 조건은 소득수준과 상당한 관련이 있고, 삶
의 질은 사회문화 수준과 일정 정도 관련이 있다. 지표마다 하위 3분의 1
국가는 0점, 중간 3분의 1은 5점, 상위 3분의 1은 10점을 주어 여기서 얻
은 총점을 각 10점 만점으로 환산한 값이다.

물질적 조건이 10점 만점에 9점을 넘는 국가는 미국, 캐나다, 룩셈부르
크, 호주 등 4개국이며, 8점대는 노르웨이와 스웨덴이고, 7점대 국가는 스
위스, 뉴질랜드, 영국, 독일, 오스트리아, 아이슬란드 등이다. 반면 슬로바
키아, 그리스, 폴란드, 라트비아는 물질적 조건이 1점대이며, 멕시코, 칠
레, 헝가리 등은 2점대, 터키, 이탈리아, 에스토니아는 3점대이다. 한편,
삶의 질이 9점대인 국가는 노르웨이가 유일하다. 핀란드, 스웨덴, 스위스,
아이슬란드가 8점대이며, 덴마크, 네덜란드, 캐나다가 7점대 국가이다.
이에 비해 칠레와 터키는 1점 미만 국가이며, 헝가리, 라트비아, 멕시코가
1점대이고, 포르투갈, 이스라엘, 폴란드, 그리스, 슬로바키아 등이 2점대

국가로 나타나 있다. 원점에서 45도 선을 그어 두 측면의 균형을 확인할 수 있다. 즉 45도 선보다 위쪽에 위치하면 물질적 조건에 비해 삶의 질이 높은 국가라는 의미이며, 반대로 선분보다 아래쪽에 위치하면 물질적 조건에 비해 삶의 질이 낮은 국가에 속한다.

물질적 조건(x)이 양호하면서 삶의 질(y)도 높은 국가가 좋은 국가라고 할 수 있다. x값이 9점에 육박하면서 y값도 10점에 가까운 노르웨이가 가장 좋으며, 스웨덴(8점대, 8점대)이 두 번째 그룹, 캐나다, 스위스, 아이슬란드, 뉴질랜드가(7점대, 7점대)로 세 번째 그룹에 속한다. 반대로 칠레, 헝가리, 라트비아, 멕시코는(2점대, 2점대)로 두 지표 모두 가장 낮은 국가에 속한다. 핀란드와 덴마크는 물질적 조건에서는 중간 정도지만 삶의 질은 상당히 양호하다. 물질적 조건도 중간 수준이고 삶의 질 지표들도 중간 수준인 국가는 스페인, 일본, 프랑스, 슬로베니아 등이다. 물질적 조건(9점대)이 최고 점수를 얻은 미국의 삶의 질은 4점대에 턱걸이하고 있다. 슬로바키아, 그리스, 폴란드는 물질적 조건이 부족함에도 불구하고 삶의 질 지표는 상대적으로 약간 높다.

한국은 물질적 조건이 4점대로 중간 수준에 근접하고 있으나, 삶의 질에서는 3점대에 속해 있어 낮은 편에 속한다. 여기서 주의할 점은 표시된 좌표들이 어디까지나 평균값이라는 것이다. 모든 국민이 그 정도의 삶을 산다는 것은 아니며, 각국의 중위수 국민이 그와 같은 수준의 삶을 향유하고 있다는 보장도 없다. 그래서 이 자료만으로는 한 국가의 국민이 충분히 좋은 삶을 살고 있는지 아닌지 확인할 수 없다. 다만, 물질적 조건과 삶의 질 지표가 모두 양호하다고 조사된 국가는 시민들의 삶도 양호할 가능성이 높다고 예상할 수 있다.

## 3. 북유럽의 행복국가 덴마크

21세기에 높은 행복도를 자랑하는 국가들은 어떤 삶의 조건을 갖추고 있을까? 여러 행복국가들 가운데서도 각종 행복도 조사에서 언제나 최상위권에 있는 덴마크와 최근 행복정책을 전면에 내건 뉴질랜드를 모델로 살펴보고자 한다. 사실 국민총행복지수(Gross National Happiness: GNH)의 개발과 이를 기준으로 한 국민행복정책의 추구는 히말라야의 부탄왕국이 시조이다. 하지만 부탄을 모델로 생각하기엔 정치·경제·사회·문화의 여러 측면에서 다른 국가들과 비교하기 어려우며, 부탄 내부의 사정도 있어 모델에서 제외했다.[4]

1973년 이후 세계 160여 개국의 국민을 대상으로 한 60여 차례의 세계 행복 데이터베이스(World Database of Happiness) 조사에서 덴마크는 대부분 최고 점수를 얻었다. 10점 만점을 기준으로, 덴마크 국민이 스스로 내린 행복 점수는 평균 8점에 달했다. 덴마크는 갤럽 조사, 세계가치관조사(World Values Survey), 유럽 사회 조사(European Social Survey) 등에서도 빠짐없이 행복도 1~2위에 올라 있는 나라이다. 세계 행복 데이터베이스 조사에서 덴마크를 포함한 노르딕 국가들(노르웨이, 스웨덴, 핀란드)과 네덜란드, 캐나다, 스위스 등이 대체로 7.5~8점 사이를 얻어 상위권을 차지했다. 행복도가 낮은 국가들은 토고, 짐바브웨, 탄자니아, 이라크, 르완다, 부룬디, 중앙아프리카, 시에라리온 등이었는데, 이들의 행복도는 대개 3~4점

---

4  뉴욕에 본부를 둔 세계인권감시단(Human Right Watch)에 따르면, 1980년대 이후 부탄 정부는 자국 내 소수민족들을 외국으로 추방하기 시작했다. 2008년 현재 약 10만 8000명의 국적 없는 부탄 국민들이 네팔의 7개 난민수용소에 수용되어 있고, 부탄 정부는 이들의 귀환을 허용하지 않고 있다. 그래서 필자는 일단 부탄을 행복국가의 상징에서 제외하고자 한다(Frelick, "Bhutan's ethnic cleansing", 2008.2.1 기사 참조).

으로 조사되었다. 유럽 국가 중에서는 구 공산권 국가의 행복도가 낮아서 대체로 5~6점 정도에 머물렀다. 사정이 이렇다 보니, 행복을 연구하는 사람들의 시선이 덴마크에 집중되고 있다.

덴마크인들의 삶을 살피다 보면 휘게(hygge)라는 말과 자주 마주친다. 정확한 번역이 어려우나 대체로 '바쁜 일상에서 벗어나 생활 속 여러 가지를 즐기는 시간'이라는 의미이다. 휘게는 가족과 친구 간 교제뿐만 아니라 혼자서 책을 읽거나 TV를 시청하는 것도 포함된다(휘게는 동사로도 쓰임). 차한 잔을 놓고 친구와 한담을 즐기거나, 자연 속을 산책하거나, 동식물을 보살피는 것이 휘게이다. 여름 별장에서 점심을 제대로 갖춰 먹거나, 근처에서 따온 과일로 디너파티를 여는 것도 휘게이다. 한마디로 삶 속에서 찾는 여유와 안정이 휘게인데, 이는 덴마크인들의 일상의 행복과 직결되어 있다.

## 1) 덴마크의 삶의 질

2012년 유엔에서 행복에 관한 국제회의가 열렸고, 최초의 「세계행복보고서(World Happiness Report)」가 발간되었다. 당시 영국의 데이비드 캐머런 총리는 영국인의 행복에 관한 연구를 위해 대규모 연구단을 조직했으며, 미국은 국립과학원에서 행복정책을 연구하는 위원회를 설립했다. 그 뒤를 이어 네덜란드, 독일, 프랑스, 일본 등이 유사한 조치에 들어갔다. 덴마크에서는 독립기구인 행복조사연구소(Happiness Research Institute, Institute for Lykkeforskning)를 설립했는데, 이 연구소는 '왜 어떤 사회는 다른 사회에 비해 더 행복한가', 그리고 '어떻게 하면 행복을 높일 수 있는가'를 중심 주제로 삼아 연구하고 있다. 다음에서는 덴마크 행복조사연구소에서 소개하는 행복 구조들을 살펴보기로 한다. 행복한 삶과 사회에 대한 덴마크 국민의 인식을 알 수 있다.

사실, 덴마크 국민이 가장 행복하다고 해도 그것은 평균값이며, 모든 덴마크 국민이 행복하다는 것은 아니다. 덴마크에서 항우울제가 많이 소비된다는 사실이 이를 뒷받침한다. 행복한 사회에서 행복하지 않은 사람의 삶은 정말 힘들 것이다. 그래서 덴마크 정부는 스스로 행복하지 않다고 생각하거나 자신의 삶에 만족하지 못하는 사람들에게 특별한 관심을 기울이고 있다. 필자는 이것이 국가의 의무라고 생각한다. 노르딕 국가들 및 네덜란드와 스위스 등 행복도 상위 국가들은 계속해서 삶의 만족도를 조사하고 이를 높이기 위해 노력하고 있다. 많은 국민이 행복하다고 느끼는 사회는 대체로 어떤 특징들을 갖고 있는지를 아는 것이 중요하다.

　덴마크인들의 높은 행복은 강력한 시민사회의 존재, 질 높은 민주주의, 높은 수준의 안전, 신뢰, 자유, 그리고 번영 등의 요소들과 함께 균형 있는 삶을 보장해 주는 양호한 노동조건들이 마련되어 있어 가능한 것이라고 평가된다. 다음에서는 이러한 조건들에 대해 살펴볼 것인데, 아주 흥미로운 내용이 많다.

### (1) 높은 신뢰도(trust)

　2012년 UN에서 펴낸 「세계행복보고서」는 덴마크가 가장 행복한 핵심 이유를 '신뢰'라고 강조했다. 덴마크인의 4분의 3은 주위 사람들을 대부분 신뢰할 수 있다고 생각하는데, 이는 세계 평균보다 3배 이상 높은 수치이다. 덴마크인은 친구나 가족뿐만 아니라 처음 보는 사람도 신뢰한다. 참고로 신뢰도가 가장 높다고 조사된 다섯 개 국가는 덴마크, 노르웨이, 핀란드, 스웨덴, 네덜란드이다. 한 가지 예로 미국과 유럽의 여러 도시에서 돈이 담긴 지갑을 길거리에서 분실하는 실험을 했다. 지갑 안에는 신분증이 들어 있었다. 실험에서 덴마크와 노르웨이 두 나라의 도시에서만 지갑에 돈이 온전히 들어 있는 채 주인에게 돌아왔다. 잃어버린 지갑을 되찾음으

로써 행복해지는 것보다 가치 있는 일은 서로를 신뢰할 때 얻는 즐거움이
며 동료들이 우리가 잘되기를 바라는 감정을 확인하는 일이다.

## (2) 확고한 안전(security)

안전하다는 것은 근심과 걱정이 없는 상태이다. 덴마크에서는 아픈 사
람은 누구나 병원에서 치료를 받을 수 있고, 직업을 잃으면 경제적 보조를
받는다. 노인이 되어도 역시 보조를 받는다. 이러한 사회적 안전망으로 인
해 덴마크인은 걱정할 것이 별로 없고, 행복한 일상을 누릴 수 있다. 덴마
크의 복지 시스템은 국민들에게 미래에 대한 불확실성을 제거해 주고 근
심을 해소해 준다. 덴마크는 질병, 고령화, 실업 등과 관련된 삶의 불확실
성을 상당 부분 해소했다는 의미에서 안전한 국가이다. 이는 덴마크의 중·
저소득층 국민이 다른 나라의 중·저소득층보다 더욱 행복한 이유다. 덴마
크는 아주 불행하다고 느끼는 사람의 비중이 낮다. 한 조사에 의하면, 덴
마크와 미국의 가장 부유한 계층 간에는 행복도에 큰 차이가 없었지만, 제
일 가난한 계층에서는 큰 차이가 있었다. 어느 날 실업자가 된다면, 덴마
크의 사회안전망은 미국보다 훨씬 큰 도움이 된다. 이러한 안전이 덴마크
의 저소득계층을 행복하게 만드는 것이다.

OECD 36개국 국민들의 삶의 만족도를 측정하는 '더 나은 삶 지수
(OECD Better Life Index)'에서 성적이 좋은 국가들은 사회적 불평등이 낮은
국가들이다. 사회계층별 또는 성별, 인종별 삶의 조건들이 심하게 차이가
나면 국민의 행복감에 부정적 효과를 주게 된다.[5]

---

5  사회적 평등과 행복 사이에는 상관관계가 있음을 인정하지만, 경제적 평등이 행복을 위한
   필수조건이냐에 대해서는 반대 의견도 있다. 복지국가의 효과에 대해서도 이론이 있다. 국
   가가 국민의 불행을 감축하는 능력을 키우는 것은 올바른 방향 설정이지만, 공공 부문이

### (3) 여유로운 삶을 보장하는 부(wealth)

돈이 행복을 보장하진 않지만, 돈이 없으면 불행으로 기울어지기 쉽다. 번영하고 있는 국가의 국민은 가난한 나라의 국민보다 대체로 행복하다. 덴마크는 경제위기를 훌륭하게 극복하고 세계에서 가장 잘사는 국가 중 하나가 되었으며, 이것이 행복도가 높은 이유 중 하나이다.[6] 행복 연구자들은 절대소득이 아니라 상대소득이 중요하다고 생각한다. 행복은 타인에게서 영향을 받기 때문이다. 인간은 자신의 사회적 지위에 관심이 많으며, 타인과 자신을 비교한다. 이는 지위를 향한 스트레스성 경주를 낳는데, 우

**표 8-3**    OECD 주요국 GDP 대비 소득세 비중(2019)

(단위: %)

| 국가 | GDP 대비 소득세 비중 | 국가 | GDP 대비 소득세 비중 |
|---|---|---|---|
| 호주(2018) | 12 | 한국 | 5 |
| 캐나다 | 12 | 멕시코 | 3 |
| 칠레 | 1 | 네덜란드 | 9 |
| 덴마크 | 24 | 뉴질랜드 | 13 |
| 핀란드 | 12 | 슬로바키아 | 4 |
| 프랑스 | 10 | 스웨덴 | 12 |
| 독일 | 11 | 터키 | 4 |
| 그리스(2018) | 6 | 영국 | 9 |
| 이탈리아 | 11 | 미국 | 10 |
| 일본 | 6 | OECD 평균(2018) | 8 |

주: 소수점 이하 반올림한 수치이다.
자료: OECD Data(2021c), "Tax on personal income."

---

커지면 국민들의 행복도가 낮아진다는 주장도 있다(Bjørnskov, 2012).
6  세계에서 가장 부유한 국가는 룩셈부르크이지만, 국민들이 삶에 대해 가장 만족하고 있는 국가는 덴마크이다.

리가 실제 필요한 것을 넘어서서 단지 이웃보다 더 많이 가져야 한다는 헛된 욕망에 따른 것이다. 소득 경쟁은 엄청난 스트레스를 유발한다. 덴마크는 2019년 현재 GDP의 24%에 달하는 소득세를 징수하여 분배를 개선함으로써 이 문제에 대처하고 있다. **표 8-3**에서 이를 확인할 수 있으며, 고행복도 국가와 저행복도 국가 간 소득세 크기도 확인할 수 있다.

### (4) 진정한 자유(freedom)

자유는 단지 효율성 높은 자원배분이나 경제성장을 가져다주는 도구로서의 의미보다 삶의 실질적 토대로서의 의미가 더 중요하다. 하버드대학의 아마르티아 센은 말한다.

> 그러나 이 자유(freedom)는 단순히 구속받지 않는 자유(liberty)와는 달리 실제로 사람들이 바라는 대로 살 수 있는 자유를 뜻하며, 따라서 사람이 누릴 자유란 사회 현실 토대 위에서만 의미를 가진다(센, 2013).

「세계행복보고서」(2012)에서도 "행복은 사람들이 자신의 삶을 기획하는 능력이며, 이것은 확고한 수준의 자유를 필요로 한다"라고 했다. 자신의 삶을 자신이 통제하는 능력이 바로 행복에 이르는 핵심이다. 자유는 헌법에 보장된 기본권을 넘어 모든 국민의 삶의 기회가 제한되지 않음을 의미한다. 덴마크 국민은 스스로 자신의 삶을 관리할 수 있다. 부모의 소득과 관계없이 교육받을 기회가 있으며, 의과대학이라도 지원자가 너무 많으면, 추첨이라는 민주적인 방식으로 선발한다. 또한 성(性)을 가리지 않고 원하는 배우자와 결혼할 수 있다.

### (5) 높은 직업 만족도(working conditions)

덴마크의 노동 현장은 대체로 자율성이 높다. 자가(自家) 고용이 임금노동보다 더 행복한 이유는 높은 자율성에 있다. 노동자가 진정 행복한 시간은 스스로 무언가를 달성하고, 결과를 만들어내고 있으며, 발전하고 있다고 느낄 때이다. 일을 통해 임금뿐만 아니라 사회적 관계, 정체성 및 삶의 의미가 형성된다. 그래서 일은 행복에 중요하다. 덴마크에서 노동자는 1년에 평균 1392시간(2018년 기준)을 일한다. 참고로, 한국의 연간 평균 노동시간은 2005시간이다. 연간 603시간의 차이가 나는데, 하루 8시간 노동일기준으로 76일에 해당한다.

직업의 질과 만족도 역시 중요하다. '삶과 노동조건 개선을 위한 유럽재단'[7]에서 유럽 33개 국가를 대상으로 직업 만족도를 조사했다. 임금, 노동시간, 직업 만족도, 미래 전망에 대해 질문했다. 덴마크 노동자들은 전 분야에서 상위 4위 안에 들었다. 임금 수준에서는 4위였지만, 미래 전망과 노동시간에서 2위, 직업 만족도는 1위였다. 노사 간의 높은 신뢰도는 직장 만족의 기반이 된다. 노동자들은 작업장 조직과 업무 수행 방식에 상당한 자율성을 갖고 있으며, 사용자는 노동자를 신뢰한다. 또한 직장이 마음에 들지 않으면 쉽게 바꿀 수 있다. 덴마크의 유연안정성[8] 모델은 유연화에 따른 노동자의 불안을 최소화하고 있다.

---

7  정식 명칭은 'European Foundation for the Improvement of Living and Working Conditions'이다.

8  'flexicurity'라 부르는데, 고용의 유연성(flexibility)과 안전성(security)을 조합한 용어이다.

## (6) 성숙한 민주주의(democracy)

덴마크의 발달한 민주주의 체제는 사회를 변화시키는 기회로 작용하고, 국민 행복의 또 하나의 요소가 된다. 자신이 사는 사회의 성격을 자신이 결정한다는 생각은 행복의 원천이 된다. 덴마크 국민의 투표율은 88%에 달하여 세계 1위이다. 그뿐만 아니라 국가 거버넌스(governance)와 청렴도 등에서 모두 뛰어나다. 거버넌스의 질과 효과적인 정치 시스템이 행복을 촉진한다. 덴마크는 가장 부패하지 않은 국가이며, 그것이 정치체제에 대한 신뢰를 증가시키고 국민 행복을 높이고 있다. 덴마크에는 잘 기능하는 민주주의와 신뢰성 높은 정치인들이 존재한다. 분권화와 직접민주주의 역시 행복에 긍정적 효과를 준다. 덴마크의 정치권력은 철저히 분권화되어 있어, 지방정부는 주민들과 밀접한 관계를 유지하면서 현안들을 풀어나간다. 세계은행(World Bank)이 세계 182개국의 분권화 수준을 분석한 「당신의 정부는 국민들과 얼마나 가까운가요?(How Close Is Your Government to Its People?)」(2012)를 출간했는데, 덴마크는 지방정부의 예산 몫이 가장 큰 국가 중 하나였다. 이런 시스템이 덴마크의 행복을 높이고 있다.

## (7) 어우러지는 시민사회(civil society)

행복 연구가들은 사회적 관계가 행복의 핵심 요소라는 데 동의한다. 페이스북 친구가 얼마나 많은지가 중요한 것이 아니다. 자신의 경험을 타인과 공유하고, 서로 이해할 수 있는 사회관계의 조성이 중요하다. 생각과 느낌을 나누고, 서로 도와주고 도움을 받는 일을 통해 사회관계가 성숙해진다. 행복도 조사를 보면, 자신의 사회적 관계에 가장 불만족한 사람의 행복도가 가장 낮아서 10점 만점에 평균 4.5점에 불과했다. 반면 자신의 사회관계에 가장 만족하는 사람들은 평균 점수가 8.4점에 달했다. 가계소득이 가장 높으면서 사회관계가 불만족한 사람들의 행복도가 평균 4.8점인 점을 고려한다면, 소득보다 사회관계가 더욱 중요하다는 사실을 알 수 있다. 하버드대학 교수 로버트 퍼트넘(Robert Putnam)은 『나 홀로 볼링(Bowling Alone)』(2000)이라는 책에서 사회관계의 해체를 들어 미국 시민사회의 몰락을 지적하고, 사회 자본이 파괴되고 있다는 경고를 보냈다.[9]

시민사회는 정부나 시장 밖에 존재하는 사회이며, 덴마크 국민 개인이나 전체 사회의 행복에 중요한 역할을 한다. 인구 570여 만 명의 덴마크에서 자원봉사에 참여하는 사람이 연간 200만 명에 달한다. 축구 트레이너, 방과 후 학교 교사 등 그 분야도 다양하다. 현재 덴마크에는 10만 개의 자원봉사 조직이 있는데, 이 부문의 경제적 가치는 180억 유로에 달하여 덴마크 GDP의 18%를 차지하고 있다. 자원봉사는 금전적인 것을 넘어서는 사회문화적 가치를 갖고 있다.

### (8) 일과 삶의 균형(워라밸)

우리는 물질적 재화들이 우리를 행복하게 해주는 것에 대해서는 과대평가하면서, 비물질(非物質) 재화들, 예를 들면 인간관계의 개선 등이 가져다주는 행복은 과소평가하는 경향이 있다. 이러한 실수로 인해 일과 여가의 균형이 왜곡된다. 일과 가정 사이에서 균형을 유지하는 능력은 행복에 핵심적이다. 덴마크인은 직장생활과 가정생활을 위한 시간(및 여가)을 보내는데, 노동 현장에서 고도의 유연성을 누리고 있다. 덴마크 통계청에 따르면, 노동자의 4분의 1은 자신의 근무시간을 스스로 정하며, 어떤 시간에 근무하든 간섭을 받지 않는다. 또한 17%의 노동자들은 집에서 상당량의

---

9  미국인들은 과거에 비해 자원봉사에 훨씬 적게 참여하고, 교회에도 가지 않고, 자신의 이웃을 모르며, 친구를 집에 초대하지도 않고, 휴일을 함께 보내지도 않고, 술을 마시러 가지도 않으며, 모임에 가입하거나 친구와 많은 시간을 보내지도 않는다(퍼트넘, 2009).

업무를 보고 있다. 덴마크 노동자들은 연간 5주의 유급휴가를 받으며, 자녀가 아프면 첫날을 쉴 수 있다. 유연한 노동시간과 재택근무야말로 덴마크 국민의 일상을 더욱 편안하게 만드는 요소다. 덴마크 국민은 연평균 1392시간 일하는데,[10] OECD 평균 1734시간에 비해 훨씬 짧다.

### 3) 덴마크 사회의 그늘

덴마크는 강력한 시민사회와 민주주의, 높은 안전, 신뢰, 자유와 번영, 높은 조세를 통한 재분배, 일과 여가의 균형을 이룬 훌륭한 노동조건과 노동환경 등을 기반으로 하여 세계에서 가장 행복한 나라 중 하나가 되었다. 그러나 덴마크에도 어두운 그늘이 있다. 술과 담배 소비가 많고, 절식과 운동 부족으로 건강 수준은 그리 높지 않다. 기대수명은 평균 79.9세로서 OECD 36개[11] 회원국 가운데 25위이며, 서유럽 19개국 가운데서는 18위에 해당한다. 자신의 생명과 관련된 올바른 결정을 내리는 일은 개인의 책임이지만, 사회는 그들이 건강한 삶을 선택하도록 도와줄 의무가 있다.

행복과 건강은 밀접한 관계가 있다. 네덜란드 에라스무스대학 루트 벤호벤(Ruut Veenhoven) 교수는 건강과 행복의 연관성에 관한 연구 결과들을 수집·분석했다. 그는 행복감이 건강한 사람의 기대수명에 영향을 미친다고 결론지었다. 행복한 사람은 더 오래 산다. 행복이 건강에 미치는 영향은 흡연자와 비흡연자의 건강에 대한 차이만큼 컸다.

---

10  필자가 이 책을 구상하기 시작한 2015년에 1522시간이던 덴마크의 연평균 노동시간은 2018년 현재 1392시간으로 대폭 줄어들었다. OECD 평균은 1776시간에서 1734시간으로 소폭 감소했다.
11  2021년 9월 기준으로 OECD 회원국은 37개국이다.

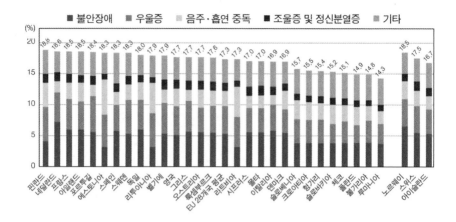

| 그림 8-2 | 유럽 각국의 정신질환자 비율 현황 |

주: 통계에 의하면 EU 회원국 국민들 6명 중 1명 이상이 정신건강에 문제가 있는 것으로 나타남.
자료: OECD·European Commission(2018).

　유럽 전체가 안고 있는 심각한 문제가 정신질환이다. **그림 8-2**는 유럽연합 회원국들의 정신질환자 비율 현황이다. 최근 통계에 의하면, 유럽 인구 6명 중 1명이 정신질환자로 집계되었다. 놀라운 사실은 1인당 소득이 높고, 행복도가 높은 국가들에서 정신질환자 비중이 높다는 점이다. 불안장애, 우울증, 음주·흡연 중독, 조울증, 정신분열증 등을 정신질환으로 분류한 통계에 따르면, 핀란드, 네덜란드, 프랑스, 아일랜드 등 고(高)행복 국가들에서 비율이 높았고, 루마니아, 불가리아, 폴란드, 체코, 슬로바키아 등 저(低)행복 국가들이 낮았다. 덴마크는 평균보다 조금 낮은데, 시장화 정도와 정신질환자 발병률이 관련이 있는지 연구해 볼 필요가 있다.

　덴마크도 풀어야 할 문제가 남아 있지만, 현재로서는 높은 신뢰성, 경제적 번영, 일과 삶의 균형과 자유, 그리고 행복을 성취한 국가인 것은 틀림없다. 경제성장을 목표로 달려온 한국인에게 덴마크 모델이 영감을 줄 것으로 생각된다.

# 4. 남태평양의 진주 뉴질랜드

## 1) 행복예산의 면모

혁신적인 여성 총리 저신다 아던(Jasinda Ardern)이 등장한 이후 뉴질랜드의 국가 목표는 경제성장에서 국민 행복 증진으로 바뀌었다. 이러한 정책 목표는 '노동당'과 '뉴질랜드제일당'의 연립정부로서 합의한 사항이기도 하다. 아던 총리가 이끄는 뉴질랜드 정부는 2019년 예산을 '행복예산'으로 명명했다. 그 내용을 보면, 뉴질랜드의 사회정책 방향이 읽힌다. 과거의 예산 정책은 경제성장에 초점을 두었지만, 아던 정부는 국민의 행복한 삶을 위해 중요하다고 생각하는 가치들과 그것을 달성하는 데 필요한 요소들을 광범위하게 고려하여 예산을 짜고 있다. 과거 경제성장에 집중되었던 관심이 소득불평등의 증가와 환경 악화 같은 부작용을 키워왔기에 이는 매우 고무적인 일이 아닐 수 없다.

뉴질랜드 정부는 재무부가 만든 데이터베이스를 활용하여 행복전망표(Wellbeing Outlook)를 작성했는데, 정부의 관련 기구들과 전문가들의 자문을 받아 완성했다. 뉴질랜드 정부는 미래의 예산 정책 설명서와 예산 관련 문서에서 행복전망표가 개발되고 확대되기를 기대하고 있다.

그림 8-3은 뉴질랜드 연립정부의 현재와 미래의 행복 인식 및 미래 비전을 보여주고 있다. 현재의 행복좌표는 OECD에서 사용하는 기존의 지표들(소득과 소비, 일과 수입, 안전, 사회적 관계, 주관적 행복, 자유 시간, 시민사회와 거버넌스, 문화적 동질성, 환경, 건강, 주거시설, 지식과 기술 등)을 통해 측정되고 있고, 미래의 행복지표는 인적 자본, 재정과 물적 자본(경제 자본), 자연 자본, 사회 자본 등 4대 자본의 강화를 통해서 확보한다는 목표이다.

**그림 8-3** 뉴질랜드의 현재와 미래의 행복 프레임

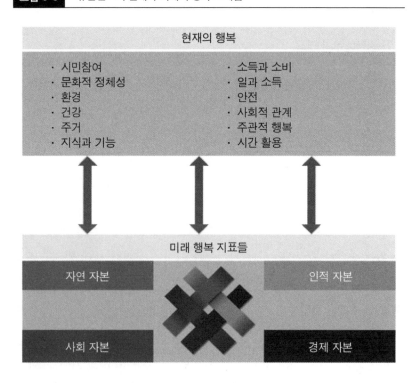

현재의 행복

- 시민참여
- 문화적 정체성
- 환경
- 건강
- 주거
- 지식과 기능

- 소득과 소비
- 일과 소득
- 안전
- 사회적 관계
- 주관적 행복
- 시간 활용

미래 행복 지표들

자연 자본　　　　인적 자본

사회 자본　　　　경제 자본

자료: The Treasury(2019).

## 2) 4대 자본의 강화

먼저 인적 자본(human capital) 측면을 보자. 인적 자본은 국민들의 기술, 지식, 육체적 건강과 정신적 건강을 말하는데, 이런 조건들이 갖춰져야 노동이든, 학업이든, 휴식이든 자신이 원하는 사회생활에 적극적으로 참여할 수 있다. 인적 자본은 고용과 수입 및 사회적 관계를 포함하는 행복의 핵심 요소들과 직접 연결되어 있다. 뉴질랜드 국민들은 교육수준이 높고 건

강하여 인적 자본 면에서 대단히 우수하다. 만 15세 학생들의 PISA 점수도 언제나 평균 이상을 유지하고 있고, 성인 인구의 80% 이상이 고졸 이상의 학력이다. 그러나 15~24세 청소년들의 11%가 니트(NEET: 고용되지도 않았고, 학교에 다니지도 않고, 직업훈련 중도 아닌 사람)에 속해 있는데 이 점이 개선해야 할 점이라고 인식되고 있다.

뉴질랜드 국민들의 기대수명은 OECD 평균보다 높고, 85% 이상이 건강에 문제가 없다고 답하고 있다. 그러나 청소년 비만이 심하여 8명 중 1명이 비만이다. 정신건강이 삶의 만족에 아주 중요한 요소인데, 자살률, 특히 청년 자살률이 OECD 회원국 중 아주 높은 편에 속한다. 청소년기의 가난은 인지 능력, 건강 및 소득 수준 등에 악영향을 미친다. 뉴질랜드는 최대 30만 명의 청소년들이 빈곤한 상태에 있어 이에 대한 대책을 세우고 예산을 반영했다. 이러한 문제의식이 2019년 예산에 우선 반영되어 빈곤층 아동들과 그 가족이 상당한 혜택을 받도록 편성되었다.

두 번째는 사회 자본(social capital)이다. 사회 자본은 사회적 관계, 태도, 이해 및 공적인 규칙이나 제도 등을 말하는데, 모두 행복에 긍정적으로 기여하는 요소들이다. 사회 자본은 행복의 원인이면서 그 결과물이기도 하다. 사회적 이해는 사회적 관계를 진전시키고 여러 기구들의 활동을 강화한다. 사회적 기구들은 모두 공정성과 존중이라는 사회적 이해를 중요하게 만드는 데 핵심적 역할을 하고 있다. 차별과 같은 영역은 개선되어야 한다. 뉴질랜드 국민들의 사회적 관계와 안전감에서 인종적 불균형이 발견되었고, 가정 내 폭력 발생률도 높다. 가정에서 안전의 결여는 사회적 유대를 약화시키고 정신건강과 자기 존중 등 많은 영역에 심각한 영향을 줄 수 있다. 이에 따라 2019년 예산에는 가정폭력에 대비하는 정책들이 채택되었다.

세 번째는 자연 자본(natural capital)이다. 자연 자본은 삶을 지탱하고 인간 활동을 지원하는 데 필요한 물적 자원의 모든 측면을 말한다. 자연 자본을 구축하는 것은 행복을 확보하고, 강력하고 지속 가능한 경제를 건설하는 기초가 된다. 인간의 행복은 자연 자본의 존재와 크기에 의존하고 있으며, 자연 자본이 환경 위생과 건강 에코 시스템에서 도출되는 여러 서비스를 얼마나 잘 산출할 수 있는가에 달려 있다. 자연 자본의 질과 양, 그리고 지속 가능성이 건강과 문화적 정체성 및 주관적 행복 등 행복의 여러 측면에 직접 영향을 미친다.

자연 자본 분야에서는 2013년 이후부터 뉴질랜드의 1인당 쓰레기 배출량이 크게 증가하고 있는 문제를 풀어야 하는 과제가 있다. 뉴질랜드의 온실가스 배출도 주의를 요구하는 부분이다. 자연 자본에 관한 자료 확보와 연구가 선행되어야 한다. 저배출 경제로의 전환 목표는 새로운 성장 경로를 따르는 신중한 선택이다. 저탄소, 기후 복원 성장이 사회문화적·환경적·경제적 목표와 함께 진행될 수 있다는 증거들이 속속 제시되고 있다. 이러한 전환에서 기술 수준이 핵심적 역할을 한다.

뉴질랜드에서는 토지가 에코 시스템의 핵심적 역할을 하고 있고, 경제와 사회의 기반이다. 그러나 경작, 방목 그리고 벌목이 토지를 침식하고 토지의 영양소들과 유기물질의 손상을 초래한다. 오염된 토지는 국민들의 건강에 영향을 미치고 주택 건설 등 다른 용도로 사용하기 어려워져, 다음 세대의 행복까지도 감소시키게 된다. 이 부분도 2019 행복예산에 강하게 반영되었다.

네 번째는 재정과 물적 자본(financial and physical capital)이다. 재정과 물적 자본은 뉴질랜드의 재정과 물적 재산을 말하며, 소득과 물질적 생활 조건을 결정하는 것들이다. 뉴질랜드의 재정과 물적 자본의 여러 측면들은 건전한 상태이며, 전체적으로 물적 생활수준은 높은 수준을 유지하고 있다. 많은 뉴질랜드인이 장시간 노동을 하고 있음에도 불구하고 뉴질랜드의 소득은 OECD 회원국 평균보다 낮다. 이른바 지구상의 강소국가(强小國家)들의 지난 36년간의 생산성 향상 추이를 보면, 아일랜드, 덴마크, 스위스, 싱가포르, 핀란드 등이 상대적으로 높았고, 뉴질랜드와 이스라엘은 비교적 낮았다. 생산성 상승은 물질적 웰빙에 중요하므로, 뉴질랜드의 생산성은 개선될 필요가 있다. 특히, 마오리족과 태평양 부족들은 물적 생활 수준이 뒤처져 있으며, 이는 건강과 주거를 포함한 웰빙의 여러 분야에 직접 영향을 미치고 있어 개선 목표가 되었다.

### 3) 뉴질랜드와 덴마크의 비교

덴마크의 높은 행복은 강력한 시민사회의 존재, 질 높은 민주주의 제도, 높은 수준의 안전, 사회적 신뢰, 자유로운 삶, 그리고 경제적 번영 등의 요소들과 함께 균형 있는 삶을 보장해 주는 양호한 노동조건들이 확보되어 있기에 가능하다고 평가할 수 있다. 덴마크의 높은 행복은 물질적 성공을 한 축으로 삼고 있긴 하지만, 시장경제의 발전과 행복이 함께한 것은 아니다. 오히려 시장경제 체제가 가져올 수밖에 없는 모순을 보완하는 데서 얻은 결실이라고 봐야 한다. 막스 베버(Max Weber)가 『프로테스탄티즘의 윤리와 자본주의의 정신』(1905)에서 지적하고 있듯이, "직업 노동에의 헌신과 합리적 사고 및 그에 기반한 생활은 순(純) 행복주의 관점에서 보면 오히려 지극히 비합리적인 것"(베버, 1972: 제12권, 299)이기 때문이며, 덴마크 사회는 이러한 문제들을 잘 인식하고 개인주의와 근대 합리주의를 보완해 가는 과정에서 행복을 높여가고 있다.

뉴질랜드의 행복 접근 방법은 덴마크와 약간 다르다. 21세기에는 전통적 요소들이 아닌 4대 자본에 의해서 행복이 결정될 것으로 전망하고, 그에 따라 예산을 편성하고 있다. 즉 미래의 좋은 삶을 위해서는 인적 자본·

사회 자본·자연 자본·재정과 물적 자본 등 4대 자본이 균형 있게 발전해야 한다는 인식 아래, 이 기반 위에서 지속 가능하며 생산적인 저배출 경제를 구축해야 한다고 본다. 뉴질랜드의 행복예산 편성은 1998년 지그메 싱기에 왕추크(Sigme Singye Wangchuck) 부탄 국왕이 '국민총행복' 개념을 처음 도입했을 때만큼 신선하게 다가온다. 아던 총리는 실제 예산 편성과 집행을 통해 이를 실천하고 있다.[12]

덴마크가 삶의 여러 측면을 고루 고양하고 있다면 뉴질랜드는 '좋은 삶'에 대해 초점을 맞추고 있어, 뉴질랜드로선 '멋진 삶'을 구가할 수 있는 디테일이 필요해 보인다. '좋은 삶'과 '멋진 삶'은 같지 않기 때문이다.


## 5. 행복정책과 수단의 선택

### 1) 욕망 구조의 파악

행복한 사회를 만들기 위해 정부가 먼저 해야 할 일은 현재의 행복(만족) 상태를 정확하게 조사하는 일이다. 현재 행복도 수준, 성별, 연령별, 지역별, 사회계층별 행복 수준과 특이 사항 등에 대해 조사해야 한다. 그리고 국민의 욕망 구조를 구체적으로 파악해야 한다. 다음으로 욕망의 우선순위를 찾는 일이 중요하다. 욕망에도 우선순위가 있어, 보다 더 큰 욕망을 충족시킬수록 만족 역시 더 커질 것이기 때문이다. 행복을 크게 높일 수

---

12 "성장의 추구에서 행복의 추구로 옮겨가는 것은 하나의 거짓 우상을 다른 거짓 우상으로 바꾸는 것에 지나지 않는다"라는 스키델스키 교수의 경고도 흘려들어서는 안 된다(스키델스키·스키델스키, 2013: 205).

있는 항목을 골라내고, 사회적 가치를 고려하여 자원배분의 우선순위를 정해야 한다. 그리고 효율성을 확보하기 위해 가장 적은 비용으로 가장 높은 만족을 얻을 수 있는 방법을 찾아야 한다. 목표는 행복의 최대화이다. 물론 한계효용체감의 법칙에 따라 동일한 사업에 투입되는 자원이 추가될수록 효용(행복)의 크기가 점차 체감한다는 사실을 염두에 두어야 할 것이다. 이러한 방식으로 국민 행복을 극대화하기 위한 효과적인 정책 집행이 이루어질 수 있을 것이다.

중앙정부뿐만 아니라 지방정부 차원에서도 주민들의 욕망과 그 충족 정도를 파악하고, 보유 자원을 배분해야 할 것이다. 교육시설 확충, 문화공간 확보, 체육공원 건설, 노인과 청소년 복지 확대, 사회간접자본 확충, 방범시설 강화 등 지역의 여러 가지 사업들 가운데 다수의 주민들이 가장 바라는 일이 가장 시급한 일일 것이다. 이러한 사업을 시행함으로써 주민들의 일상의 행복이 증가할 것이다. 일상의 행복을 가볍게 생각해서는 안 되며, 진정한 행복과 일상의 행복이 조화를 이루도록 해야 한다.

## 2) 행복경제의 구축

행복이 소득순(所得順)은 아닐지라도, 소득에 의해 행복이 영향을 받는다는 것은 국내외 많은 조사에서 확인된 사실이다. **그림 8-4**는 한국표준협회가 실시한 '2018 대한민국 삶의 만족도 조사' 결과이다. 2018년 5~6월 동안 서울·부산·대구·대전·광주 등 전국 5대 도시 7만 5600명을 대상으로 온라인 설문조사를 했다. 소득수준과 행복도 사이에 정(正)의 관계를 볼 수 있다. 소득과 행복은 밀접한 관계가 있기 때문에 국민을 행복하게 하는 데 가장 핵심적인 정책은 바로 경제정책이어야 하며, 경제정책을 바로세우는 것은 곧 행복경제의 기반을 구축하는 일이다.

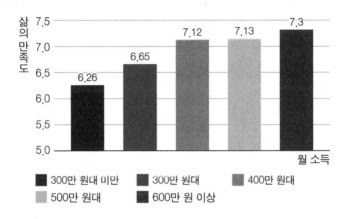

그림 8-4 │ 5대 도시 시민 소득수준과 행복도 점수

삶의 만족도

7.5
7.0
6.5
6.0
5.5
5.0

6.26
6.65
7.12
7.13
7.3

월 소득

■ 300만 원대 미만   ■ 300만 원대   ■ 400만 원대
■ 500만 원대   ■ 600만 원 이상

자료: 한국표준협회(2018).

행복경제는 일자리 만들기에서 시작한다. 오늘날 4차 산업혁명의 진전이 일자리의 감소를 초래하는 상황에서 일자리 창출은 무엇보다 중요한 과제이다. 물론 직접 일자리를 만드는 것은 기업이 주로 담당해야 할 일이지만, 경제에 활력을 주는 일은 정부의 몫이다. 물론 정부도 공공 부문의 일자리를 확대해야 하며, 이때 단순노동이 아닌 가치 있는 노동을 추구해야 한다. 일과 삶의 균형(work-life balance)을 누릴 수 있도록 장시간 노동을 줄이고,[13] 특히, 비정규직과 미숙련 노동자들의 임금 보장과 노동시간 단축을 위해서도 노력해야 한다. 개발에 따른 환경훼손을 막고, 온실가스 감축과 미세먼지 저감을 위한 환경세 체계를 구축해야 할 필요도 대두되고 있다.

---

13  현재 주당 최대 노동시간이 48시간인 유럽 여러 국가들에서는 이를 35시간으로 제한하자는 시민운동이 전개되고 있다. 노동시간은 노동자 본인과 가족 모두의 행복에 중요하기 때문이다.

행복경제는 불평등 해소를 추구해야 한다. 소득과 부는 가장 강한 지위 재이기 때문이다. 현대사회가 평등을 어느 정도 실현하고 있는 것처럼 보이나, 자세히 보면 가공(架空)의 권리를 통한 가공의 평등이 존재하고 있을 뿐이다. 문제는 자본주의 체제에서 불평등을 해소할 수 있는 가장 유력한 기제인 교육이 오히려 불평등을 구조화하고 있다는 점이다. '다수의 희생 위에 선 소수의 행복'이 지구의 현재 모습이자 질서이다. 이미 모든 것을 누리고 있는 1%의 사람들(이들을 추종하는 사람들을 포함하면 총 20%)이 오히려 자유가 부족하다고 외친다. 이들은 나머지 80%의 희생에 눈을 감으며 자신들만의 쾌락을 추구한다. 많은 선진국에서 새로운 축적 기회의 활용과 상속 제도로 인해 불평등이 심화되고 있다. 소득세제와 상속세제의 개편 및 금융거래세(토빈세) 도입 등이 불평등을 해소하고 행복경제를 구축하는 데 핵심 역할을 할 것이다.

경제성장이 가져오는 환경파괴를 최소한으로 억제해야 하며, 자원 남용을 막아야 한다. 이와 관련된 기술의 발전도 중요하다. 또한 대기업과 중소기업 간 상생협력 체제를 구축해야 공생의 토대가 마련되며, 경제성장의 혜택을 함께 누릴 수 있다. 여성과 저학력자 및 다문화가정 출신들의 사회적 진출이 쉽게 이루어질 수 있도록 노동시장이 미래지향적으로 개발되어야 할 것이다.

4차 산업혁명이 가져올 노동시장의 구조 변화를 사전에 예측하고 대비책을 세워야 한다. 기술의 변화로 인해 많은 일자리가 기계나 인공지능 및 로봇으로 대체될 것이며, 일부 직종은 인간이 오히려 로봇의 보조 역할로 전락하게 될 것이다. 이에 따라 경제생활에서 인간으로서의 존엄을 유지할 수 있도록 만드는 것이 또 하나의 중요한 과제이다.

## 3) 기본재의 공급

무한 경쟁이 일상화된 자본주의적 삶 속에서 진정한 행복은 개인의 노력
만으로 달성하기 쉽지 않다. 국가도 국민이 행복한 삶을 추구하는 데 필요
한 자원을 적절히 공급해야 한다. 국민 모두의 행복을 위해 필요한 좋음(善)
을 공동선(common goods)이라고 불러도 좋고, 기본재(basic goods)라고 불
러도 좋다. 공동선 또는 공공선 주장은 오래된 것이지만, 대부분 너무 추상
적이어서 국가가 정책으로 선택하고 집행할 수 있는 구체적인 내용이 거의
없다. 따라서 공동선보다 경제학자들이 쓰는 기본재 개념이 도움이 될 수
있다.[14]

존 롤스(John Rawls)는 '기본적 사회재(primary social goods)'라는 용어를
사용했는데 이는 '인간이 무엇을 추구하든 관계없이 그 재화(가치)의 양을
증가시키는 것이 합리적인 재화'로 정의한다.[15] 그것들은 모두 좋은 삶에
필요한 것이기 때문이다. 그는 권리, 권력, 자유, 기회, 소득, 부, 및 자존감
등을 '기본적 사회재'라 부른다. 민주주의 체제에서 자유와 기회는 모두에
게 균등하게 주어지므로 문제가 되지 않지만, 소득과 부 및 권리와 권력은
항상 최소수혜자의 몫을 고려해야 한다는 것이다. 한편 스키델스키 부자
(父子)는 건강, 안전, 존중, 개성, 자연과의 조화(harmony with nature), 우

---

14 'public goods'을 철학자들은 '공공선(公共善)'이라고 규정하지만, 경제학자들은 '공공재
(公共財)'라고 해석하여 그 사회적·이념적 의미를 제거하고 효율성의 측면만을 중요시하
며 경제전문가들이 전적으로 판단하는 영역으로 변모시켰다.

15 롤스는 공공재(public goods)란 용어를 목적론적 공리주의의 도덕원칙에서 선(good-
ness)을 지칭하기 위해 쓰는 용어라고 정의했다. 그래서 공리주의와 후생경제학에서처
럼, 옳음(right)과는 관련 없이 개인의 욕망 충족이나 선호 충족 등으로 규정된다고 했다
(Rawls, 1981: 각주 9번 참조).

정, 여가 등을 기본재로 제시하고 있다.

필자는 일부의 인간이 아닌 모든 인간의 행복한 삶에 꼭 필요한 재화들을 기본재라고 부르겠다. 특히 교육, 건강, 노동(여가)과 소득, 민주주의와 인권, 환경보전 등을 5대 기본재로 설정했다. 이 재화들은 자본주의 체제에서 인간의 행복과 불행에 직접 관여하고 있다고 봐도 과언이 아니다.

이 5대 기본재의 공급에 대해 좀 더 구체적으로 살펴보고자 한다.

### (1) 교육

행복은 교육수준에 비례하는 것이 아니라서, 교육 연수(年數)와 행복은 직접적인 관계가 없다. 하지만 초·중등 교육은 사회에서 개인이 만족한 삶을 사는 데 꼭 필요한 기초교육에 해당하므로, 이 교육을 반드시 받아야 한다. 인간은 교육을 통해 자신을 인식하게 되고, 꿈을 설계할 능력을 갖추며, 꿈을 구체적으로 실현할 방법을 확보할 수 있다. 따라서 인간이 행복한 삶을 사는 데 교육만큼 핵심적 역할을 하는 것은 거의 없을 것이다. 교육은 빈곤과 불평등에 영향을 미치고, 이 요소들은 다시 건강, 민주주의와 인권, 및 환경보전 등 다른 기본재에 큰 영향력을 준다. 그래서 교육은 가장 중요한 기본재이다.

학교 교육은 학생들의 행복한 삶을 준비하기 위해 존재한다. 현재의 삶과 미래의 삶이 모두 행복하도록 지원하는 역할이 교육의 목표가 되어야 한다. 자신의 타고난 자질을 소중히 여기고, 주위와 공감하며, 민주시민으로서 시대정신을 알고 이를 실천하며, 삶의 의욕이 충만한 젊은이가 되도록 교육해야 할 것이다. 현실 교육에선 주로 어떻게 가르칠까에 큰 관심을 쏟고 있지만, 더욱 중요한 문제는 무엇을 가르칠 것인가를 연구하고 실천하는 것이다.

교육은 학생들이 자기실현에 필요한 3대 요소를 고루 갖추게 하는 것이다. 첫째, 자신을 확실히 알게 하고, 경제생활을 하는 데 필요한 지식을 갖추게 해야 한다. 이를 지식교육 또는 지성교육이라 부를 수 있다. 둘째, 공동체의 일원으로서 사회생활을 하는 데 필요한 도덕 감정과 양심을 갖추도록 해야 한다. 이를 인성교육이라 할 수 있다. 셋째, 삶이 주는 혜택을 누릴 수 있도록 문화와 예술에 대한 이해력을 높여야 한다. 이를 감성교육이라 할 수 있다.

지성, 인성, 감성은 인간이 갖추어야 할 자격이자 품격이다. 지성교육은 삶의 기초를 만드는 지식교육이다. 지식을 갖추는 것은 직업을 얻을 수 있게 하고, 가정을 꾸려 자신을 재생산하게 하는 일이다. 자신의 타고난 자질을 잘 개발하여 생활에 필요한 소득을 확보하도록 하는 것이 지성교육의 몫이다. 인성교육은 인간됨을 형성하는 교육으로 도덕성 교육이라고도 한다. 인성을 갖추어야 사회 속에서 자신이 감당해야 할 의무를 잘 이행하고, 직장에서나 여러 사회 활동에서 원만한 인간관계를 유지할 수 있다. 권력을 사유화하는 사람이나, 사회생활에서 억지를 부리거나 갑질을 하는 사람은 대개 인성교육을 제대로 받지 못한 사람들이다.

감성교육은 즐거운 삶을 살 수 있는 능력을 갖추는 교육이다. 감성이 떨어지면, 문화와 예술에 대한 이해력이 부족하여 수준 높은 삶을 살기 어렵다. 우리 사회에는 즐길 거리와 오락들이 아주 많아 풍요로운 삶이 가능한 데도 이를 인식하지 못한 채, 의식주나 열심히 챙기는 무미건조한 인생이 될 것이다. 그래서 감성교육은 일상생활을 즐겁게 하고 삶의 만족감을 높이는 데 중요한 기능을 한다.

존 스튜어트 밀은 인간이 갖추어야 할 능력으로 공감 능력(sympathies)과 예술 감상 능력(artistic perception) 및 도덕 감정(moral feelings) 등 세 가지를 들고 있는데, 이 가운데 도덕 감정이 가장 중요하다고 강조한다. 즉 인간성을 갖추는 것이 가장 중요하며, 공감 능력이나 예술 감상 능력은 도덕

감정이 갖춰진 바탕 위에서 추구해야 할 것으로 본다.

　공리주의자들 중에서 도덕 감정만을 배양하고 공감 능력이나 예술적 감상 능력을 배양하지 않은 사람들은 이런 잘못(행위의 옳고 그름만을 강조하면서, 당사자를 매력적이게 하고 칭송받게 만드는 개성의 아름다움에 대해서는 충분히 말하지 않는 것-인용자)을 범할 것이다. …… 만일 우리가 실수를 저지르는 것을 피할 수 없다면, 공감 능력이나 예술적 감상 능력 등을 가지고 있지만 도덕 감정이 없는 사람을 배양하는 실수를 저지르는 것보다는, 반대의 실수, 즉 공감 능력과 예술적 감상 능력 없이 도덕 감정만을 가진 자를 배양하는 실수를 저지르는 것이 낫다(밀, 2014: 47~48).

　밀은 교육이 어디에 초점을 맞추어야 하는지를 지적하고 있다. 그의 교육관은 비도덕적인 행동을 억제함으로써 인류 전체의 이익을 개인의 이익보다 우선시한다는 공리주의 기준에 따른 것이다. 수많은 정치인과 기업인들의 부정부패와 파렴치한 행동이 계속되며, 종교인 및 학자들과 예술가들조차 범죄의 대열에 합류하고 있는 것은 결코 말세 현상이 아니라 도덕성 부족으로 인한 것이다. 이는 경쟁자를 이기기 위한 지식교육만 강조되고, 공감과 공존에 필요한 도덕성 교육이 부재한 현실을 반영하고 있다. 고용되어 일하는 노동자에 비해 스스로 노동하는 예술가는 상대적으로 자아실현이 용이하고, 그래서 일반인에 비해 대체로 더 큰 행복을 얻는다고 말할 수 있다. 그러나 모든 예술가가 행복한 것은 아니다. 타고난 재능을 최대로 개발하여 세계적 수준의 연주자나 화가가 된 사람도 도덕성이 결여되면 비난의 대상이 된다.

　인성교육에는 정체성 교육도 포함된다. 니체가 『차라투스트라는 이렇게 말했다』에서 말한 "너 자신이 되어라"라는 격언은 자신의 정체성을 확실

하게 가지라는 말이다.[16] 이 말은 '네가 되고 싶은 대로 되어라'는 의미가
아니라, '너 자신이 타고난 능력을 개발하여, 도달할 수 있는 최고의 존재
가 되어라'는 뜻이다. 학교가 이데올로기적인 시각으로 '노동은 신의 저주'
라거나 '노동자는 천한 신분'이라고 가르친다면 학생은 가치관의 혼란을
겪을 것이다. 오히려 인류의 미래를 위해 잘못된 질서에 대한 저항 정신을
길러줘야 한다. 루소의 다음 지적은 민주주의적 사고의 정수를 보여준다.

인류를 구성하고 있는 대다수는 민중이다. 인간은 모두 평등한 존재이므로,
가장 많은 사람이 속한 신분이 존경의 대상이 되어야 한다. …… 당신들이 속
한 인류를 존경하라. 인류는 본질적으로 민중의 집합으로 이루어져 있으므로,
왕이나 철학자가 인류로부터 제거된다 해도 인류 자체에는 변함이 없다. 당신
들의 제자에게, 그의 사랑을 깨닫지 못하는 사람들을 포함한, 모든 인간을 사
랑할 것을 가르치라[17](루소, 2012: 284~285).

학생들이 모두 자기실현에 성공할 수 있도록, 강하고 인내력 있는 인간
을 키우는 교육이 필요하다. 1960년대와 1970년대에 걸쳐 진행된 심리학
자들의 마시멜로 실험(marshmallow test)은 유명하다. 스탠포드대학의 월
터 미셸(Walter Mischel)은 지연보상에 관한 실험에 참여한 아이들에게 홀
로 남겨진 상태에서 마시멜로 하나를 즉시 먹을 것인지, 아니면 약 15분가
량 기다린 후 두 개를 받을 것인지 선택하도록 했다. 여러 차례 진행된 실

---

16  이 말은 고대 그리스의 시인 핀다로스(Pindaros)의 시에 나오는 구절로 알려져 있는데,
"Become such as you are, having learned what that is"가 원전이다.
17  이 문장은 프랑스혁명의 사상적 기반이 되었다고 알려져 있다. "민중은 개돼지"라는 인식
과 정반대되는 사고이다.

험에서, 보상을 기다리며 참고 기다렸던 아이들이 성적과 건강지표 및 다른 여러 삶의 측면에서 더 좋은 성과를 냈다. 이에 따르면 아이의 행복한 삶에 필요한 것은 참고 기다리는 의지력이므로, 이를 교육에 반영하도록 해야 할 것이다.

서구에서 교육기관이 만들어진 순서는 현대의 교육 순서와 반대이다. 대학이 가장 먼저 생겼으며, 그 다음에 중등 교육기관, 초등 교육기관, 유치원, 유아원의 순서로 발명되었다. 문명국들에서 이 모든 것들은 공공 교육기관에 속하며, 학교 교육으로 분류되고 있다. 하지만 여기에 속하지 않은 중요한 교육기관 하나를 기억해야 한다. 바로 가정이다. 가정은 학교 교육이 담당할 수 없는 부분을 책임져야 한다. 아이의 성장에서 부모의 역할은 엄청나게 중요하다. 가정교육의 중요성에 대해서는 루소 등 많은 교육사상가들이 강조한 바 있다. 이제 가정교육에 다시 눈을 돌려야 한다. 아이가 갖추어야 할 지성, 인성(도덕성), 감성 가운데, 특히 인성의 형성은 가정이 중요한 역할을 한다. 교육의 아버지라 불리는 요한 하인리히 페스탈로치(Johann Heinrich Pestalozzi)도 도덕성 교육에서 어머니의 역할과 가정교육의 중요성에 대해 특별히 강조했다(페스탈로치, 1989 참조). 가정과 학교와 지역사회가 함께 미래세대의 교육에 참여할 때 더 높은 성과를 낼 수 있고, 행복사회에도 가까워진다.

한국 사회에는 교육의 정상적인 발전을 방해하는 요인이 많다. 한국 사회의 행복을 방해하는 이 독소들을 제거해야 한다. 특히, 사학 비리가 사라져야 교육이 발전할 수 있다. 사학 비리는 유치원부터 대학에 이르기까지 여러 곳에서 발견되지만, 그 본령은 고등교육 부문이다. 고등 교육기관들은 예산 규모가 크고 업무가 복잡하여 교비 횡령 등 대형 회계 비리가 자주 발생한다. 교직원의 임용과 재임용에 관련된 비리는 물론, 입시 비리와 건축 비리 등도 근절되지 않고 있다. 학습권 침해와 교권 탄압도 지속적으로 일어난다. 또 임금 결정 방식과 고용 관행을 악용한 대학 내 불평등과 차별도 많다. 비리를 없애기 위해 감독기관인 교육부가 맡은 역할을 다해야 하며, 교육부 관리들이 퇴직 후 비리 사학의 총장이나 교수로 취임하여 사학 비리를 온존시켰던 역할은 이제 구시대의 유물로 남겨야 한다. 고등교육 부문 주체들의 각성이 중요하다.

한국 교육 문제의 근원은 대학의 서열화에 있다. 수도권의 일부 대학들이 교육부의 집중적인 재정지원과 함께 일자리·문화의 수도권 집중을 배경으로 상위 서열을 형성하고 있다.[18] 이런 환경을 바탕으로 강력한 학벌 구조가 형성되어 있다. 학벌은 취업과 소득, 배우자 선택, 승진 등 한국인의 사회 활동 전반에 매우 강력한 영향력을 미치고 있다. 조금이라도 서열이 높은 대학에 입학하기 위한 학벌 경쟁으로 인해 중고등학생들은 피곤한 청소년 시절을 보내고, 넉넉하지 않은 가정의 학부모들마저도 자녀의 사교육비를 지출해야 하는 국가적 비극이 탄생했다.

사교육 폐해는 역대 정권들이 해결하지 못한 문제이지만, 해결 방법은 간단하다. 먼저, 대학을 골고루 발전시켜 대학 서열을 해소해야 한다. 전국의 대학들이 '특성화된 분야에서' 모두 최고 수준이 되면, 어느 대학을 가든 일정한 수준의 교육여건이 보장된다. 다음, 일자리와 문화의 지역별 불균등발전을 해소하도록 해야 한다. 이 두 가지 정책으로 학벌 문제는 해소될 것이며, 수도권과 지방 간의 불균형도 상당히 해소될 것이다. 독일이나 북유럽 행복국가들은 대학의 균형발전을 이룬 대표적인 예이다. 지원

---

18  이들 10여 개 대학들은 수입 극대화를 목표로 상대적으로 고액의 등록금을 유지하면서, 장학금 수혜율은 낮추고, 신입생 수를 조정하고 있어 생산물시장의 독과점기업과 유사한 행동을 하고 있다. 학생들은 이 대학들에 입학하기 쉬운 자립형사립고나 특수목적고 등을 선호하는데, 일부 고교는 대학등록금보다 더 높은 수업료를 받기도 한다. 거대한 사교육시장 또한 이 대학들로의 입학을 주된 목표로 한 것이다.

자들이 집중되는 대학이나 학과는 추첨에 의한 입학제도를 도입할 필요가 있다. 기득권을 누리고 있는 소수 대학들의 반발이 예상되지만, 학벌 해체는 국민 행복을 크게 높일 수 있는 과제이므로 국민적 의지를 결집하면 돌파할 수 있다.

대학 내의 심각한 차별과 불평등을 해소해야 대학과 학문이 건전하게 발전할 수 있을 것이다. 2003년 비정년트랙 전임교원 제도가 도입된 이래, 비정년으로 채용된 교수들은 정년트랙 교수들과 동일 노동을 하면서도 임금과 승진 및 복지에서 심한 차별을 받고 있다. 비정년 교수들의 임금은 정년 교수들의 3분의 1 수준에 머물러 있으며, 연구년 등 각종 학문적 권리를 누리지 못할뿐더러 2~3년마다 재계약을 해야 한다. 비정규직 교수(시간강사)들의 임금과 근로조건은 더욱 열악하다. 비정년 교수들과 비정규 교수들이 효과적으로 연구와 교육활동을 수행할 수 있도록 확실한 개선이 이루어져야 한다.

교육이 기본재가 되려면 대학교육을 무상화해야 한다. 무상화는 공짜라는 의미가 아니다. 국민들이 납부한 세금으로 그 나라에 거주하는 모든 사람이 교육받을 권리를 누리게 되는 것이다. 프랑스, 독일, 핀란드, 덴마크, 스웨덴, 노르웨이, 스위스, 오스트리아, 그리스, 슬로베니아, 슬로바키아 등 유럽의 행복국가들에서 대학등록금을 국가가 부담한다. 소득이 낮은 사람도, 직업을 잃은 사람도 모두 자녀 교육비만큼은 신경 쓰지 않는다. 유럽 국가 중에는 외국인에게까지 무상교육을 제공하는 나라도 있다. 중요한 것은 국적이나 계층을 떠나, 인간으로서 자기실현의 기회가 누구에게나 공평하게 주어져야 한다는 사실이다.

## (2) 건강

건강은 일상의 행복과 진정한 행복 달성에 긴요한 요소이다. 건강은 자신의 육체적·정신적 조건을 유지·상승시키는 것이다. 육체적 건강이 중요한 것은 말할 필요도 없지만, 현대인에게는 정신건강의 중요성도 점차 커지고 있다. 국가는 국민 건강을 증진하기 위한 정책들을 적극적으로 시행하고 있다. 하지만, 가끔 엉뚱한 사건이 발생하기도 한다. 2020년 코로나 팬데믹 상황에서 미국의 트럼프 대통령은 마스크를 쓰지 않은 채 대중 앞에 모습을 드러내, 논란이 되기도 했다. 2013년 한국의 한 광역단체장이 공공 의료기관을 폐쇄한 사건도 있었다. 당시 광역자치단체는 강성 노조의 활동을 견제하기 위해 병원을 폐쇄한다고 했지만, 공공 의료기관에 의존하고 있는 저소득층은 병원 폐쇄로 인해 큰 불편과 일상의 행복의 감소를 경험했다.

국민 건강을 지키는 데 공공의료 공급 방식과 민간의료 공급 방식 중 어떤 것이 더 효율적인가 하는 논쟁도 있었다. 미국의 보건의료 체계가 의료 시장화의 대표 사례라면, 영국의 국민보건서비스(National Health Service: NHS)는 가장 공영화된 보건의료 체계라고 할 수 있다. 미국 정부와 영국 정부의 공동 의뢰로 양국의 55~64세 남성을 대상으로 조사한 결과가 ≪미국의사협회저널(The Journal of the American Medical Association: JAMA)≫에 공개되었다. 조사 당시 GDP의 8% 정도를 의료비로 지출하는 미국인들의 건강이 GDP의 1.3%를 지출하는 영국인보다 나쁘다는 결과가 나왔다.[19] 표 8-4에서 이를 확인할 수 있다.

---

19  OECD 자료에 따르면 2019년 현재 미국이 GDP의 17.0%, 영국이 10.3%를 의료비로 지출하고 있다. 한국은 8.0%이다(https://stats.oecd.org/Index.aspx?DataSetCode=HEALTH_PROT).

| 표 8-4 | 미국인과 영국인의 질병 발병률 비교(55~64세 백인 남성) | | (단위: %) |
|---|---|---|---|
| | 질병 | 미국인 | 영국인 |
| 1 | 당뇨(Diabetes) | 14.4 | 7.1 |
| 2 | 고혈압(Hypertension) | 46.8 | 34.4 |
| 3 | 심장병(All Heart Disease) | 17.9 | 12.6 |
| 4 | 심장발작(Heart Attack) | 8.0 | 6.3 |
| 5 | 뇌졸중(Stroke) | 4.0 | 3.0 |
| 6 | 폐질환(Lung Disease) | 6.8 | 5.8 |
| 7 | 암(Cancer) | 7.3 | 3.6 |

자료: Marmot·Oldfield·Smith(2007)을 바탕으로 필자가 재구성.

이 연구에서 미국인은 영국인에 비해 당뇨, 심장질환, 폐질환, 암 등 주요 질병의 발병 비율이 훨씬 높은 것으로 조사되었다. 미국인의 건강 상태는 전반적으로 영국인에 비해 취약해서 미국 최상위층의 건강 수준이 영국 최하위층 그룹의 건강 수준과 비슷할 정도로 양국 간 격차가 심했다. 논쟁은 일단 미국이 의료서비스를 자유시장에 맡긴 것이 실책이었다는 쪽으로 모아졌다. 보험회사, 병원, 환자, 직장의료보험, 제약회사 등 수많은 이해당사자가 이윤을 극대화하기 위해 시장 정보를 왜곡하면서 미국 사회의 의료 비효율이 극에 달했다는 것이다.

공공 의료시스템이 잘 작동하는 국가에서도 건강보험의 대상이 육체적 질병에 한정된 경우가 대부분인데, 정신질환에 대해서도 적용되도록 범위를 넓혀야 한다는 주장이 점점 커지고 있다. 특히, 현대인들이 많이 앓고 있는 우울증 치료를 국가가 책임지게 하는 운동이 행복운동가들에 의해 전개되고 있다.

OECD·EU(2018) 자료에 의하면, 유럽 인구 6명 중 1명이 정신질환자로 집계되었다. 특이한 사실은 1인당 소득이 높고, 행복도도 높은 국가들의

| 표 8-5 | 우울증 진료비 증가 추세(2016~2019) 질병코드: F32-F33 | | | | |
|---|---|---|---|---|---|
| | | | | | (단위: 천 원) |
| 연도 | 2016 | 2017 | 2018 | 2019 | 계 |
| 전체 | 303,661,107 | 328,356,602 | 390,571,812 | 441,351,639 | 1,463,941,160 |
| 남자 | 104,790,010 | 113,016,512 | 131,372,483 | 147,806,409 | 496,985,414 |
| 여자 | 198,871,096 | 215,340,090 | 259,199,329 | 293,545,231 | 966,955,746 |

자료: 김원이 국회의원실(2020.10.20).

정신질환자 비중이 높다는 점이다. 정신질환자 비율은 핀란드(18.8%), 네덜란드(18.6%), 프랑스(18.5%), 아이슬란드(18.5%) 등 소위 고(高)행복국가들이 높았고, 루마니아(14.3%), 불가리아(14.8%), 폴란드(14.9%), 체코(15.1%) 등 저(低)행복국가들이 오히려 더 낮았다(OECD·European Commission, 2018). 시장경제의 발전과 정신질환 발병률 사이에 어떤 관련이 있는지 의심해 볼 만하다.

한국에서도 우울증 환자가 급격히 증가하고 있다. 국민건강보험공단 통계에 따르면, 2016년 우울증 진료를 받은 환자 수는 64만 3105명이었지만 2019년 79만 8427명으로 크게 증가했다. 성별로는 여성(66.8%, 2,317,606명)이 남성(33.2%, 1,151,664명)에 비해 2배에 달했다. 연령별 분포를 보면 40대 13.5%, 50대 16.3%, 60대 17.3%, 70대 이상 23.4%로 나타나 연령이 높아질수록 행복도가 낮아지는 현실과도 일치하고 있음이 확인되었다. 우울증은 경제적 비용도 만만찮게 발생시키고 있다. **표 8-5**에서 알 수 있듯이, 2016~2019년 사이에 우울증 진료비는 총 1조 4000억 원을 넘었다. 국가적 차원의 대응이 필요한 이유이다.

우울증 환자의 수는 코로나바이러스 사태를 맞아 더욱 빠르게 증가하고 있는데, 우울증 환자의 자살률은 일반인에 비해 4배나 높다는 보도도 있다. 우울증 발병률을 낮추면 높은 자살률을 상당 부분 진정시키는 효과가 있을 것이다. 나아가 우울증의 원인이 되는 각종 사회적 요인들을 진단하고 대응책을 마련해야 한다. 청소년과 저소득층의 행복한 삶을 위해 그들의 건강상태에 대한 진단과 지원이 필요하다.

### (3) 노동과 소득

인간이 자기를 실현하는 중요한 경로는 노동이다. 노동을 통해 생활에 필요한 소득을 얻고, 자신의 존재 가치를 사회적으로 인정받는다. 노동 과정에서 두뇌와 오체의 활동이 활발해지고, 이를 통해 능력이 개발되며 보다 높은 생의 경지에 도달하게 된다. 산업화 이전 단계에서는 자신과 가족이 소비할 물자를 자신이 직접 생산했다. 필요한 재화의 목록과 내용을 스스로 기획하고, 이를 생산함으로써 두뇌를 비롯한 육체의 모든 부분이 발전했다. 당시에는 생산성이 낮고 소득도 낮았지만, 자기실현이라는 진정한 행복의 경지에 이를 가능성은 오히려 높았다.

그러나 자본주의적 생산의 기초인 분업이 도입되고 공장제 생산이 시작되면서, 인간의 노동은 기계 부품처럼 파편화되어 육체의 한두 부분만을 주로 사용하게 되었다.[20] 생산직은 몸을 쓰는 단순노동을 주로 하는데, 이는 사고력의 발달을 가로막아 자기실현에 장애가 된다. 사무·관리직의 경우도 마찬가지다. 이들은 육체를 거의 사용하지 않기 때문에 몸이 허약해지고 정신질환에 시달릴 가능성이 높아졌다. 분업은 생산성을 높이지만, 때로는 직업 만족도를 낮춘다. 문화예술가들의 직업 만족도가 높은 것은 바로 신체와 두뇌를 동시에 사용하는 노동을 하기 때문일 것이다. 자영업, 수공업, 농어업 등의 직업도 이러한 종류에 속한다. 하지만 소득이 강력한 지위재가 되면서 노동과정이 아닌 임금의 크기가 선택의 기준이 되었고,

---

20 "분업은 물질적 노동과 정신적 노동의 분할이 등장하는 시점으로부터 비로소 진정한 분업이 된다"(마르크스·엥겔스, 1997: 제1권, 211).

이는 소득의 상승에도 불구하고 행복도가 낮은 수준에 머무르는 한 요인이 되었다.

직업을 갖는 것은 중요한 일이다. 직업을 갖게 되었다는 것은 소득을 확보했다는 것이며, 자립을 의미한다. 자기실현의 중요한 단계에 진입한 것이다. 취업하여 노동한다는 것 자체가 뿌듯함을 느끼게 하고, 노동자에게 일상의 행복을 선사한다. 노동의 시작은 꿈을 실현하기 시작했다는 것을 의미한다. 그래서 취업은 인간을 이중으로 행복하게 만든다. 취업은 인류의 필요를 충족시키는 무엇인가를 생산·유통하는 데 기여하는 것과 함께, 한 인간이 사회의 일원으로서 자기 몫을 다한다는 의미를 지닌다.

노동으로부터 발생하는 소득의 크기는 의식주에 필요한 재화를 구매하고, 가계를 유지하는 데 충분한 것이어야 한다. 여기서 임금수준의 문제와 최저임금의 문제가 제기된다. 최저임금제가 시장의 수요·공급 체계를 왜곡한다고 하여 반대하는 경제학자들도 있지만, 생산수단을 소유한 사용자와 그들에게 고용된 노동자는 노동시장에서 동일한 힘을 갖고 있지 않다. 만일 임금 결정을 시장에 맡긴다면, 임금은 아주 낮은 수준에서 결정될 것이다. 따라서 오늘날 대부분의 문명국들이 노동자 보호를 위해 최저임금제를 실시하고 있다. 매년 결정되는 최저임금 인상폭은 물가와 생활수준 및 문화수준을 반영한 것이어야 한다. 한국의 최저임금위원회는 노동자 측 대표, 사용자 측 대표, 공익 대표 등 3자로 구성되는데, 공익 대표가 주도권을 행사하여 다음 해의 최저임금을 결정한다. 공정한 최저임금 결정을 위해서는 공익 대표의 역할이 중요하다.

성경에는 매우 흥미로운 임금 지급 방식이 나온다. 예수가 포도원 주인의 임금 지급 방식을 직접 소개했다. 포도원 주인이 아침 일찍 시장에 나가서 일꾼 몇 명을 고용했고, 두 시간 정도 후에 나가서 또 몇 사람을 고용했으며, 다시 두 시간 후 그리고 또 두 시간 후에 나가서 그렇게 했다. 집으로 돌아가기 전, 포도원 주인은 그날 일한 노동자 모두에게 동일한 임금을 지급했다(마태복음 20:1-16).

임금을 생산비용이라고 보는 시장주의자들은 상상할 수 없는 일이지만, 예수의 생각은 전혀 다르다. 늦게 고용된 노동자들은 아침에 고용된 노동자에 비해 노동을 적게 했지만, 그에게도 부양할 가족이 있는 것이다. 그래서 노동시간에 비례한 임금이 아닌, 생활에 필요한 임금을 지급한 것이다. 생활임금의 중요성을 알려주고자 하는 의미 있는 비유이다. 고대에는 마을 사냥이 끝난 후, 과부나 고령자 가정 등 생산에 참여하지 못한 가족에게도 사냥물을 배분했다.

모든 분배 제도가 삶의 가치를 존중하는 방식으로 이루어져야 한다는 데 동의한다면, 현실에서의 분배 방식에 문제가 있다는 점을 인정하지 않을 수 없을 것이다. 인과응보의 관점에서는 생산에 기여한 만큼 지급되는 임금이 정의로운 것이겠지만, 삶을 보장하는 임금이야말로 정의를 넘어 행복임금이라 할 수 있다. 행복은 최고선으로서 공정이나 정의보다 큰 가치이다.

취업이 행복을 높이는 요소라면, 실업은 행복을 낮추는 요인이다. 실업은 소득을 감소시켜 생활을 힘들게 만든다. 일상의 행복을 사라지게 할 뿐 아니라, 자기실현(진정한 행복)도 방해한다. 실업자가 되면 주위 사람들로부터 무능한 사람으로 낙인찍히기도 한다. 그래서 실업자가 될지 모른다는 생각만으로도 삶의 만족도가 크게 감소한다. 실업이 행복에 미치는 영향에 대해서는 블랜치플라워와 오스왈드(Blanchflower and Oswald, 2004), 프라이와 스터처(Frey and Stutzer, 2002) 등의 연구가 유명하지만, 여기에서는 한국인과 의식구조가 유사한 일본인을 대상으로 조사한 푸미오 오타케(Ohtake, 2012)의 연구를 보자. 표 8-6은 20~65세 일본인 1928명을 대상으로 한 실업과 행복도에 관한 조사 결과이다. 실업 상태에 있는 사람들은

| 표 8-6 | 실업과 행복도(2002) | | | |
|---|---|---|---|---|
| | 행복도 분포 | | | 계 |
| | 불행하다 | 그저 그렇다 | 행복하다 | |
| 비(非)실업자 | 8.43 | 37.45 | 54.13 | 100 |
| 실업자 | 43.33 | 30 | 26.67 | 100 |
| 전체 | 9.31 | 37.26 | 53.43 | 100 |

(단위: %)

자료: Fumio Ohtake(2012).

비(非)실업자에 비해 '불행하다'고 응답한 비율이 5배 넘게 높았고, '행복하다'고 응답한 비율은 절반에도 미치지 못했다. 실업이 행복에 미치는 영향이 얼마나 치명적인지 알 수 있다.

실업률과 물가상승률을 단순 합계한 '경제고통지수(Economic Misery Index)'가 있는데, 실업과 물가상승이 주는 단위당 고통의 크기가 다르므로 좀 엉성한 방식이긴 하다. 실제, 실업률 1% 포인트 상승에서 오는 고통과 맞먹는 양의 쾌락은 물가 1.7% 포인트 하락으로 얻어진다. 만약 실업률이 3%에서 8%로 증가했다면, 물가상승률은 10%에서 1.5%로 하락해야 동일한 만족도를 유지하게 된다(Frey and Stutzer, 2002: 114~115).

한 가지 기억해야 할 것은 진보성향의 국민들은 인플레이션보다 실업에 더 민감하고, 보수성향의 국민들은 실업보다 인플레이션에 더 민감하다는 사실이다. 실업률 1% 포인트 상승에도 만족도가 동일하게 유지되기 위해서, 진보성향 국민들은 물가가 1.8% 포인트 하락해야 하지만 보수성향 국민들은 0.9%만 하락해도 된다는 연구 결과도 있다(Frey and Stutzer, 2002: 128~129). 대체로 자산계층이 보수성향을 가진다고 볼 때, 고소득층은 자산 가치의 하락을 두려워하고 중저소득층은 일자리를 잃는 것을 두려워한다고 볼 수 있다.

노동자는 촉박한 작업 시간 때문에 애를 태우거나, 위험에 노출되는 등 여러 가지 압박을 받는다. 반대로, 어떤 직장은 상당한 자율성이 보장되고 학습 기회가 생기거나 좋은 인간관계 등과 같은 자원(즐거움)이 있다. 노동자에게 가해지는 압박이 노동자의 즐거움을 초과하는 상황을 '직무긴장'이라고 한다. 직무긴장발생률(incidence of job strain)이 높으면 그만큼 직무에서 스트레스를 받는 사람이 많다는 의미이다. 앞에서도 봤듯이, 경제이론에서 스트레스는 고통과 동의어로서 행복(만족감)과 정확하게 반비례한다. OECD의 "How's Life?"(2017) 조사를 보면, 한국의 직무긴장발생률은 50%를 넘어 회원국 중 4위이다. 그만큼 직무 스트레스가 높다는 뜻이다. 이 비율이 15%에 불과한 노르웨이, 20% 정도인 룩셈부르크와 덴마크에 비하면 엄청나게 높은 수치이다. OECD 평균은 37% 정도이다. 그리스, 터키, 헝가리 등 3개국만이 한국보다 이 수치가 높다. 노동자들의 행복을 높이기 위해서는 노동환경 개선이 필요하다.

직무를 수행하는 과정에서 자율성이 크게 부여되고, 동료들과의 관계도 좋으며, 자기 발전의 기회가 많으면 직무를 만족스럽게 여길 것이다. 프리미어리그에서 활동하고 있는 손흥민과 해리 케인(Harry Kane)처럼 최상의 듀오로서 성과를 올리면, 팀과 개인의 성적이 모두 높아지고 경기 자체가 즐거울 것이다. 반대로, 같이 일하는 동료들과 계속 경쟁해야 하는 직장이라면 동료애도 없고 분위기도 냉랭하여 스트레스를 많이 받을 것이다. 성과급제의 도입이 초래하는 문제이기도 하다. 그래서 노동자 입장에서 성과급제도의 도입은 바람직하지 않으며, 애사심과 사기 양양을 원하는 사용자에게도 적합하지 않은 제도이다. 계약기간 동안 선수가 능력을 최대한 발휘하게 하고, 능력이 다하면 미련 없이 버리는 프로스포츠구단에서나 사용하는 비인간적인 방식이다.

삶에서 여가도 소중한데, 여가 시간은 노동시간에 반비례한다. OECD 통계(2019)를 보면, 한국의 노동자들은 연평균 1967시간 일하고 있다. 멕시코(2137시간)와 코스타리카(2060시간)에 이어 세 번째로 길다. 이에 비해 덴마크 노동자는 연평균 1380시간 일하며, 노르웨이 1384시간, 독일 1386시간에 불과하다. 한국 노동자와 덴마크 노동자의 노동시간 차이는 연평균 587시간에 이르러, 하루 8시간 노동일을 기준으로 할 경우 연간 73일을 더 노동하는 셈이다. 아직까지 한국의 자본들은 노동량을 늘려 이윤을 확보하는 소위 절대적 잉여가치의 생산에 매달려 있다고 볼 수 있다.

노동자들에게도 레저(취미 활동, 친구 만남 등)와 개인적 용무(식사, 수면 등)에 쓰는 시간이 필요하다. 한국인은 하루 중 레저와 개인적 용무에 쓰는 시간이 14.6시간인데, 스페인인들이 16.1시간으로 가장 길다. 식사 시간에도 국가 간에 차이가 있다. 하루 중 먹고 마시는 데 쓰는 시간은 프랑스(2시간 11분)와 이탈리아(2시간 5분)가 가장 길고, 한국(1시간 43분)도 최상위권에 속한다. 반면, 미국(1시간 1분)과 캐나다(1시간 4분)가 가장 짧은데, 보통 하루 세 번 식사를 한다고 보면 미국인들이 한 끼 식사에 쓰는 시간은 20분에 불과하다.

여가가 많은 삶이 좋은 삶이다. 그러나 여가 중 많은 시간을 TV 시청에 소비하면, 행복도가 감소한다는 연구들을 앞서 소개한 바 있다. 여가는 거저 쉬는 시간이 아니다. 최근 들어 여가는 자신이 온전히 하고 싶은 일을 하면서 보내는 시간이라는 의미가 점점 커지고 있다. 그리고 이 시간의 확보가 행복과 직결되므로, 여가 행태를 잘 살펴볼 필요가 있다. 한국의 기업들은 장시간 노동이 아닌 기술혁신과 생산성 향상을 통해 적정한 수준의 이윤을 얻도록 해야 하며, 노동자들의 여가 시간을 늘리기 위해 노력해야 한다.

경제생활의 안정은 행복의 가장 중요한 기초이다. 따라서 실업이 최소화되도록 하는 정책을 시행해야 하고, 청소년층과 노년층의 빈곤을 해소하는 정책을 개발해야 한다. 특히, '기본소득(basic income)'은 경제생활을 위해서나 실질적 민주주의를 확보하기 위해 꼭 필요한 제도로서 민주주의 사회 구성원의 기본 권리로 인식되고 있다(강남훈, 2019a: 214). 기본소득에 대해서는 일하려는 의욕을 꺾게 된다거나, 경제가 기본소득을 보장할 만한 수준에 이르지 못했다는 등 비판이 제기되고 있지만, 장점들이 훨씬 많다. 첫째, 사회에서 생산된 부를 나눔으로써 심화되고 있는 불평등을 해소하는 데 기여한다. 둘째, 모든 사람들에게 사회안전망이 제공되는 효과가 있다. 셋째, 과로 상태의 노동자들이 총소득의 감소 없이도 노동시간을 줄일 수 있게 된다. 넷째, 기본소득제는 극단적 빈곤 상황에 대처하는 데 도움이 된다. 다섯째, 기술 진보와 생산성 향상으로 얻어지는 과실을 함께 나누는 것이다. 이렇듯 노동자들에게 사회적 안전을 보장해 주는 기본소득제가 꼭 필요하다.

### (4) 민주주의와 인권

진정한 행복, 즉 자기실현을 이루기 위해서는 목표 달성이 가능하다는 확신이 필요하다. 다른 말로, 자존감(self-esteem)과 자유(liberty)가 행복의 기반이 된다고 할 수 있다. 자신의 존재와 능력을 신뢰하고 존중하는 자존감이 필요하다. 자신의 존재 가치를 확고하게 인식하고, 자신의 삶과 인생의 계획이 가치 있다는 확신을 갖는 것이 중요하다. 자신에 대해 스스로 가치를 부여하지 않는 사람은 제대로 된 인생 계획을 세울 수 없으며, 목표를 향해 자신 있게 나아갈 수 없다.

도덕적 판단 없이, 탐욕 추구를 개인의 능력에 맡기는 시장경제 체제는 약육강식의 세계이다. 승자와 패자로 나뉘는 시장에서 패자는 자기실현에 큰 차질을 빚을 뿐 아니라 삶에 필요한 필수재(needs, necessities)를 확보하는 일조차 쉽지 않아 자존감이 무너져 내린다. 실패에도 좌절하지 않고 고난을 헤쳐나가는 용기와 강한 성격을 지녀야 자기실현에 성공할 수 있다.

민주주의는 인간적 삶을 살 수 있도록 하는 기초 질서로서 구성원의 인권을 보장하며, 개별 구성원은 민주주의 질서 위에서 자신의 존재 가치를 확인하고 자기 존중에 이르게 된다. 자신의 존재 가치에 대한 확신을 바탕으로 스스로의 삶을 기획하고 목표를 달성하기 위해 노력하게 된다.

한편 많은 이들이 민주주의사회의 기초로서 인권이 보장되어야 한다고 주장하지만, 대부분의 선진국에서도 인권침해가 일상적으로 발생하고 있다. 인권 문제의 해결을 위해서는 국가인권위원회와 국민권익위원회 같은 조직의 역할이 중요하다. 이때 '인권이 어느 정도 보장되어야 할 것인가'라는 질문은 무의미하다. 경제학자들은 비용과 편익을 비교해서 효율성이 더 높은 점을 찾으려 하겠지만, 인권 보장은 최적점이 존재하지 않으며 많이 보장되면 될수록 좋다.

국제연합(UN)은 기본적 인권, 인간의 존엄과 가치, 그리고 남녀의 동등한 권리에 대한 신념을 재확인하고, 폭넓은 자유 속에서 사회적 진보와 생활수준을 높이기로 했다. 이에 국제연합총회는 모든 개인과 사회 각 기관이 학습 및 교육을 통해 이러한 권리와 자유에 대한 존중을 증진하기 위해 노력해야 할 것과, 모든 회원국 국민들이 이러한 권리와 자유를 보편적이면서도 효과적으로 인식하고 준수하도록 하기 위해, 모든 사람과 국가가 성취해야 할 공통의 기준으로서 '세계인권선언'을 선포했다(Universal Declaration of Human Rights, 1948: 서문). '세계인권선언'의 중요한 조항 몇 가지를 살펴보기로 한다. 특히 다음 몇 가지 조항은 행복한 삶을 사는 데 꼭 필요한 조건들을 규정하고 있다.

'자유, 양심의 자유 및 종교의 자유에 대한 권리'(제18조)는 기본적 권리로서의 성격을 갖고 있다. '개인의 인간적 존엄과 개성의 자유로운 발전을 위해 경제적·사회적·문화적 권리를 실현할 자격을 부여받는다는 규정'(제22조)은 현대 자본주의사회에서 행복 추구를 위한 기초 조항이다. '일과 직업선택의 자유 및 실업에 대한 보호, 동일 노동 동일 보수 원칙, 모든 사람의 노동조합 결성과 가입 권리 규정'(제23조) 역시 좋은 삶을 위해 꼭 필요한 원칙들이다. '자신과 가족의 건강과 안정에 적합한 생활수준을 누릴 권리와 실업, 질병, 장애, 배우자 사망, 노령 등의 상황으로 인한 생계 결핍의 경우에 보장을 받을 권리'(제25조) 등도 최소한의 인간다운 삶을 위해 필수불가결한 조항이다.

세계인권선언은 권리 행사뿐만 아니라 공동체에 대한 개인의 의무도 규정하고 있다. 자신의 권리와 자유를 행사함에 있어 다른 사람의 권리와 자유를 당연히 인정하고 존중하도록 하며 민주사회의 도덕, 공공질서, 일반적 복리에 대한 정당한 필요에 부응하기 위한 목적에서만 법에 따라 정해진 제한을 받는다고 규정했다(제29조).

국제 인권 단체들은 오래전부터 한국의 국가보안법이 반인권적이라고 하여 폐지를 요구해 왔는데, 이 법의 존재로 인해 양심의 자유가 침해당하고 일부 국민의 생각과 활동이 위축되고 있다. 한국의 정치적 상황을 감안하더라도 시대에 뒤떨어진 법률이라고 생각된다.

직접민주주의가 실행될수록 삶의 만족도는 증가한다. 상당한 자율성을 가진 26개 주(canton)로 구성된 스위스에서 1992~1994년에 걸쳐 주관적 웰빙(행복도) 조사를 진행했는데, 참정권 보장 수준이 행복도와 관련이 있음이 확인되었다. 칸톤들의 자율성이 동일하지는 않다. 국제기구들을 유치·존속하기 위해 통제가 비교적 강한 주가 있는가 하면, 상대적으로 자율성이 더 높은 주도 있다. 소득세율도 주에 따라 크게 차이가 난다. 이에 헌법개정 국민 발의, 법률개정 국민 발의, 법률 입안이나 개정 시 국민투표, 재정지출에 대한 국민투표 등 4개 지표를 종합한 참정권 지표를 개발하여 조사했다. 그 결과, 국제기구가 많은 제네바의 참정권 지표가 가장 낮았으며(6점 만점에 1.75점) 바젤란트주가 가장 높았다(5.69점). 인구통계적 요인과 경제적 요인 등 다른 요인들을 통제하고 비교한 결과, 바젤란트 주민들의 만족도가 제네바 주민들에 비해 11%나 높았고(Frey and Stutzer, 2002), 즉 참정권 보장 수준이 높을수록 만족도도 높았다. 재미있는 사실은, 일반 국민들은 정치인들과 달리 강력한 연방제 유지를 선호한 반면, 정부 정책에 이해관계가 있는 사람들은 지방분권제를 더 선호했다는 것이다.

민주주의는 모든 정치쟁점을 투표로 결정한다. 최근에는 선거에서 자신이 속한 계층의 이익을 대변하는 후보나 정당을 찍는 계급투표 행위가 새로운 관심사로 떠오르고 있다. 2010년 6월 2일의 서울시장 선거에서 민주당 후보와 한나라당 후보가 맞붙었는데, 민주당 후보가 서울특별시 25개 구 가운데 17개 구에서 승리하고 한나라당 후보는 8개 구에서만 민주당 후보를 앞섰다. 그러나 강남, 서초, 송파 등 강남3구 유권자들이 한나라당 후보에 표를 몰아줬다. 민주당 후보는 17개 구에서 12만 2527표를 더 얻었지만, 강남3구에서는 한나라당 후보가 12만 6930표를 더 얻어 최종 2만 6000표 차이로 한나라당 후보가 당선된 것이 계급투표의 전형으로 꼽힌다. 그 이후로 서울 지역 선거에서는 이러한 계급투표 현상이 계속되고 있다.

이와 반대로 계급배반투표도 있다. 2016년 미국 대통령 선거에서 주류 언론과 여론조사 기관들이 평가 절하했던 트럼프가 당선되었다. 트럼프는 미국의 국제사회 리더십을 부인하면서 이민자 반대를 외쳤고, 사회적 약자에 대한 비하를 계속해 온 사람이지만, 기득권 정치에 실망한 미국인들은 오히려 그에게 표를 던졌다. 세계화 과정에서 밀려난 백인 중산층과 노동자들이 민주당 후보인 클린턴을 선택하지 않고 트럼프의 선동에 호응했던 것이다.

최근 프랑스 경제학자 토마 피케티(Thomas Piketty)는『자본과 이데올로기(Capital et idéologie)』에서 '브라만 좌파와 상인 우파(Brahmin left vs

Merchant right)'의 얘기를 하고 있는데, 계급투표가 일부 학력 투표로 방향이 바뀌었다고 주장한다. 그 내용은 첫째, 계급투표 성향이 감소했다. 둘째, 고소득자들은 우파 정당에 투표하는데, 이들이 부유한 상인 우파이다. 셋째, 과거 우파 정당에 투표하던 고학력자들이 좌파 정당에 투표하기 시작했는데, 이들이 브라만 좌파이다. 넷째, 이러한 변화로 인해 글로벌리스트와 토착주의자 간 균열이 커지고 있다. 특히, 교육과 투표 행위와의 관계가 복잡해졌는데, 고학력층은 우파 정당에 투표하고 저학력층은 좌파 정당에 투표하던 과거의 양상이 바뀌었다는 것이다. 과거의 고학력층은 의사, 변호사, 교수, 기술자 등으로 층이 얇았고 사회적으로 안정되고 높은 수입을 얻고 있었다. 그러나 2000년대 이후 대학교육의 변화와 더불어 전문 관리직들, 전문 기술인들, 전문 지식인들 등 고학력층이 대거 추가되는데, 이들은 고학력에도 불구하고 취업조차 만만치 않은 상황이 되었다는 것이다. 고학력층 중 전문 관리직과 전문 기술직은 문화적 진보성이 약하고 경제적으로 보수적이라서 계속 우파 정당에 투표하는 반면, 교수와 교사 및 언론인들은 문화적 진보성향과 경제적 좌파성향이 있어 이들이 좌파 정당을 지지한다는 것이다.

이보다 더 극적인 변화는 저학력 노동자들에게서 왔다. 이들은 전통적으로 좌파 정당의 지지자였는데, 이들 노동계급은 산업시설의 개도국 이전과 더불어 세력이 약화되었고 선진 사회에서 남은 노동계급은 식당 직원, 운전기사, 청소부 등 서비스 노동자들뿐이다. 이들은 고립된 채 노동하면서 조직화를 이루지 못하고 있다. 좌파 정당들도 이들을 포기하고 문화적 진보주의자들을 포용함으로써 산업노동자들을 대변하는 정당이 사라졌다는 것이다.

피케티의 주장을 수용하든 안하든, 대체로 고소득층은 자신들의 이익을 지키는 일에 적극적이며, 정치 참여와 투표 참여에도 적극적이다. 이와 달

**그림 8-5**   OECD 회원국 소득계층별 투표율(2009년 및 그 이후 최근 자료)

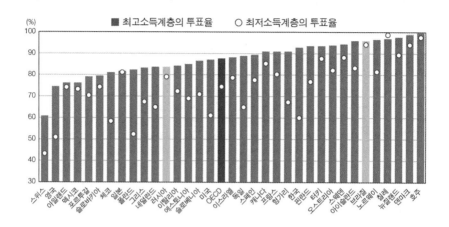

주: 브라질은 비회원국이다.
자료: OECD(2017a).

리 시간이 빠듯한 저소득층은 정치 참여에 소극적인데, 이는 투표율 차이로 나타난다. 한국의 소득계층 간 투표율 차이는 크다. **그림 8-5**에서 보듯이 소득 상위 20%의 투표 참여율은 90%를 넘지만, 하위 20%의 투표 참여율은 60%에 불과했다. 이 차이는 OECD 회원국 가운데 가장 큰 것이다. 고소득층의 정치적 의견은 잘 반영되지만, 저소득층의 정치적 의견은 과소 대표되는 구조이다. 계층별 정치적 의견의 균형 있는 반영을 위해서는 중저소득층의 투표율 제고를 위한 대책이 중요함을 알 수 있다.

## (5) 환경보전

필자는 초등학교 5학년까지 첩첩 산골 외딴집에서 자랐다. 5일에 한 번씩 열리는 시골 장에 가거나 주변 도시로 향하는 기차를 타려면 걸어서 한 시간 이상을 가야 했다. 여름철 집 근처에 있는 뽕나무밭에는 하늘소가 날

아다녔고, 연못에는 우렁이가 넘쳐났다. 소달구지가 다니던 마을 앞길에는 쇠똥구리 떼가 흩어져 널린 쇠똥을 처리하느라 바빴으며, 밤에는 은하수가 흐르는 하늘을 반딧불이가 날아다녔다. 그 시절에는 미세먼지 걱정도 없었다. 가을철 무를 캐서 흙만 털어내면 씻지 않고도 먹을 수 있었다. 친구들과 연못에서 헤엄을 치다가 물을 몇 모금 들이켜도 배탈이 날 걱정은 없었다.

산업화가 시작되면서 이런 목가적 풍경은 대부분 사라졌다. 먼지 날리던 시골길은 넓어졌고, 말끔히 포장되어 승용차와 버스가 다닌다. 커다란 박을 매달고 있던 초가집들은 모두 기와집이나 양옥집으로 바뀌었다. 집집마다 난방시설이 잘 갖춰져 있어 혹독한 겨울에도 추위에 떨지 않을 수 있다. 그러나 과수원 자리에는 공장이 들어섰고, 물이 흐려진 연못에는 더 이상 물고기가 살지 않는다. 반딧불이와 쇠똥구리는 사라졌고, 밤이 되어도 은하수는 찾아보기 어렵다. 목이 말라도 계곡물을 마시는 사람은 없다. 미세먼지가 자욱한 날에는 외출할 때마다 마스크를 써야 한다. 평균 수명이 크게 증가했지만, 질병에 시달리거나 건강에 자신이 없는 사람들이 많다.

과거의 삶과 현재의 삶을 직접 비교 평가하기는 어렵지만, 분명한 사실은 지금처럼 개발이 진행되면 인간이 지구상에서 건강한 삶을 계속 이어갈 수 없다는 것이다. 환경보전은 현재의 삶을 보호하는 것이기도 하지만, 미래 세대가 이 아름다운 별에 생존하면서 행복을 누릴 수 있도록 하는 장치이기도 하다. 이것은 현세대의 의무이자 기여일 것이다. 대기오염, 토양오염, 수질오염, 해양오염 등이 모두 심각하지만, 특히 신흥공업국들의 산업화와 함께 나타난 대기오염은 지구 전체가 몸살을 앓게 만들었다. 자원의 고갈마저 점쳐지고 있다. 지구 환경오염에 가장 큰 책임이 있는 미국은 트럼프 대통령 시절 파리기후변화협약에서 탈퇴함으로써 세계를 혼란에 빠뜨리고 잘못된 신호를 보냈다. 다행히 후임인 바이든 대통령이 미국을 다시 협약에 복귀시켜 박수를 받은 바 있다. 하지만 최근의 급격한 기후변화를 고려할 때, 지구인들의 노력은 이미 늦었는지도 모른다.[21]

한국은 OECD 회원국 가운데 대기오염이 가장 심각한 국가이며 수질 역시 만족스럽지 못하다. 영국·아이슬란드·노르웨이 국민의 수질 만족도가 거의 100%에 육박하는 데 비해 한국 국민의 수질 만족도는 77%에 머물러 상당히 낮은 수준이다. 공장폐수와 생활하수 및 농·축산 폐수의 유입이 수질오염의 주요한 원인이다. 수질오염으로 생수 소비가 늘어나면, 생수 생산시설의 관리 부실로 인해 다시 수질이 오염되는 악순환이 발생할 수도 있다.

수질개선은 인간이 먹는 수돗물과 농업용수 및 공업용수 차원을 넘어 동식물 전체의 생존을 보장할 수 있는 수준으로 개선되어야 한다. 계곡마다 물고기가 넉넉히 헤엄치고, 곤충들이 알을 낳으며, 동물들이 안심하고 목을 축일 수 있는 수준이어야 할 것이다. 이 정도 수준에 이른다면 인간은 맑은 강과 호수의 생태계를 지켜보는 것만으로도 일상의 행복을 얻는 추가적 보상을 얻을 수 있을 것이다.

대기오염이나 수질오염과 달리 일반인이 쉽게 확인할 수 없는 것이 바로 토양오염이다. 토양오염은 산업 부문에서 생산되는 폐기물이나 농약 또는 중금속 등의 유해 물질이 토양에 축적되어 생기는 오염이다. 농작물을 재배할 때 사용하는 제초제, 비료, 살충제, 살균제 등이 주요한 오염 원인이다. 또, 가정에서 나오는 생활폐수와 공장에서 배출되는 산업폐수가

---

21  지난 2015년 채택된 파리기후변화협약(파리협정)은 기후변화에 대응하기 위해 지구 온도를 산업화 이전 대비 2℃ 이하로 억제, 나아가 1.5℃ 이하로 제한하는 것을 목표로 맺은 협정이다. 협정 당사국은 연내 이 두 가지에 관한 전략과 목표를 유엔에 제출해야 한다.

잘 관리되지 않아서 발생하며, 음식물 쓰레기나 폐기물 매립으로 오염되기도 한다. 산성비 등 대기 중의 오염물질이 땅으로 떨어져 토양오염이 일어나기도 한다. 오염된 토양에서 자라는 농산물은 토양의 유해물을 흡수하여 다시 인간이나 동물에게 해를 끼치게 된다.

최근 들어 해양오염 문제도 심각해졌다. 해양을 오염시키는 주된 요인은 육지로부터 오염물의 유입, 대기 부유 물질의 낙하, 선박의 폐기물 방출 등이다. 대기 중에 방출된 오염물질이 빗물에 의해 직접 해면에 낙하하는 것 외에도 오염물질이 육상의 하천을 거쳐 해양에 유입됨으로써 결과적으로 해양이 거대한 폐기물 집적장이 되었다. 최근에는 화력발전소와 원자력발전소의 따뜻한 물 배수에 의한 연안 해역의 열(熱)오염, 일본 후쿠시마 원전 사고(2011)에서 보는 것처럼 원자력 사고로 인한 오염, 방사성 폐기물 방출에 의한 해양오염 등이 발생하여 우려되고 있다.

환경문제는 엄청난 재앙을 가져온다. 주목해야 할 사건 중에 소위 '가습기살균제 사건'이 있다. 가습기살균제는 1994년 출시된 후 2011년에 판매 금지된 것인데, 가습기를 쓰던 산모와 영·유아 다수가 원인불명의 호흡기 질환으로 사망한 사건이다. 이 사건을 조사하기 위해 구성된 사회적참사 특별조사위원회의 조사 결과는 충격적이다. 이 위원회는 17년 동안 가습기살균제를 사용한 사람이 모두 627만 명이라고 추산했는데, 이 가운데 67만 명이 폐질환이나 피부, 뇌, 심혈관 질환을 새로 앓거나 증상이 악화된 것으로 추정했다. 위원회는 가습기살균제 관련 질병으로 사망한 사람이 1만 4000천 명에 이른다고 추산했다.[22] 엄청난 파장에도 불구하고, 이 사건은 아직 제대로 해결되지 않고 있다.

---

22 "가습기살균제 사망자 1만 4천명 추산… 신고자의 10배", ≪JTBC 뉴스≫, 2020.7.27.

최근 에너지정책과 관련하여 논란이 되는 것이 원자력발전 문제이다. 원자력은 발전 과정에서 이산화탄소 같은 환경오염 물질을 배출하지 않는 비화석에너지로서 지구 환경문제를 해결하는 데 긍정적인 역할을 하고 있으며, 고도의 기술집약적 특성으로 인해 관련 산업의 발전에 기여가 클 뿐 아니라 경제성이 높은 점 등 많은 장점이 있다. 그러나 원자력발전소 가동에 따른 크고 작은 사고가 이어지고 있어 심각한 문제가 되고 있다. 특히, 미국 스리마일섬 발전소 사고(1979)와 우크라이나의 체르노빌 발전소 사고(1986) 및 일본 후쿠시마 발전소 사고(2011)에서 보듯이, 사고가 발생하면 엄청난 재앙을 초래하기 때문에 상당히 위험한 에너지 생산 방식이다. 체르노빌 원전 폭발 사고가 일어난 지 30여 년이 지난 후에도 50킬로미터 떨어진 지역에서 재배한 농작물에 여전히 기준치 이상의 방사성 물질이 들어 있다는 연구 결과도 있다.[23] 이에 따라 국민과 인류의 미래를 위해 탈(脫) 원전 정책을 강화하는 국가들이 늘고 있다. 탈원전 정책은 국민의 생존을 위해 꾸준히 실천해 나가야 하겠지만, 미리 국민적 동의를 확보하는 것이 중요하다.

이 외에도 전기차와 수소차의 대중화를 추진하여 수송 부문에서 바이오 연료의 사용을 확대할 필요가 있다. 화물운송 부문에서는 저탄소 운송 수단인 철도와 해운으로의 전환을 늘려야 할 것이다. 장기적 관점에서 탄소 중립 실현을 위한 부문별 계획을 세우고 이를 실천해 나가야 할 것이다. 산림, 갯벌, 습지 등 생태 기반을 강화하여 탄소 흡수 능력을 높이는 전략도 중요한데, 특히 이 요소들은 일상의 행복을 높이는 것들이므로 이중으로 행복한 삶에 기여하게 된다.

---

23  약 45%의 표본에서 체내에 축적되면 여러 암을 일으킬 수 있는 방사성 동위원소 스트론 튬-90의 농도가 기준치 이상 들어 있는 것으로 조사되었다.

## 4) 행복정책과 공공지출

한국인의 연령-행복곡선이 우하향(右下向)하는 것은 분명 문제가 있다. 사장에 맡겨서는 개선이 안 되며, 국가가 적극적으로 나서야 한다. 국민행복이 국가의 기본 책무임을 인정한다면, 국가가 연령-행복곡선의 기울기를 우상향(右上向)으로 바꾸기 위해 정책 역량을 집중해야 한다. 경제정책, 사회정책, 노동정책, 문화정책, 교육정책, 환경정책 등 모든 관련 정책들이 국민행복 증진이라는 동일한 목표를 향하도록 조정되어야 한다. 먼저 국가는 국민의 욕망을 파악해야 하는데, 여론조사를 통해 파악되는 욕망은 일상생활에서의 욕망과 자기실현 욕망이 혼재되어 있다. 따라서 욕망의 내용을 잘 구분해서 대응해야 할 것이다.

어느 사회이든 고소득층의 삶은 대체로 안락하다. 보유 자원들이 많아 위기에서 탈출하기 수월하고 오히려 이를 기회로 활용할 수도 있지만, 중저소득층은 위기에 대응하는 수단과 능력이 제한되어 있어 쉽게 무너지고 만다. 미국의 '싱크탱크 정책연구원(Institute for Policy Studies)'과 소비자단체인 '공정한 세금을 위한 미국인 연합(Americans for Tax Fairness)'의 보고서에 따르면, 2020년 코로나 팬데믹 국면에서 미국의 억만장자들은 10개월 만에 자산이 약 40%나 증가한 것으로 드러났다. 이를 총액으로 표시하면, 1조 1000억 달러(한화 약 1215조 원)라는 엄청난 액수이다. 보고서에 따르면, 미국의 상위 660명의 재산은 2021년 1월 기준 4조 1000억 달러(한화 약 4500조 원)로, 같은 시기 미국의 하위 50% 인구가 보유하고 있는 자산총액 2조 3600억 달러(약 2600조 원)를 압도하고 있다(*Msn*, 2021.1.26). 자산 하위계층은 같은 기간 임금이 삭감되거나 일자리를 잃어 빈곤율이 크게 상승했다는 사실은 필자의 주장과 일치한다. 취약계층의 삶을 보호하는 것이 중요한 국가의 책무가 된다는 말이 된다.

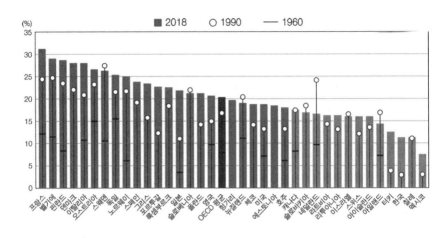

자료: OECD(2019d).

　한 사회의 행복수준을 결정하는 것은 저소득층이 당면한 일상의 삶과 자기실현 조건이다. 저소득층의 삶을 개선하는 데 큰 기여를 하고 있는 공공기금의 사회적 지출 수준은 국가의 사회복지 수준을 나타내는 지표가 된다. 사회적 지출은 퇴직연금, 보건(건강과 의료), 가족에 대한 지원금(각종 수당 등), 소득지원(실업수당 포함), 고용지원, 주택지원, 가난과 사회적 소외에 대한 지원 등으로 구성된다.

　**그림 8-6**에서 보듯이 2018년 현재, 한국의 GDP 대비 사회적 지출 공공기금의 비중은 10% 남짓에 불과하여 OECD 회원국 가운데 가장 작은 편에 속한다. 이 비중이 가장 큰 프랑스의 경우, 그 규모가 GDP의 32%에 이르며 OECD 평균도 20%를 상회하고 있다. 한국은 특히, 아동과 노인 및 장애인에 대한 지원이 상대적으로 낮아, 국민행복의 증진을 위해 개선의 필요성이 있다.

　저소득층의 삶을 뒷받침하기 위한 사회적 지출 증가 요구에 대해 경제

관료들 상당수는 재원을 문제 삼는다. 돈이 부족하다는 것이다. 재원이 부족하면 세금을 더 거두면 될 터인데, 그들은 이 또한 가계 부담이 늘어난다고 반대한다. 그만큼 관료들 다수가 계급 중립적이지 않은 것으로 보인다. 민주국가라면, 증세로 인해 저소득층이 얻을 만족의 총량과 세금 증가가 초래할 고소득계층의 고통의 총량 증가분을 비교하여 결정하면 될 것이다. 대체로 세금을 많이 징수하는 국가는 복지비 지출도 크며, 적게 징수하는 국가는 복지 관련 일을 줄일 수밖에 없다. 국가 기능의 효용이 마이너스가 아니라면 국가가 일을 많이 할수록 국민들의 삶의 만족도는 상승할 것이다. 이를 자료를 통해 실제로 확인할 수 있다.

**표 8-7**은 OECD 회원국 가운데 2019년 기준 GDP 대비 소득세의 비중 상위 5개국과 하위 5개국 사이의 삶의 만족도를 비교한 것이다. 소득세율은 덴마크, 아이슬란드, 뉴질랜드, 스웨덴, 핀란드의 순서로 높은데, 5개국 가운데서도 덴마크의 소득세 비중은 24.27%로 압도적으로 높다. 나머지 국가들의 비중도 높아 4개국 평균 12.98%에 달한다. 이들 5개국의 삶의 만족도는 모두 7점대를 기록하여 최상위 수준이었다.

한편 콜롬비아, 칠레, 터키, 슬로바키아, 멕시코 등 5개국은 소득세가 차지하는 비중이 낮은 국가들인데, 콜롬비아가 가장 낮아 1.21%이다. 이들 5개국의 평균은 2.77%이다. 이들 국가의 삶의 만족도는 모두 5~6점대에 머물렀다. 참고로 OECD 평균 소득세율은 8.14%이고, 한국은 4.79%로 하위권에 머물렀다. 덴마크 등 북유럽 국가 국민들의 재산 보유액은 미국이나 한국 등에 비해 아주 작고, 재산세 비율도 낮은 편이다. 원하는 삶을 살기 위해 큰 자산가가 되기로 한 사람이 별로 없다는 의미이기도 하다.

이 자료가 소득세율과 삶의 만족도 간의 직접적 인과관계를 증명하는 것은 아니지만, 얼핏 보더라도 소득세가 높은 국가들의 삶의 만족도가 높다는 것을 알 수 있다. 소득세가 높다는 것은 고소득자의 소득 일부를 사

| 표 8-7 | OECD 회원국 GDP 대비 조세 비율과 삶의 만족도(2019) | | |
|---|---|---|---|
| | | | (단위: %) |
| | 국가명 | 소득세 비중 | 삶의 만족도(10점 만점) |
| 소득세율<br>상위 5개국 | 덴마크 | 24.27 | 7.6 |
| | 아이슬란드 | 14.70 | 7.5 |
| | 뉴질랜드 | 12.80 | 7.3 |
| | 스웨덴 | 12.23 | 7.3 |
| | 핀란드 | 12.22 | 7.6 |
| 소득세율<br>하위 5개국 | 콜롬비아 | 1.21 | 6.3 |
| | 칠레 | 1.48 | 6.5 |
| | 터기 | 3.62 | 5.5 |
| | 슬로바키아 | 3.79 | 6.2 |
| | 멕시코 | 3.76 | 6.5 |
| OECD 평균 | | 8.14 | 6.5 |
| 한국 | | 4.79 | 5.9 |

주: OECD 평균은 2018년도 수치이다.
자료: 조세, OECD(2020b); 삶의 만족도, OECD(2018a).

회 전체를 위해 지출하는 것을 의미하므로, 이는 당연히 국민들의 행복에 긍정적 영향을 미친다. 아서 피구(Arthur Cecil Pigou)의 후생에 관한 두 번째 명제이기도 하다.

한국의 GDP 대비 소득세의 비중은 서구 복지국가는 물론 OECD 평균에도 크게 못 미치고 있다. 한국은 부자들이 살기 좋은 나라라는 의미도 된다. 이는 정부가 소득불평등의 해소를 위해, 그리고 저소득층의 삶을 개선하면서 국민 행복을 상승시킬 주요한 정책 수단을 보유하고 있다는 의미이기도 하다. 앞에서도 강조한 바 있지만, 고소득층이 아닌 중저소득층의 행복이 국가의 행복수준을 결정하는 핵심 요소이다.

대중들에게 진정으로 필요한 정책들이 현실에서 채택되기 위해서는 법을 제정하는 국회의원들, 국가의 행정 업무를 집행하는 관료 집단, 여론을 형성하는 언론인들의 역할이 중요하다. 이들이 현재 국민의 절대다수인 중저소득층을 대표하거나 대변한다고 보기 어렵다. 이들에 대한 통제 방법과 더불어 정치개혁, 언론개혁, 관료사회개혁 방안에 대해서는 강남훈 교수(2019a; 2019b)가 잘 정리해 놓았다. 그는 특히, 국민들이 선택한 대통령의 공약 사항을 예산 부서 관료들이 무산시킬 수 없도록 예산편성 권한을 대통령실에 주자고 주장하고 있어 흥미롭다.

# 맺음말

 

 

 

 

 

 

 

 

필자는 한국 사회가 당면한 가장 큰 문제를 두 가지로 본다. 첫째, 국민의 평균 행복도가 경제 발전 수준에 비해 낮다. 둘째, 연령이 올라갈수록 행복의 크기가 줄어든다. 그 행복이 주관적 웰빙(즉, 삶에 대한 만족 수준)이라 하더라도 이것은 문제가 아닐 수 없다. 만일, 평균 행복도가 높을수록 좋고, 행복한 삶이 장기간 계속되는 것이 바람직하다면 한국인의 삶에 큰 문제가 있는 것이다. 더구나 한국인의 평균 수명은 세계 최상위에 속하는데, 별로 행복하지 않으면서 수명만 길다면 바람직하다고 하기 어렵다. 이 책에서는 한국인의 행복과 스트레스의 원인 및 해법을 모색해 보았다.

현대 한국인이 겪고 있는 저(低)행복은 국민 개개인의 책임이라기보다 한국의 사회경제 체제와 관련이 있다. 소득과 지위를 비롯한 주요한 삶의 자원들이 대부분 시장 메커니즘을 통해 배분되면서 경쟁에서 이기기 위한 투쟁이 일상화되었다. 금융자본주의 시대에는 인적 자본의 영향력이 물적 자본을 압도하고 있는데, 특히 한국에서 이는 더욱 두드러진 현상이 되었고 이로 인해 지상 최대의 학벌 경쟁을 초래했다. 이 점이 바로 한국 자본주의의 최대 문제로서 국민적 스트레스의 발단이 되었다. 대다수 가정이 학벌 경쟁에 휘말리지만, 만족할 만한 결과를 얻는 사람은 소수일 뿐이다.

인생의 초반부부터 시작된 경쟁은 협력과 공감의 감정을 사라지게 했고, 동료와 이웃마저 경쟁자가 됨으로써 관계재 또한 줄어들게 했다. 이러한 조건들이 한국인의 스트레스를 고조시키고 행복은 낮추는 역할을 하고 있다. 과도한 지위재 경쟁이 일상의 삶도 힘들게 하지만, 자기실현 역시 어렵게 만들고 있다.

한국인의 행복을 낮추는 몇 가지 요인을 보자. 우선 한국인들의 일상인 일과 삶의 균형이 무너졌다. 노동자들의 연간 평균 노동시간이 2000시간을 오르내리는 등 OECD 회원국 가운데 가장 길어서 자기실현을 추구할 시간이 없을 뿐 아니라 일상의 행복조차 누리기 어려운 상황이다. 자연 자본인 환경의 오염도 한국인의 행복에 큰 영향을 미치는 요소이다. 국내에서 발생하는 생활 쓰레기와 탄소 배출량의 증가로 인해 국토 오염이 심각한 상황에서 이웃 국가로부터 넘어오는 대기오염 문제까지 더해져 국민 행복이 낮아지고 있다. 한국인의 행복은 정신건강의 악화와도 관련이 있는데, 아직 정확하게 원인을 찾지 못하고 있는 높은 자살률이 이를 입증하고 있다. 행복한 인간은 스스로 삶을 마감하지 않기 때문이다.

한국인의 행복과 관련하여 특별히 주목해야 할 현상은 가족공동체의 해체 경향이다. 지난 20년간 결혼율이 크게 낮아진데다 이혼율은 증가한 결과, 출산율이 세계 최저 수준으로 하락했다. 1인 가정과 2인 가정이 늘어나 가족공동체의 일원으로서 누릴 수 있는 행복과 다소 멀어진 인구가 증가했다. 저출산 문제는 국가 경제에도 심각한 위협이 되기 때문에, 정부는 많은 예산을 투입하여 효과적인 저출산 대책을 계속해서 찾고 있다.

다음으로 연령대가 올라갈수록 행복도가 낮아져 생의 마지막을 행복하지 못하게 보내는 문제가 있다. 최초 혼인 연령이 늦어지는 추세가 계속되고 있어 자녀의 교육이 시작되는 시기 부모의 나이가 20대에서 30대로 바뀌고 있다. 이에 따라 30대에서 40대에 이르기까지 자녀의 계속된 입시교육으로부터 오는 피로감과 사교육비 부담으로 인한 재정적 압박이 크며, 특히 각종 교육비 부담은 자녀가 대학을 졸업할 때까지 지속된다. 50대는 사회적으로 안정된 세대이기 때문에 생활에 여유가 넘치고 만족감이 클 것 같지만, 실상은 그렇지 못하다. 노후에 필요한 생활자금을 본격적으로 모아야 하는 시기여서 스트레스가 끊이지 않는다. 60대의 상황은 더욱 딱하다. 한국의 60대는 대부분 다니던 직장에서 은퇴했지만, 노후 생활비 충족을 위해 계속 일을 해야 하는 사람이 많다. 사회보장 시스템이 취약한 것도 60대를 피곤하게 만드는 주요인 중 하나다. 생활비와 소일거리를 위해 일자리를 원하지만, 현실에서 그런 자리는 너무 부족하다. 기본소득은 청년에게만 필요한 것이 아니라, 60대 이후의 노년층에도 필요하다. 60대 이상의 노인들은 자신의 건강을 자신하지 못하며, 실제 여러 가지 질병에 시달리고 있어 행복 역시 낮아진다. 한국의 건강보험제도는 아주 우수하지만, 질병을 사전에 예방하는 시스템은 아니다. 65세 이상 노인 10명 중 9명이 만성질환을 앓고 있어 이 또한 노년층의 행복을 크게 낮추고 있다.

일상의 행복이 욕망 충족에서 온다고 볼 때, 한국의 노년층이 OECD 다른 회원국들의 노인들보다 더 큰 욕망을 지녔거나 아니면 현실에서 충족할 수 없는 욕망을 품고 있다는 증거는 없다. 한국의 노년층도 대체로 나이가 들면 달성할 수 없는 욕망은 버리고 소박한 삶을 추구한다. 그렇다면 노년층의 낮은 행복은 개인의 욕망이 그 원인이라고 할 수 없고, 정부실패로 인한 것으로 파악해야 합리적일 것이다. 국가가 중년 이후 노년기의 삶에 필요한 기본재 공급에 실패했다는 의미이다.

행복은 인간이 추구하는 최고의 선(善)이다. 건강, 우정, 돈, 권력, 인권, 환경, 민주주의, 정의, 자유 등 인간이 소중하게 생각하는 모든 좋음(good)은 행복을 위해 필요한 것이며, 그 반대는 아니다. 그래서 오래전 그리스의 철학자들로부터 현대의 경제학자들에 이르기까지 많은 이들이 행복을 얻는 방법을 모색해 왔다. 인간의 삶은 쾌락과 고통이 교차하기 때문에 세계 최고의 재력가나 권력자라도 늘 즐거울 수는 없다. 돈과 권력을 소유하면 일상의 여러 가지 욕망을 채울 수 있고 그래야 행복할 수 있다고 생각하지만, 이 또한 허상이다. 개인이 아무리 노력해도 원하는 만큼 돈과 권력을 가질 수 없기 때문이기도 하지만, 돈과 권력을 추구하는 동안 두뇌만 냉철해졌고 따뜻한 심성이 사라져 친구조차 멀어졌기 때문이기도 하다. 그래서 인간은 다시 작은 행복(小確幸)을 찾는다. 하루하루를 즐겁게 살면 인생이 행복할 것이라고 자위한다. 가족과 함께하는 저녁 식사, 지인들과 나누는 수다, 밤새도록 컴퓨터 게임 즐기기, 아름다운 숲길 산책, 예쁜 액세서리로 치장하기, 크고 비싼 승용차 구매 등을 행복이라고 말한다. 이런 일들은 모두 삶을 윤택하게 하는 소중한 것들이지만, 인생에서 힘을 다해 추구해야 할 최고선이라고 하기에는 뭔가 부족하다. 따라서 필자는 이러한 행복을 '일상의 행복'이라고 부르고, 진정한 행복과는 구분했다.

인간의 행복은 자신이 사는 사회체제와 무관하지 않다. 경쟁에 의해 자원이 배분되는 시장경제 체제에서 다수 인간의 행복은 실현되기 어렵다. 이러한 조건에서 소확행을 행복이라 말하는 것을 니체가 목격했다면, 비겁하다고 평했을 것이다.

벤담과 공리주의 경제학자들을 괴롭혔던 행복 측정 문제는 여전히 해결되지 않고 있다. UN에서 선정한 2018~2020년 세계 최고의 행복국가 핀란드의 자살률이 높고 유럽에서 우울증 환자 비율이 가장 높다는 사실은 행복에 관한 현재의 인식과 행복 측정 방식에 대해 통째로 의문을 제기한다. 행복한 국가의 국민이 자살을 많이 한다거나 항우울제를 많이 소비한다는 것은 쉽게 수긍할 수 없는 일이다. 행복과 우울(스트레스)은 공존하지 않는 감정이기 때문이다. 우리는 다시 질문을 해야 한다. 우리가 열망하는 것이 과연 제대로 된 행복일까?

필자는 행복에 관한 여러 주장과 그 주장들이 가진 다양한 성질을 비교한 결과 '자기실현(self-realization)'이 진정한 행복이라는 결론에 도달했다. 자신의 관심과 능력을 조화롭게 개발하여 높은 수준에 이르는 깃이 자기실현이며, 그 과정에서 느끼는 충만감이 행복감이다. 자기를 실현하는 방법은 자신의 잠재 능력과 개성을 확인하고 이를 개발하여 자신의 세계를 구축하는 것이다. 큰 나무의 깊이 박힌 뿌리, 줄기, 가지, 잎, 열매가 조화를 이루듯이 자기실현에 도달하길 원하는 사람은 한 인간에게 필요한 자질(지성, 감성, 도덕성)을 균형 있게 갖추어야 한다. 모든 구성원이 자기실현을 위해 최선을 다할 때, 전체가 행복한 사회에 접근하게 된다. 그러나 자기실현은 홀로 깨달음을 통해 얻는 것이 아니라, 사회 속에서 성취하는 것이기 때문에 학습과 공감을 전제로 한다. 휴대전화를 혼자만 갖고 있으면 쓸모가 별로 없고 주위의 많은 사람이 보유할 때 그 가치가 커지듯이, 자기실현도 이와 같다. 한 사람의 자기실현은 다른 사람의 자기실현에 도움을 준다. 사회구성원 모두가 자기실현을 위해 노력하고, 서로 협력할수록 행복이 커진다는 의미이다.

자기실현은 인간이 누릴 수 있는 진정한 행복이며 축복이다. 존 롤스는 자기실현과 자기 능력 향상을 위해 노력하지 않는 개체는 진화 과정에서 도태된다고까지 주장했다. 즉 자연도 이러한 원칙에 따라 행동하는 생물만을 선택해 왔다는 것이다. 자기실현의 반대는 능력의 퇴화(regression) 또는 현실 안주이다. 이는 잎은 무성하나 열매를 맺지 못하는 무화과처럼 외화내빈(外華內貧)이며, 인생의 불행이다. 자기실현을 위해 노력하는 사람과 그런 구성원이 많은 사회에는 발전이 있고, 그렇지 않은 사람이 많은 사회는 몰락의 길로 간다.

일상의 행복이나 쾌락은 강한 유혹이지만 이에 만족해선 안 되며, 인간은 어디에서나 진정한 행복을 추구해야 한다. 진정한 행복이야말로 자기답게 사는 것이기 때문이다. 그렇다고 일상의 행복이 중요하지 않은 것은 아니며, 이를 누리는 데도 교육과 훈련이 필요하다. 특히, 사고와 분석을 통해 얻는 고차원의 쾌락일수록 훈련이 요구된다. 내면의 가치와 깊이도 중요하기 때문이다. 일상의 행복은 삶을 윤택하게 하는 윤활유라 할 수 있다. 좋은 직업을 갖고 상당한 명성을 얻고 있어도 인생을 마른 나뭇가지처럼 사는 것은 행복한 삶이라고 하지 않는다. 일상의 행복은 크고 작은 즐거움들로 가득한 삶을 살게 하는 소중한 요소들이다.

관조의 삶, 무소유의 삶, 내려놓는 삶을 강조하는 철학도 있다. 하지만, 이러한 주장들은 이미 모든 것을 소유한 사람들에게 필요한 것이지 삶을 위해 분투해야 하는 사람들을 위한 것은 아니다. 삶에 필요한 대부분의 좋음이나 재화를 경쟁을 통해서 얻어야 하는 시장경제 체제에서 약자들은 생존을 위한 몸부림을 계속해야 하기 때문이다. 자본주의 현실에서는 자신의 소유에 만족하는 사람이 거의 없고, 필요 이상으로 많이 소유하려는 탐욕가가 많다. 남들보다 우위에 서기 위한 목적에서 재산과 권력을 극한으로 추구하는 사람들이 곳곳에서 문제를 야기하고 있다. 서로를 따뜻한 시선으로 바라보고 각자의 존엄성을 인정할 때, 인간은 비로소 자아를 찾고 자기실현을 위해 함께 전진할 수 있다. 이기심이 아니라 공감과 협력에 기초한 새로운 세계를 건설할 수 있다.

행복한 삶이 목표라면 각자 최선을 다해 행복을 쟁취해야겠지만, 개인의 노력만으로는 진정한 행복에 다가가기 어렵다. 자기실현에 필요한 재화와 좋음이 누구에게나 공정하게 주어지지는 않기 때문이다. 그래서 국가가 기본재(basic goods)를 공급해야 한다. 필자는 행복한 삶에 필요한 다섯 가지 기본재를 제시했다. 교육, 건강, 노동과 소득, 인권과 민주주의, 환경보전이 그것이다. 이들 기본재를 국가가 효과적으로 공급해야 국민이 진정으로 행복한 삶을 살 수 있게 된다.

기본재 중에서 일차적인 의미를 갖는 것은 교육이다. 교육을 통해 지성·덕성(인성)·감성을 균형 있게 습득하면 청소년기, 청년기, 중장년기, 노년기 등 전 생애에 걸쳐 자기실현이 가능하게 된다. 현실의 교육은 인간 사회를 삶과 죽음의 생존 경쟁이 펼쳐지는 아프리카 초원으로 인식하고, 이 경쟁에서의 승리를 목표로 하고 있다. 모든 단계의 교육이 지식의 주입에 치우쳐 있고, 덕성교육은 존재하지 않는다. 교육의 목표와 형식은 서로 일치하는데, 경쟁력 강화가 목표로 설정되면 불평등 교육이 그 실현 방법이 된다. 유치원, 초등학교, 중고등학교, 대학교에 이르기까지 불평등과 차별이 구조화된다. 이런 교육으로는 행복한 사회 건설이 불가능하다. 동료의 자기실현을 이해하고 돕는 일이 곧 자신의 행복도 크게 한다는 사실을 인식하게 해야 한다. 수능시험 성적을 기준으로 대학과 전공이 사실상 배정되는 시스템이 계속해서 유지된다면, 개인의 자기실현 가능성은 크게 낮아질 것이다. 그래서 교육제도 가운데 가장 시급하게 개혁이 필요한 것은 대학입학제도이며, 그 뿌리가 되는 대학 서열의 해체가 이루어져야 한다. 부모의 재산 유무에 따라 교육 기회에 차이가 발생하면 안 되며, 국민 개개인은 원하는 만큼 교육을 받을 수 있어야 한다. 교육비 부담을 낮추어 대학까지 무상교육이 실현되어야 누구나 쉽게 진정한 행복에 다가갈 수 있다. 아울러 교육 외의 다른 기본재들도 모두 최상의 상태로 적절하게 공급되어야 할 것이다.

인류는 르네상스를 통해 정신적 자립을 향유하게 되었으며, 시민혁명을 통해 절대 권력의 지배에서 벗어났고, 산업혁명을 통해 빈곤에서 해방되는 계기를 만들었다. 자유의 확대가 삶을 풍요롭게 만들었지만, 자본주의에서의 자유는 모두를 위한 자유가 아니어서 자본가가 가진 부와 권력의 크기에 비해 노동자의 처지는 초라하다. 그리고 자본주의가 발전을 거듭할수록 불평등과 빈부격차가 확대되었고, 시장에만 맡겨서는 이 문제를 해결할 수 없다. 이에 따라 국가의 역할이 점점 중요해지고 있다. 이러한 임무를 잘 수행하지 못하는 국가의 국민은 삶이 힘들다. 삶을 고통스럽게 하는 제도를 바꾸는 투쟁이 필요하다. 행복을 누리려면, 잘못된 제도 및 이를 조장하는 힘과 맞서 싸워야 한다. 정치권력, 경제권력, 교육제도, 문화기구, 환경 파괴자 등 각 분야의 기득권과 싸워야 비로소 행복을 쟁취할 수 있다.

모두의 행복을 위해 서로 협력하는 세상은 따뜻하지만, 소수가 다수의 삶을 지배하면서 인간을 목적이 아니라 수단으로 대하는 사회는 차가운 얼음물 속과 같다. 공동체 구성원 가운에 일부는 자기실현의 행복을 누리지만, 다른 구성원들은 생존에 매달리는 상황은 바람직한 인류 사회의 모습이 아니다. 최대행복 원리는 사회적 약자들과 소수집단의 자기실현이 가능할 때 완벽해질 것이다. 모두가 행복한 사회는 거저 얻어지지 않는다. 약자들의 연대와 투쟁을 통해 탐욕과 그에 기초한 사회질서들을 제거해야 비로소 현실화될 수 있다.

# 참고문헌

Aristoteles. 1991. *Rhetoric.* Book I Part 5. Hugh "On Happiness." Lawson(trans.). Penguin Classic.

Aristoteles. B.C. 350a. *Nicomachean Ethics.* W. D. Ross(trans.). http://classics.mit.edu/Aristotle/ nicomachaen.html (검색일: 2019.5.30)

Aristoteles. B.C. 350b. *Politics: A Treatise on Government.* http://www.gutenberg.org/ebooks/ 6762 (검색일: 2018.3.30)

Arrow, Kenneth J. 1987. "Rationality of self and others in an economic system." in Robin M. Hogarth and Melvin W. Reder(eds.). *Rational choice: the contrast between economics and psychology.* Chicago: The University of Chicago Press.

Autor, David, David Mindell and Elisabeth Reynolds. 2019. "The Work of the Future: Shaping Technology and Institutions". Fall 2019 Report, MIT.

Becchetti, Leonardo, Giovanni Trovato and David Andres Londono-Bedoya. 2011. "Income, Relational Goods and Happiness." *Applied Economics,* Vol.43, No.3, pp.273~290.

Becker, Gary S. 1981. *A Treatise on the Family.* Harvard University Press.

Becker, Gary S. 1986. *An Economic Analysis of the Family.* The Economic and Social Research Institute, Dublin.

Becker, Gary S. 1988. "Family Economics and Macro Behavior." *American Economic Review,* Vol.78, No.1, pp.1~13.

Becker, Gary S. 1993. "Nobel Lecture: The Economic Way of Looking at Behavior." *The Journal of Political Economy,* Vol.101, No.3. pp.385~409.

Bell, Daniel. 1970. *The Coming of Post-Industrial Society.* Basic Books.

Bentham, Jeremy. 1776. *A Fragment On Government.* Constitution Society. https://www. constitution.org/jb/frag_gov.htm (검색일: 2019.2.15)

Bentham, Jeremy. 1789. "An Introduction to the Principles of Morals and Legislation." http://www.earlymoderntexts.com/assets/pdfs/bentham1780.pdf (검색일: 2019.5.2)

Berkman, Lisa and Leonardo Syme. 1979. "Social Networks, Host Resistance, and Mortality: A Nine-Year Follow-up Study of Alameda County Residents." *American Journal of Epidemiology,* Vol.109, No.2, pp.186~204.

Bernanke, Ben and Robert Frank. 2015. *Principles of Economics.* McGraw-Hill.

Bjørnskov, Christian. 2012. "Well-being and the size of Government" ···*and the Pursuit of Happiness: Wellbeing and the Role of Government.* Institute of Economic Affairs.

Blanchflower, David G. 2020. "Is Happiness U-shaped Everywhere? Age and Subjective Well-being in 132 Countries." NBER Working Paper 26641. National Bureau of Economic Reserch.

Blanchflower, David G. and Andrew J. Oswald. 2004. "Well-being over time in Britain and the USA." *Journal of Public Economics,* Vol.88, No.7, pp.1359~1386.

Blanchflower, David G. and Andrew J. Oswald. 2008. "Is well-being U-shaped over the life cycle?" *Social Science & Medicine*. Vol.66, No.8, pp.1733~1749.

Blanchflower, David G. and Andrew J. Oswald. 2016. "Antidepressants and age: A new form of evidence for U-shaped well-being through life." *Journal of Economic Behavior & Organization*. Vol.127, pp.46~58.

Blessi, Giorgio Tavano, Enzo Grossi, Pier Luigi Sacco, Giovanni Pieretti and Guido Ferilli. 2014. "Cultural Participation, Relational Goods and Individual Subjective Well-Being: Some Empirical Evidence." *Review of Economics & Finance*. Better Advances Press. Canada, Vol.4, pp.33~46.

Böhm-Bawerk, Eugen V. 1890. *Capital and Interest: A Critical History of Economical Theory*. William Smart(trans.). MacMillan & Company. https://cdn.mises.org/Capital%20and%20 Interest_0.pdf (검색일: 2020.9.3)

Borjas, George. *Labor Economics 8th Edition*. McGraw-Hill.

Brickman, P., and D. T. Campbell. 1971. "Hedonic relativism and planning the good society." in M. H. Apley(ed.). *Adaptation Level Theory: A Symposium*. New York: Academic Press. pp.287~302.

Bruni, Luigino and Luca Stanca. 2008. "Watching alone: Relational goods, television and happiness", *Journal of Economic Behavior & Organization*. Vol.65, No.3-4, pp.506~528.

Buchholz, Todd. 1989. *New Ideas From Dead Economists*.

Buddy, T. 2019. "The Link Between Stress and Alcohol." https://www.verywellmind.com/the-link-between-stress-and-alcohol-67239 (검색일: 2020.9.10).

Cantril, Hadley. 1965. *The pattern of human concerns*. Rutgers University Press.

CNBC. 2017.9.13. "Here's how much money Americans have in their savings accounts." https:// www.cnbc.com/2017/09/13/how-much-americans-at-have-in-their-savings-accounts.html (검색일: 2019.6.24)

Cobb, Sidney. 1976. "Social support as a moderator of life stress." *Psychosomatic Medicine*. Vol.38, No.5, pp.300~314.

Coulombe, Serge, Sylvie Marchand and Jean-Francois Tremblay. 2004. "Literacy scores, human capital and growth across fourteen OECD countries." Statistics Canada, Ottawa.

Crocker, R. K. 2002. *Learning outcomes: A critical review of the state of the field in Canada*. Ottawa: Canadian Education Statistics Council. p.1.

Curry, Oliver Scott, Daniel Austin Mullins and Harvey Whitehouse. 2019. "Is It Good to Cooperate?: Testing the Theory of Morality-as-Cooperation in 60 Societies." *Current Anthropology*. Vol.60, No.1, https://www.journals.uchicago.edu/doi/full/10.1086/701478 (검색일: 2020.3.17)

Decety, Jean, Jason M. Cowell, Kang Lee, Randa Mahasneh, Susan Malcolm-Smith, Bilge Selcuk and Xinyue Zhou. 2016. "RETRACTED: The Negative Association between Religiousness and Children's Altruism across the World." *Current Biology*. Vol.25, No.22, pp.2951~2955.

Dewey, John. 1927. *The Public and Its Problems: An Essay in Political Inquiry*. Penn State Press.

Drakopoulos, Stavros. 1990. "Two Levels of Hedonistic Influence on Microeconomic Theory." *Scottish Journal of Political Economy*. Vol.37, No.4, pp.360~378.

Drakopoulos, Stavros. 2011. "Wicksteed, Robbins and the Emergence of Mainstream Economic Methodology." *Review of Political Economy*, Vol.23, No.3, pp.461~470.

Dunn, Elizabeth W., Lara B. Aknin and Michael I. Norton. 2014. "Prosocial Spending and Happiness: Using Money to Benefit Others Pays Off." *Current Directions in Psychological Science*. Vol.23, No.1, pp.41~47.

Earth Institute. 2012. "2012 World Happiness Report." in John Helliwell, Richard Layard and Jeffrey Sachs(eds.). UN Sustainable Development Solutions Network. https://worldhappiness. report/ed/2012/ (검색일: 2020.4.10)

Easterlin, Richard A. 1973. "Does money buy happiness?" *The Public Interest*, Vol.30, pp.3~10.

Easterlin, Richard A. 1974. "Does Economic Growth Improve the Human Lot? Some Empirical Evidence." in Paul A. David and Melvin W. Reder(eds.). *Nations and Households in Economic Growth: Essays in Honor of Moses Abramovitz*. New York: Academic Press.

Easterlin, Richard A. 2001. "Income and Happiness: Towards a Unified Theory." *The Economic Journal*, Vol.111, No.473. pp.465~484.

Easterlin, Richard A. 2003. "Building a Better Theory of Well-being." *IZA Discussion Paper*, No.742. https://papers.ssrn.com/sol3/papers.cfm?abstract_id=392043 (검색일: 2019.8.13)

Edgeworth, Francis Ysidro. 1881. *Mathematical Psychics: An Essay on the Application of Mathematics to the Moral Sciences*. C. Kegan Paul & Co., London. https://socialsciences. mcmaster.ca/~econ/ugcm/3ll3/edgeworth/mathpsychics.pdf (검색일: 2018.5.20)

Emerson, Ralph Waldo. 1860. "Wealth." *The Conduct of Life*. Boston: Ticknor and Fields.

Epicurus. "Letter to Menoeceus." Robert Drew Hicks(trans.). The Internet Classic Archive. http:// classics.mit.edu/Epicurus/menoec.html (검색일: 2019.4.15)

Ferguson, C. E. and J. P. Gould. 1980. *Microeconomic Theory*. Richard D. Urwin Inc.

Ferreira, Susana, Alpaslan Akay, Finbarr Brereton, Juncal Cuñado, Peter Martinsson, Mirko Moro and Tine F. Ningal. 2013. "Life satisfaction and air quality in Europe." *Ecological Economics*, Vol.88, pp.1~10. https://doi.org/10.1016/j.ecolecon.2012.12.027 (검색일: 2019.9.5)

Fisher, Irving. 1892. *Mathematical Investigations in the Theory of Value and Prices*. Bull. Amer. Math. Soc. Vol.2, No.9, pp.204~211.

Frank, Robert and Ben Bernanke. 2015. *Principles of Economics 6th edition*. MacGraw-Hill.

Frederick, Shane and George Loewenstein. 1999. "Hedonic Adaptation." in Daniel Kahneman, E. Diener, and N. Schwarz(eds.). *Well-Being: The Foundations of Hedonic Psychology*. New York: Russell Sage, pp.302~329.

Frelick, Bill. 2008.2.1. "Bhutan's ethnic cleansing" https://www.hrw.org/news/2008/02/01/bhutans-ethnic-cleansing (검색일: 2019.3.7)

Frey, Bruno S. and Alois Stutzer. 2000. "Happiness Prospers in Democracy." *Journal of Happiness*

*Studies,* Vol.1, pp.79~102.

Frey, Bruno S. and Alois Stutzer. 2002. "What can economists learn from happiness research?" *Journal of Economic Literature.* Vol.40, No.2, pp.402~435.

Frey, Bruno S. and Alois Stutzer. 2002. *Happiness and Economics.* Princeton University Press.

Frey, Bruno S. and Alois Stutzer. 2010. *Happiness and Economics, How the Economy and Institutions Affect Human Well-Being.* Princeton University Press.

Frey, Bruno S., Simon Luechinger and Alois Stutzer. 2009. "The Life Satisfaction Approach to Environmental Valuation." *Discussion Paper,* No.4478.

Frey, Bruno, Christine Benesch and Alois Stutzer. 2007. "Does TV Watching Makes Us Happy?" *Journal of Economic Psychology,* Vol.28, No.3, pp.283~313.

Frijters, Paul and Tony Beatton. 2012. "The mystery of the U-shaped relationship between happiness and age." *Journal of Economic Behavior & Organization.* Vol.82, No.2-3 pp.525~542.

Fumio Ohtake. 2012. "Unemployment and Happiness." *Japan Labor Review,* Vol.9, No.2, pp.59~74. https://www.jil.go.jp/english/JLR/documents/2012/JLR34_ohtake.pdf (검색일: 2018.3.5)

Galambos, Nancy L., Harvey J. Krahn, Matthew D. Johnson and Margie E. Lachman. 2020. "The U shape of happiness across the life course: Expanding the discussion." *Perspectives on Psychological Science,* Vol.15, No.4, pp.898~912.

Galbraith, John Kenneth. 1958. *The Affluent Society.* Boston: Houghton Mifflin Company.

Glenn, N. 2009. "Is the apparent U-shape of well-being over the life course a result of inappropriate use of control variables?" commentary on Blanchflower and Oswald. *Social Science & Medicine.* Vol.69, pp.481~485.

Graham, Carol and Julia Ruiz Pozuelo. 2017. "Happiness, Stress, and Age: How the U-Curve Varies across People and Places." *Journal of Population Economics.* Vol.30, No.1 pp.225~264.

Hall, Robert E. and Marc Lieberman. 2009. *Economics: Principles and Applications.* Cengage Learning. *Happiness & health.* 2011. https://www.hsph.harvard.edu/news/magazine/happiness-stress-heart-disease/ (검색일: 2019.9.11)

Happiness Research Institute(Institut for Lykkeforskning). 2014. "The Happy Danes." https://www.happinessresearchinstitute.com/publications (검색일: 2018.6.29)

Henderson, James Mitchell and Richard E. Quandt. 1958. *Microeconomic Theory: A Mathematical Approach.* McGraw-Hill.

Heredotos. B.C.420. *Historiae.*

http://www.playday.org.uk

Hubbard, Glenn and Anthony Patrick. 2007. *Economics.* Pearson.

Hubbard, R. Glenn and Anthony P. O'brien. 2007. *Economics,* Pearson Prentice Hall.

Hume, David. 1748. *An Enquiry Concerning Human Understanding.* London. https://www.marxists.org/reference/subject/philosophy/works/en/hume.htm (검색일: 2019.11.1)

Ivanyna, Maksym and Anwar Shah. 2012. "How Close Is Your Government to Its People? Worldwide Indicators on Localization and Decentralization, *Policy Research Working Paper.* No.6138.

Jacques, Elliott. 1965. "Death and the Mid-Life Crisis." *International Journal of Psychoanalysis.* Vol.46, No.4, pp.502~514.

Jaffe, Greg. 2019.4.20. "Capitalism in crisis: U.S. billionaires worry about the survival of the system that made them rich". *The Washington Post.* https://www.washingtonpost.com/2019/04/20/3e06ef90-5ed8-11e9-bfad-36a7eb36cb60_story.html (검색일: 2019.4.22)

Jensen, Per H. 2000. "The Danish Leave of Absence Schemes Origins: Functioning and Effects from a Gender Perspective." CCWS Working Paper, 19/2000, Aalborg Universitetsforlag.

Jevons, William Stanley. 1871. "The Theory of Political Economy, Preface to the first edition, PF.3." London: Macmillan and Co. https://www.econlib.org/library/YPDBooks/Jevons/jvnPE.html?chapter_num=1#book-reader (검색일: 2018.9.3)

Kahneman, Daniel, Alan B. Krueger, David A. Schkade, Norbert Schwarz and Arthur A. Stone. 2004. "A Survey Method for Characterizing Daily Life Experience: The Day Reconstruction Method." *Science.* Vol.306, No.5702. pp.1776~1780. https://pdfs.semanticscholar.org/0ddb/3a9fe3485450321d546a6bd715a60e34dfdb.pdf (검색일: 2018.3.20)

Kahneman, Daniel. 2000. "Experienced utility and objective happiness: A momentbased approach." in Daniel Kahneman and Amos Tversky(eds.). *Choices, values and frames.* Cambridge: Cambridge University Press.

Kahneman, Daniel. 2011. *Thinking, fast and slow.* Allen Lane. London.

Kant, Immanuel. 1785. *Groundwork of The metaphysics of morals.* Cambridge University Press

Kant, Immanuel. 1788. *Critique of practical reason.* Cambridge University Press.

Kasser, Tim. 2002. *The High Price of Materialism.* Cambridge, MA: MIT Press.

Keynes, John Maynard. 1930. "Economic Possibilities for our Grandchildren." *Essays in Persuasion.* New York: W. W. Norton & Co., pp.358~373. http://www.econ.yale.edu/smith/econ116a/keynes1.pdf (검색일: 2019.5.5)

Keynes, John Maynard. 1936. *The General Theory of Employment, Interest and Money.* MacMillan, London.

Koutsoyiannis, Anna. 1979. *Modern Microeconomics.* Mcmillan.

Krueger, Alan B. and David A. Schkade. 2008. "The Reliability of Subjective Well-Being Measures." *Journal of Public Economics.* Vol.92, No.8~9, pp.1833~1845. https://www.ncbi.nlm.nih.gov/pmc/articles/PMC2597879/ (검색일: 2021.7.2).

Layard, Richard. 2005. *Happiness, Lessons from a New Science.* Penguin Books.

Lieberman, Marc and Robert Hall. 2004. *Introduction to Economics.* Thomson/South-Western.

Luechinger, Simon. 2009. "Valuing Air Quality Using The Life Satisfaction Approach." *The Economic Journal*, Vol.119, No.536, pp.482~515.

Mandeville, Bernard. 1724. *The Fable of the Bees.* London : Printed for Edmund Parker.

Mankiw, Gregory. 2011. *Principles of Economics 6th ed.* Cengage Learning.

Mankiw, Gregory. 2020. *Principles of Economics 9th Edition*, Thomson Learning. Cengage Learning.

Marmot, Michael, Zoë Oldfield and James P. Smith. 2007. "The SES Health Gradient on Both Sides of the Atlantic." The Institute for Fiscal Studies, WP07/04. http://www.ifs.org.uk/wps/wp0704.pdf (검색일: 2018.10.4)

Marx, Karl. 1847. *Wage Labour and Capital.* Frederick Engels(trans.). https://www.marxists.org/archive/marx/works/1847/wage-labour/index.htm (검색일: 2020.11.15)

Marx, Karl. 1867. *Capital: A Critique of Political Economy.* in Frederick Engels(ed.). https://www.marxists.org/archive/marx/works/1867-c1/ (검색일: 2020.10.15)

Michalos, Alex C. 2008. "Education, Happiness and Wellbeing." *Social Indicators Research.* Vol.87, No.3, pp.347~366.

Mill, John Stuart. 1863. Utilitarianism. Parker, Son, and Bourn, West Strand.

Mill, John Stuart. 1873. *Autobiography.* Oxford University Press.

Mill, John Stuart. 1991. *On Liberty and Other Essays.* Oxford University Press.

Montano, Dan. 1985. "The other dimension: Technology and the City of London: A survey - Lions or gazelles?" *Economist, Special added section.*

*Msn.* 2021.1.26. "American billionaires added $1.1 trillion in wealth during the pandemic." https://www.msn.com/en-au/news/world/american-billionaires-added-1-1-trillion-in-wealth -during-the-pandemic/ar-BB1d6AgG (검색일: 2021.1.27)

Nie, Peng and Alfonso Sousa-Poza. 2018. "Commute time and subjective well-being in urban China." *China Economic Review*, Vol.48, pp.188~204.

Nietzsche, Friedrich. 1883-5. *Thus Spake Zarathustra: A Book for All and None.* http://www.gutenberg.org/ebooks/1998?msg=welcome_stranger (검색일: 2018.12.22)

Nietzsche, Friedrich. 1886. *Beyond Good and Evil.* https://www.marxists.org/reference/archive/nietzsche/1886/beyond-good-evil/index.htm (검색일: 2018.12.17)

Nikolova, Milena and Carol Graham. 2014. "Employment, late-life work, retirement, and well-being in Europe and the United States." *IZA Journal of European Labor Studies.* Vol.3, No.5.

Nussbaum, Martha C. 1997. *Cultivating Humanity.* Harvard University Press.

Nussbaum, Martha C. 2010. *Not for Profit: Why Democracy Needs the Humanities.* Princeton University Press.

OECD Data. 2021a. "Average wages". https://data.oecd.org/earnwage/average-wages.htm (검색일: 2021.5.2)

OECD Data. 2021b. "Hours worked." https://data.oecd.org/emp/hours-worked.htm (검색일: 2021.5.2)

OECD Data. 2021c. "Tax on personal income." https://data.oecd.org/tax/tax-on-personal-income.htm#indicator-chart (검색일: 2021.3.12).

OECD Education at a glance. 2015~2020. Paris: OECD.

OECD Family Database. 2016. www.oecd.org/els/family/database.htm (검색일: 2020.4.5)

OECD Family Database. 2019. https://www.oecd.org/els/family/SF_3_1_Marriage_and_divorce_rates.pdf (검색일: 2021.7.1)

OECD. 2015. "How's Life? 2015: Measuring Well-being." OECD Publishing, Paris. http://dx.doi.org/10.1787/how_life-2015-en (검색일: 2021.4.12)

OECD. 2017a. "How's Life 2017: Measuring Well Being."

OECD. 2017b. "PISA 2015 Results." https://www.oecd.org/pisa/PISA-2015-Results-Students-Well-being-Volume-III-Overview.pdf (검색일: 2021.3.15)

OECD. 2017c. Better Life Index.

OECD. 2018a. "Better Life Index". https://stats.oecd.org/Index.aspx?DataSetCode=BL (검색일: 2021.3.25)

OECD. 2018b. "Putting Faces to the Jobs at Risk of Automation". *Policy Brief on the Future of Work*. https://www.oecd.org/employment/Automation-policy-brief-2018.pdf (검색일: 2021.3.25)

OECD. 2018c. 6th OECD World Forum on Statistics, Knowledge and Policy, 11.27-29, Songdo, Korea.

OECD. 2019a. "Better Life Index definitions and Metadata." https://www.oecd.org/statistics/OECD-Better-Life-Index-definitions-2019.pdf (검색일: 2020.5.28)

OECD. 2019b. "Society at a Glance 2019". https://www.oecd.org/social/society-at-a-glance-19991290.htm(검색일: 2020.8.20)

OECD. 2019c. "OECD Family Database." https://www.oecd.org/els/family/SF_3_1_Marriage_and_divorce_rates.pdf (검색일: 2021.7.1)

OECD. 2019d. OECD Social Expenditure Database https://www.oecd.org/social/expenditure.htm (검색일: 2020.10.12)

OECD. 2020a. "How's Life? 2020: Measuring Well-being." http://www.oecd.org/statistics/how-s-life-23089679.htm (검색일: 2021.5.12)

OECD. 2020b. "Tax on corporate profits." Revenue Statistics: Comparative tables. https://data.oecd.org/tax/tax-on-corporate-profits.htm#indicator-chart (검색일: 2021.5.12)

OECD·European Commission. 2018. "Health at a Glance: Europe 2018."

Park, Jung Won. 2001. "A Movement for the Founding of a Democratic Civil University in Korea." International Forum of Democratic Citizenship Education in the Asia-Pacific Region, Korean Educational Development Institute.

Pigou, Arthur Cecil. 1912. *Wealth and Welfare*. MacMillan and Co.

Pigou, Arthur Cecil. 1924. *The Economics of Welfare*. Macmillan & Co. https://www.econlib.org/library/NPDBooks/Pigou/pgEW.html?chapter_num=3#book-reader (검색일: 2020.6.10)

Rawls, John. 1971. *A Theory of Justice*. Harvard University Press.

Rawls, John. 1981. "The Basic Liberties and Their Priority." The Tanner Lectures on Human

Valurs. Delivered at The University of Michigan. https://tannerlectures.utah.edu/_resources/ documents/a-to-z/r/rawls82.pdf (검색일: 2019.8.18)

Read, Daniel. 2004. "Utility theory from Jeremy Bentham to Daniel Kahneman." Department of Operational Research, London School of Economics, *Working Paper,* No: LSEOR 04-64

Robbins, Lionel. 1932. *An Essay on the Nature and Significance of Economic Science.* Macmillan. https://cdn.mises.org/Essay%20on%20the%20Nature%20and%20Significance%20of%20Econ omic%20Science_2.pdf (검색일: 2018.5.5)

Rostow, Walt Whitman. 1960. *The Stages of Economic Growth: A Non-Communist Manifesto.* ambridge University Press.

Russel, Bertrand .1935. *In Praise of Idleness and Other Essays.* George Allen & Unwin Ltd.

Schopenhauer, Arthur. 1844. *The World as Will and Idea.* Dover Publications.

Schopenhauer, Arthur. 1851. *Parerga und Paralipomena.* Cambridge University Press.

Seligman, Martin E.P., Randal M. Ernst, Jane Gillham, Karen Reivicha and Mark Linkins. 2009. "Positive education: positive psychology and classroom interventions." *Oxford Review of Education,* Vol.35, No.3, pp.293~311.

Seligman, Martin. 2002. *Authentic Happiness.* Free Press.

Seligman, Martin. 2011. *Flourish: A New Understanding of Happiness and Well-Being - and How To Achieve Them.*

Sen, Amartya. 1999. *Development as Freedom.* Anchor Books.

Senca. 2007. "Selected Philosophical Letters." translated with an Introduction and Commentary by Brad Inwood. Oxford University Press. http://www.maximusveritas.com/wp-content/uploads/ 2017/09/Seneca-Letters.pdf (검색일: 2019.4.21.)

Shonkoff, Jack P. 2019. "Early Childhood Adversity, Toxic Stress, and the Role of the Pediatrician: Translating Developmental Science Into Lifelong Health." American Academy of Pediatrics. https://pediatrics.aappublications.org/content/pediatrics/129/1/e224.full.pdf (검색일: 2020. 6.3)

Sidgwick, Henry. 1907. *The Methods of Ethics.* Seventh Edition. Macmillan. https://www. gutenberg.org/files/46743/46743-h/46743-h.htm (검색일: 2019.7.4)

Simon, Herbert. 1986. "Rationality in Psychology and Economics." in Rational Choice(ed.). R. Hogarth and M. Reder. *The Behavioral Foundations of Economic Theory.* Vol.59, No.4, Part.2, pp.S209~S224. Univ of Chicago Press.

Simon, Herbert. 1997. *An Empirically Based Microeconomics.*

Simon, Herbert. 1997. *An Empirically Based Microeconomics.* Cambridge University Press.

Skidelsky, Robert and Edward Skidelsky. 2012. "How Much Is Enough?: Money and the Good Life." Penguin.

Smith, Adam. 1759. *The Theory of Moral Sentiments.* London: LibriVox https://www.marxists. org/reference/archive/smith-adam/works/moral/ (검색일: 2018.5.3)

Smith, Adam. 1776. *An Inquiry into the Nature and Causes of The Wealth of Nations.* London.

https://www.marxists.org/reference/archive/smith-adam/works/wealth-of-nations/index.htm (검색일: 2018.4.11)

Solnick, Sara J. and David Hemenway. 1998. "Is more always better?: A survey on positional concerns." *Journal of Economic Behavior & Organization*, Vol.37, No.3, pp.373~383.

Sorensen, Aage B. 1986. "Progress in Studying Change." *American Journal of Sociology*, Vol.92, No.3, pp.691~706.

Steptoe, Andrew, Angus Deaton and Arthur A Stone. 2015. "Subjective wellbeing, health, and ageing." *Ageing.* Vol.385, No.9968, pp.640~648.

Stiglitz, Joseph E., Amartya Sen and Jean Paul Fitoussi. 2009. *Mis-measuring Our Lives: Why GDP Doesn't Add Up.* The New Press.

Stiglitz, Joseph. 2002.8.19. "There is no invisible hand." *The Guardian.* https://www.theguardian.com/education/2002/dec/20/highereducation.uk1 (검색일: 2020.3.15)

Stutzer, Alois and Bruno S. Frey. 2008. "Stress that Doesn't Pay: The Commuting Paradox." *The Scandinavian Journal of Economics.* Vol.110, No.2, pp.339~366.

Tella, Rafael Di and Robert MacCulloch. 2006. "Some Uses of Happiness Data in Economics." *Journal of Economic Perspectives,* Vol.20, No.1, pp.25~46.

*The Chronicle of Philanthropy.* 2012.8.19. "America's Generosity Divide." https://www.philanthropy.com/article/America-s-Generosity-Divide/156175 (검색일: 2018.8.4)

The Robbins Report. 1963. "Higher Education." Report of the Committee under the Chairmanship of Lord Robbins. London: Her Majesty's Stationery Office. http://www.educationengland.org.uk/documents/robbins/robbins1963.html (검색일: 2017.4.25)

The Treasury. 2019. "The Well-Being Budget 2019." https://www.treasury.govt.nz/publications/wellbeing-budget/wellbeing-budget-2019-html (검색일: 2020.9.20)

UN. 2021. "World Happiness Report 2021".

Van Landeghem, Bert. 2012. "A test for the convexity of human well-being over the life cycle: longitudinal evidence from a 20-year panel." *Journal of Economic Behavior & Organization.* Vol.81, No.2, pp.571~582.

Veenhoven, Ruut. 1999. "Quality of Life in Individual Society." *Social Indicators Research*, Vol.48, No.2, pp.159~188.

von Neumann, John and Oskar Morgenstern. 1944. *Theory of Games and Economic Behavior.* Princeton University Press. https://pdfs.semanticscholar.org/0375/379149a6f34b818962ea947bff153adf621c.pdf(검색일: 2019.8.25)

Walras, Léon. 1874. *Elements of Pure Economics or the Theory of Social Wealth.* William Jaffe(trnas.). Routledge Taylor & Francis Group, London & New York. http://www.gbv.de/dms/zbw/657540056.pdf (검색일: 2019.9.14)

Walras, Léon. 1926. *Elements of Pure Economics: Or, The Theory of Social Wealth.* William Jaffe(trnas.). Richard D. Irwin Inc.

Weiss, Alexander, James E. King, Miho Inoue-Murayama, Tetsuro Matsuzawa and Andrew J.

Oswald. 2012. "Evidence for a midlife crisis in great apes consistent with the U-shape in human well-being." *Proceedings of the National Academy of Sciences*, Vol.109, No.49. pp.19949~19952.

Wicksteed, Philip. 1910. *The Common Sense of Political Economy*. Routledge Library.

Wigley, Simon and Arzu Akkoyunlu-Wigley. 2006. "Human capabilities versus human capital: Gauging the value of education in developing countries." *Social Indicators Research*, Vol.78, No.2, pp.287~304.

Wike, Richard and Bruce Stokes. 2018.9.13. "In Advanced and Emerging Economies Alike, Worries About Job Automation." Pew Research Institute. https://www.pewresearch.org/global/2018/09/13/in-advanced-and-emerging-economies-alike-worries-about-job-automation/ (검색일: 2021.4.10)

World Bank. "GDP per capita, PPP (current international $)." https://data.worldbank.org/indicator/NY.GDP.PCAP.PP.CD (검색일: 2021.6.11)

World Economic Forum. 2019.1.22. "Jacinda Ardern's advice for world leaders: don't be on the wrong side of history" https://www.weforum.org/agenda/2019/01/jacinda-ardern/

www.jobkorea.co.kr/goodjob/tip


강남훈. 2019a. 『기본소득과 정치개혁: 모두를 위한 실질적 민주주의』. 진인진.

강남훈. 2019b. 『기본소득의 경제학』. 박종철출판사.

고부응. 2018. 『대학의 기업화: 몰락하는 대학에 관하여』. 한울엠플러스.

≪국민일보≫. 2018.12.17. "아들에게 살해되는 순간에도… "옷 갈아입고 도망가라" 외친 어머니" http://news.kmib.co.kr/article/view.asp?arcid=0012925008&code=61121311&cp=nv (검색일: 2019.12.19)

그린, 토머스 힐. 2004. 『윤리학 서설』. 서병훈 옮김. 한길사.

김미곤·여유진·정해식·박이택·김성아. 2017. 『행복지수 개발에 관한 연구』. 한국보건사회연구원.

김현숙·정진화. 2019. 「OECD 국가들의 출산율 결정요인: 가족친화정책과 노동시장에서의 성별 격차에 대한 분석」. ≪여성경제연구≫, 제16권 1호, 27~50쪽.

누스바움, 마사 C. 2016. 『학교는 시장이 아니다: 공부를 넘어 교육으로, 누스바움 교수가 전하는 교육의 미래』. 우석영 옮김. 궁리.

누스바움, 마사 C. 2018. 『인간성 수업: 새로운 전인교육을 위한 고전의 변론』. 정영목 옮김. 문학동네.

≪뉴스1≫. 2019.4.9. "20~30대 미혼남녀 10명중 9명 "외모 가꾸기 등 자기관리 필요". https://www.news1.kr/articles/?3592927

≪뉴시스≫. 2020.6.13. "구직자 10명중 4명 "구직 중 외모 차별 경험". https://newsis.com/view/?id=NISX20200612_0001058080

니체, 프리드리히. 1976. 「짜라투스트라는 이렇게 말했다」. 『니이체』. 강두식 옮김. 휘문출판사.

니체, 프리드리히. 2018. 『차라투스트라는 이렇게 말했다: 초인, 힘에의 아지, 영원회귀 등 니체의 중심 사상이 전개된 철학적 산문시』. 강두식 옮김. 누멘.

도킨스, 리처드. 2006. 『이기적 유전자』. 홍영남 옮김. 을유문화사.

≪동아일보≫. 2014.6.20. 주류협회 "한국인 음주량 생각보다 적어" … 진실일까?" https://www. donga.com/news/article/all/20140619/64446957/1 (검색일: 2019.11.10)

두산백과. "무차별곡선". https://terms.naver.com/entry.naver?docId=1095131&cid=40942&categoryId= 31813 (검색일: 2020.3.13)

듀이, 존. 2014. 『공공성과 그 문제들』. 정창호·이유선 옮김. 한국문화사.

러셀, 버트런드. 2005. 『게으름에 대한 찬양』. 송은경 옮김. 사회평론.

러셀, 버트런드. 2005. 『행복의 정복』. 이순희 옮김. 사회평론.

러셀, 버트런드. 2009. 『러셀 서양철학사』. 서상복 옮김. 을유문화사.

레이어드, 리처드. 2011. 『행복의 함정』 정은아 옮김. 북하이브.

롤스, 존. 1999. 『정의론』. 황경식 옮김. 이학사.

루소, 장 자크. 2003. 『인간 불평등 기원론』. 주경복 옮김. 책세상.

루소, 장 자크. 2012. 『에밀: 인성교육의 진원지가 된 자연주의 교육서』(개정판). 김종웅 옮김. 미네르바.

루소, 장 자크. 2018. 『사회계약론』. 이환 옮김. 서울대학교출판부.

리버먼, 마크·로버트 홀. 『경제학원론』(2판). 김인철·이현재·이종민 옮김. 129~131쪽.

마르크스, 카를. 1992. 「임금노동과 자본」. 최인호 옮김. 『맑스 엥겔스 선집』 제1권. 박종철출판사.

마르크스, 카를·프리드리히 엥겔스. 1997. 「독일 이데올로기」. 마르크스·엥겔스 저작선집 1권. 박종철출판사. 211쪽.

맨더빌, 버나드. 2014. 『꿀벌의 우화: 개인의 악덕 사회의 이익』. 최윤재 옮김. 문예출판사.

맨큐, 그레고리. 2013. 『맨큐의 경제학』. 김경환·김종석 옮김. Cengage Learning. 494~495쪽.

≪머니투데이≫. 2019.3.7. "한중 '미세먼지 책임론' 공방…강경화 "분명히 중국발 원인 있다" https://news.mt.co.kr/mtview.php?no=2019030718357654583 (검색일: 2020.2.18)

≪문화일보≫. 2017.2.6. "인터넷·알코올·우울증… '정신건강 문제' 세대별로 다르다" http://www.munhwa.com/news/view.html?no=2017020601071121080002 (검색일: 2019.8.10)

문화체육관광부. 2018a. 「2018 삶의 질 여론조사」.

문화체육관광부. 2018b. 「2018년도 세대별 거대자료(빅데이터) 분석 결과」. "우리 세대 공통 고민, '나이, 돈, 시간'"(2018.12.20). 정책브리핑. https://www.korea.kr/news/pressReleaseView.do?newsId=156309902 (검색일: 2019.11.5)

밀, 존 스튜어트. 2007. 『공리주의』. 서병훈 옮김. 책세상.

밀, 존 스튜어트. 2010. 『존 스튜어트 밀 자서전』. 최명관 옮김. 창.

밀, 존 스튜어트. 2014. 『공리주의』. 박상혁 옮김. 계명대학교출판부.

박거용. 2012. 「대학구조조정과 사립대학의 공공성 강화」. 『사학문제의 해법을 모색한다: 한국 사학의 역사 현실 전망』. 윤지관·박거용·임재홍 지음. 실천문학사.

박정원. 2010. 『한국 사학의 빛과 그림자: 상지대학교 민주화의 여정』. 예인.

박정원. 2013. 「욥기 스토리와 행복론」. 『문학·성·이질적 동일성』. 여름 학술대회 논문집. 한국문학과 종교학회(2013.7.11).

박정원. 2016. 「돈키호테, '황금시대'를 그리다」. ≪진보평론≫, 제70호.

박정원. 2017. 「교육재정과 한국 대학재정지원의 불평등구조」. 『대학정책, 어떻게 바꿀 것인가』. 한국대학학회 엮음. 소명출판.

박정원. 2019. 「고질화된 교육불평등: 대학입시에서 대학재정까지」. 『사회불평등구조와 대학정책 방향?: 한국대학학회 심포지엄자료집』(2019.9.20).

박정원. 2021a. 「대학 무상교육의 사회적 효과와 대학체계 개혁의 과제」. 대학무상교육과 고등교육 대개혁 토론회. 전국교수노동조합(2021.6.30).

박정원. 2021b. 「대학교육의 국가책임, 어떻게 구현할 것인가?」. 한국대학학회 토론회 자료집(2021. 7.7).

발라허, 요하네스. 2011. 『경제학이 깔고 앉은 행복: 인간다운 행복을 외면하는 경제적 사고에 제동을 건다』. 박정미 옮김. 대림북스.

방송통신위원회. 「2015년 텔레비전 방송채널 시청점유율 조사결과」(2016.4.15).

버냉키, 벤·로버트 프랭크. 2017. 『버냉키·프랭크 경제학』(제6판). 곽노선·왕규호 옮김. 박영사. pp.135~136.

베버, 막스. 1972. 「프로테스탄트의 윤리와 자본주의의 정신」. 권세원 옮김. 『막스 웨버』. 휘문출판사.

보건복지부. 2017. 「2017년 저출산·고령화에 대한 국민인식조사」.

≪보건타임즈≫. 2019.1.22. "술·담배 해온 여 청소년, 스트레스·우울감 '최고 6.5배'" http://bktimes.net/detail.php?number=70647 (검색일: 2020.4.27)

보위, 맬컴. 1999. 『라캉』. 이종인 옮김. 시공사.

보하스, 조지. 2018. 송헌재·강창희·박철성 옮김, 『노동경제학』(제6판). 시그마프레스.

부크홀츠, 토드. 2006. 『죽은 경제학자의 살아있는 아이디어』. 이승환 옮김. 김영사.

≪서울신문≫. 2018.11.26. "임대주택 사는 개, '캐슬' 사는 우리 애랑 같은 길로 못 다녀" https://www.seoul.co.kr/news/newsView.php?id=20181126015002&wlog_tag3=naver (검색일: 2021.1.25)

세르반테스, 미구엘. 2005. 『돈 끼호떼』. 민용태 옮김. 창비.

세르반테스 사아베드라, 미겔 데. 2014. 『돈키호테 1』. 안영옥 옮김. 열린책들.

센, 아마르티아. 2013. 『자유로서의 발전』. 김원기 옮김. 갈라파고스.

셀델, 마이클. 2014. 『정의란 무엇인가』. 김영사.

셀리그먼, 마틴. 2011. 『마틴 셀리그만의 플로리시 Flourish: 웰빙과 행복에 대한 새로운 이해』. 윤상운·우문식 옮김. 물푸레.

셀리그먼, 마틴. 2014. 『마틴 셀리그만의 긍정심리학』(개정판). 김인자·우문식 옮김. 물푸레.

쇼펜하우어, 아르투르. 2019. 『의지와 표상으로서의 세계』. 홍성광 옮김. 을유문화사.

쇼펜하우어, 아르투어. 2008. 『쇼펜하우어 인생론』. 박현석 옮김. 예림미디어.

스미스, 애덤. 2007. 『국부론』(개역판) 상, 하. 김수행 옮김. 비봉출판사.

스미스, 애덤. 2016. 『도덕감정론』. 김광수 옮김. 한길사.

스키델스키, 로버트·에드워드 스키델스키. 2013. 『얼마나 있어야 충분한가』. 김병화 옮김. 부키.

≪스포츠조선≫. 2016.12.14. "성인남녀 76%, 한 가지 이상 포기한 'N포세대'" https://news.v.daum.net/v/20161214135654073 (검색일: 2019.8.26)

시지윅, 헨리. 2018. 『윤리학의 방법』. 강준호 옮김. 아카넷.

아리스토텔레스. 1975. 『정치학』. 이병길·최옥수 옮김. 박영사.

아리스토텔레스. 2008. 『니코마코스윤리학』. 최명관 옮김. 창출판사.

연합뉴스. 2019.1.17. "美 경제석학들 한목소리로 정부에 "탄소세 도입하라". https://www.yna.co.kr/view/AKR20190117135100009 (검색일: 2019.1.18)

연합뉴스. 2017.4.20 "성적·장래 스트레스… 韓 학생 삶 만족도 세계 최하위". https://www.yna.co.kr/view/AKR20170420074300009

웨스트, 헨리 R. 2015. 『밀의 〈공리주의〉 입문』 김성호 옮김. 서광사.

이재율. 2016. 『돈과 행복: 행복한 개인, 행복한 국민』. 탑북스.

이필우. 2007. 『경제학과 철학의 만남』. 건국대학교출판부.

임옥균. 2019. 『맹자로 문리나기: 완결편』. 학고방.

전진아·최지희. 2017. 「생애주기별 정신건강 수준과 정신건강 지원 현황」. ≪보건복지포럼≫, 제243권.

칙센트미하이, 미하이. 1997/1999. 이희재 옮김. 『몰입의 즐거움』. 해냄.

카뮈, 알베르. 1997. 『시지프 신화』. 김희영 옮김. 책세상.

칸트, 이마누엘. 2019a. 『순수이성비판』. 최재희 옮김. 박영사.

칸트, 이마누엘. 2019b. 『도덕형이상학 정초 실천이성비판』. 김석수·김종국 옮김. 한길사.

캐너먼, 대니얼. 2012. 『생각에 관한 생각』. 이진원 옮김. 김영사.

통계청. 2012. 「2011년 사회조사보고서」. 국가통계포털. 통계청.

통계청. 2017. 「2017년 사회조사보고서」. 통계표, III 문화와 여가. http://kostat.go.kr/wnsearch/search.jsp (검색일: 2020.2.16)

통계청. 2019. 「2018 인구주택 총조사: 등록센서스 방식 집계결과」(2019.8.29).

통계청. 2019.2.21. 「2018년 4분기 가계동향조사(소득부문) 결과」

통계청. 2021. 「2020 한국의 사회지표」.

퍼트넘, 로버트. 2009. 『나 홀로 볼링: 사회적 커뮤니티의 붕괴와 소생』. 정승현 옮김. 페이퍼로드.

페스탈로치, 요한 하인리리. 1991. 『페스탈로치가 어머니들에게 보내는 편지』. 김정환 옮김. 양서원.

프라이, 브루노 S.·알로이스 스터처. 2008. 『경제학, 행복을 말하다: 미래 경제를 이끌어갈 핵심 키워드』. 김민주·정나영 옮김. 예문.

프라이, 브루노. 2015. 『행복, 경제학의 혁명: 행복 연구가 21세기 경제학의 지평을 바꾼다』. 홍훈·유정식·박종현 옮김. 부키.

≪프레시안≫. 2007.9.13. "이명박 "얼굴 '덜 예쁜' 여자가 서비스도 좋아" https://www.pressian.com/pages/articles/12261?no=12261#0DKU (검색일: 2019.7.20)

프리드먼, 밀턴. 1990. 『자본주의와 자유』. 최정표 옮김. 형설출판사.

플라톤. 2004. 「파이돈」. 『플라톤의 대화편』. 최명관 옮김. 도서출판 창.

플루타르코스. 2010. 『플루타르코스 영웅전』. 천병희 옮김. 숲.

피케티, 토마. 2019. 『자본과 이데올로기』. 안준범 옮김. 문학동네.

≪한겨레≫. 2021.9.23. "WHO, "대기오염으로 해마다 700만 명 조기 사망". https://www.hani.co.kr/arti/international/international_general/1012408.html

≪한겨레≫. 2019.9.23. "주요 15개 대학 입시, 학생부교과는 6%뿐". https://www.hani.co.kr/arti/society/schooling/910480.html (검색일: 2021.3.3).

한국표준협회. 2018. 「2018 대한민국 삶의 만족도 조사」.

허버드, 글렌. 2016. 『Hubbard의 경제학』(5판). 이상규 옮김. 경문사.

헤겔, 게오르크 빌헬름 프리드리히 2016. 『법철학 강요』. 권응호 옮김. 홍신문화사.

≪헤럴드경제≫. 2019.9.27. "외모지상주의 탓? 식사 장애 환자 여성 4배" http://news.heraldcorp. com/view.php?ud=20190927000027 (검색일: 2020.5.7)

헤로도토스. 2009. 『역사』. 천병희 옮김. 도서출판 숲.

황규희. 2018. 「사회혁신 관점에서의 제4차 산업혁명」. 『한국 제4차 산업혁명 연구: 한국기술혁신학 회 창립 20주년 기획연구』. 이찬구 외 엮음. 충남대학교 국가정책연구소.

≪JTBC 뉴스≫. 2020.7.27. "가습기살균제 사망자 1만 4천명 추산… 신고자의 10배".

≪MBC 뉴스≫. 1997.12.11. "체면 때문에 큰 차 탄다" http://imnews.imbc.com/20dbnews/history/ 1997/1771998_19482.html (검색일: 2020.3.8)

지은이 ┃ **박정원**

박정원은 전국교수노동조합 위원장으로 일하고 있다(2020.1~2021.12). 상지대학교 경제학과 교수로 35년간 재직하다가 2020년 정년퇴직했다(1년 6개월은 학원민주화 활동으로 해직). 재직 중에 교수협의회 공동대표를 세 차례 맡아 활동했다.

저서로 『한국사학의 빛과 그림자』(2011), 『입시·사교육 없는 대학 체제』(공저, 2015) 등이 있다.

**행복경제학**
일상의 쾌락이 아닌 진정한 행복을 찾아서

ⓒ 박정원, 2021

지은이 **박정원**
펴낸이 **김종수**
펴낸곳 **한울엠플러스(주)**
편집책임 **최진희**
편집 **정은선**

초판 1쇄 인쇄 2021년 12월 20일
초판 1쇄 발행 2021년 12월 30일

주소 **10881 경기도 파주시 광인사길 153 한울시소빌딩 3층**
전화 **031-955-0655**
팩스 **031-955-0656**
홈페이지 **www.hanulmplus.kr**
등록번호 **제406-2015-000143호**

Printed in Korea.
ISBN 978-89-460-8145-1 03320

* 책값은 겉표지에 표시되어 있습니다.